清华创新管理前沿丛书

创新管理

从创意到成功的市场化

（第5版）

[德] 迪特玛·瓦斯（Dietmar Vahs）
[德] 亚历山大·布雷姆（Alexander Brem）
著

王昊　陈劲
译

清華大學出版社
北京

北京市版权局著作权合同登记号　图字：01-2020-3183

Dietmar Vahs, Alexander Brem
Innovationsmanagement: Von der Idee zur erfolgreichen Vermarktung
5. überarbeitete Auflage 2015
ISBN 978-3-7910-3420-1

图书在版编目(CIP)数据

创新管理：从创意到成功的市场化：第 5 版 / (德) 迪特玛 • 瓦斯 (Dietmar Vahs) , (德) 亚历山大 • 布雷姆 (Alexander Brem) 著；王昊，陈劲译 . -- 北京：清华大学出版社 , 2025.4

(清华创新管理前沿丛书)

书名原文：Innovation Management：From the Idea to Successful Marketing

ISBN 978-7-302-54965-9

Ⅰ . ①创… Ⅱ . ①迪… ②亚… ③王… ④陈… Ⅲ . ①企业管理－创新管理 Ⅳ . ① F273.1

中国版本图书馆 CIP 数据核字 (2020) 第 029781 号

责任编辑：高晓蔚
封面设计：汉风唐韵
版式设计：方加青
责任校对：宋玉莲
责任印制：沈　露

出版发行：清华大学出版社
网　址：https://www.tup.com.cn，https://www.wqxuetang.com
地　址：北京清华大学学研大厦 A 座　邮　编：100084
社 总 机：010-83470000　邮　购：010-62786544
投稿与读者服务：010-62776969，c-service@tup.tsinghua.edu.cn
质 量 反 馈：010-62772015，zhiliang@tup.tsinghua.edu.cn
印 装 者：三河市龙大印装有限公司
经　销：全国新华书店
开　本：185mm×230mm　印　张：26.75　字　数：505 千字
版　次：2025 年 5 月第 1 版　印　次：2025 年 5 月第 1 次印刷
定　价：89.00 元

产品编号：082086-01

第5版前言

Reviews

作为教科书和管理手册，本书第 4 版在短时间内销售一空。这也表明在科学和实践中“创新”这个主题变得越来越重要。当然，只有显著的和持续的创新能力才能确保公司在全球竞争中处于领先地位，从而确保公司持久的经济成功。

本书清晰的结构和内容设计已被证明是受欢迎的，在新版中我们对某些内容进行了更新，并对一些地方做了补充说明。此外，还增加了大量新的案例，帮助读者更加接近创新管理的实践，并有助于理解复杂而又具吸引力的话题。

欢迎您对第 5 版提出宝贵的建议和想法，从而进一步优化《创新管理》一书。

迪特玛·瓦斯

亚历山大·布雷姆

于格欣根和纽伦堡

第4版前言

在《创新管理》一书的第 1 版中，作者引用了当时德国总统罗曼·赫尔佐克教授在柏林演讲的一段摘录作为指导原则：“创新能力决定了我们的命运。”

拥有或发展创新能力的必要性至今没有改变——恰恰相反：在未来，我们的经济和社会状况将主要取决于公司及其工作人员的创新能力。我们只有不断地产生新想法并将其开发为有市场的服务，才能在全球竞争中取得长期成功，特别是在开发周期和产品生命周期越来越短的时候。这是显而易见的，但绝不是一个微不足道的洞察。

成功实施创新需要全面且持续的创新管理，从战略定位到流程和组织设计，再到创新促进型企业文化的发展，都要同等重视。尤其产品和流程创新的管理是所有专家和高层管理者的首要任务，它已成为众多大学的教学和研究课题。

鉴于读者对之前版本的积极认可，我们对第 4 版进行了全面更新、重组并大大扩展了其内容。大量图表和最新的实际案例、每个章节的学习目标和复习题有助于更容易地阐述复杂的主题，有助于提高学习效果，并把创新管理应用到实践中。本书共分为 4 篇，相互联系，以基础和实用的方式传达当前的创新管理知识。由此，大学生、相关研究者和从业者都可以深入了解并关注其感兴趣的内容。图 0-1 显示了各部分内容之间的相互关系。

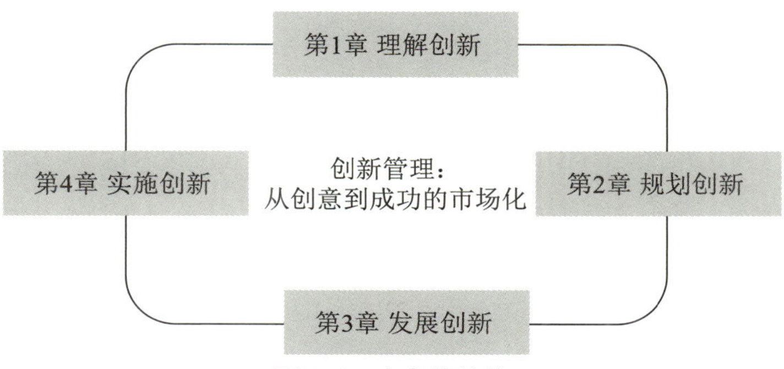

图 0-1　本书的结构

在这里，特别感谢来自斯图加特律师事务所 Gleiss Große Schrell & Partner 的 Carl-Philipp Clarenbach 律师对“知识产权与知识产权战略”一节的贡献；感谢 Pierre Wolfram 先生对本书的贡献。也特别感谢以下来自变革管理与创新研究所（Institut für Change Management und Innovation，CMI）的同仁对本书的支持：Nora Lämmel 女士、Sarah Schöllhammer 女士、Michael Kielkopf 先生、Heinrich Langemann 先生、Katrin Ziegler 女士、Matthias Kauke 先生和 Robert Elsner 先生。最后，十分感谢 Schaeffer-Poeschel 出版社的 Antje Wachsmann 女士和 Frank Katzenmayer 先生对本书新版的大力支持。

十分期待您对本书提出宝贵的建议，请发邮件至 info@schaeffer-poeschel.de。

迪特玛·瓦斯

亚历山大·布雷姆

于格欣根和纽伦堡

目录

Contents

第 1 章 理解创新 / 1

1.1 创新——流行语还是“经济引擎”？ / 2

1.1.1 创新对国民经济、社会和政治的重要意义 / 2

1.2 创新管理基础 / 17

1.2.1 定义和区分基本概念 / 17

1.2.2 创新的特点 / 26

1.2.3 创新的目标 / 31

1.2.4 创新类型 / 43

1.3 创新成功的影响因素 / 58

1.3.1 创新成功的维度 / 58

1.3.2 创新成功的影响因素及其作用 / 59

1.3.3 创新失败的根本原因 / 73

复习题 / 76

第 2 章 规划创新 / 79

2.1 发展创新战略 / 80

2.1.1 战略和愿景 / 80

2.1.2 战略类型 / 86

2.1.3 战略发展的阶段 / 98

2.1.4 战略发展工具 / 103

2.2 创新职能的组织 / 117

2.2.1 组织设计的基本问题 / 117

2.2.2 创新职能的组织设计选择 / 123

2.2.3 企业中的创新职能组织 / 134

2.2.4 创新过程中的角色 / 149

2.3 设计创新促进型企业文化 / 159
2.3.1 企业文化的基本问题 / 159
2.3.2 企业文化对企业成功的重要性 / 169
2.3.3 创新促进型企业文化的前提条件 / 172
2.3.4 创新促进型企业文化的特征 / 174
2.3.5 设计创新促进型企业文化 / 181
复习题 / 187

第 3 章 发展创新 / 191

3.1 创新过程 / 192
3.1.1 创新过程的概念 / 192
3.1.2 创新过程模型 / 196
3.2 创新的推动力 / 205
3.2.1 创新推动力 / 205
3.2.2 获得创意的方法 / 211
3.2.3 产生创意的方法 / 234
3.3 评估创意 / 266
3.3.1 评估创意的目标和标准 / 266
3.3.2 评估方法和问题 / 270
3.4 选择创意 / 293
3.4.1 选择阶段的任务 / 293
3.4.2 发明和创新时机 / 294
3.4.3 不确定性的意义 / 297
3.5 创新控制 / 299
3.5.1 理解和任务 / 299
3.5.2 控制工具概览 / 302
复习题 / 305

第 4 章 实施创新 / 309

4.1 从选择创意到实施创意 / 310
4.1.1 背景和概述 / 310
4.1.2 将创意整合到现有创新过程中 / 312

4.1.3 同步工程 / 317

4.1.4 通过项目管理实施创意 / 320

4.2 创新营销 / 332

4.2.1 背景和概念理解 / 332

4.2.2 内部创新沟通 / 337

4.2.3 外部创新沟通 / 343

4.3 市场引入 / 351

4.3.1 市场引入战略 / 351

4.3.2 管理创新组合 / 357

4.3.3 国际化 / 362

4.4 知识产权与知识产权战略 / 372

4.4.1 背景和术语理解 / 372

4.4.2 技术性和非技术性的专利 / 374

4.4.3 国际工业产权 / 383

4.4.4 知识产权战略和知识产权辩护 / 387

4.4.5 雇员发明法 / 393

复习题 / 395

参考文献 / 399

第1章 理解创新

本章概览

1.1 创新——流行语还是“经济引擎”？

1.2 创新管理基础

1.3 创新成功的影响因素

学习目标

- 了解创新对经济、社会和政治的重要意义。
- 了解最重要的基本概念、特点、目标和各种创新方式。
- 了解影响创新成败的相关因素及其影响。

1.1 创新——流行语还是“经济引擎”？

1.1.1 创新对国民经济、社会和政治的重要意义

1.1.1.1 出发点

近年来，“创新”这个概念作为一个闪亮的术语，被公众越来越多地讨论，与“未来产业”或“关键技术”等术语一起出现在社会、政治和经济等领域。与此相对应的，许多企业家把这个国家的创新气氛描述为“恶劣的”，尤其是由于大量的限制和高赋税的存在；一些政治家认为，近年来德国企业已经“厌倦了创新”，并给出相应的统计数据。在这里不讨论或评估不同的观点，大多数情况下可以说大众对“创新”有一个比较模糊的理解。唯一一致的是，创新是关于“新”的事实。但是，这样的定义对于对创新主题进行更深入的分析是不够的。

为了从一开始就防止误解，**创新**基本上被理解为有针对性地实施新的技术、经济、组织和社会解决方案，旨在以新颖的方式实现企业目标。相反，**科学技术（technology）**这个概念是指建立在理论基础上并积累的、试图进一步发展的专业知识。科学技术的核心是功能原理及其描述和解释。然而**技术（technic）**是将从科学技术中获得的知识转化为具体的产品和工艺（process）。因此，对于技术存在这样的疑问，如何在实际中实现创新？最后，**研究和开发（R&D）**可以带来科学技术和技术的改变（关于概念的详细解释，见第 1.2.1 节）。

显而易见的是，创新也要有经济可行性。大量的历史事例表明，纯粹的技术导向常常会使企业陷入危机。为了成功实施一个发明，除了工程科学能力之外，企业还需要相当程度的经济和社会科学专业知识，因此创新是一个**多学科**的范畴（另见 Brockhoff, K. 1999 P. 10）。

创新管理的重要性

创新管理，意指系统地规划、执行、控制和监督创新活动，是有效和高效地实现创新的不可缺少的前提，也是企业在动态市场和竞争环境下进一步发展的必要条件。因此，创新管理越来越被大学作为企业管理学的独立学科而制度化，某些情况下还与其他专业紧密相连，比如营销或生产行业，甚至作为独立的硕士课程。研究创新管理的目标，就是要熟悉创新在经济过程中的突出作用，并且研究产生并实施新的、市场化的创新的方法和过程。

现在，创新对经济、政治和社会特别重要（见 Thom, N. 1980 P. 3）。20 世纪

初，奥地利经济学家、哈佛大学教授熊彼特（Joseph Alois Schumpeter）（1883—1950）将创新定义为“**实施新的组合**”，企业为了获利而离开“静态经济延伸的轨道”，另外，他没有使用“创新”（innovation）这个词。对于熊彼特来说，新组合的实施包括新产品的生产和新生产方法的引入，新市场的开发，原材料和半成品的新来源的获得，或重组的实施。

熊彼特的创新理论

按照他的观点，只有通过创新活动的“**创造性破坏力**”，才能推动经济发展，它不是持续不断和有规律的，而是“不连续的”，（见 Schumpeter, J. A. 1950 P. 134, 1987 P. 100）。熊彼特通过结合技术、经济、心理和社会学考量来解释经济的中长期发展，可以说熊彼特是今天讨论创新背景和作用方式的发起者。

1912 年在莱比锡首次出现的“经济发展理论”的工作中，熊彼特把企业**经济发展的基本现象**追溯到两个人群（见 Schumpeter, J. A. 1987 P. 100）。

有活力的企业家和金融家

他的理论核心是“**有活力的企业家**”。由于其特殊的人格结构、冒险意愿和远见卓识，他是第一个在经济上成功使用新发明的人。如果说生产资料的新颖组合比以前具有明显的优势，那么与整个经济有关的“创造性破坏”过程就开始了：以前建立的产品和流程正逐渐被成功的创新取代。

如果有活力的企业家借助他所取得的生产要素的重新组合以及由此产生的竞争优势而获得了类似垄断的市场地位，他就从高昂的创业利润中获益，从而可以巩固所谓的“垄断收入”。但是，这为竞争形势创造了一个不理想的状况。然而，熊彼特型的企业家已经帮助整个经济实现了更高的生产率，并且获得了更高的福利水平，从而弥补了这个缺点。毕竟，模仿者会以时间间隔模仿创新。这里有一个调整过程，会导致更高水平的经济均衡，并且会再次受到另一个成功创新及其结果的影响。

上述增长过程的基本前提是充分的融资可能性，据熊彼特介绍，这通常是银行贷款。经济发展过程中的第二个中心角色就是一群**有活力的金融家**。他们提供了创新活动所需要的资本，从而能够首先实现新的要素组合。企业借款是必要的，因为产品和服务的销售收益或资本储备利息收益不足，因为企业缺乏自愿储蓄。因此，那些愿意投资风险较大的创新的银行家在创新过程中也特别重要。

熊彼特思想的现实意义

与熊彼特提出的创新者是经济发展的真正引擎的观点相比，关于德国当今企业家和银行家的冒险精神和创新意愿的讨论的现实意义就会变得十分明显。除了个人（企业家）的开拓精神之外，如果新的、更好的产品和流程能战胜市场上已存在的问题解决方案，金融家们提供充足的资本就是一个关键的方面。因此，熊彼特提出的观点认为，“风险投资”或“风险管理”等概念受到争议性的讨论，并被认为越来越具有相关性，并且其在商业实践中往往阻碍创新（见章节 1.3）。

就连德国经济学家赫尔穆特•阿特恩（Helmut Arndt）也看到，在动态的竞争中，

有活力的竞争

划时代的领先企业与不断模仿的企业之间的竞争是唯一有意义的经济竞争形式。他很早就提到了创新的基本宏观经济和社会特征以及实施这些创新的企业（见 Arndt, H. 1952 P. 33）。

熊彼特和阿特恩的作品可以正确地作为起点并且被视为**现代创新研究的第一个里程碑**。他们表明，技术进步推动个别企业、整个国家或地区的经济发展。同时，技术进步启动了社会变革过程，又可以影响技术变革的方向和强度（见 Zahn, E. 1995 P. 9）。

1.1.1.2 创新对国民经济的重要性

几乎在宏观经济学的所有领域，创新的潜力和经济的实际创新都可以被看作是经济增长的关键成功因素。因此，下面讨论相关领域的增长理论、经济周期理论和外部经济理论。

增长理论和经济周期理论

在下面讨论相关领域的**增长理论、经济周期理论**中，创新活动的存在和强度与宏观经济增长的程度之间有强烈的正相关关系。创新通常与大量的资本投资有关，具有重大的经济意义。例如，在创新过程中的资本投资可以建立新的研究和开发设施，购置现代化的机器、采用先进工艺并且雇用额外的人员。创新型企业的这种投资行为对采购方（例如供应商和服务提供商）和销售方（例如零售）都有积极影响。通过与创新活动相关的叠加和资本积累效应，创新成为经济发展的引擎。

康德拉季耶夫（Kondratieff）周期

创新的重大经济意义可以追溯到1926年由俄罗斯经济学家尼古拉·康德拉季耶夫（Nikolai D. Kondratieff，1892—1938）提出的**长波经济周期**（长波周期，K波）。所谓的“康德拉季耶夫周期”可以追溯到具有划时代意义（技术）的基本创新，由于进一步的额外创新，每一个创新都会带来45~60年的经济复苏阶段，并有助于增加国民收入（见 Kondratieff, N. D. 1984 P. 1）。

在过去的两个世纪里，可以观察到五个经典的长波K1到K5（见图1-1和图1-2）。上述的**基本创新**不仅对世界各个经济领域，而且对经济的、社会的和政治的发展都具有重要意义。

基本创新	转折点		
	下	上	下
蒸汽机	1780—1790年	1810—1817年	1844—1851年
铁路、钢铁工业	1844—1851年	1870—1875年	1890—1896年
化工、汽车、电气	1890—1896年	1914—1920年	1934年
柴油、电视、航空航天	1934年	1960年	1974—1982年
信息、通信技术（IKT）	1974—1982年	1995年	2010年（?）
生命科学	2010年（?）	???	???

图1-1 基本创新是长波经济周期（康德拉季耶夫周期）的推动力

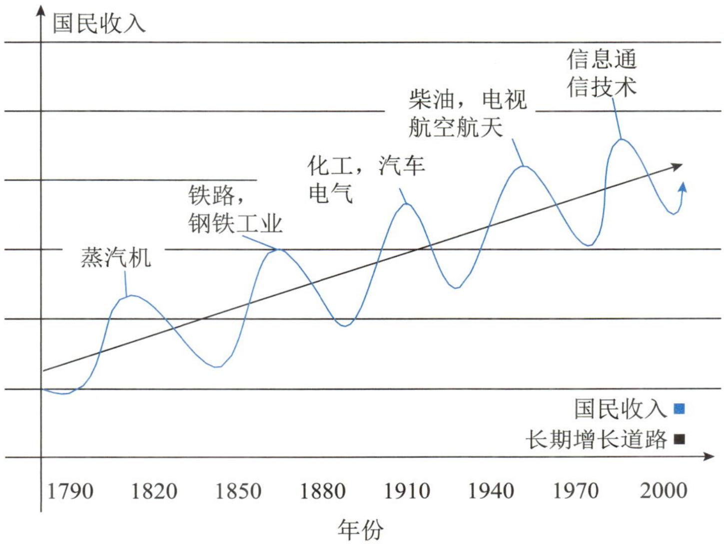

图 1-2 5 个长波经济周期（康德拉季耶夫周期）

例子 从蒸汽机到信息与通信技术

1769 年英国人詹姆斯·瓦特（James Watt）改良**蒸汽机**和运用蒸汽机功能原理，开辟了新的能量获得方式。由此产生这样的工业企业，其生产设备由传动带驱动，可以把人类每天的劳动产出提高很多倍。因此，瓦特改良蒸汽机可以看作是从手工业向工业生产转变的前提条件，也出现了大规模生产和大规模生产的工业企业。同样重要的是，他的开拓创新催生了一个新兴产业，即机械工程。

通过使用克虏伯和好时捷的特殊工艺来生产高级钢材的**钢铁工业**，以及乔治·史蒂芬 1814 年发明蒸汽汽车之后建立的**铁路交通**，代表了工业化进一步发展的里程碑。人口和货物的流动性越来越大，重工业生产资本货物增加，例如铁路运输的发展，给经济增长带来了根本的推动力，然而这种增长并没有产生深远的社会影响。因此，19 世纪的城市化和德国城市中心的出现，特别是在莱茵 - 鲁尔地区和柏林周边地区的发展，都是工业化进程的结果。

1880 年左右，**化工**和**汽车**作为高耗能行业有着重大的飞跃，因为在生产过程中**电力**作为能源的使用日益增加。通过多元化和深远的创新（涂料生产、石油化工、内燃机）以及对其产品快速增长的需求，这两个行业已经发展成为主要的经济部门，并且至今仍扮演着同样重要的角色。

第二次世界大战结束后，**航空航天技术和电视**的发展创造了新的机遇，即快速和相对廉价地克服迄今为止无法管理的空间距离。因此，这些领域的创新对经济活动日益全球化至关重要。

姑且这么说，最后的全球经济增长可以追溯到来自**信息和通信技术**（information and communications technology，ICT）划时代的创新。信息和通信技术的飞速发展不仅导致了全新的经济领域、采购和生产方式，而且在工作、休闲、消费等社会各个领域也留下了显著的成绩。如果没有现代信息传播的可能性，从工业社会到服务社会的过渡，特别是在西方，将是不可思议的。

总之，应该指出的是，德国经济的现有结构仍然以第二次和第三次康德拉季耶夫周期的发展为主。然而，后来的创新（尤其是在信息通信技术领域）正越来越多地在德国发挥作用，以至于由约翰 • 奈斯比特（John Naisbitt）于 1984 年在美国确定的“大趋势”在德国也越来越多（例如，从工业社会到信息社会和从经典技术到高科技，见 Naisbitt, J. 1984）。

长波理论最著名的代表之一利奥 • 莱菲多（Leo A. Nefiodow）在他的思考中更进一步（见 Nefiodow, L. A. 1999），他认为，对于 21 世纪初世界经济衰退的工业国家来说，由信息通信技术引发的上升阶段已经走到了尽头。由于失业和就业不足的加剧、货币波动大、投资不足，发达国家应该与**康德拉季耶夫第六周期**（K6）保持一致，尽管价格稳定、利率很低。从莱菲多的角度来看，这个新浪潮的潜在推动力，首先是**生命科学**与环境技术和生物技术、光学技术（包括太阳能技术）和医疗保健领域的技术（见 Nefiodow, L. A. 2006）。

外部经济理论

在**外部经济理论**领域，“创新能力”和“调整能力”是衡量各国竞争力的根本因素。根据可验证的标准，像熊彼特型企业的存在和推广、研究与开发支出、专利与许可的数量以及经济对外发生变化的适应性，可以表明各个国家在全球中的地位（见 Trabold, H. 1995 P. 169）。

如果从德国在国际和地区竞争中的角度来看，显然其作为依赖出口的高薪国家的状况使得其永久创新活动势在必行。只有掌握关键技术和“创新溢价”，才能弥补生产要素的价格劣势（见 Lukas, A. 1995 P. 9, Trommsdorff, V./Trimter, R./Schneider, P. 1988 P. 8）。

关键技术是指那些对当前竞争最为重要的技术，从而决定个别企业的技术地位和市场地位（见 Bullinger, H.-J. 1994 P. 97），比如掌握高性能处理器、生物技术或基因工程技术等。

成功的创新可以实现的竞争优势使得经济体，至少可以暂时避免日益扩大的成本竞争。为了不损害其国际经济地位，现在各个经济体必须比以往任何时候都要更努力地引领关键技术领域的发展。特别是在东南亚等快速发展并且生产要素转移到这个地区的市场背景下，只有高度重视创新和掌握先进技术，才能确保（国民）经济长期增长。

1.1.1.3 创新对企业经济的重要性

不仅在宏观经济层面，在微观经济层面，都可以看到创新的影响力越来越大：个别企业的竞争力在很大程度上取决于其创造和成功实施创新的能力。大多数企业都清楚这一点，正如创新支出的数字所表明的那样。2012 年德国创新支出达 1374 亿欧元，创历史新高（与 2011 年相比增加了 5%，见 ZEW 2012 P. 2）。但是，那些无法将创新高收益的产品推向市场并不断优化流程的企业，在中长期无法与竞争对手相抗衡。

全球化的影响

影响这一进程的一个关键因素是日益**全球化**，其中几乎没有任何“地理的市场利基”。由此产生的直接竞争压力迫使企业采取强有力的创新。鉴于交通、信息和通信可能性的不断提高，地理距离已经丧失了其重要性。商品、知识和劳动力的流动性正在增加。一方面，这为个别企业开辟了新的采购和销售市场；另一方面，这些传统上强大的“本土市场”的企业正受到新的、日益强大的全球供应商的威胁。因此，只有通过不断改进生产和服务范围，才能加强和扩大自己的市场地位。从供应商的角度来看，市场同质化程度和透明度的日益提高使竞争进一步加剧。

例子 拜耳研究重点“医疗保健”

在拜耳的企业报告中已经提到（Bayer AG 2012 P. 108, Bayer AG 2014, P. 70）：“创新是我们企业未来发展的关键驱动力。”这个具有“让生活更美好（Science For A Better Life）”使命的“发明家企业”在 2013 财年的研发费用约为 32 亿欧元，相当于销售额的 8%。其中 64% 分摊给医疗保健部门，约 1/4 给农作物科学集团事业部（27%），其余部分给材料科学。目前全球共有 13 700 名员工在拜耳的研发部门工作。

例子 新产品促使3M成功

在 3M 公司（Minnesota Mining and Manufacturing Corporation）也可以找

到相似的关系，一家成立于 1902 年，位于美国明尼苏达州的双港的高度多元化的公司，在全球拥有超过 88 000 名员工、超过 50 000 种不同的产品，2013 年收入达到 309 亿美元，其中研究经费约为 17.2 亿美元。3M 公司平均年销售额的 40% 是由上市不到五年的产品贡献的。3M 平均每年开发 1000 种新产品，这无疑是该公司在 2011 年福布斯“全球十大最具创新企业”排行榜第三位和财富杂志“最受推崇的企业”排行榜第 15 位的原因之一（2013 第 23 位；见 www.3M.com.de）。

增加的创新压力

随着全球化进程加快和竞争形势的激化，市场上的产品**生命周期**和**创新周期**，特别是在快速发展的产业正在变得越来越短。产品和技术的变化越来越快、越来越频繁，以至于美国管理科学家彼得·德鲁克（Peter F. Drucker）在 20 世纪 60 年代后期声明，我们生活在一个**“不连续时代”**（见 Drucker, P. F. 1969）。这不仅加剧了对创新的普遍需求，而且也增加了必须在企业中实施、并最终引入市场的成功发明创新所需的时间压力。

例子　产品生命周期越来越短

例如，从 20 世纪 60 年代到 90 年代，制药行业的产品生命周期从 24 年左右降到了 8 年。在食物领域，产品生命周期缩短了 75%，从 20 年降到 5 年。在工具、玩具、化妆品或汽车行业，情况是相似的。因此，汽车制造商的车型变化从 9 年（1990 年）缩短到了 6 年（2004 年）。一个具体的例子是大众高尔夫：高尔夫Ⅰ的生产周期为 9 年，到高尔夫Ⅵ时已逐渐缩短到了 4 年（www.volks-wagen-classic.de）。

例子　以“随身听”为例的创新压力

已经成为历史的索尼的这个案例可以说明那种形式的创新压力：作为随身听的第一个生产者（其基本思想实际上来自亚琛的安德鲁·帕维尔（Andreas Pavel），他于 1977 年注册了便携式录音机“Stereobelt”专利），自 1979 年推出首款随身听以来，这家日本企业已经推出了约 370 款新型号或衍生品的便携式录音机，并且总共售出约 1.4 亿台。每个模型的生命周期通常不超过 6 个月（见 Benkenstein, M. 1993 a P. 21, Hoffritz, J. 1996 P. 130）。娱乐行业的后续创新也面临着创新的压力，比如索尼的 Playstation 游戏机或者任天堂的明星产品 Wii 游戏机。

与产品类似，创新对知识的重要性也是如此，在这里，“知识”被理解为能力，能够识别行动和事实的关系并能够有效和高效的解决出现的问题。普遍认为，“知识的半衰期”显著下降，即一次学得的知识的有效和适用时间显著缩短（见 Braun, J. 1996 b P. 73）。特别是近年来计算机和技术的发展日益迅速。相对应地这些领域的知识半衰期比较短。学校所获得的知识在大约 20 年后只有一半会过时，然而在目前的数据处理领域的知识的 50% 会在两年后失去应用价值（见图 1-3）。组织知识库的不断更新，即公司自己的“技术诀窍”，是成功创新活动的另一个先决条件。

知识竞争

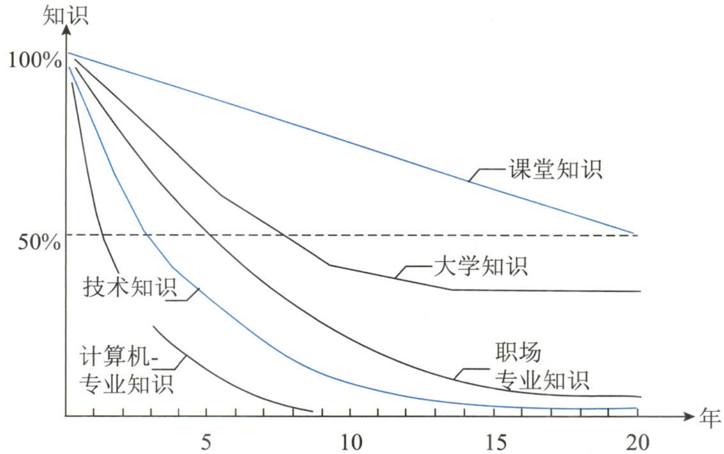

图 1-3 知识的半衰期

（见 Braun, J. 1996b P. 74）

以上所描述的事实清晰地表明，时间是决定性的竞争因素，对支出和收入这两个经济变量之间的关系具有相当大的影响。例如，在整个市场阶段，开发时间对产品的收益有显著的影响。如图 1-4 所示，超出开发或生产成本的收益损失显著低于延长开发时间的损失。因此，首先在市场上推出新产品的先驱企业（首次上市）预计在四年内平均投资回报率为 22.8%；而进入市场较晚的企业（即所谓的“后期追随者”）只能得到 17% 的回报 （见 Sommerlatte, T. 1991 P. 14）。考虑到产品的收益率也决定了可用于后续投资的资金数量，很明显缩短创新时间对企业的生存和发展有着重大贡献。

时间竞争

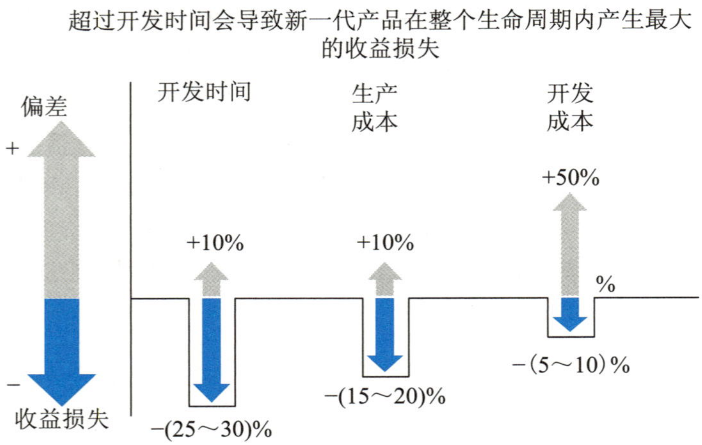

图 1-4 开发时间作为影响收益的主要因素

（见 Sommerlatte, T. 1991 P. 13）

例子 高研发比例确保投资回报

在这方面也是可见的，特别是创新产业的企业正在大力投资研究和开发，比如制药和保健行业。例如，瑞士诺华公司在 2013 年投入超过 96 亿美元用以研究开发，这相当于 579 亿美元销售额的 17% 左右。因此，诺华在 2011 年的平均股本回报率为 12.5%（见 Novartis International AG 2014）。但即使是你意想不到的企业也会花费大量的资金用在研究开发上。例如，能源供应商德国莱茵集团于 2013 年在原材料开采、发电、电网运行、储能和能源使用等领域的研发投入约为 1.51 亿欧元（见 RWE AG 2014 P. 85）。

PIMS 研究

战略与绩效分析（profit impact of market strategy，PIMS）研究的结果指出了企业创新活动的某些方面与企业成功之间存在基本联系。这项研究原本是通用电气（GE）自 20 世纪 60 年代开始的内部项目，随后作为跨公司调查，由哈佛商学院和战略规划研究所继续进行。作为跨行业分析的一部分，该研究整个周期内在 400 多家企业中总共调查了约 3000 个战略业务单位（SGE）。本次全球研究的目标是将市场占有率、产品质量、研发支出和多样化程度等 37 个**战略成功因素**作为自变量，以战略业务单位的成功为基础，以投资回报（ROI）和现金流量作为因变量，来探测最大的影响因素（见 Hörschgen, H./Kirsch, J./Käßer-Pawelka, G. 1993 P. 105）。

通过定量方法，特别是在多元回归分析的帮助下得出了相关结果，揭示了不同变量之间多样化的关系。以下四个结果对创新管理尤为重要（见 Hörschgen, H./Kirsch, J./Käßer-Pawelka, G. 1993 P. 106, Neubauer, F. F. 1997 P. 440）：

创新是战略成功的因素

- 以投资回报（RoI）和现金流作为目标的最大正相关性，可以确定相对或绝对的市场份额。然而，在买方市场日益饱和的情况下，只有公司实现高于平均水平的成功的**产品创新**，才能获得高的市场份额。
- 生产力与这两个成功标准也有着高于平均水平的正相关关系。高生产力（表示为“每个员工的附加值”）反过来又与实施**流程创新**密切相关，因此需要持续实施有效的过程和流程。
- **产品差异化**的措施也可以提高竞争地位。但是，需要补充的是，这种关系只能凭经验证明，并且当被调查的企业是从市场实力来看的话。
- 此外，被称为有**相对专利优势**的战略影响因素能够进一步证明，创新活动与投资回报率或现金流量之间存在正相关关系。这种超过了市场上的竞争对手的定量和定性的专利优势可以看作是管理良好的创新管理的产物。

越来越多的**技术和研究中心**正在满足创新需求。几乎所有的知名企业近几年来都在全球范围内建立了自己的技术和研究中心，其往往与大学研究所或大型研究机构合作。他们的任务是聚焦于专业和方法技能，以便在新产品和新工艺的开发中实现协同效应，从而为市场问题找到更快且更具成本效益的解决方案。

例子　研究集群正在兴起

硅谷的例子表明，通过各种研发中心在地理空间的聚集可以创造真正的**大脑**，塑造整个行业的竞争形象。尤其对于跨国公司而言，使用相关的协同增效潜力可以建立起决定性的竞争优势。除了在加利福尼亚知名的能力和知识中心以外，国际计算机行业也有一个广泛的**智囊团**，特别是过去十年在印度班加罗尔建立的软件领域集群。在全国范围内，集群也在不断增加，尤其是德国十五个重点聚焦于未来领域的集群，例如莱茵－内卡大都市地区的生物技术集群或汉堡大都市区的航空集群。

1.1.1.4　创新的社会意义

“生命惩罚来得晚的人”不仅是苏联前总统戈尔巴乔夫的名言警句。创新不仅仅是经济和技术变革的一个来源，相反，它们有时也是政治和社会的一个组成部分。这一点将会在本书后面社会创新那部分进一步阐述（见章节 1.2），也反映在 21 世纪社会可能面临的根本性发展中。

创新的必要性

持续强劲的人口增长（各种预测指出，到 2050 年世界人口将从目前的 71.4 亿增加到近 100 亿）和全球社会变化是创新的**关键驱动力**。西方工业化国家的目标是保证当前的高生活标准，并保护日益稀缺的自然资源。新兴的国家和发展中国家要保证民生安全和经济适度增长。如果研究和技术没有深远的进展，这些目标将难以实现。

创新的阻力

除了技术上的可行性之外，这种进步还需要相应的创新意识。然而，尤其在工业社会中，近几十年来出现了越来越多的组织，反对甚至主动抵制某些技术领域，因为他们认为这将威胁生活质量，甚至危及人类生命。相反，许多企业家和政治家都指出这与技术发展的“脱钩”或“迟到”有关。最重要的是，他们看到了繁荣景象下降和社会保障同时减少的危险（见 Endruweit, G. 1995 P. 1054）。正是由于技术创新的支持者和反对者这种两极分化，创新的社会爆炸性在于：

创新对社会影响的矛盾情绪

一方面，新的科学技术仍然等同于合理化，而且由于观察到孤立的释放效应而被视为“工作杀手”（见 Englmann, F. 1989 P. 114）。德意志联邦共和国在 20 世纪 60 年代主要对技术有积极的期望（70% 的技术支持者），而在 20 世纪 60 年代则持相当矛盾的态度（技术支持者仅 30%）。同时，目前大多数人口对未来前景持负面评价也不会促进创新，特别是对生物技术和基因工程等所谓“新技术”的批判性评估，说明了我们社会的许多部分对某些创新领域的态度（见 Endruweit, G. 1995 P. 1057, Jugendwerk der Deutschen Shell 1997 P. 291, Kurz, R. 1989 P. 25）。即使在光伏和风能领域，德国也至少存在区域的阻力，尽管可替代能源与社会趋势保持一致。

另一方面，计算机和通信技术等一些技术革新得到了社会的高度认可和迅速传播，其社会兼容性起着至关重要的作用（见 Endruweit, G. 1995 P. 1063）。另外，各种不同的社会趋势，比如汽车数量稳步增长和旅游量不断增加，要求更强的生态化，特别是在工业化国家。

微观察

社会认可作为成功因素

不应低估社会对产生和应用创新的影响。接受新技术以及对这些技术持保留态度可以决定创新的成败，公民的态度和价值观起着很重要的作用。

国内市场的实力，也是国际创新成功的基础。（Deutsche Telekom Stiftung 2013 P. 26）

一方面享乐主义和另一方面自然环境责任感之间的社会矛盾也至少在这个领域有利于创新（见 Jugendwerk der Deutschen Shell 1997 P. 14, Opaschowski, H. W. 1997 P. 29）。例如，汽车行业低排放和替代驱动概念的市场推广最终是人类思想和行为矛盾的结果。

技术和社会显然是不断相互影响的，即使在政治层面也不容忽视。创新以及相关的新的和未知的需求，挑战和促进人类的创造力的发展，和创造一个变革和更新的气氛。它们可以抵消可怕的经济活力的丧失和社会的停滞。若想实施它，要明确技术发展与未来社会需求之间的相互依赖性。德国前总统罗曼·赫尔佐克简要地总结了这个事实："这无非是一场新的工业革命，一个新的、全球化的信息时代社会的发展。"（Herzog, R. 1997 P. 4）

那么这个"新工业革命"的政治基础呢？

1.1.1.5　创新的政治意义

创新对经济发展的重要性是无可争议的。德国联邦经济和技术部最近发表的文章中所说的不是没有道理的："增长和繁荣的最重要保证是新技术和创新。"（BMWi 2012 P. 3）相应地，政治家们正试图通过大力投资教育、研究和开发来建立长期有效的战略和结构，以提高创新导向，进而形成国际竞争地位。不过，应该考虑一下，在市场经济体制下，国家是否应该直接或间接干预供求分配机制。此外，政府机构比企业本身能更好地评估未来的发展但对其产生相应的影响的可靠性还是未知的（见 Leder, M. 1989 P. 30）。

然而事实是，近年来德国的创新绩效显著提高，2013 年国际排名中处于领先集团且排在第六位，仅次于瑞士、新加坡、比利时、荷兰和瑞典（2005 年排名第十），并且领先于美国（2005 年排名第三；见图 1-5 和德国电信基金会 2013 P. 13）。

国家干预的背景

现在可以从统计上验证，至少在工业化国家和地区，政府是研究和开发活动的重要赞助者。积极的技术和创新政策对经济表现和可持续性有特殊的意义。当有**市场缺陷**时，甚至观察到**市场失灵**时，对生产要素分配的影响尤其重要。因此，国家干预是基于辅助原则，也就是说，国家干预只会在整体社会或宏观经济需要的情况下使用（详细的描述见 Brockhoff, K. 1999, P. 115）。因此，研究和开发具有部分的公益性，以及被认为是国家推出社会商品。

以下主要论点是国家出台研究政策和技术政策的原因（见 Pleschak, F./Sabisch, H. 1996 P. 300）。

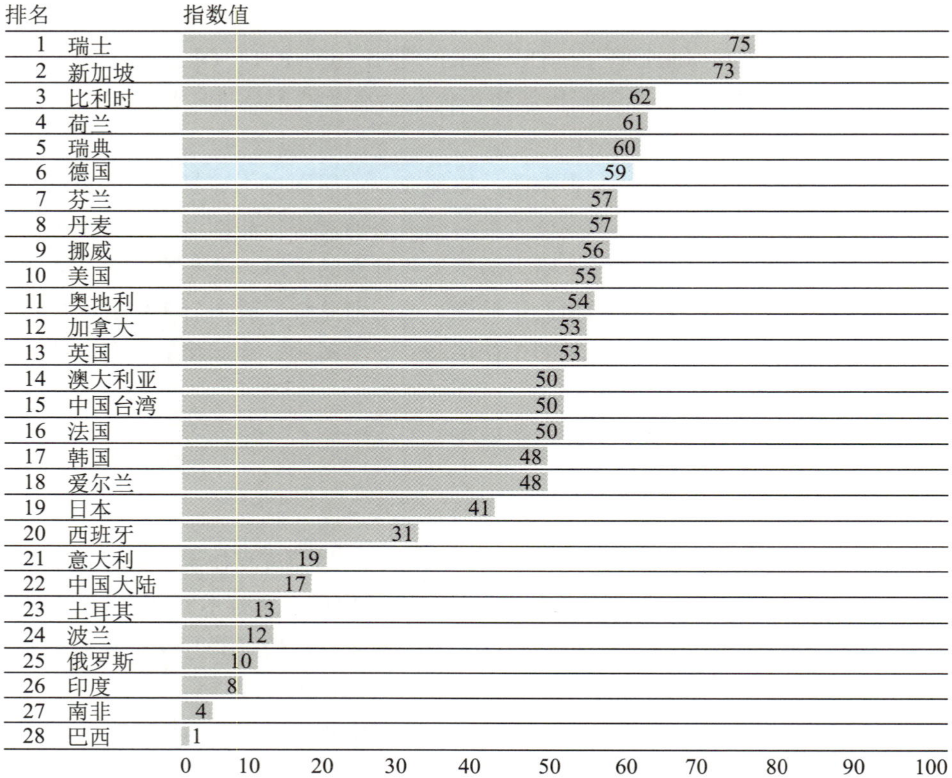

图 1-5 2013 年各国家 / 地区创新指数排名

（见德国电信基金会 2013 P. 13）

赞成创新资助

以公共研究机构的形式建立**研究和开发基础设施**，是成功进行**基础研究**的基本前提，比如大学、马克斯－普朗克协会、亥姆霍兹中心。这反过来又对**应用研究**的经济效益产生了积极的影响，有助于培养参与其中的科学家，并为基础研究本身开发新的设备和技术。

研究和开发的间接影响和**网络化**，可以分担创新风险并且降低成本。国家主导的研究机构与工业界关系的改善，例如在技术方面的转让，有助于提高国际竞争力。

为了开发**公共产品**来实现国家在健康、环境保护和安全等领域的目标，需要制定一项国家的创新政策。

新技术的快速**传播**和随之而来的结构调整过程需要国家的支持。只有这样才能提高收入和生产力，从而实现创新的重大宏观经济效益。

但是，不能否认的是政府科研经费会带来公共资金配置不当的**问题**。因此，在原则上有不同的原因**反对**国家资助研究与开发活动（见 Brockhoff, K. 1999 P. 121）：

反对创新资助

政策制定者大部分没有足够的**市场知识**和**适当的工具**去探索未来的需求状况。他们并不直接参与所采取措施的成败。另外，政策制定者担心错误的决定会影响职业生涯，以至于过度地**规避风险**，拖延必要的决策并且增加私有企业的避险情绪。

决策者的行动导向导致决策不基于经济效率，而是基于**政治考虑。**

最后，会产生这样的风险，即在国家预算有限的情况下，研发经费分配的**错误决定**会以牺牲其他未被认可的研究项目为代价。

国家资助承诺

尽管促进国家创新可能会带来弊端，但政治家明确承诺，特别是在经济危机时期，通过有**针对性和前瞻性的创新推动**来创造新的激励措施，旨在使企业更容易开展高成本的研发项目，并且开拓新的市场潜力。因此仅在德国，2014 年联邦政府在研发方面投入约为 140 亿欧元，比 2005 年增长约 50%（见图 1-6 和 BMBF 2014b P 19）。在欧盟“地平线 2020”研究和创新计划下，德国从 2014 年到 2020 年约投资 770 亿欧元，以提高科学水平、确保工业领先地位，应对包括健康、人口变化、营养、能源、运输和环境保护等领域的社会挑战（见 BMBF 2014a P. 11）。

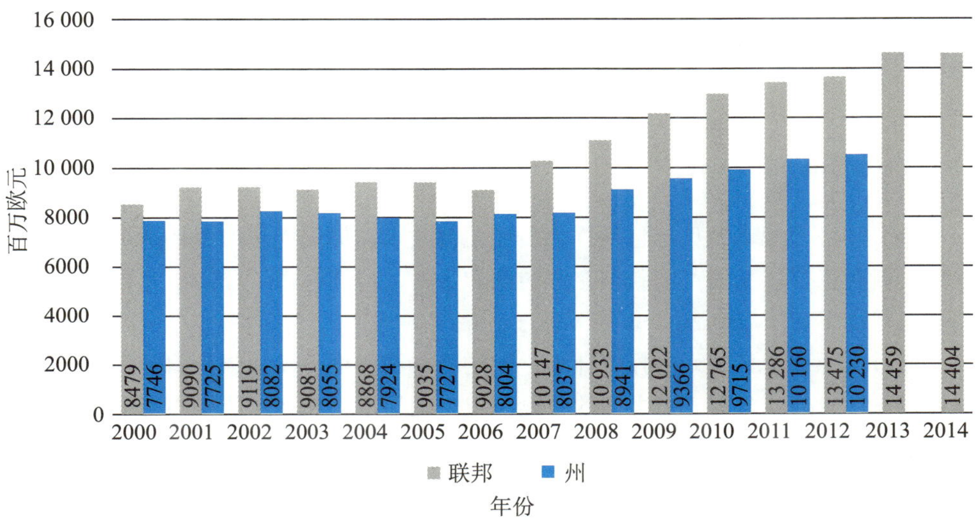

图 1-6　德国联邦和各州在研发方面的支出（财务分析）

（见 BMBF 2014b P. 19）

但是，影响社会发展和瞄准前瞻性行业仍然是一项艰巨的任务。经济日益全球化且相互联系以及几乎所有行业都快速发展，导致不可能确定单个的“未来经济

德国 2020 高技术战略

部门”。比如，尽管德国已经制定了 **2020 高技术战略**，联邦政府和州政府希望加强国家的创新能力。作为这个战略的一部分，“所有流程步骤，从基础研究、发明到创新，均相互关联”，正如 2012 年联邦研究与创新报告所述那样（BMBF 2012 P. 23）。对于图 1-7 种确定的**关键技术**，旨在支持有利于创新的条件，比如移动、健康与营养、通信、安全和气候与能源等领域，“目的是可以更快地把创意转变为创新”（BMBF 2012 P. 24）。

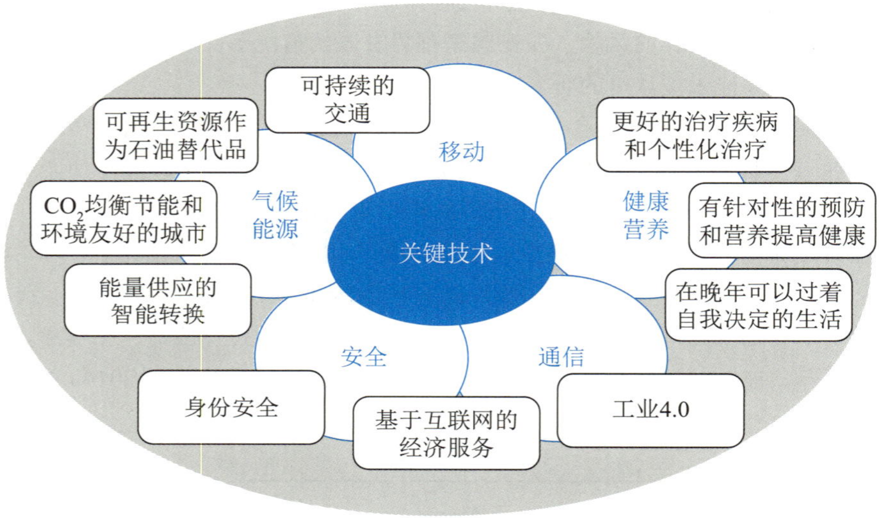

图 1-7　2020 高技术战略的未来项目和需求

（见 BMBF 2013 P. 7）

这个高技术战略的目标包括推动上述关键技术、促进创新融资特别是中小型企业的创新融资，以及改善创新型企业的创业条件，特别强调“公共研究和企业组织的联合行动”（BMBF 2012 P. 24）。

通过这样数十亿美元的投资计划，发达国家希望进一步增强其国际竞争力。最重要的是，建立科学与工业之间的桥梁被视为确保增长和就业的核心要素，就像快速识别和实施创意。在这一点上，显而易见的是，成功的创新活动不仅是经济成功的引擎，而且对一个国家或一个经济区的社会政治发展也有重大影响。因此，如何有效和高效地设计、开发和实施创新，对企业具有决定性的意义。

某种程度上，介于宏观经济、微观经济、社会和政治之间的创新观察的循环是闭合的。这些不同观点的结合说明了创新可以影响人类生活的所有领域。它们是我们生活中不可缺少的一部分。然而，这既不是新的见解，也与以前没什么不同。从这个意义上说，明确“创新”意味着什么是有道理的，具有哪些特点、可以追求哪些创新目标、哪种类型的创新在企业中起作用。

1.2 创新管理基础

1.2.1 定义和区分基本概念

1.2.1.1 发明和创新

回顾众多关于创新管理的出版物，以及这个术语在商业实践中多样化的应用：创新是一个醒目的概念。为了对本书的主题进一步研究达成共识，必须澄清一些基本概念。然而，不得不说，由于缺乏一个自成一体的综合创新理论，到目前为止还没有统一的创新概念（概述了创新理论的不同方法 Macharzina, K./Wolf, J. 2012 P. 738）。

定义

以下定义旨在深入了解**创新概念的多面性**（作者强调）：

“创新是一个想法、实践或者对象，它被认为是**新的**且被个人或其他单位所采用。”（Rogers, E. M. 1983 P. 11）

“创造力是帮助我们创造想法的思维过程。创新就是实际应用这种思想，从而更有效地实现**企业的目标**。”（Majaro, S. 1993 P. 6）

“从企业特定的角度来看，所有第一次相关的**新事物**都是创新。”（Trommsdorff, V./Schneider, P. 1990 P. 3）

“如果有一项发明，且会带来**经济上的成功**，就需要为生产准备和市场开发进行投资，而且必须启动生产和销售。如果能够**引入市场**，或者可以采用**新的流程**，这就是所谓的产品创新或流程创新。这是指狭义上的创新。”（Brockhoff, K. 1999 P. 37）

“创新，从产生创意、解决问题到商业化，是**一系列**组织和个人的行为模式，由正式的资源配置决策点连接起来。”（Goldhar, J. D. 1980 P. 284）

“创新是定性的新产品或流程，与**现状**有着‘**显著**’的**不同**——然而这是不确定的。”（Hauschildt, J./Salomo, S. 2011 P. 4）

创新的基本标准，至少要包含**新颖性**、**新事物**或**差异性**。另外，**参考目标**（更有效地达成目标、经济的成功），**使用方向**（市场引入和使用）和**过程方面**等也是创新的标准。在更详细地探讨创新概念之前，必须首先区分“发明”和“创新”

这两个概念，在日常用语中常常误用这两个概念（见例如 Albach, H. 1991 P. 46, Bürgel, H. D./Haller, C./Binder, M. 1996 P. 13, Macharzina, K./Wolf, J. 2012 P. 735 f., Pleschak, F./Sabisch, H. 1996 P. 6, Schaudel, D. 1993 P. 46, Strebel, H.2007 P. 20）：

发明和创新

发明创造是创新的一个必要初级阶段，**仅限于产生创意和初步实施一个创意**的过程。发明既可以是计划之内发生的（如果它满足一定的预定目标），也可以是计划之外（偶然）发生的。一个**创意**可以理解为一种结构化的思想，自发地或者借助于创造力产生。一个创意不断演变但不一定要形式化。

相比之下，**创新**基本上可以理解为，**一个创意**初次在**经济上的转化**，也就是说，这是借助知识的经济改善，从而使经济成功。其目的在于以新产品或新工艺的形式把发明引入（市场）（**狭义上的创新**）和保护（市场）（**广义上的创新**）。

与发明相比，创新是一个过程的结果（**与对象相关的观点**）或过程本身（**与过程相关的观点**），它涵盖了从生成创意、实施创意到经济利用等解决问题的所有阶段，通过引入市场（通常是产品创新）或在企业内实施（通常是流程创新）（见 Schlick, G. H. 1995 P. 2）。

例子　发明家与创新家

举例来说，维尔纳·冯·西门子（Werner von Siemens）就是在电动机大规模工业化生产领域的**创新家**，尽管他并不是电动机的发明者。另外，1938 年发现铀和钍核裂变并且通过实验证明的奥托·哈恩（Otto Hahn）是一个**发明家**，但不是创新家，因为他的理论研究成果首先是通过制造原子付诸实践的（见 Schaudel, D. 1993 P. 46）。

下面将详细讨论创新概念的一些基本情况：

创新概念

“innovation”一词来源于拉丁语“innovatio”，意思是创新、革新、新的引进或新事物，可以追溯到“novus”（“新”）。但是，学术界对“新”的含义并没有达成共识（见 Staudt, E. 1985 P. 486）。因此，创新对于个人或机构来说**主观**上可能是新的，虽然已被别人使用了（**企业创新**）。另一方面，**客观**上的新事物是指到目前为止还没有被应用过，这被称为是一个**市场创新**或**世界创新**（见 Corsten, H./Meier, B. 1983 P. 251）。任何一种创新都会给各自的企业带来一定的后果，即使已经在其他地方引入了创新，但从商业角度看，创新在今天通常被理解为新事物。

新颖性

如上所述，所有的创新定义都具有共同的结构特征，即“新颖性”。然而问题是，究竟创新需要**多新**？创新的新颖程度具有重要的现实意义，正如下面会看到的那样（见章节 1.2.2.1 和 1.2.4.3），并且决定创新是否侵入人的意识。在这方面，豪斯切尔特和所罗门认同且指出（Hauschildt, J./Salomo, S. 2011 P. 3）：“新颖意味着不只是新的，且不仅仅是程度上的变化，而是意味着风格的变化。它涉及新颖的产品、流程、合同形式、分销渠道、广告标语和企业形象。创新不仅仅是一个渐进的改进和技术问题。”

创新作为“创造性破坏”

因此，熊彼特将创新描述为新组合的不连续实施（见 Schum-peter, J. A. 1931 P. 100）。熊彼特的创新通过“创造性的破坏”来解散旧的因素组合，并带来相当大的改进。经典的例子是移动电话和互联网。强调创新意识的重要性在于这种不连续性，即跳跃性而不是渐进性。但是这种传统的创新理解近年来发生了变化。如图 1-8 所示。

特征	创新的理解	
	旧的方式	新的方式
效果	短期和引人注目的	长期而持续的，但平淡无奇的
速度	步伐很大	步伐小和大的
主角	很少选择（管理和职能机构）	每个公司员工、跨职能的组织
行为方式	个人的想法和努力，“用胳膊肘挤走别人”（elbows method）	团队合作精神，小组分工和系统的方法
格言	破坏和重建	保持、改善和重建
员工类型	专家	兴趣广泛者
信息交流	保密的和内部的	公开的和共同的
反馈	受限的	全面和强化的

图 1-8 新旧创新方法对比

（见 Bullinger, H.J. 1994 P. 37）

创新作为“演变的创新”

除了**激进的革命性**变革外，如应用新的行动原则或对流程和结构进行彻底的重新设计等**渐进式**创新也引起了人们的关注，如在保持现有基本原则的同时不断改进个别产品或工艺参数。然而，毫无疑问，技术飞跃为公司提供了最大的机会并且带来相对有利的竞争地位。尽管引起重大变化的新措施最有可能被认为是创新，但是连续小规模的改善过程的影响也不容低估。

例子　洗衣机的演变

例如，近几十年来，洗衣机的性能和环境相容性不断地且逐渐地提升。最先进的设备与旧设备相比只消耗一小部分能量、水和清洁剂，而且清洗效果显著提高（见 Stamminger, R./ Barth, A./Dörr, S. 2005, P. 124）。

根据范围和新颖性的程度，跳跃的和渐进的变化在效果、方法、速度等方面都有所不同。图 1-8 说明了基于不同的特征对**创新的不同理解**。

可以通过创新的特点来更详细地描述创新概念。这些将在 2.3 章节中解释。

1.2.1.2　管理

成功的创新通常需要系统的规划、一致的执行、跨进程的协调以及对所有相关活动的持续监督。在市场经济中，由于财力、物力和人力资源普遍短缺，这些资源必须在创新目标方面得到最佳利用，所以持续监督是必须的。对此需要创新管理，其任务是在企业内部最优控制规划创新资源，目的是实现长期的竞争优势。

管理或企业管理是指有目的地控制企业相关的所有基本行为。行为载体首先是最高管理层的成员（Top-Management），且由其下面的管理人员（Middle and Lower Management）提供支持。

管理方面

因此，“管理”这个术语包括**制度和职能**两个方面（见 Steinmann, H./Schreyögg, G./Koch, J. 2013 P. 6）：

作为**制度**，管理是指那些在企业中担任领导职务的人，既指第一层的管理人员（董事会成员——top-management），又指第二层管理人员（区域经理——middle-management）和第三层管理人员（部门经理 / 组长 / 工长 ——lower-management）。他们在组织上负责企业和下属员工的管理，具备必要的管理技能，而且实际上是经营决策权和代理权的承担者。

作为**职能**，管理是指这些人所预料的活动，即“管理”或“领导”。从这个意义上讲，管理一方面包括企业管理（在业务方面），另一方面也包括人员管理（人员、团体及其行为）。

管理过程

管理或领导过程涉及基于公司目标的规划、组织、执行、控制和监督所有公司内的活动。为了确保达到既定目标，管理过程包括理想目标与当前目标对比的周期性反馈，这些反馈也许有助于采取必要的纠正措施以及调整规划和目标。

研发和技术管理的具体任务是什么？

1.2.1.3 研发管理和技术管理

布罗克霍夫（Brockhoff）将研发（R&D）定义为“……生产要素的组合，从而获得新的知识”（Brockhoff, K. 1999 P. 48）。尽管研究和开发通常被组合在一起，但它们涉及不同的活动。OECD（经济合作与发展组织）出版的《Frascati 手册》，载有研究和开发领域的统计调查指南，将该领域划分为基础研究、应用研究和开发（OECD 1993 § 224 以及图 1-11）。

R&D 领域划分

基础研究旨在从实验或理论上获得关于现象起源和可观察事实的全新科学知识很大程度上忽视实用性和经济可用性等方面。因此，基础研究的结果是**理论**，即描述由经验可确定的因果关系的一般科学知识。

应用研究建立在基础研究的成果之上，包括所有旨在获得以应用为导向的新知识（**技术**），重点在于解决具体问题或实现具体的目标。

（实验性的）**开发**包括系统应用在应用研究过程中所获得的技术，旨在获得新的或实质性改进的材料、装设备、产品、工艺、系统和服务，或者大幅改善现有技术。

例子 ABS：从理论到技术

从物理**理论**上可以知道，相对运动的两个物体之间的所谓的滑动摩擦力小于两个彼此不运动的物体之间的所谓的最大静摩擦力，因此在运动和摩擦之间有因果关系。例如，大多数汽车所使用的防抱死制动系统（ABS）**技术**是基于静摩擦和滑动摩擦的原理。该技术描述了如何通过使用静摩擦而不是滑动摩擦来实现汽车的车轮制动，以至于不会因为制动效果的显著提高而被锁死。该技术的使用是基于在防抱死制动系统中实现的**技术**，除了物理部件之外，还需要无形的软件来控制系统。

R&D 的任务和目标

相应地，“管理”R&D 意味着有针对性地获得新的知识，并考虑到现有的框架条件，这可以转化为具体的、经济上可行的问题解决方案。要做到这一点，企业的可用资金必须以最佳方式组合，这包括所有关于正确执行 R&D **过程的规划、组织、控制和监督任务**，以及对现有资源的最佳利用。与这些任务相关的 **R&D 管理目标**是**有效地**（在正确的行动领域）和**高效地**（使用正确的手段）处理公司的研发活动。

研究与开发（R&D）涵盖所有活动，以获取新知识，并在新产品和新工艺中使用这些知识。

技术管理的对象

技术管理必须与R&D有所区别，但内容界定并不明确。基本上，可以理解为“技术知识管理”，特别是自然科学和工程科学知识的获得、储存和利用。在技术管理的帮助下，公司的技术竞争力得到保证。这涉及创建技术组合，扩大技术潜力（专利、研究人员），系统地观察技术竞争，进行技术预测和评估，规划和管理技术项目，并在必要时与其他公司形成技术联盟（见 Strebel, H. 2007 P. 25）。

技术是基于理论的技术行为指导 。

技术类型

技术可以根据不同的标准进行系统化。商业惯例中最常见的两个区别是**应用领域**和**生命周期阶段**。简要解释如下（见图 1-9 和 Gerpott, T. J. 2005 P. 26）。

应用领域的系统化：这可以区分为产品中使用的**产品技术**和用于制造产品的**工艺技术**。

生命周期阶段的系统化：期望新兴的**先驱性技术**，它们将对一个行业的结构产生重大影响。如果这些技术被第一批公司掌握和使用，那么这些技术就是**关键技术**。如果这些技术日后成熟，并最终被一个行业的所有公司所掌握，那么就是**基础技术**。

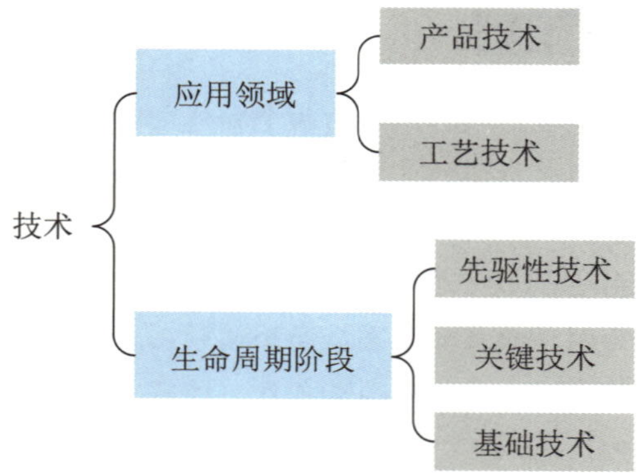

图 1-9　技术系统化

（见 Gerpott, T. J. 2005 P. 26.）

因此，技术管理既服务于**新技术**的产生，又服务于**现有技术**的战略维持和延续。它在创新过程中的任务包括应用研究和前期开发。然而，与创新管理相比，技术管理缺乏对具体创新过程的关注，重点在于概念服务，而不是在市场上的实施（见 Macharzina, K./Wolf, J. 2012 P. 745）。

1.2.1.4 创新管理

研发活动的管理正如技术管理一样，是售前市场和科技领域的创新过程的一部分。创新管理包括所有价值创造过程中的所有活动，甚至包括对新产品市场周期的控制，同时还包括人事管理、组织、会计和财务等的辅助功能和流程。

创新过程的特点

与常规流程相比，**创新过程**具有高度不确定性和复杂性。创新决策是多层面的，并且往往在长时间内涉及广泛的财力、物力和人力资源。而且，创新过程中有时会出现相当大的阻力，有来自有关参与人员和团队方面的，也有来自企业外部个人和组织的。这证明了创新过程对管理层的专业、方法和社交技能都有很高的要求。

林内韦（Linneweh）正确地将创新管理描述为“接受新想法的管理”（Linneweh, K. 1995 P. 20）。

取得成功的创新，关键在于不要把创新过程放在一个偶然的机会上，而应该是系统化和以目标导向的推动和实现。以下是**创新管理的重要任务**（见 Corsten, H./ Gössinger, R./Schneider, H. 2006 P. 39, Tsifidaris, M. 1994 P. 15, Vahs, D./Schäfer-Kunz, J. 2012 P. 602）：

创新管理的任务

- 确定和追踪创新目标和战略；
- 从经济角度出发，作出建立创新潜力和实施创新的决定；
- 建立研发项目计划；
- 规划、指挥和控制创新流程和各个创新项目，从创意到成功引入市场；
- 创造具有相应社会关系的创新型组织结构和文化，且建立适当的社会关系；
- 设置一个全面的过程信息系统，这可以实现所有参与者之间的信息交换和灵活的过程控制，以及可以与企业内部和外部所有相关的参考群体进行有针对性的充分沟通。

完成这些任务符合公司在市场上取得长期竞争优势的总体目标，从而确保经济上的成功和连续性。

创新管理包括产生创意和把创意转化为市场业绩的所有规划、决策、组织和控制任务。

在理论和实践上，战略和运营创新管理往往是相互区分的：

战略和运营的创新管理

战略创新管理通过分析商业环境、确定创新目标、确定创新战略和研发项目计划，以及工艺和技术供应，有助于从根本上长期保证企业的成功潜力。

相比之下，**运营创新管理**指的是计划中的和正在进行的创新活动的中短期设计和管理，重点是实施创新过程和管理创新项目。

例子　逐步推进中小型企业的创新管理

2010年，德国工商总会（DIHK）对机械、设备工程、汽车、化学、电气工程、金属工业和知识密集型服务行业的800家德国创新公司进行了调查。其中550家是中小型企业（少于250名员工），250家是大型企业（多于250名员工）。事实证明，创新管理往往没有达到要求。如图1-10所示，中小型企业尤其需要采取行动；但是即使是大型企业也只有将近一半运作了系统的创新管理（见DIHK 2010 P. 5）。

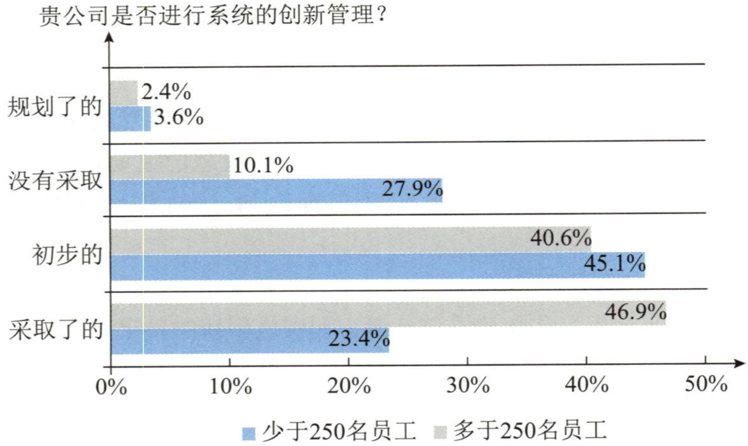

图1-10　中小型企业的创新管理

（DIHK 2010 P. 5）

例子　汉高（Henkel）的创新管理战略

在大型企业，这看起来显然不同，比如1876成立的汉高股份有限及两合公司（Henkel AG & Co. KgaA）指出（口号："Excellence is our Passion"）："创新的成功取决于客户和消费者。他们判断新的商品是否更好地或者首次解决了他们的痛点。为了实现这一目标，企业需要一个战略性的和长期的创新管理。对此，一方面要有针对性地长期观察对汉高可以利用的趋势，比如消费者偏好和未来技术；另一方面，产品经理要定期拜访工商业客户、工匠和消费者。汉高在各个部门都实施了相应的流程，并不断扩大其规模"（www.henkel.de/innovation）。

例子　贸易公司也运营创新管理

麦德龙（Metro）的例子表明，创新管理不仅应该成为工业企业的重要管理任务："作为一家贸易公司，麦德龙集团并不从狭隘的角度进行研究和开发。相反，我们进行**有针对性的创新管理**：因为有了新的概念和技术，我们的销售部门才可以更好地响应客户的需求和购物习惯。另外，创新帮助我们在整个价值链上提高流程效率，例如与供应商和工业合作伙伴的合作。通过这种方式，我们的创新管理有助于公司长期的利润增长"。

为了明确技术管理、R&D 管理和创新管理之间的关系，并且划分这三个概念，图 1-11 显示了这三个管理区域的不同范围。以此明确了理论知识如何逐渐成为以应用为导向的（技术的）创新。

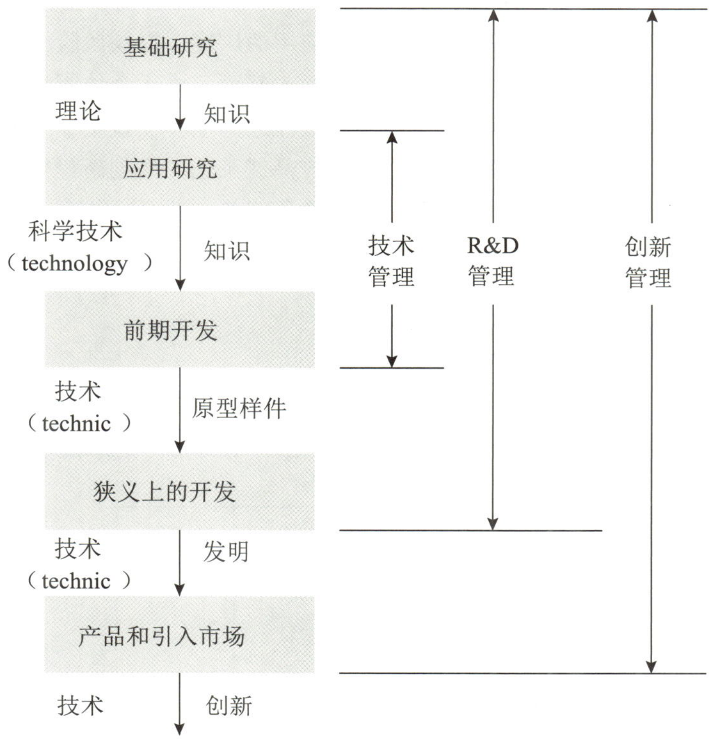

图 1-11　创新管理的阶段和概念

（见 Specht, G./Beckmann, C./Amelingmeyer, J. 2002 P. 16）

1.2.2 创新的特点

1.2.2.1 创新程度

为了能够更准确地描述创新，解释创新的特殊特征是十分有意义的，以此和日常任务进行区分。**创新程度**可以说是创新的**根本特征**，既含有已知对象和流程的微小变化，也有根本性创新。

当一个问题解决方案超越以往的知识水平和经验水平时，即可认为“新的”或者“新颖的”。

如前所述，这些既可以是企业的创新，也可以是地区、国家或世界的创新。在各种创新特征中，创新程度是最重要的，因为它对创新的管理提出了很高的要求（见 Corsten, H./Meier, B. 1983 P. 252）。此外，普莱斯查克和扎比施也提醒注意**经济利益与创新程度之间的关系**，因为除了应用的广度、市场风险或行业特定的利润率等因素外，创新效益还存在其他影响因素。然而，由于个体因素之间存在多重依赖关系和互相联系，创新程度和创新经济效益之间不存在直接和线性的关系（见 Pleschak, F./Sabisch, H. 1996 P. 5）。然而，产品或工艺的高创新程度是很重要的，因为它通常代表着前沿，因而在竞争中具有竞争优势，并至少与企业在市场上的短期垄断地位有关。

例子　在成本改善和世界创新之间

博思艾伦咨询公司（Booz-Allen&Hamilton）的一项实证研究表明，创新可以按照其创新程度分类，如图 1-12 所示。区域 E 的创新只是**成本改善**，即具有低水

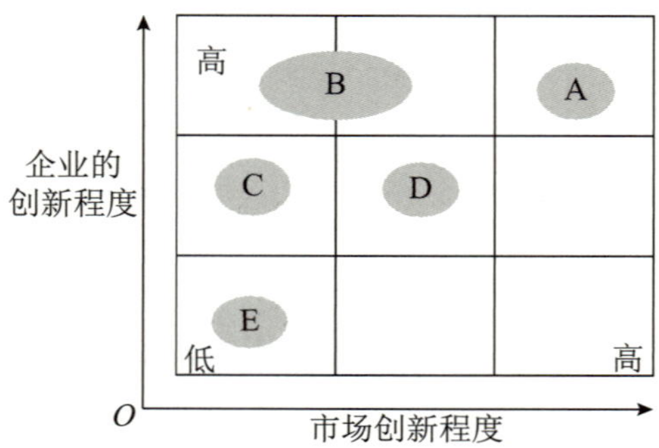

图 1-12　根据创新程度对创新分类

（见 Strebel, H. 2007 P. 33）

平的市场新颖度和对所涉及的企业同样只是低水平的创新程度。与此相反，区域 C 代表着**产品改善**，而区域 D 则代表着**现有产品线的延伸**。**新的产品线**位于区域 B，并且**世界首次推出**位于上方（区域 A；见 Strebel, H. 2007 P. 33）。

1.2.2.2 不确定性

与创新程度密切相关的是不确定性这个特征。

不确定性是指对相关事件的发生既不能主观（从经验出发）也不可能客观（统计学角度）给出概率。

这种情况对创新来说当然是典型的。因此，尤其是在创新过程的早期阶段，如产生创意和评估阶段，预期结果仍然存在不确定性。成功与失败紧密相连（见章节 3.4.3）。时间和成本因素同样不确定，因为在创新过程中会出现许多障碍和不可预见的问题，导致时间上的延误和超出预算成本。

例如，可以想象的是竞争产品意外地被引入市场，从而威胁甚至失去预期的竞争优势。新的意想不到的法律和法规可能会在实现创新方面造成重大问题，并产生额外的成本。出台更严格的环境保护或安全法规。

除了在商业环境中存在障碍外，还有许多企业需要克服内部的困难。因此，新材料的加工、新机器和新技术的使用等都有可能出现意想不到的不准确性、干扰和磨合问题等。另外，创新可能导致额外的用于设备、机器、劳动力等形式的非计划性投资，从而提高创新成本。

创新程度越高，利用现有的经验就越困难，因为在此之前，相关领域并不是（企业特定的）认知获取的对象。因此，成本和收入的预测会有很大的不确定性。即使创新过程在期望的结果、计划的成本和所需的计划时间方面取得成功，创新是否在经济上可行，并且能否成功地进入目标市场仍是不确定的（见 Thom, N. 1983 P. 6）。

1.2.2.3 复杂性

创新的典型特征是不明确的问题结构和个人创新阶段的非线性时间过程。除此之外，它们也与公司其他活动有很多关联。因此，通常而言它们很复杂。

复杂性是指可理解的程度，由元素的数量和元素之间相互关系的数量和多样性来衡量。

复杂性维度

因此复杂性包括：**时间维度（动态）**，这是相关事实的变化导致的（例如，新法律、技术飞跃、变化的市场条件等）；**定量**和**定性的维度（复杂性）**，这是由于相关事实的基数大、多样性和交互性而产生的（例如，组件的数量、变体的多样性、决策和措施的相互依赖性等）。

现在的基本问题不是处理基于规则的复杂性部分，而是充分考虑其随机的、不可预测的部分（见 Bürgel, H. D./Haller, C./Binder, M. 1996 P. 19）。最重要的是，这需要高度的过程和决策灵活性，以便对突发的变化作出迅速而恰当的反应。

创新作为跨部门职能

因此，创新在企业内部具有交叉领域的**跨部门职能**（见图1-13）。它们既涉及职能也涉及与产品相关的业务领域（如果适用的话），并且涉及商业环境（客户、供应商、权威机构、研究机构和立法者等）。除了新产品的特定结构或新工艺的特定过程和背景导致的技术复杂性之外，还必须考虑企业在何种程度上需要新的组织架构，并且必须改变企业文化。商业实践中的创新过程大多不是线性的，而是反馈循环的，增加了这些过程的复杂性，使追求创新目标变得困难。

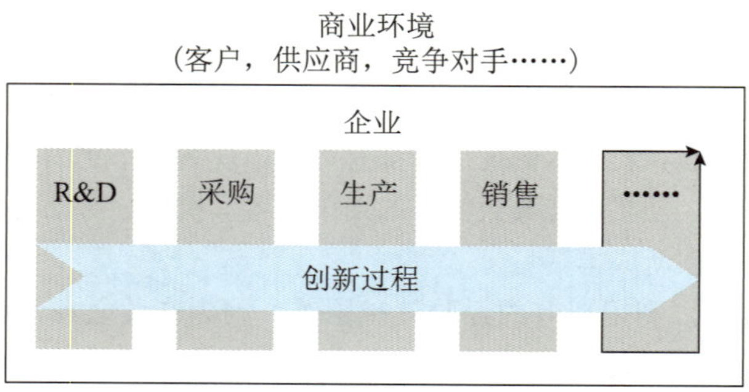

图1-13 创新作为跨学科的职能

例子 Smart有多么复杂

戴姆勒-奔驰汽车公司（Daimler-Benz AG）和斯沃琪（Swatch AG）合作创造的城市汽车Smart（精灵），可以作为创新复杂性相关的“经典”案例。除了车辆本身之外，作为一个产品技术创新而言，Smart的概念也包括流程和组织创新。一方面，两家企业合作启动了新的流程，也涉及各自的责任和利润分配。另一方面，由于车辆的新颖性，在生产中需要新的工艺。供应商生产和实际上车辆生产之间产生了一个全新组织连接。因此，主要的供应商在位于洛林汉巴赫的所谓的“smartville”实现了短距离的准时化制造。这不仅使运输时间短，而且从一开始就有可能在遇到问题时可以快速直接地沟通，并制定解决方案。这使得 smart（精灵）汽车有限公司在其纵向生产范围（Vertical Range of Manufacture）降低到了 12% 以下，并将大约 70% 的零件开发转移到系统合作伙伴（见 Vahs, D. 2012 P. 588）。

1.2.2.4 冲突内容

冲突这个概念描述了存在的各种不相容的客体对象，以及人的行为倾向。

特别是不确定性和复杂性这两个创新特征导致在创新过程中会产生冲突。新的和不熟悉的情况往往会引起新的和迄今未知的**冲突**，这可能是不同的性质。以下示例旨在说明这一点：

创新实践中的典型冲突

内心的以及人与人之间的冲突。内心的冲突是指员工应该使用一种新技术，但他又没有使用此技术的需求（例如使用计算机）。**人与人**之间的冲突，也被称为“社会冲突”，出现在公司中不同利益集团的成员之间，这些成员对创新对象设定了不同的标准。例如技术型 R&D 的研发部门和成本导向型的会计。

创新对象和公司标准之间的冲突。如果一家公司将其产品存放在一个为欧洲托盘（1.2m×0.8m）设计的高架仓库中，那么将会给超出尺寸限制开发的产品带来相当大的困难（也许还会导致研发 R&D 部门和物流部门人与人之间的冲突）。

创新和现有产品之间的冲突。福特“Ka”由于其奢华的设计和高的性价比，在短时间内成为畅销车。然而，随着“Ka”车型发展成直接竞争对手，福特“嘉年华”的销售大幅下滑。

创新对象和与企业理念以及形象之间的冲突。例如，当法拉利（Ferrari）或劳斯莱斯（Rolls Royce）等高品质豪华汽车制造商希望在其产品范围内设计一款性价比极高的小型汽车时，就会产生这种冲突。

在伦理道德角度上，创新对象与舆论的冲突。在技术和科学上，核能技术在生成能源和供应方面非常有前景。尽管如此，这种获得能源的方式在公众面前遭受了相当大的排斥和抵制。

创新对象与法律的冲突。并非所有迄今为止技术上可行的事情都被立法者批准了，特别是在基因工程领域，尤是如此。如果某些产品或技术最终得到立法者的批准，但消费者不一定会接受，例如转基因食品。

冲突的影响

在所提到的例子中，**冲突**内容特点主要体现在消极方面。但冲突和冲突意识对于具有创新意识的公司具有积极影响。想法和创造性的解决方案是出于对现状的不满，出于改变和改善的愿望。创新的触发因素是一个具体的问题和以此产生的冲突，被意识到并且需要解决。罗森斯蒂尔（Rosenstiel）还指出，冲突往往是变化的原因（Rosenstiel, L. v. 1992 P. 290）。

除此之外，他还提到新观念的激发、团队凝聚力的增强、对现有情况的反思、紧张的减缓以及新能源的发展，均是冲突的**积极**结果。当然，这些因素也会产生**消极**影响，比如压力和不满、沟通合作的中断以及资源的浪费（见 Staehle, W. H. 1994 P. 371）。

但是，当公司的紧张局势和冲突被压制的时候，会产生这样的危险，即越来越多的问题没有得到解决。结果是“问题积压”，阻碍积极的行为（见 Geiselhart, H. 1995 P. 92）。因此，豪斯切尔特和所罗门要求，对冲突的建设性态度，并不是排挤冲突，或者单方面解决或者按照一个标准化的方案对待它们，而是在冲突中看到，需求构思新的东西的需求（Hauschildt, J./Salomo, S. 2011 P. 66）。

1.2.2.5 创新特点之间的关系

正如瑞士创新研究者诺伯特 • 汤姆（Norbert Thom）在实证研究中发现的那样，创新程度、不确定性、复杂性和冲突内容等特征并不是彼此独立的，而是相互之间具有多层次的关系（见 Thom, N. 1980 P. 390 和图 1-14）。

创新程度越高，正在进行的活动就越不确定。这是因为对于意外的和迄今未知的问题没有可用的解决方案。然而，与特定的新颖解决方案的相关后果在很大程度上也是未知的。因此，创新失败的风险远远大于对现有产品和过程的修改或进一步开发。

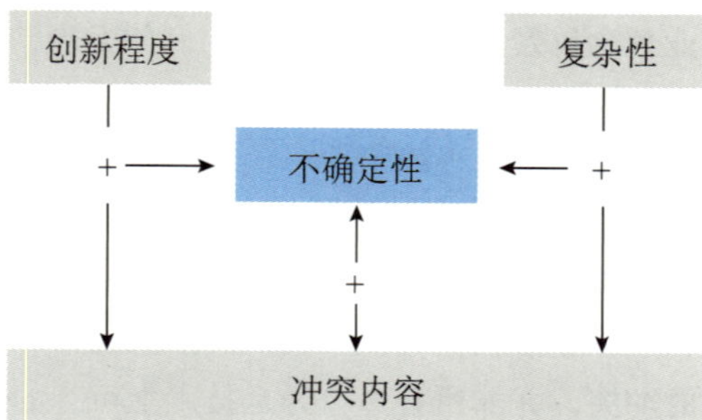

图 1-14 创新特点及其关系结构

（见 Thom, N. 1980 P. 391）

复杂性也增加了不确定性。假如一种情况虽然很新，但是容易理解，因此多数是可以克服的。然而，创新过程不仅仅是新颖的，而且还是一个非常复杂的过程，其特点是非线性的过程，其中涉及的人员和职能展现了多种相互依赖性和联系。创新活动的结果，取决于通过采取适当的措施降低复杂性和相关不确定性的程度。

所描述的相互关系的结果则是在创新过程所有阶段中都存在高度的冲突。如前所述，这既涉及积极的方面，又涉及消极的方面。对于创新过程的启动和成功实施来说，冲突是重要且不会必要的，因为它们在很多情况下都是从追求变化中产生的，从而产生新的创造性的解决方案。然而，公司必须确保发生的冲突不会造成破坏性影响且不会增加不确定性，而是为实现目标作出建设性的贡献。为此，企业对冲突应具有积极的基本态度，并对其进行认知和管理，这一点十分重要（见 Geiselhart, H. 1995 P. 93）。因此，**创新文化**被视为创新过程的关键成功因素（将在第 2.2 章进行详细讨论）。

1.2.3 创新的目标

1.2.3.1 目标维度和目标关系复杂性

目标是理想的状态，是决策及其实现的结果。

那么，目标是决策者就自身或他人所追求的未来现实状况而作出的规范性陈述。目标由几个**维度**（也称为“元素”）组成，在下面简要解释（见 Berthel, J. 1995 P. 1073, Hauschildt, J. 2004 P. 345, Vahs, D./Schäfer-Kunz, J. 2012 P. 60）。

- **目标对象**

对象区域是基于目标所指向的某个特定的**现实部分**。一般来说，它是由相应的问题定义产生的。传统的企业管理经济学将整个企业视为一个目标，而创新过程的目标往往涉及与创新问题相关的各个子领域。这些是在企业内特定的职能或流程，如采购、研发、人力资源和会计等。 目标维度

- **目标属性**

目标属性，也被称为目标内容、目标变量、决策标准或优先类型，指出哪些标准将用于评估替代品。这些特征可以是技术的、经济的、社会的和生态的：

技术目标属性也被称为客观目标或性能目标，其中包括技术性能及其质量和效率。

经济目标（所谓的“正式目标”）与经济因素有关，例如创新带来的利润、与之相关的成本或预期的利润率。

社会目标也是非常重要的由于人的因素在创新过程中起着重要的作用。例如，

这里的目标变量可以是高的员工独立自主性，使他们能够贡献和实施自己的想法和意见。社会目标的追求对员工的成就动机作出了重要贡献，可以有针对性地运用于创新管理的背景下。

生态目标属性也变得越来越重要。例如，使用创新的具有低排放的制造工艺或使用可回收的原料。

- **目标尺度**

选择一个特定的行动方案是基于它对实现这一目标的预期贡献。为了可以衡量这一贡献，需要一个所谓的目标尺度，量化相关的目标属性。例如，以货币单位为计的成本、营业额和利润，以人工天数或年为计的所需的时间，以千瓦数为计的技术性能等，并将实现的值与预定义的计划值进行比较。

然而，并不总能对于特定的数值找到**直接**的尺度。如果是这种情况，则必须使用**间接**测量。其中一个难以量化的数值是客户满意度，为了使其可衡量，可以使用某些指标，比如投诉率或后续购买数量。

- **目标函数**

在目标函数（也被称为目标规格、目标范围）的帮助下，可以描述期望目标的达到程度，可以是**极端化**（例如利润最大化或成本最小化）、**定位**（例如增加 15% 的销售额）、**界限**（例如废品率低于 1%）或**满意度**（例如新产品的盈利能力至少 10%）。一般而言，选择可以为实现目标作出最大贡献的替代方案。

- **时间关系**

由于目标描述的是一个理想的状态，也就是面向未来的状态，因此必须确定到哪个**时间点**（例如，6 月 30 日）或者在哪个**时间段**（例如，下一个季度）应该实现一个目标。因此，时间关系也表明这些是所谓的**近期**或**远期**目标，即达到目标的计划时间段有多长。在项目管理实践中，目标的时间参照已成为一个独立的目标，即所谓的**时间目标**。

目标关系

上面描述的目标维度仅涉及单个目标。但是，一个企业通常同时追求好几个目标。特别是在创新背景下，参与者的行为是基于所谓的**多重目标**，这些目标之间有一定的**关系**（所谓的相互依赖关系）。相互**冲突**的目标会是个问题，当试图在目标冲突中最大化某一目标时，会降低其他目标的实现程度（见 Vahs, D./Schäfer-Kunz, J. 2012 P. 60）。

为了避免目标冲突，必须制定尽可能中立的目标或者更加互补的目标。**中立**的目标是指，实现一个目标对实现另一个目标没有影响。然而，在目标**互补**的情况下，一个目标实现得越多对另一个目标的实现越会产生积极影响。

微观察

R&D vs. 控制——一对“经典的目标冲突”

在研发（R&D）领域可以更多地观察到多重目标的问题：研发人员经常追求技术上的优化和高质量的问题解决方案，但这会导致相当高的成本，从而引起控制部门尽量降低开发成本。但是，这通常只能以牺牲技术目标为代价。因此产生一种“经典的目标冲突”，顺便说一句，这也可能对社会方面产生影响（例如，职能部门个别代表之间相互影响的方式）。

如果相互冲突的目标无法避免，则需要根据每个目标来确定优先事项。这是通过基于决策者的效用函数形成目标偏好，并通过建立一个目标系统来实现，即哪个目标比其他目标更重要？**主要**目标和**次要**目标的区别决定了是否以及多大程度上，一个目标的实现要提前或者滞后于另一个目标的实现。

例如，在产品创新中，技术上成熟的产品可以成为创新过程的主要目标。这一目标是在考虑次要目标的情况下进行的，其中可能包括经济目标以及生态和社会目标。

最后，目标之间可能存在目标与手段的关系，也称为工具性关系。它们表明，一个目标（子目标）的实现在多大程度上有助于实现其他目标（中间目标、整体目标）。这个目标比例的前提是所追求的目标至少有部分的互补性。如果新产品的经济成功是创新过程的总体目标，那么实现某些技术特征就成为实现经济成功的必要前提（“工具”）。

1.2.3.2 “魔法目标三角形”

创新本身并不是目的，而是始终以特定问题的经济、技术、社会和生态目标为导向，而这些目标又来自于企业整体目标和商业环境的要求。创新活动的主要关注点是获得竞争优势，最终转化为可衡量的商业成功（如销售额、边际收益、利润、资本增值率）。

创新目标和它们之间的关系可以通过一个所谓的魔法目标三角形来描述（见图 1-15）。成本、时间和结果等因素以及这些因素之间的关系，这可以被称为效率、生产力和强度。此外，必须考虑灵活性、技术诀窍和能力等因素，并将其纳入目标三角形（见 Pleschak, F./Sabisch, H. 1996 P. 8）。目标三角形是“有魔法的”，因为单个创新项目中不能兼容最优的质量、最低的成本和最短的开发时间等三个目标。

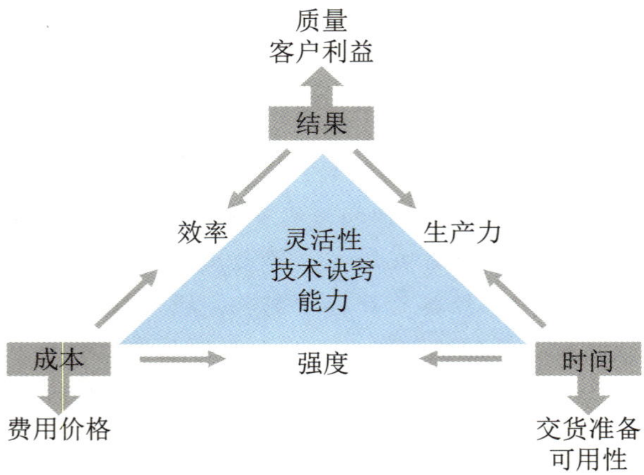

图 1-15　魔法三角形

（见 Pleschak, F./Sabisch, H. 1996, Seghezzi, H. D. 1994 P. 11）

“魔法目标三角形”的观点

一般而言，“魔法目标三角形”可以从两个**不同的角度**来看，即从**客户的角度**和**提供方的角度**。根据观点，某些期望与结果、成本和时间的范围有关。因此，除了应该提供的益处之外，客户还希望合理的价格和良好的服务。为了满足客户的需求，供应商必须优化塑造质量、成本和交货准备这些因素。对此，公司服务既是产品也是服务，以及供应商与客户之间的信息和互动（见 Seghezzi, H. D. 1994 P. 11）。

过去设定目标更多的是“不是……就是……”，现如今可以同时追求和实现几个目标。这意味着在创新过程中必须考虑到质量、成本和时间。不能单独考虑“魔法目标三角形”的单个目标值，也不能彼此隔离地考虑。这很重要，因为当试图最大化或最小化一个目标值时，其他目标值的实现程度也总会受到影响（见 Braun, J. 1996 a P. 11）。

定量目标

研究所得**结果**与所需**努力**之间的关系，例如所取得的质量和由此产生的成本，可以显示创新过程的有效性，即在多大程度上“正确地”做了事情。通过比较要实现目标的预期贡献和实际贡献，以及通过观察潜在的相互依赖关系，可以揭示**效率**优化的潜力。如有必要，可以采取具体行动来改善结果且减少费用。

正如已经表明的那样，在创新过程中，**时间**因素对于创新的市场成功起着重要的作用。一方面，从想法到新产品上市（time-to-market）的时期是成功的关键因素；另一方面，产品的可用性和公司的交货准备是决定性的成功因素。例如，如果竞争对手早些时候在市场上推出类似的产品，或者如果客户需要的时候由于产能限制而供货不足，产品的卓越质量将难以发挥作用。因此，创新必须有助于提高**生产力**（数量经济），这与产出（结果）和时间有关。同时，不能忽视所要求的努力与所需时间之间的关系，因为每个单位时间的资源**强度**也受到创新的积极影响。

定性目标

除了“魔法目标三角形”定量的目标之外，诸如灵活性，技术诀窍（know-how）和能力等定性因素也变得越来越重要：

灵活性被理解为适应变化和及时有针对性地进行调整的能力。不仅对企业员工有此要求，对应用的技术也有同样的要求，这也是创新成功重要的前提。同时，灵活性也是一个创新的目标，因为企业必须努力开发更多适应性更强的问题解决方案。只有这样，他们才能应对变化的技术、市场和客户需求，而且，这样的变化正变得越来越快。

技术诀窍和能力既是创新的先决条件也是目标。知识的半衰期越来越短（见图 1-3），公司必须不断努力更新和扩大其组织知识库。只有通过不断地组织学习来获得足够的组织知识，公司才能具备所需的解决问题的能力。

最新的和全面的技术诀窍虽然是一个企业创新能力的必要条件，但不是充分条件。为了实现创新，需要适当的**能力**。在这里，可以区分不同的特征：手工专业能力、技术方法能力和社交能力。为了能够针对具体的问题采取行动，必须具有这三种能力。

下面详细讨论企业创新活动的管理和技术目标。

1.2.3.3 企业经济的创新目标

质量和客户利益

质量和客户利益是两个重要的运营目标。原则上，创新应该有助于改进产品和流程，并为客户带来更多的利益。如果这些先决条件没有得到满足，实现一个新颖的创意是没有意义的。

“质量”是一个古老的概念。中世纪已经有了手工企业的规范，这些规范受到工人的自我控制以及来自工长的外部监督。通过上个世纪初泰勒主义（Toylorism）原则的引入，执行责任与工作计划和控制责任的分离日益加剧。工作人员重复地进行活动，与此同时工长规划个别工作步骤和监控工作成果。由此，对工作任务和任务执行质量的整体观点基本丧失了（关于泰勒主义的元素和作用的详细描述，Vahs, D. 2012 P. 29）。

质量管理的发展

近几十年来，质量观念不断扩大。虽然直到 20 世纪 50 年代才把主要焦点放在了错误检测上，但在 60 年代，错误预防越来越多地成了质量控制的焦点。20 世纪 70 年代初，除了生产之外，质量保证措施还用于其他领域。日本成立专门的质量部门，其任务是不断提高质量。当时这些活动的重点是在技术领域。在接下来的十年中，管理体系有了质量标准。当时已经出版了现如今广泛使用的国际标准ISO9000。最后，全面质量管理（Total Quality Managements, TQM）的概念促进了质量意识的进一步发展，这意味着所有企业部门都有了质量管理（见图1-16和Seghezzi, H. D. 1996 P. 5, Wunderer, R./Gerig, V./Hauser, R. 1997 P. 1）。鉴于今天的发展，“质量”是怎么理解的呢？

质量的概念

现代质量管理的先驱之一约瑟夫•朱兰（J. M. Juran）简单地将质量定义为“fitness for use”。石川馨（K. Ishikawa）将质量视为“conformance to customers requirements”，并将客户利益放在第一位。鉴于当今全球经济质量的核心重要性，可以理解的是，有必要对质量这个概念进行国际统一的理解。成立于1947年的总部位于日内瓦的国际标准化组织（ISO），通过ISO8402制定了全球公认的定义。

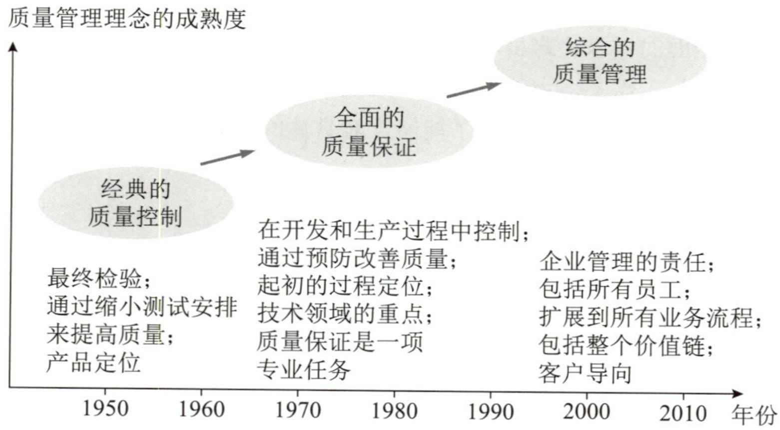

图1-16　质量管理的发展阶段

（见Macharzina, K./Wolf, J. 2012 P. 776）

质量是一个单位的整体特征，相关的适应性应满足特定的和预先设定的要求（DIN EN ISO 8402 1995 P. 3）。

一个“单位”是指产品、服务、流程、系统和组织单位。“要求”既包括客户要求（可用性、可靠性、可处置性等），也包括公众的需求（生命健康安全、环境保护、资源节约）和制造商（生产性、灵活性等）。它是现代质量思想意义上的综合性的、整体性的质量观（见Kamiske, G. F./ Brauer, J.-P. 1995 P. 126 ff., Seghezzi, H. D. 1996 P. 7, 17）。

因此重要的是，一方面质量包括**外部**的、以**客户**为导向的方面，例如：

外部的和内部的质量方面

- 满足顾客的意愿（即使没有明确说明）；
- 遵守交付日期和价格承诺；
- 安装、维护和处理；
- 订单处理、查询等；
- 售后服务、客户服务、投诉处理、备件供应等方面的设计。

另一方面，企业内部质量尤其重要，这是确保外部质量的重要前提。内部质量包括工作、流程和企业质量等。后者包括企业内所有职能、领域、活动和员工的质量导向，作为全面高效的全面质量管理（total quality managements）的一部分（见 Lübbe, U. 1996 P. 754）。

TQM

根据 DIN EN ISO 8402，**全面质量管理（TQM）**是一个"基于所有成员参与的管理方法，注重质量，并通过客户满意度为组织成员和社会带来长期的商业成功和利益"（DIN EN ISO 8402 1995 P. 18）。这使 TQM 成为企业最全面的质量策略。它整合了从供应商到客户的整个价值链，旨在不断提高流程质量、工作效率和产品质量（见 Kamiske, G. F./Brauer, J.-P. 1995 P. 243）。

基本上，**TQM** 可以分为**两个部分**：

TQM- 领域

技术导向的子系统包括企业管理层和整个企业重要的质量导向、流程导向和客户导向（见 Bloech, J. 1993 P. 1207）。

社会子系统涉及全体员工的质量意识以及持续改进。这个系统运作的基础取决于高层管理（Top-Management），这是全面质量管理成功执行的必不可少的先决条件（见 Bloech, J. 1993 P. 1207, Geiger, W. 1994 P. 204）。

质量作为战略目标

因此，质量的保证和改善不是少数人关心的问题，也不局限于负责产品质量的部门。相反，质量优化是企业重要的**战略性企业目标**。

创新管理可以为实现质量目标作出重大贡献。在这里，更好地实现目标表明了，既可以作为**持续改进过程**（KVP, Kaizen）的一小部分，也可以以**质量飞跃**的形式实现。产品创新主要有助于提高质量，但在采购、制造和销售方面的流程创新以及社会创新有助于更好地实现质量目标。

成本

从企业经济的角度来看，成本是除质量之外的另一个重要目标。创新是降低产品成本和工艺成本并提高竞争力的一种工具。

成本是指以货币单位计价的投入材料的消耗（材料、机器、建筑物、人力等）。

成本的意义

成本因素的特殊意义来自以下框架条件：现在很多企业面临买方市场。因此，他们的定价政策余地尤其是由其竞争对手决定的。基于这个事实，要在市场上达到的销售价格决定了产品的成本。问题不再是："产品成本**是**多少？"，而是："产品成本**允许**多少？"为了获得满意的利润，大多数企业只有通过降低其成本价格来实现。

随着创新过程的推进，**成本影响**的可能性显著下降，这就是为什么在早期应该清楚市场上新产品能够实现什么样的价格。随着时间的推移，成本的灵活性更低，这是因为在产品开发过程中，越来越多的设计变量正在被逐步确定下来，从而导致人员和材料成本的确定（见图 1-17）。

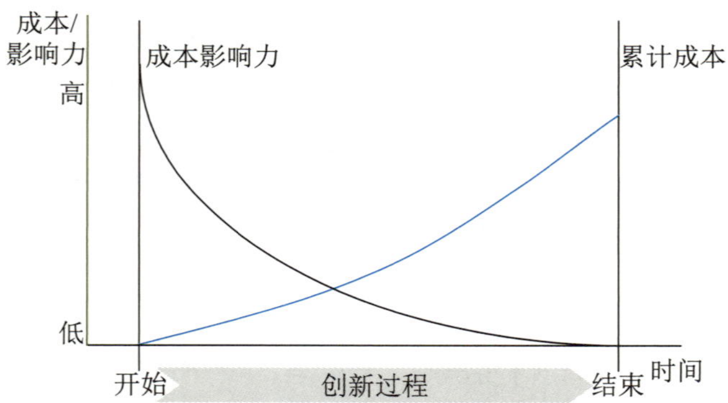

图 1-17　创新过程中的成本趋势和成本影响力

例子　更改设计成本更高！

概念阶段的产品设计图可以在很短时间内借助现代化方法（如计算机辅助设计（CAD））轻松改变。由此产生的成本可以忽略不计。然而，如果产品项目处于后期阶段，例如在制造阶段（批量生产，试生产），那么更改成本要高得多，因为在使用的材料、机器、工具、生产组织等方面已经做出了规定。

实证研究表明，新产品总成本的 70% ～ 80% 在开发阶段就已经确定了。因此，这是最大的降低成本的潜力。就竞争力而言，在产品开发的早期阶段，必须始终坚持客户的要求，而不是技术上可行。

与设计相关的成本核算

设计伴随的核算是跟踪开发过程成本趋势的一个合适的工具，从而确保在确定总体成本的开发阶段有足够的成本导向。在其帮助下，开发人员或设计人员可以立即认识到单个零件、组件或特定设计相关制造要求的成本和效果，并专门搜索更便宜的替代解决方案。此外，与设计伴随的核算还可以为研究和开发项目定义以成本导向的终止标准。

时间

在经济学中，对“时间”因素的讨论有着悠久的历史，从确定最佳发展时期的新古典主义的、模型理论工作到速度管理的工具性陈述，都有助于加速创新过程。除了成本和质量以外，时间是创新成功的另一个关键决定性因素。

时间一般被理解为，“一连串的事物，事件的顺序，连续的经历，以及自然和历史上的变化和事件的持续时间”（Brockhaus, F. A. 1994 P. 647）。

时间作为竞争因素

在理论和实践中，时间作为一个竞争因素变得越来越重要，这是无可争议的。这既适用于创新周期，也适用于新产品的市场阶段。例如，近几十年来，许多行业的产品生命周期已经大大缩短，供应商和客户现在正在形成他们的 just-in-time 的物流关系，客户期望其订单和服务要求越来越短等。因此，谈论**时间竞争**（基于时间的竞争）是相当合理的，时间因素是企业活动的关键驱动力（见 Buchholz, W. 1998 P. 21）。

例子 电子行业：时间就是金钱！

自 1960 年以来，世界电子元器件市场以每年 10% 以上的速度快速增长。电子行业，特别是处理器和内存芯片的开发、生产和销售，是时间因素影响的一个主要例子。长期以来，一方面这些产品的生命周期都非常短暂，并有进一步缩短的趋势。其中包括 x86、Pentium 和双核 / 多核微处理器的开发，日益以更短的时间间隔进入市场。另一方面，由于资本支出增加，投资回收期也往往会延长。例如，在 20 世纪 70 年代建立一个内存模块生产中心的成本约为 2000 万美元，而到了 90 年代末，成本增加了近 20 倍，现在至少有 20 亿美元。从 65 纳米到 45 纳米的 PC 处理器制造的变化甚至使英特尔总投资达到了 120 亿美元，制造 22 纳米处理器的美国工厂的扩张成本约为 80 亿美元（见 Braun, J. 1996 a P. 15, Geschka, H. 1993 P. 17, Partisch, C. 2008 P. 4）。根据战略咨询公司麦肯锡（McKinsey）的研究，从 32/28 纳米到 22/20 纳米的工艺开发成本增加了 45%，生产成本增加了 40%（见 Riemenschneider, F. 2014）。

电子行业的实例表明了时间和上述描述的成本之间的联系有多紧密。为了在市场上取得成功，公司在设计创新时必须特别考虑“时间成功因素”的两个方面：一方面是从产品创意到引入市场的**创新过程的周期**，另一方面是**进入市场的时间**（见 Gerpott, T. J./Wittkemper, G. 1991 P.119）。

创新时间短的优势

创新时间短，不仅可以早日进入市场，而且在选择最佳时机方面也提供了更大的支配空间。因此，至少在短时间内可以实现公司的垄断地位。这种垄断形势使得创新产品能够获得更高的价格，从而榨取所谓的“**垄断利润**”。另外，研发部门可以在早期致力于新的、创新的任务，缩小人力资源、财力资源和物力资源的约束，并在竞争对手中建立技术的“知识优势”。Tamagotchi 这个“历史的”的例子以及最近的例子 Nespresso 证明了这一点。

例子 Tamagotchi-首先推向市场是非常值得的！

继1996年11月日本东京的万代数码娱乐公司（Bandai Digital Entertainment Corp.）成功把由日本人 Aki Maita 发明的“虚拟宠物”Tamagotchi（译为“小的、可爱的鸡蛋”，见图1-18）引入市场之后，市场上出现了很多几乎相同的竞争产品（Virtual Pet, Electro Pet）的“追随者”。

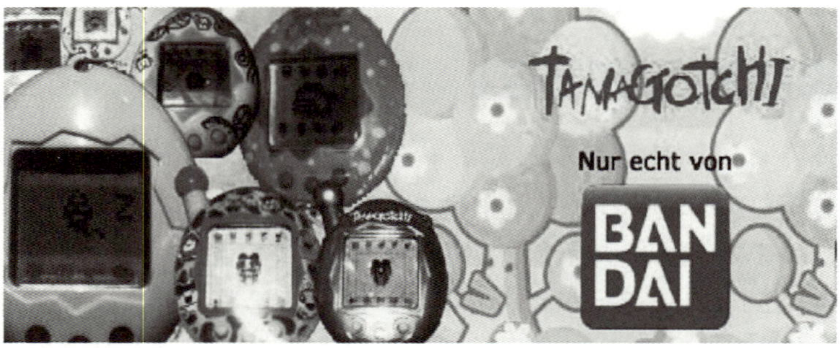

图 1-18 Tamagotchi 示例

尽管市场竞争激烈、市场同质化，但 Bandai 作为该领域的创新者，仍能保持强劲的市场地位，尽管销售价格相对较高（1997年在德国上市，Tamagotchi 花费大约为30马克）。短短几个月后，仅日本就卖出了1400多万台。到1997年底，全球销量已经增长到4000多万台。

例子 Nespresso-咖啡作为摇钱树

雀巢集团（Nestlé）在全球独立管理业务的成功故事始于1986年，与……一个简单的革命性创意：让每个人都有机会像一个有经验的咖啡师一样拥有一杯完美的咖啡。与这期间，8300名员工的营业额从2000年的1.38亿欧元增加到2012年的 36 亿欧元。这一发展表明，即使在竞争激烈的市场中，创新者也能够成功实现和维持长期有利的市场地位。例如，竞争对手 Jacobs Tassimo (Mondelez), Senseo (Master Blenders), Cafissimo (Tchibo) 和 K-Cup (Green Moun-tain) 均无法挑战其市场领导者的地位。

实施问题

随着时间的缩短，实施创新变得如此困难。创新包括许多新的、迄今未知的方面，这些方面可能会导致尚无解决方案的问题。在这方面，创新过程是一个难以控制的过程，有很多未知的变量，并且一般难以规划。另外，鉴于经济全球化进程的加快，竞争更加激烈。创新越来越复杂，劳动力和机器成本越来越高，以及更严格的环境和安全法规导致投资成本增加，从而又延长了回收期。另外，产品生命周期又进一步的缩短。这减少了创新可以产生利润的时间跨度（见图 1-19）。

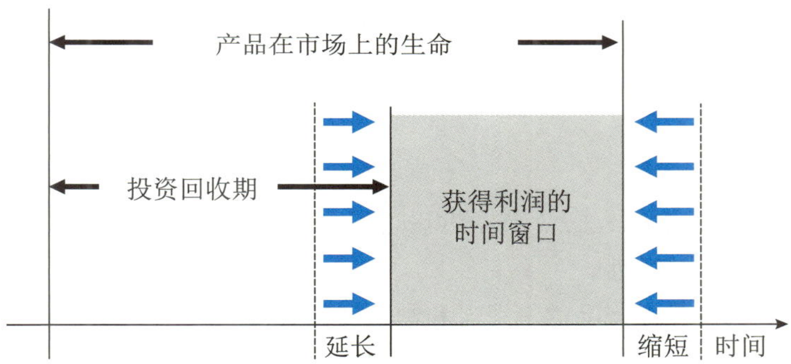

图 1-19　缩小获得创新收益的时间窗口

（见 Geschka, H. 1993 P. 18）

企业试图用不同的技术和策略来克服这些困难。因此，许多与产品有关的问题可以通过使用计算机模型来解决，例如基于 FEM（有限元法）或 3-D 模拟。以前最耗时且复杂的原型可以通过快速成型方法相对容易和快速地生产出来。此外，还可以使用计算机辅助工程（CAE）等工具以及并行和同步工程策略来快速实施产品创意，从而实现产品开发过程的并行化、标准化和一体化（见 Warschat, J. 1996 b P. 584）。

1.2.3.4　技术创新目标

技术性能和功能性

与企业经济相关的创新目标相比，技术目标仅与各自产品和过程的性能、质量和效率有关。

从技术角度来看，性能被定义为功与特定时间单位的比率。

产品所需性能明确规定在 R&D 中，并且最终作为实施 R&D 的结果。与性能概念密切相关的因素是功能性。

功能性意味着通过合适的技术设计元素，以确保客户所需的功能。

在产品上市并投入使用之前，必须检查其性能和功能。

例子 公共交通工具的性能和功能

例如，对于公共交通系统，**性能**包括每小时驶过的车站数量。该**功能**可以以停靠站的数量、地理位置分布以及交通工具对客户的便利性来表达。

对于新颖的产品和流程，必须要求它们尽可能符合市场的性能和功能要求。创新对此作出了重大贡献。

技术质量

质量的概念已经在 1.2.2.3 节中讨论过了。因此，这里只介绍技术性产品质量和过程质量的一些特殊性。

产品质量

技术性**产品质量**对产品的消费者和制造商都有影响。在向客户传达完美性能的同时，在产品制造商那里会产生返工、修理和维护费用。它以返工、修理和维护费用的形式出现在制造公司（见章节 3.2.3.5）。

过程质量

除了产品质量，自 20 世纪 80 年代初以来，焦点越来越多地集中在技术性**过程质量**。其中一个标志是，20 世纪 90 年代以来，许多公司按照 DIN EN ISO 9000 进行的认证。这套标准源于这样一个目的，即在质量管理领域制定国际统一的准则。如果一个公司符合要求，将通过认证机构的审核并授予证书。认证仍然是选择供应商的重要依据，除此之外也被用作卖点和营销工具（见 Lübbe, U. 1996 P. 771）。但是，在这方面，应该指出的是，成功的认证本身并不能保证长期的高过程质量和产品质量。只有将认证视为绩效优化持续过程的出发点，而且这种思维也固定在企业领导和员工中，才有可能具有持续的高技术质量。

效率

效率反映了交付的有效功率和总功率之间的关系，其结果是一个小于 1 的数字。

例子 内燃机的效率

例如，如果内燃机的有效功率是产生的总功率的 85%，由于摩擦、空气阻力等损失了 15% 的功率，那么这对应 0.85 的效率。

产品的效率应该在创新的帮助下不断提高，其目标是尽可能地达到一个接近的价值。当资源稀缺且现有储备必须得到最佳利用时，效率成为一个特别关键的因素（见 Bürgel, H. D./Haller, C./Binder, M. 1996 P. 36）。

1.2.4 创新类型

根据不同的特点，创新可以分为不同的类别。图 1-20 概述了区分不同创新类型的标准，接下来更详细地解释它们。

区分标准	关键问题
对象范围	创新意味着什么？
推动力	是什么导致了创新？
创新程度	这个创新有多新颖？
变化范围	企业创新需要什么样的改变？

图 1-20 创新的区分标准

1.2.4.1 根据对象范围进行区分

在文献和实践中，创新通常根据其对象范围进行分类。因此，最常见的是**产品创新**和**流程创新**之间的区别。另外，根据这种区分标准，可以区分为**社会创新**和**组织创新**，以及**营销创新**和**商业模式创新**。

产品创新

产品是一个企业在市场上提供的有形和无形的服务，它们通过其特定的功能和特点，满足实际的或潜在的客户需求。

一个产品由产品核心、顾客感知的产品外观和各种附加服务组成。**产品核心**即产品的特征和基本功能，**产品外观**和**附加服务**以附加功能和服务的形式有很多变化。一个产品市场成功的关键在于，是否以及多大程度上，将单个特点和优势整合融入明确的“产品个性”中（见 Nieschlag, R./ Dichtl, E./Hörschgen, H. 1997 P. 261,

Pleschak, F./ Sabisch, H. 1996 P. 15）。

因此，合适的**产品配套服务**是产品创新的重要组成部分。图 1-21 总结了关键的成功因素。

战略文化的成功因素	结构性成功因素
• 服务战略	• 服务设计
• 商业模式	• 服务流程
• 服务能力	• 沟通过程
• 服务文化	• 与合作伙伴的关系

图 1-21　开发产品相关的服务的成功因素

例子　汽车的产品特点

参考“汽车”技术产品，产品核心可以用零部件来描述，比如引擎、变速箱和底盘等。产品的外观通过不同的车身风格（例如轿车、旅行车、轿跑车和敞篷车）和不同的车辆特征（例如优雅或运动型）来进行差异化。附加服务包括提供的金融选项、租赁选项以及制造商的保修和服务。汽车企业通过这些特点的结合为客户提供了明显不同的产品，比如，带有三升喷油发动机、运动变速器和运动悬架、运动型内饰以及特殊服务的敞篷车。

产品创新的意义

作为企业创新活动的一部分，**产品创新**，包括所谓的**服务创新**，在市场创新或公司创新中具有特殊的经济意义。技术、经济和社会的快速发展以及消费者需求的持续变化导致产品生命周期缩短、供应量大幅增加、新产品销售占比提高。因此，产品创新的根本目标是通过推出新产品来保护或提升其市场竞争地位，从而确保公司的生存能力。要做到这一点，有必要最大限度地满足消费者的意愿，并考虑到许多市场上可以看到的饱和倾向，有必要借助革命性的产品创新来创造新的需求（见 Pleschak, F./Sabisch, H. 1996 P. 14 f., Trommsdorff, V./Schneider, P. 1990 P. 4）。

产品创新是新开发的有形和无形的服务，旨在满足特定的客户需求，并对销售量和销售价格产生积极影响，以及有助于改善供应商的营收状况（见 Thom, N. 1980 P. 32）。

例子　十个创新项目中只有一个是成功的

然而，实证研究表明，产品创新会带来重大的失败风险。例如，经调查，在

100 个产品创意中平均只有 3.7 个是在市场上成功的。另一项研究表明，在美国，3000 个“原始”产品创意中只有 1 个在市场上获得成功（见 Stevens, G.A./Burley, J. 1997 P. 16）。Commes 和 Lienert 发现，在 100 个已经开始的创新项目中，88 个最终由于技术风险、市场风险和经济风险而失败，并没有经历一个完整的生命周期（见图 1-22 和 Commes, M. T./Lienert, R. 1983 P. 349）。

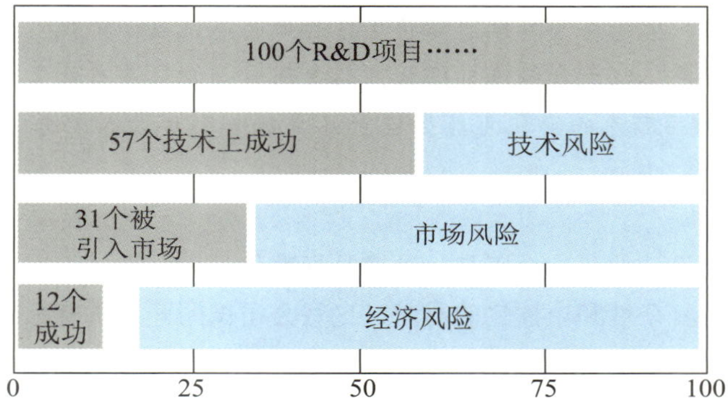

图 1-22　创新项目的成功

差异化

虽然产品创新存在失败的风险，但依然是一项重要的产品策略。从某种意义上来说，它们代表了“创新的最高水平”。但是，作为产品策略的一部分，现有产品可以适应市场不断变化的要求。例如，通过产品差异化来实现，其中已经引入市场的产品的单个或多个产品特征是变化的。然后再提供改型产品，从而扩大销售计划。这种方法是被广泛使用的，并响应企业的愿景，针对个别市场或细分市场的特殊性作出反应，以便同时尽可能满足广泛的消费群体（见 Meffert, H. 1998 P. 425, Nieschlag, R./ Dichtl, E./Hörschgen, H. 1997 P. 277）。

例子　汽车和化妆品中的产品差异化

作为产品差异化的一个例子，梅弗特命名了前戴姆勒－克莱斯勒股份有限公司的 C 级车的不同变型，诸如“Esprit”或“Elegance”等补充说明来澄清各个产品线之间的区别。另一个尝试使消费者识别产品差异化的例子是，NIVEA（妮维雅）身体护理产品中的商标“Visage”或者“for Men”（见 Meffert, H. 1998 P. 428）。

变化

产品变化仅指对在市场上推出的产品作出微小的改变，比如美观的、物理的、功能的和象征性的组分，但是不能跨越式地提高技术和竞争地位。保留该产品的基本功能。因此，产品差异对提高产品性能的作用小于将产品重新定位以延长产品生命周期（见 Meffert, H. 1998 P. 423, Nieschlag, R./Dichtl, E./Hörschgen, H. 1997 P. 277）。

例子　厨房用具的产品变化

例如，如果一家厨房用具制造商将生产的烤面包机或咖啡机，由之前的黑色和白色，改变为黄色、红色和绿色，那么产品使用方面肯定没有什么根本性的变化。与现状相比，产品颜色的变化可能会使产品更加吸引年轻人，并鼓励年轻人购买产品。

标准化

最后，产品设计的另一个工具，是**产品标准化**。为了满足由客户的强烈愿望引起的日益增长的复杂性和个性化的需求，这些公司试图开发具有标准化组件和单个组件强大的模块化系统。由于它们数量之大，可以降低生产制造成本（见 Pleschak, F./Sabisch, H. 1996 P. 15）。

例子　电动工具的产品标准化

博世公司（Bosch）的 *IXO* 电动螺丝刀就是电气领域中这种模块化系统的一个典型例子。迄今为止，其电动工具部门开发的电动螺丝刀在全球已售出 1300 万台。由于它的便捷性，它在 2003 年彻底改革了家装市场。实用的全功能配合纤薄的设计，使它立刻成为经典的手工螺丝刀的热门替代品。与此同时，顾客可以用不到二十欧元买到大量的衍生品，它们的应用范围从经典的电动螺丝刀，到开瓶器、胡椒磨和地毯切割机等（见 www.bosch-ixo.com）。

流程创新

一个流程就是通过一系列逻辑相关的活动，以目标为导向地创建一项服务，这些活动按照一定的规则在一个时期内执行（从头到尾的时间）（见 Vahs, D. 2012 P. 233）。

从这个意义上说，流程是指完整的事情经过，由事件（例如销售订单）触发，并具有明确的输入和输出。在一个过程中，通过组合使增值（附加值），将其作为流程结果传递给内部或外部客户。

流程创新是要素组合过程中的新的变化且直接作用于供给方（Thom, N. 1980 P. 35）。

流程创新的对象

流程创新是指提供服务所必需的物质和信息过程的创新（更详细的流程解释见 Vahs,D. 2012 P. 233）。它们有助于提高劳动生产率，从而为提高经济（实际）收入提供机会。与产品创新相比，流程创新旨在改进或重组公司流程。这些包括**物质过程**，即物理上实际存在的物体（原材料、辅助材料、消耗品、半成品和成品）的加工和运输，还包括交换和处理信息的**信息过程**。创新活动的核心是改善所取得的流程结果与所需时间之间的关系（即劳动生产率）。创新活动主要的目标是通过有效的流程生产高质量的产品，而且周转时间短，成本低。流程创新的进一步目标是，提高职业安全，节约原材料和能源以及更环保的生产设计（见 Thom, N. 1997 P. 8）。

流程方面越来越重要

Pleschak 和 Sabisch 指出，与产品创新相比流程创新往往被忽视，他们认为，这是德国企业的竞争劣势。相比之下，日本企业越来越关注流程创新，这为它们在国际竞争中带来了显著的优势。因此，Pleschak 和 Sabisch 呼吁在产品和流程创新之间取得平衡，以便在此基础上实现竞争优势（见 Pleschak, F./Sabisch, H. 1996 P. 20）。然而，近年来在商业实践中发生了变化，因为德国经济的创新行为表明，**产品和流程创新是企业创新活动的核心领域。**2010 年，34% 的公司是产品创新者（即过去三年至少向市场推出了一种新产品），23% 是流程创新者，19% 的公司推出了产品和流程创新（ZEW 2012 P. 3）。

例子 流程创新使企业更加成功

1998 年，Emnid 代表波罗的海航交所和 Droege 企业管理咨询公司进行的“创新管理研究”也取得了类似的成果，研究了来自 17 个国家 1879 家不同企业中关于创新管理的成功因素：成功的公司同等地追求产品和流程创新，而不太成功的公司忽视流程创新（见 Droege/BDI 1998 P. 27）。

另外，其他学者则认为，顾客是否购买主要取决于所提供的产品。因此，对客户而言，只有企业内部效率影响产品质量、实用性、价格或其他特性时，企业内部效率才是有意义的（A. D. Little 1994 P. 20 ）。

例子 客户感兴趣的是什么？

咨询公司 Arthur D. Little 指出酒店和餐饮业的一个例子：一家餐厅的客人对厨

房的布置基本上是不感兴趣的客人认为更为重要的是所提供的食物、饮料的质量以及服务质量。然而，许多公司所谓的“流程再造”其实就像“厨房”改造一样，使与顾客直接接触的服务人员忙于从事其他工作，以至于或多或少不能顾及和满足客户的需求（见 A. D. Little 1994 P. 21）。

产品创新和流程创新的连接

另一个观点认为，如果没有相应的流程质量，就不可能达到好的产品质量。产品创新和流程创新以多种方式联系在一起，两者往往相互依赖。即使超出公司边界，两者也可以确定这种相互依存关系：例如，资本货物制造商的产品创新可以导致新产品用户的流程创新（见 Trommsdorff, V./ Schneider, P. 1990 P. 4）。

例子　产品创新导致流程创新

一个机床制造商开发了一套柔性的制造系统，可以对一个工件进行完整加工，并集成了不同的加工工序，如车削、铣削、钻削和磨削。这代表了制造商的**产品创新**。如果客户使用新系统，会导致生产过程的变化，因为之前存在的、不同的加工工位被整合到新的整体加工中心。这种整合对运输、铺设、安装和加工时间均有影响，从而缩短了整个过程的周期。因此，制造商的产品创新导致了客户的**流程创新**。

竞争杠杆
产品创新和流程创新

随着时间的推移，我们可以认识到产品创新和流程创新之间的联系。如图 1-23 所示，这两种创新之间的**创新活动水平**（以研发支出和，一个时期内向市场或企业新推出的产品或流程的数量来衡量）在一个行业的生命周期中互相转移。例如，各种**行业生命周期模型**和经验证据表明，产品和流程创新的重要性取决于**行业的成熟度**（例如，成熟度取决于企业的平均年龄、所考虑行业的平均规模或数量；见

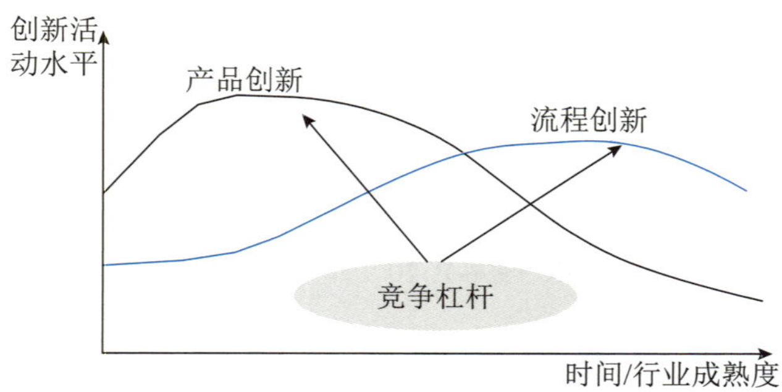

图 1-23　随着时间的推移，产品创新和流程创新的重要性发生了变化

（见 Utterback, J. M. 1994 P. 91, Gerpott, T. J. 2005 P. 40）

Utterback, J. M. 1994, P. 79, Gerpott, T. 2005 P. 39）。这就意味着，例如在汽车行业这样一个相对“老的”行业里，当今最重要的是流程创新。相比之下，例如生物技术或基因工程这样“年轻的”行业，目前正在使用产品创新作为决定性的**竞争杠杆**，可以为企业在各自的经济领域提供经济优势。

例子　“成熟”和“年轻”行业投资领域

一方面，2001 年在德国“成熟”的行业中，比如金属生产和加工、能源和水供应以及采矿等行业，其内部研发费用的 50%、75% 和 87% 用于开发流程创新，内部研发费用的 50%、25% 和 13% 用于纯粹的产品创新。另一方面，在技术上更有活力、相对来说更“年轻”的行业，比如电气工程和机械工程，只有 23% 和 25% 的研发费用用于流程创新，而投资额的大部分，77% 和 75%，用于纯粹的产品创新（见 Gerpott, T. J. 2005 P. 39）。

社会创新

除了产品和流程之外，公司的人力资源和组织结构也可以成为创新的主要方面。

社会创新关系到公司中的人员和他们的行为。他们服务于实现社会目标，如提高工作满意度、事故预防、工作保障等，同时与企业文化紧密相连。在“**社会企业家**”背景下，社会创新近来越来越重要，因为它们是所谓的“社会企业家”的起点。

社会创新的对象

社会创新是人与社会领域的新变化（Thom, N. 1980 P. 37）。

例子　小组工作作为社会创新

社会创新的一个例子是在制造业中引入小组工作。通过小组工作，员工获得更多的责任和更大的行动自由。因此，小组工作提高了员工的满意度，端正了员工的动机，并最终提高了工作绩效（数量多、残品率低、缺勤率低等）。但是，只有在文化允许的公司才能实现这样的概念。因此，小组工作的概念需要一种开放的企业文化，可以将任务、责任和职能分配给个人和团队。

社会创新与其他类型的创新之间可能存在多种多样的联系。因此，商业实践中流程创新和社会创新之间的过渡往往是流畅的。除此之外，产品创新可以成为社会创新的催化剂，反之亦然。

例子　过渡是流畅的……

例如，使用全自动、无排放的新型涂装设备（产品创新）可以显著改善生产的工作条件（社会创新）。另外，喷漆和干燥过程的整合可以缩短生产时间（流程创新）。

Thom 正确地指出了衡量社会创新改善效果的特殊问题。创新目标，比如员工对公司价值观和目标的认同度，员工承担社会责任的意愿。不能像生产时间或单位生产成本那样容易地衡量。在这方面，要寻求评估社会变革创新效果的合适参数。例如，在人力领域衡量创新的积极影响的一个指标是提高员工满意度，可以通过书面或口头访谈直接衡量，也可以通过解释错误率、生产率、缺勤率等具体指标间接衡量（见 Thom, N. 1980 P. 38）。

结构创新

结构创新对象

结构创新也被称为**组织创新**，应该改善组织结构和流程组织。在很大程度上，它们与流程、产品和社会创新密切相关，因为它们涉及公司流程和任务承担者，即涉及的人员和服务提供的对象。组织创新可以用来追求"硬"目标（如降低成本、改善质量、提高生产率）和"软"目标（例如更高的工作满意度、更好的工作氛围），突出它们与流程和社会创新的密切关系。

结构创新是指企业尚未实施的企业组织结构和流程组织的新变化。

例子　小组工作也是一种结构创新

如前所述，小组工作不仅仅是一种社会创新，也是一种组织创新。虽然"传统"的泰勒主义的工作方式，特别是在流程生产方面，是基于高度的功能差异化，但小组工作整合了不同的工作流程。几个人负责执行这些操作，在理想情况下他们同意任务的分配和各个工作步骤的设计，并共同对工作完成的质量负责。从结构上讲，小组工作的引入可以使从流水作业向流动的海岛生产（Standalone Manufacturing Islands）的转变。

营销创新

营销创新的对象

随着 2005 年《奥斯陆（Oslo）手册》（经济合作与发展组织和欧盟统计局的共同努力结果，旨在收集和解释创新数据并提供指导原则）的修订，创新概念得到了扩展，包括所谓的营销创新（见 OECD 2005 P. 49）。例如，这种类型的创新可能涉及产品设计、广告、品牌、分销渠道或定价政策。在这方面，营销创新往往伴随着新产品在市场上的实施。他们在创新管理实践中的重要性相当高。2012 年，42% 的德国公司在营销领域引入了创新性的问题解决方案（见 ZEW 2012 P. 4）。

营销创新是指新的营销或销售方法，以前没有被公司使用过，是作为新的营销理念或营销策略的一部分而引入的（见 ZEW 2012 P. 4）。

例子 罐装黄瓜“Get One!”

营销创新的一个经典案例是 Spreewaldhof 公司的罐装黄瓜“Get One!”。该公司在 2000 年实现了在加油站、迪斯科舞厅和健身房销售大的、单个罐装黄瓜，价格高达玻璃瓶酸黄瓜的十倍。

商业模式创新

商业模式（Business Model）可以理解为公司配置和执行其增值活动的方式，旨在最大化客户利益并产生持久的竞争优势。

商业模式创新的对象

关于创新的商业模式作为成功决定性因素的讨论还是比较新的，但越来越多地出现在创新管理的文献和应用实践中（关于商业模式问题的看法的概述，可见 Zollenkop, M. 2006 P. 19）。这很有意思，因为许多基本的创新不是产品创新的结果，而是商业模式创新的结果。这些创新直接关系到公司的商业模式，也可以从根本上改变现有的行业和市场结构，甚至创造全新的产业。由于其复杂程度高、变化深度大、涉及风险特殊，公司的商业模式创新活动往往需要与其他公司合作（见 Franken, R./Franken, S. 2011 P. 200; Gassmann, O./Sutter, P. 2011 P. 197, Hauschildt, J./Salomo, S. 2011 P. 10）。

商业模式创新（Business Model Innovations）是现有企业的根本性变革，也是创造新型商业模式的基础，以更好的方式满足客户的需求，使公司比竞争对手更具有竞争优势（见 Franken, R./Franken, S. 2011 P. 199）。

商业模式创新的类型

商业模式创新可以区分为三种类型（见 IBM Deutschland GmbH 2008 P. 49）：

企业模式创新用于专业化和企业重组，重新定义哪些任务自己可以独立完成，哪些任务需要与外部合作伙伴合作完成。例如，思科（Cisco）专注于品牌和设计，同时把制造、销售和其他业务分包给合伙伙伴。

销售模式创新通过新的增值和新的定价模式导致营收方式发生变化。例如，吉列（Gillette）已经把主要的收入来源从剃须刀转移到了剃须刀刀片上。

行业模式创新导致重新定义现有行业，进入新行业或创建全新行业。例如，苹果公司（Apple）借助 iPod 或 iTune 成为最大的音乐零售商。

例子　商业模式创新正变得越来越重要

过去，商业模式创新已经彻底改变了整个行业。比如，家具公司 IKEA（家具运输和组装转交给最终客户），计算机制造商 Dell（在生产中引入 Built-to-Order（接单生产），且放弃中间商）或者在线市场 Ebay（连接私人卖家的二手商品和连接新商品的经销商和制造商）。参照 2008 年 IBM 全球 CEO 调研报告对“未来的公司”的调查研究，接受调查的 1000 多位高管中，69% 希望未来的商业模式实现大规模创新（IBM Deutschland GmbH 2008 P. 47）。

例子　新的商业理念的生殖细胞

从事商业模式创新的组织领域被认为是新的商业理念的生殖细胞。例如，戴姆勒股份公司（Daimler AG）于 2007 年 10 月成立了一个业务创新部门，在三年内确定了 58 个新颖的商业理念，其中 11 个在各自的市场开始项目试点。这些成功的商业理念包括 car2go、car2gether、Style your smart 等（www.daimler.com）。

1.2.4.2　根据推动力区分

拉动创新

创新可以有不同的原因。**目的诱导的创新**产生于“市场拉动”（有时也称需求拉动），因此也被称为**拉动创新**。它们是由客户的需求发起的，因此具有较高的成功可能性。

例子　随身听作为拉动创新

索尼的随身听是一个“市场拉动”创新的著名案例，1979 年首次推出，并迅速发展成为年轻一代的生活方式的产品。它满足了客户的需求，能够让用户在任何地点听到所需的音乐，从而完全符合消费者的要求。

推动创新

与此相比，**介质诱发的创新（推动创新）**主要是由新开发的技术驱动的，对此尚未找到合适的应用领域。这种创新方式起始于公司的研发部门。因为推动创新并不是从一开始就从一个接受的市场开始，因此它的成功机会比拉动创新要低一些。

例子　CT 作为推动创新

计算机断层扫描（CT）、光缆、录像机、手机或 MP3 技术都是介质诱发的创新。它们的起源伴随着许多问题、阻碍和挫折。它们在获得高利益后，最终获得了市场的认可，并发展为成功的产品（见 Lynn, G. S./Morone, J. G./Paulson, A. S. 1996 P. 80, Fraunhofer IIS. 2012）。

为了取得成功的创新，决策者在创新决策时必须同等考虑市场和技术两个方面，基础研究和市场研究对此均有重要意义。总的来说，大部分基础创新都是介质诱发的，而改进创新通常是由市场刺激的（见 Macharzina, K./Wolf, J. 2012 P. 737）。对于一个公司来说，必须有一个**均衡的推动创新和拉动创新**组合，一方面，需求引发的创新可以降低失败的风险；另一方面，由技术引发的创新可以长期确保公司的市场地位（Strebel, H. 2007 P. 42）。

所谓的“推动”和“拉动效应”将在第二章和创新战略一起进行更详细的阐述。

1.2.4.3　根据创新程度进行区分

所有创新概念定义的共同点是新颖性。

如果将使用技术的新颖性作为区分的依据，创新则可以被区分为以下几种类型（见 Pleschak, F./Sabisch, H. 1996 P. 4）。

基本创新

一项基本的创新（有时被称为“开创性创新”）标志着突破新技术或组织原则，通常会以改进和新应用的形式带来大量的后续创新，且会导致市场和竞争态势的剧烈变化（见 Trommsdorff, V./Schneider, P. 1990 P. 4）。

例子　基本创新——蒸汽机

基本创新的例子包括蒸汽机、喷气发动机、图像板或核裂变（也可以参考第 1.1.1.2 节中有关康德拉季耶夫周期的解释）。

改进创新

改进创新可以改进现有问题解决方案的单个或多个参数，但它们的基本功能和特点得以保留。

例子 改进创新——微处理器

通过进一步开发硬件和软件来提高个人电脑的性能，可以作为改进创新的一个例子。

适应创新

根据客户的意愿调整现有的服务或产品，就是所谓的适应创新。

例子 适应创新——前照灯

如果一家汽车制造商将新一代车辆推向市场，供应商将会开发一款专门针对新一代车型，满足设计和技术要求的车灯。

模仿

模仿是指故意采用或故意复制已经存在于其他公司且成功使用的问题解决方案。

因此，模仿可以被认为是创新的“自然补充（natural complement）”（Gerpott, T. J. 2005 P. 47）。从时间的角度来说，模仿合乎自然地依据创新进行分类。就应用范围而言，模仿表现出与先前创新相类似的应用。从技术上来说，模仿在很大程度上或者全部沿用创新技术（见 Strebel, H. 2007 P. 21）。

易于理解的是，从根本上讲模仿的概念是负面的，因为它不是基于独立的创新。然而，豪斯切尔特正确地指出，几乎没有一个伟大的发明，“……没有被模仿，几乎没有一个发明，不曾被质疑为只是一个模仿”（Hauschildt, J. 2004 P. 69）。

例子 模仿——巧克力奇迹球

消费品行业的一个模仿案例是 1996 年雀巢公司推出的“巧克力奇迹球”，模仿其竞争对手费列罗于 1974 年在德国市场推出的“惊喜蛋”（见 Hoffritz, J. 1996 P. 128）。

虚假创新

虚假创新是指所谓的“伪改进”，并不能真正地给客户带来新的或附加的益处。

所以他们只是通过一些新的假象来欺骗买主。

例子　设计中的虚假创新

例如，手钻之类的产品设计被重新定义时，如果不能为客户带来更好的操作、性能、耐用性等，那么就会出现虚假创新。

企业需要特别关注和处理创新的产品和流程。为了正确评估创新，我们建议使用**核对清单（checklist）**。在大多数情况下，核对清单以表格的形式包含各种标准，借此可以评估创新程度。图 1-24 展示了用来评估创新程度的一个常见的核对清单。

评估创新的程度

这个核对清单可以根据公司各自的内部情况进行调整，并通过分数对各个方面进行相应的加权。如果在回答预先确定的问题时获得足够多的“是”，以及在评估的项目上获得预定的分数（**创新分数**），那么与正常业务过程中的项目相比，该项目就被归类为“创新”项目（见 Hauschildt, J./ Salomo, S. 2011 P. 16）。

1.2.4.4　根据变化范围进行区分

根据在一个公司里实现创新所需的努力，创新可以区分为渐进式创新、激进式创新和颠覆性创新（见 Christensen, C.M./Raynor, M.E. 2004 P. 1, Pleschak, F./ Sabisch, H. 1996 P. 3, Zillner, S./Krusche, B. 2012 P. 37）：

渐进式创新也被称为进化创新，出现在已经存在的相关市场或已知的应用领域中（基础技术和关键技术）。因此，它们可以相对无风险地执行，比较容易控制，且从根本上提高了目标与资产的比例。在这方面，渐进式创新主要涉及纯粹的改进创新和适应创新。

渐进式创新、激进式创新和颠覆性创新

相反，**激进式创新**，也称为革命性创新，通常与基础创新相同，具有高度的创新程度(先驱性技术，新市场)。它们在公司内造成了深刻且复杂的相互依存的变化。一般而言，激进式创新相关的经济风险会较高，但需求驱动力和技术诱导力越强，市场机会就越大。正因为如此，根据咨询公司 Arthur D. Little 的研究，顶级创新者在产品创新方面依靠激进式创新，同时在流程创新方面依靠渐进式变革（见 Arthur D. Little 2013 P. 9）。

已经存在的问题解决方案受到**颠覆性创新**的挑战。“颠覆性技术”一词可以追溯到哈佛大学教授克里斯腾森（Clayton M. Christensen），与“持续性技术”区分开来（保留的技术，沿着众所周知的性能改进路径前进）。

评估对象：（简短描述）

评价：	根本不适用 1	2	3	4	5	6	完全适用 7

1. 产品创新
1.1 涉及创新的技术对我们来说是非常新的
1.2 新技术在很大程度上取代了以前的技术
1.3 新设计并没有吸取我们以前的技术
1.4 我们对于技术零部件没有经验
2. 销售市场
2.1 创新吸引了我们以前从未服务过的客户
2.2 对于新的客户需求我们没有经验
2.3 对于新的分销渠道我们没有经验
2.4 创新需要与新的合作伙伴合作
3. 生产过程
3.1 所需的生产设施我们基本没有
3.2 创新的产品组装与以前的方法有很大的差别
3.3 我们在创新生产过程中的经验不足
4. 采购
4.1 供应商的创新行为难以预料
4.2 对于创新的材料我们经验很少
4.3 我们只能靠几个值得信赖的供应商
5. 资本要求
5.1 创新需要的营销成本迄今未知
5.2 创新需要的研发成本迄今未知
5.3 创新需要的生产投资迄今未知
6. 正式的组织
6.1 对于创新必须任命一名全职产品经理
6.2 对于创新要成立独立的部门或小组
7. 非正式的组织
7.1 创新正在改变我们现有的企业文化
7.2 创新需要迄今尚不存在的社会能力
7.3 创新需要新的管理技能
7.4 创新是企业价值变革的象征
7.5 创新需要产品领域的重大战略变化

创新程度 = 得分总分 ÷24

图 1-24　创新评估核对清单

（见 Hauschildt, J./Salomo, S. 2011 P. 17）

颠覆式创新可能完全取代现有的技术、产品或服务，从而覆盖全新的性能维度。以决定性的质量特征来衡量的话，它们最初的表现会比现有产品差。但是，它们有使一小群新客户欣赏的特别之处。一旦颠覆性技术足够强大，它们就会取代已经建立起来的技术（通常是突然地）。这种创新的基本条件是偏离性能改进的现有发展路径或重新定义性能。这就需要始终如一地考虑客户的需求，并允许回到技术使用的最初关注点（见下面的示例）。

例子 手机作为一个颠覆性创新案例

一个引人注目的颠覆性创新的例子是手机（Zillner, S./Krusche, B. 2012 P. 38）。在大多数情况下，一个利基市场，虽然客户较少，但客户参与度很高，该市场可以作为相应成熟技术的应用市场。只要在这个过程中达到了客户的要求，产品就会在各地迅速传播。现如今，没有手机的生活是不可想象的。在这里，我们找到了一个客户驱动型颠覆性创新的典型例子：经常变换住处的经理和顾问们，高度赞赏这一可用于随时联系的产品，尽管手机最初质量差且价格高。这个目标群组没有期待任何制造商发明手机。相反，他们对这样的解决方案更感兴趣，即在极端流动的情况下，如何确保别人可联系到自己。这种客户兴趣和技术可行性贴近的过程的结果可能就在我们身边，只是我们没有注意到。从第一部重达千克的手机原型到现如今移动生活的天才——Siri，并没有很长时间，但我们感觉已经很久了。这恰恰是颠覆性创新的特点：在短时间内完成其使用规则的变化。

图 1-25 根据技术和相关市场的类型区分了渐进式和激进式创新两种类型：

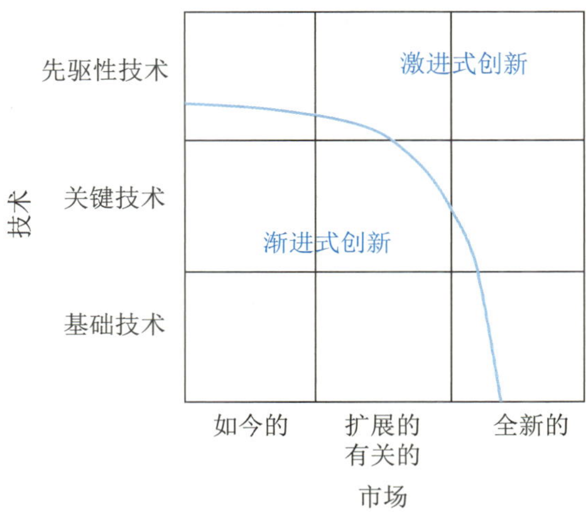

图 1-25 区分渐进式和激进式创新

（见 Kroy, W. 1995 P. 59）

激进式创新的优势

基本上激进式创新风险较高，但这样的创新也代表了一个公司的非凡机会，例如，如果激进式创新创造的产品在市场上成功推出，那么在一定时期内，公司就具有垄断地位，在竞争中具有知识和经验优势。这样可以吸引市场，除了获得高销售额和利润外，公司还可以改善形象。

1.3 创新成功的影响因素

1.3.1 创新成功的维度

将有前景的创意转化为成功的创新通常不仅是一个耗时的过程，而且也是一个高成本的过程。因此，在《创新管理》一书的开头讨论这个问题是有意义的，即是否存在一定的影响因素，对创新的总体收益具有特别积极或特别消极的影响。对这些影响因素的认知有助于降低决策的复杂性，使企业将注意力集中到规划、开发和实施创新的基本方面，从而支持其以目标为导向的管理。

评估维度

创新的总体收益（全面成功）可以从三个维度进行评估（见 Hauschildt, J./Salomo, S. 2011 P. 340）：

技术维度

创新的技术收益可以通过具体的指标来确定（比如降低空气阻力、降低能源需求、减少材料消耗、缩短交付周期、满足某些性能参数等）。除了这些直接的技术效果之外，创新往往可以被认定为具有间接的收益，例如学习成果、技术转让、技术问题的识别，或者改善创新团队内的协作。

特别是对于具有高度新颖性的创新来说，这些间接收益通常比直接收益更重要。

经济维度

经济收益的评估首先集中于直接与创新相关的经济成果，并体现为成本、营业额、边际收益、利润或盈利能力等变化。间接地，创新可以通过专利和其他知识产权来保护某些行动领域，从而对竞争形势产生影响。这可能会导致竞争对手销售额下降或成本增加。但是这种间接的影响比较难以量化，所以比较适用于有启发性但不成功的创新。

个人 / 社会维度

创新的其他收益是在个人层面（对创新者的科学认可、授予研发领域奖项等），或者涉及社会和环境领域。

在商业实践中，某些影响因素对创新整体收益贡献的归因在时间上和事实上是有问题的。商业运作的复杂性，以及企业内部和外部的多种因果关系，通常难以准确确定一个具体的成功因素的效果。另外，特别是在定性变量的情况下，难以衡量。以下章节不包括测量问题和分配问题。这些因素可能会对创新过程结果产生积极或消极的影响。

归属问题

1.3.2 创新成功的影响因素及其作用

1.3.2.1 不同类型的成功因素概况

自 20 世纪 60 年代中期以来，创新研究就致力于寻找对新产品的市场成功有很强正相关性的因素（见 Trommsdorff, V./Schneider, P. 1990 P17）。问题的关键在于，是否存在**一个**针对创新的成功概念，即泰勒主义的“一个最好的方式”。创新研究领域在这个问题上已经进行了 60 多个实证研究。

此外，一些荟萃分析（meta-analysis）已经从许多个体研究中滤出了一系列创新的成功因素，根据豪斯切尔特和所罗门的说法，“第一眼看上去似乎有道理”。如果创新满足以下条件，即被认为成功了：

直觉上貌似合理的成功因素

- 在一个创新友好的企业文化中进行，承认分工的优势。
- 生产出一种技术新颖的产品。
- 提供给客户一个全新的益处。
- 这个产品根据专业的市场研究。
- 按战略规划引入市场 （Hauschildt, J./ Salomo, S. 2011 P. 32）。

但是从几个方面来看，现有研究成果的意义和可转移性，是值得怀疑的（见 Hauschildt, J. 1991 P. 452, Hauschildt, J./Salomo, S. 2011 P. 33, Maier, F. 1995 P. 61）：

传统的成功因素研究通常不考虑或者只是不完整地考虑情境影响。因此，在很大程度上忽略了公司内部和外部创新形势的特点。

成功因素研究的问题

科学界还没有能够定义一个统一的适用于所有的调查对象的，测量公约使得操控因变量，从而实现“创新成功”的问题更为严重。由此研究人员有主观的自由裁量权，以至于几乎不能互相比较各个调查结果。

大多数研究没有区分不同类型创新的影响因素。渐进式创新和激进式创新被同等观察。这也使得成功因素和失败因素难以比较、查明。

成功因素研究的焦点在于大型企业，却并没有单独考虑绝大多数中小型企业。

最后，大部分研究来自美国，并没有考虑到欧洲的特点（如融资、税收和资助环境）。

传统的成功因素研究方法致力于比较成功的和不成功的创新，并寻找显著的差异，没有太多地考虑所描述的理论和方法的不足。以回归分析或因子分析设计研究的结果只包含对实际创新管理的一般性建议。被认为适合于预测未来创新项目的关键成功因素（Critical Success Factors），并不能被理解为“成功的保证者”。而且，这并不能把创新的性质视作一个具体的、新颖的、独特的解决问题的过程（见 Bullinger, H.-J. 1994 P. 273, Sabisch, H. 1991 P. 199）。

当人们意识到**成功的新产品的要求**时，确认在企业实践中创新成功因素的根本问题就变得清晰明了了：

- 比竞争产品更独特、更好。
- 提供明显的经济和技术优势。
- 以各种方式满足客户的需求。
- 具有较高的质量和可靠性。
- 不会比竞争对手相类似的服务贵。

这是一个非常难以满足的要求，因此最终一般不会或至少不会完全实现（见 Kramer, F. 1987 P.84）。

成功的影响因素

以下章节将仔细研究创新成功的四组影响因素，即**创新特定成功因素**、**企业内部成功因素**、**企业外部成功因素**和**其他成功因素**，并试图阐明其对创新成功的作用。后者反过来又是企业成功的一个主要影响因素，虽然它也取决于一系列其他因素，这里不讨论（见图 1-26）。

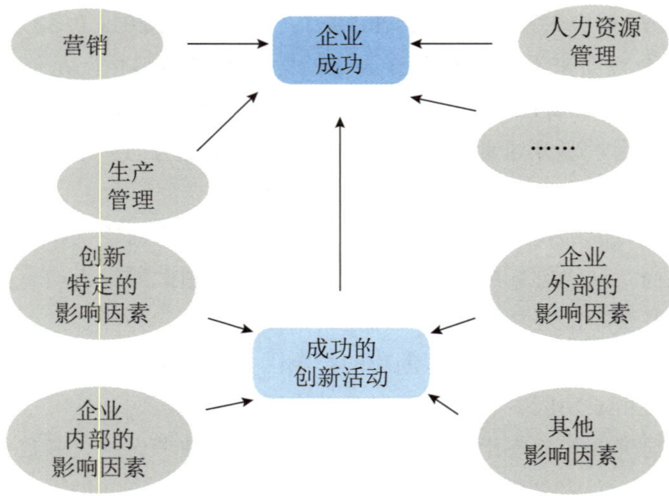

图 1-26 创新成功和企业成功的影响因素

例子 蒂森克虏伯（ThyssenKrupp）的“创新之家”

创新对蒂森克虏伯集团（ThyssenKrupp AG）具有特殊的意义（口号：我们为您创造未来）。为了成功创造技术和创新，公司有五个“虚拟基石”，如图 1-27 所示。

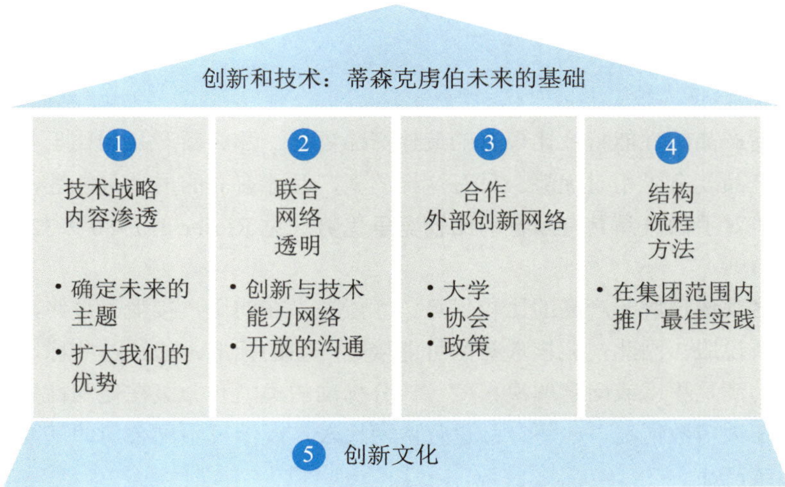

图 1-27 蒂森克虏伯集团的创新之家

第一个基石旨在定义并不断发展技术战略。我们确定了领先的技术趋势，调整我们的发展重心且与全球趋势保持一致，这些趋势又侧重于材料、能源、环境、资源和移动性等方面。

第二个基石是充分联合我们的能力，并把专家聚集在一起，进行交流和互相联络。为此，必须进一步加强集团公司之间的交流。我们推出了“创新与技术能力网络”，方便来自研发、创新和技术领域的领导和专家共同讨论。

第三个基石代表了“开放式创新”经常提及的内容：发展与大学、研究机构以及其他公司的合作与伙伴关系。

第四个基石是寻找更好的创新管理的结构、流程和方法。我们在整个集团推广使用最佳实践。

第五个基石定义了创新文化：高层管理人员推动创新，且为我们的工程师和开发人员建立创新自由。

1.3.2.2 创新特定的成功因素

对于成功地引入和推广一个创新及其成果，以下创新特有的特征被认为是十分重要的（见 Mohr, H.-W. 1977 P. 45, Rogers, E. M. 1983 P. 211）：

- 创新的相对优势。
- 创新的兼容性。
- 创新的复杂性。
- 创新的可观察性以及可体验性。
- 创新的成熟度。

创新的相对优势

如果新产品的性能特征比现有的最佳产品更好，那么新产品相比于其上一代型号或竞争产品就有了相对优势。只有这样的新产品才有高的成功可能性，这是由于它们比竞争对手的产品具有独特的**比较竞争优势**（见 Rieser, I. 1986 P. 326, Sabisch, H. 1991 P. 199）。

必须**客观地理解**新产品的比较优势，才能被潜在的用户接受。最终，客户被创新的优势所说服。因此，应该选择尽可能接近产品的标准，通过这些标准可以评估多种产品的满足程度或问题解决程度。评分标准的类型和分级在便利性方面是自由选择的。在大多数情况下，将产品进行两两比较，既涉及不同公司的基准产品，也涉及其后续产品。

例子　处理器和存储的相对优势

电子数据处理领域提供了一些实例，其中体现了相对优势：每次新一代的微处理器和存储介质都具有更高的性能、更小的尺寸和更低的价格，因此对于用户而言，无疑比上一代更具优势。

创新的兼容性

产品创新的兼容性被理解为它与潜在用户的现有用途的一致性或兼容性，以及公司的生产能力和市场机会（见 Mohr, H.-W. 1977 P. 53, Rogers, E. M. 1983 P. 223, Sabisch, H. 1991 P. 197）。因此高兼容性是产品创新的另一个关键成功因素。相反，不兼容的创新由于对现有的系统和程序缺乏足够的适应性，而存在被市场拒绝的风险，这将会导致公司非常高的适应成本。

例子　苹果和微软

计算机行业既提供了成功的案例，也提供了失败的案例。

微软新一代处理器和存储器获得了巨大的成功，其部分原因在于，这些创新实现了兼容性的要求，在数据处理上也是如此。恰恰相反，苹果公司的例子表明：该公司提出了创新的硬件解决方案和软件解决方案，使用它是非常有利的；微软和苹果之间存在的广泛的不兼容性，这是过去时间内阻碍苹果创新传播的一个主要因素，因而也影响了这家公司的成功。

创新的复杂性

创新的复杂性在于其多样性的程度以及难度的高低，也就是与潜在用户的使用相关。高度的复杂性会限制用户使用，从而长久地损害了其传播（见 Mohr, H.-W. 1977 P. 55, Rogers, E. M. 1983 P. 230）。

例子 一次性相机作为一个简单的解决方案

作为试图利用低产品复杂性来增强新产品在市场上的采用和推广的一个例子，富士胶片在 20 世纪 80 年代引入一次性相机。其产品标准是简单的操作和消除烦琐的胶片变化，符合一个特定的用户群体，并使该产品在这一领域取得市场成功。

创新的可观察性

如果潜在买家可以立即识别和单独证明新产品的相对优势，那么产品创新的市场推广就会变得容易，由此立刻开辟了创新的益处并相应地影响购买行为。

应该尽可能早地指出创新的可观察性。然而，必须考虑到竞争方面的问题，因为过早宣布创新技术诀窍（know-hows）会使竞争对手模仿。新的问题解决方案变得更快，从而导致更激烈的竞争（见 Rieser, I. 1986 P. 327, Rogers, E. M. 1983 P. 232）。从这个意义上说，企业陷于这样的两难境地，即市场与竞争的严格封锁和创新的直接“体验”，而它又是决定市场成功与否的关键因素。

例子 原型样件和试驾使创新可以体验

汽车制造商的普遍做法是，在市场推出新车型之前，或多或少地向公共道路上发布一些伪装“原型”车，这不仅是出于车辆测试的技术原因，还包括沟通方面。对于一些驾驶员来说，产品创新是直接可见的。汽车杂志和相关的新闻报道正在为新产品引起更多的潜在客户的注意。

即使在市场推出之后，创新的可观察性也起着十分重要的作用，这就是为什么汽车制造商向其客户提供试驾的原因，从而客户可以亲自体验新车的优势。然而在某些情况下，这种做法还有一些缺点，例如，很少有客户能够识别和测试新开发的无腐蚀车身或极少的维修。因此，制造商必须承诺通过长期质保来说服客户，从而弥补缺失的可体验性和可观察性。

创新的成熟度

创新的成熟度也是市场成功的关键标准。只有一个成熟的、高品质的和理想无瑕的产品，才能保证在目标市场上成功地引入和推广，前提是其他成功因素也得到充分满足。

一方面，曾经遭受过新产品“发展过程中缺点”的客户，很难相信，这些缺陷是可以弥补的而且现在已经有了一个技术上和质量上完美无缺的产品。另一方面，竞争对手正在等待这样的缺陷，借助自己的产品质量和成熟度来说服创新企业当前的或潜在的顾客，使他们成为买家。

例子 “麋鹿测试”的效果

汽车制造商所谓的“召回运动”是汽车行业日常出现的一部分，尽管并不是所有这些措施都会影响新车型。尽管如此，不能否认的是，频繁的召回活动，会使车企承担失去顾客的风险。这种风险因客户服务的不足而加剧。新产品引入阶段重大事故的代表之一是于1997年秋季梅赛德斯 - 奔驰推出的A级车型。正式宣布后不久，人们就知道，在极端驾驶和回避绕行（所谓的“麋鹿测试”）中，该型车和竞争车辆相比经常发生翻车事故。虽然奔驰公司立即启动了修改和改进，但对产品创新的信任至少短时间内受到严重干扰。

1.3.2.3 企业内部的成功因素

对企业内部的变量来说，要清楚地确定一些与成功相关的因素是非常难的，因为每家企业在实施创新流程时都有自己独特的出发点。本章节将详细地讨论成功的相关影响因素：

- 企业年龄。
- 创新历史。
- 战略、文化和组织。
- 财政资源。
- 企业规模（见 Mohr, H.-W. 1977 P. 108）。

企业年龄

评估企业年龄不可以仅根据企业成立以来的年数确定，而且还要根据各个行业的年龄来确定。

例子 年龄是相对的！

例如，160 多岁的西门子，不能直接与开发搜索引擎和营销的谷歌进行年龄比较。与西门子相比，谷歌只有不到十岁，但考虑到这些“互联网企业”的平均年龄，它也可以被描述为“老的”。

关于企业的年龄如何影响成功的创新活动的普适性描述是不现实的。原则上“老的”和“年轻的”企业都可以有创新促进和创新抑制的方面：

企业年龄的影响

一方面，一家活跃**多年**的企业不仅财务状况稳健，而且由于其年龄的原因，直接或间接地证明了它可以“正确地”处理创新，这方面有助于将来成功的管理创新。另一方面，特别是在老企业的情况下，尽管框架条件不断地变化，但是传统的流程模式却保持不变，“我们一直这样做！”的心态很容易滋生，当前的企业成功阻碍未来的成功。在这方面，特别是保持创新所需的结构和个人灵活性正在成为一个重要的影响因素，特别是对于“老的”企业而言。

原则上，这种假设似乎是合理的，即**年轻**企业的创新趋势比老企业更明显。其中一个原因是，在现有市场上运营的年轻企业只能通过持续创新来与竞争对手竞争。但新市场也需要大量创新来挖掘现有的销售潜力。特别是在年轻企业里，员工往往有“乐观精神”，它有助于鼓励动机和提升业绩，为企业的创新能力作出重大贡献。

总而言之，可以说一个企业的年龄并不是创新成功因素，也不是创新失败因素。相反，创新的成功取决于企业在多大程度上利用其经验，并保持灵活性，这是成功开发和推出新产品所必需的。

创新历史

与年龄密切相关的是一家企业在创新过程中所取得的经验。在创新管理领域，这与企业活动和日常生活的其他领域没有本质的区别：正确使用**经验**总被认为是有益的。因此，利用现有的正面和负面的经验来创造和实施创新，是一项重要的成功标准（见 Schewe, G. 1994 P. 43）。

企业历史的影响

悠久的创新历史可以理解为一个组织的知识库，不断补充且利于促进新的创意及其实现。即使以往的创新过程并不顺利，但从中获得的经验对未来的创新活动仍有积极的影响。然而，过去的成功创新也有可能阻碍未来的发展。如果一家企业在市场上利用激进创新成功实施技术突破，且规范为“主导设计”或“产品原型”，这可能会阻碍未来的创新（见 Gassmann O. 1997 S. 82, Zedtwitz, M. v./Kiss, E. 1996 P. 107）。

战略、文化和组织

除了企业的年龄和创新历史，企业战略、创新文化和企业组织也是影响创新成功的因素。这是通过各种实证研究已经证明的（见 Gerpott, T. J. 2005 P. 205 的概述和 Vahs, D./Schmitt, J. 2010 P. 4 的研究）。因此，一方面，一个高效的结构和流程具有明确的价值创造导向且运用合适的协调手段，另一方面，相应的领导行为，员工的知识与能力的整合，开放的沟通和清晰的、以价值为基础的创新导向的积极的创新文化，对创新成功起重大作用（见图 1-28）。一个成功的效果也揭示了一个明确定义的、一贯实施的企业战略和创新战略。

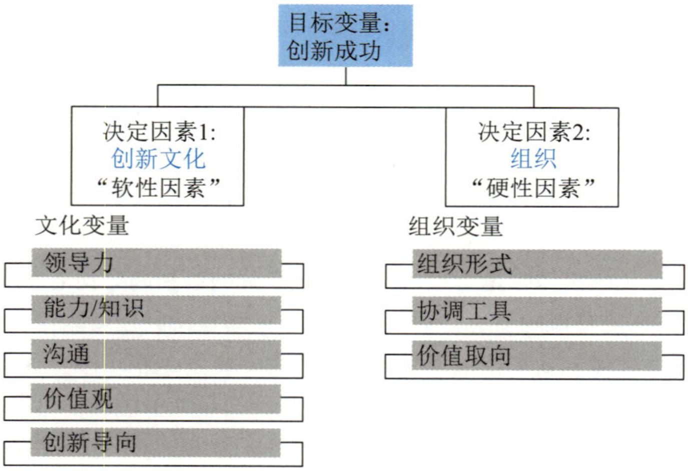

图 1-28　文化和组织作为创新成功的决定性因素

（见 Vahs, D./Schmitt, J. 2010 P. 5）

文化和组织的协同作用

例如，一个基于 85 家以中小型企业为主的样本分析表明，与组织不同，创新文化并不是创新成功的直接决定性因素（见 Vahs, D./Schmitt, J. 2010 P. 4）。但是，它与组织有很高的相关性。这意味着不能分开考虑组织和创新文化。相反，这两个成功因素相互制约：除了一个促进创新的组织之外（平等层次结构、分散结构、快速流程等），成功创新的企业还具有相应积极的企业文化（目的明确的创新导向，对错误的开明处理、促进创新的领导行为等）。因此，**创新文化可以说是组织创新相关的辅助因素**，而创新文化又是创新型企业文化发展的必要前提。

例子 3M企业文化和组织是成功的因素

3M 不仅拥有严格的有组织的创新流程，而且其职责和能力也有明确规定（见章节 3.2），并且还依赖于“创意可以发展为成功创新的企业文化”（3M Deutschland GmbH 2012 P. 8）。因此，在 3M，企业文化和结构条件相结合的最好案例，是经常被引用的 15% 规则，根据这个规则，研发人员将 15% 工作时间（非定向时间）用于自己的创意，并为引入市场做好准备。

文化和战略

博斯咨询公司（Booz&Company Inc.）从 2011 年开始在全球 1000 家企业进行的一项定性研究显示，创新文化和组织在企业成功方面的相互作用非常密切（见 Booz&Company Inc. 2011）。之后，战略方向和创新文化是成功的关键因素，而较高的 R&D 支出则不会显著改善成果。企业管理者和管理理论家一直非常关心文化问题，无论它们适用于整个企业还是创新领域。原因很明显：文化非常重要。研究一再表明，企业成功或失败的关键来源是企业文化——胜过战略和领导（Booz & Company Inc. 2011 P. 3）。

例子 苹果是“最具创新力的企业”

显然，苹果将成功因素紧密联系在一起，2010 年到 2013 年间，博斯所调查的企业中有一半以上的企业将苹果列为全球最具创新力的公司，其次是谷歌。其中“最具创新力的企业”有 3M、三星、通用电气、微软和 IBM。亚马逊在 2013 年从第 10 位（2012 年）上升到第 4 位，之前并不在名单之中。在这方面，值得注意的是，微软和三星是十大研发投资者之一，然而苹果在 2013 年创新方面的支出最少，R&D 比例仅为 2.2%。这再一次表明，“钱本身并不是一切！”（见 Booz & Company Inc. 2011 P. 7, 11, Booz & Company Inc. 2013 P. 42）。

财政资源

企业的财务状况和流动状况是影响产品创意实施的另一个因素。有目的地使用充足的资金可以扩大创新过程中的行动范围。它们可以推动创新，并采取适当措施将其引入市场。

应该指出的是，首先充足的**自有资本投资**可以大大提高企业顺利完成创新项目的机会，即使出现不可预见的财务支出情况。相反，如果存在金融瓶颈，则会大大限制创新的机会。有两个事实支持这个观点。

当然，创新项目也可以借助**外来投资**实现，例如通过风险资本融资。但是，在使用外部资本时，应该考虑每个创新项目都与相应的投资有关。创新项目借助外部资本，会承担支付利息和偿还本金的负担，这会限制财务预算，并对创新成功的经济前景产生不利影响。

资本的影响

另外，一个企业有高于平均水平的财务状况，可能会从**自己的资源**中增加创新相关领域（基础研究、应用研究、开发等）的预算，或者至少将其维持在足够的水平。但是，企业必须始终关注投入（财政资源）和产出（创新解决问题）之间的积极关系，也就是说，财政资源只能用于发展实际上可以期待市场成功的创意。

例子 西门子创新的“内部市场”

例如，过去西门子有限公司集团不得不支付一定比例的营业额给负责研究任务的中央技术中心（ZT），不管其创新是否卖得出去。其结果是大量的研究工作，很少根据客户的意愿且难以在商业上实施。ZT 作为一个以成功为导向的服务提供商，只有通过创新的“内部市场”，必须将其研究成果出售给集团部门，这使得企业更有针对性地使用财政资源（见 Dürand, D. 1998 P. 62）。

图 1-29 显示了与高于平均水平（自有）的资本有关的正面影响。它表明，现有的财政资源对创新成功有持续的影响，并且理想的情况是启动一个自我加速的增长过程。

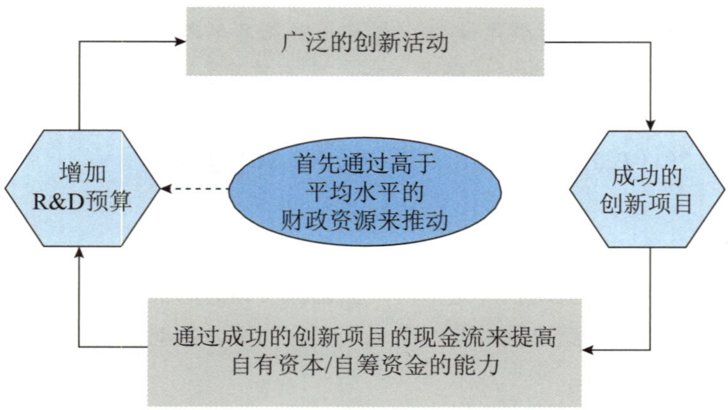

图 1-29 财政资源和创新成功的循环

企业规模

企业规模是另一个影响因素，在创新项目成功的可能性方面一再被提及。企业规模一般以员工数和销售额来衡量。但企业规模分类标准不统一。下面不再详细讨论这个问题。为了简化起见，“大型”企业被认为是员工数超过一千人的企业。

当被问及企业规模对创新成功的影响时，有许多观点支持企业规模与创新活动成功可能性之间的**正相关性**。在大型企业里成功的可能性会增加，因为它们在更广泛的活动领域内运作，从而有更多的机会，一些新的产品创意达到市场成熟度，并在经济上取得成功（见 Amstad, M./Arvanitis, S./Hollenstein, H. 1996 P. 247）。此外，还有一些其他原因表明**企业的规模是成功的因素**：

一个规模不断增加的企业通常不仅仅伴随着增加的**资源可用性**，而且是更大的市场力量和更好的机会影响创新有关的参考群体。鉴于创新管理领域合作的重要性，大型企业合作的机会多于中小型企业。 企业规模的影响

在处理创新方面 大型企业拥有**更多经验**的可能性也高于小企业。这不仅与大量实施的创新项目有关，而且大型企业往往历史悠久，有更多的相关经验。

然而，企业规模也可能会**不利于**创新成功，因为随着规模的扩大，沟通问题、协调问题和控制问题也会增加。创新管理存在“**官僚主义**”的风险（例如手册过多、形式化的指导方针、僵化的决策层级等），严重限制了其灵活性和响应性。因此，企业成长往往是“创新生产力”下降的原因（见 A. D. Little 1997 P. 251）。同时，生产和采购的“规模经济”在管理和组织方面，面临着相当大的“逆规模经济”。这两方面中，哪一方面对创新成功的影响占主要优势，视具体案例而定。

1.3.2.4 企业外部的成功因素

总的来说，企业的创新活动受到大量外部因素的影响，从客户直接竞争到超国家的立法措施。本节着重讨论被认为特别重要的因素：

- 市场规模
- 市场动态
- 合作机会

（见 Maier, F. 1995 P. 69, Mohr, H.-W. 1977 P. 63）。但是，应该指出的是，至少在短期内，企业不可能立即改变这些外部影响因素。

市场规模

市场规模对创新成功的影响是矛盾的：一方面，一个明确的、可管理的市场，相比一个大市场，可以以更低的成本渗透。本声明特别适用对于营销措施的资金使用；另一方面，为了使资金的使用与创新的收益成正比，一定的市场规模势在必行。如果创新涉及大量的投资，那么以销售额衡量的特定“关键”市场规模就显得尤为 市场规模的影响

必要。如果市场太小，创新型企业就不可能打破盈亏平衡点，至少从经济的角度来看，新产品将会“失败”（见 Mohr, H.-W. 1977 P. 65）。

例子　市场规模成为技术差距的原因

经济合作与发展组织（OECD）在 20 世纪 60 年代末委托进行一项关于市场规模对创新成功重要性的研究，来调查当时美国和欧洲之间的技术差距。美国领先的主要原因之一是销售市场的规模，而不是像原先认为的那样，欧洲企业的研发活动不足。美国国内市场规模大，需求高度同质化，促进了新技术的推广，特别是在需要大量生产的情况下。而在欧洲，即使在今天，由于各国文化、心理和购买习惯的不同，购买者的异质性也阻碍了产品的差异化。因此，欧洲难以达到批量效应和学习曲线效应，这对新产品在市场上的传播有负面影响（见 OECD 1968 P. 34）。

市场动态

市场动态的影响

一个创新率相对较高的、大的市场动态，导致规划的可靠性低、销售形势不稳定和产品前景不明朗。不过，如果要保持市场份额，那么涉足市场的企业必须具有创新性。响应能力、能够及时预测市场趋势和实施新颖问题解决方案的能力，是动态市场的成功因素。然而，无论如何，问题在于竞争对手企业的创新活动都会使得在市场上长期建立新产品变得困难甚至不可能。因此，回收期通常相对较短，只有那些可以大量出售或以高价出售的产品是有利可图的。

例子　几乎不可能更有活力……

软件行业是一个市场动态影响的极端例子：不断出现新程序、后续版本和预发布版本，程序更新和升级。因此，不可能通过一个单一的、一成不变的程序来长期巩固市场地位。就连作为个人电脑软件行业领导者的微软，也需要通过不断改进程序来保持其市场领先地位。

另外，动态市场通常具有高的增长率。因此，创新在增长的市场中相对容易引入，并且可以快速地扩散。这反过来又降低了与规划不确定性和市场不确定性相关的创新风险。

合作机会

在 R&D、采购和销售方面与外部合作伙伴合作的可能性也是创新成功的重要因素。跨企业合作尤其重要。合作的主要目标是创造一个全面的知识库、使用规模效应、改善市场地位、扩大股权基础，整合价值链等。

合作

取代之前“传统的”双向关系（供应商—制造商或制造商—客户），日益复杂的**合作网络**出现了。这些关系大都是长期的，并试图利用整个价值链上的协同增效潜力，并克服个人资源短缺的情况（见 Hamel, G./Prahalad, C. K. 1995 P. 285）。

在企业实践中，**合资企业**和**战略联盟**是当今常见的合作形式。只有少数企业能够或想要完全独立自主地完成其广泛的和成本密集型的产品创新。除了扩展技术诀窍和协同效应之外，还有一些其他原因，比如分担风险，尤其是在不确定成功的创新项目中。

例子 开放式创新的重要性正在增加

无数的观点和例子都表明了合作机会对创新成功的重要性。例如，创新企业拜耳与科学和工业界的外部合作伙伴开展研究合作是创新战略的固定组成部分(Bayer AG 2014 P.70)。像汉高这样的企业也是如此：“我们的创新是依靠内部和外部的贡献。这就是为什么‘开放式创新’的概念发挥着重要作用。我们相应加强了整合外部合作伙伴的措施。”(Henkel AG & Co. KGaA 2014 P. 73) 西门子也认为：“这些新的合作方式也是西门子开放式创新理念的重要组成部分，通过内外部专家的重要推动，增强了集团的创新实力。开放式创新克服狭隘的思考，证明和实现了互联、开放企业的潜力”（见 Siemens AG 2014 P. 218 ）。

即使像 3M 这样的**综合技术企业** (multi-technology) 也依靠基于“开放式创新”的合作，将其视为一个丰富企业知识、向他人学习，并在中期和长期项目中尽早让商业伙伴参与的机会（见 3M Deutschland GmbH 2012 P. 8 ）。

1.3.2.5 其他成功因素

除了明确提到的创新特定的因素以及企业内部和外部的影响因素之外，还有许多其他因素可能影响企业创新活动成果。这些因素包括：企业激励制度的设计，特别是薪资报酬模式、职晋升机会以及员工继续教育和培训的政策。

在企业环境中，还要考虑其他可能的影响因素，比如竞争对手的行为、国家对企业创新活动的影响、国家机构研究成果的可用性以及创新成果出口的可能性。

尽管这里不再讨论这些因素及其可能的影响，但是，下面的例子表明，国家行政的影响可能有利于创新（见 1.1.1.5 节），也可能明显地阻碍创新。

例子　国家行政管理的效力

在这些企业看来，国家行政部门对创新成功（或失败）起着不小的作用：在国家和超国家层面，冗长的审批程序、复杂的法律规范和官僚的法规阻碍了创新的快速和灵活实施；在国际比较中，许多关税部门仍然缺乏灵活的工作时间以至于影响德国的创新环境。从上面引用的 emnid 创新管理研究来看，**国家**对创新活动的**规定**、反创新税法、种子阶段（特别是在德国）缺乏风险资本，以及冗长的专利程序（特别是在欧洲），是成功创新的主要障碍（见 Droege/BDI 1998 P. 6）。

1.3.2.6　创新成功的相关影响因素的作用

上面讨论的创新的影响因素及其作用效果如图 1-30 所示。每个因素的主要作用以加号（对创新成功有正面作用）或减号（对创新成功有负面作用）表示。在某些情况下，作用也因情况而异，用加号 / 减号表示。

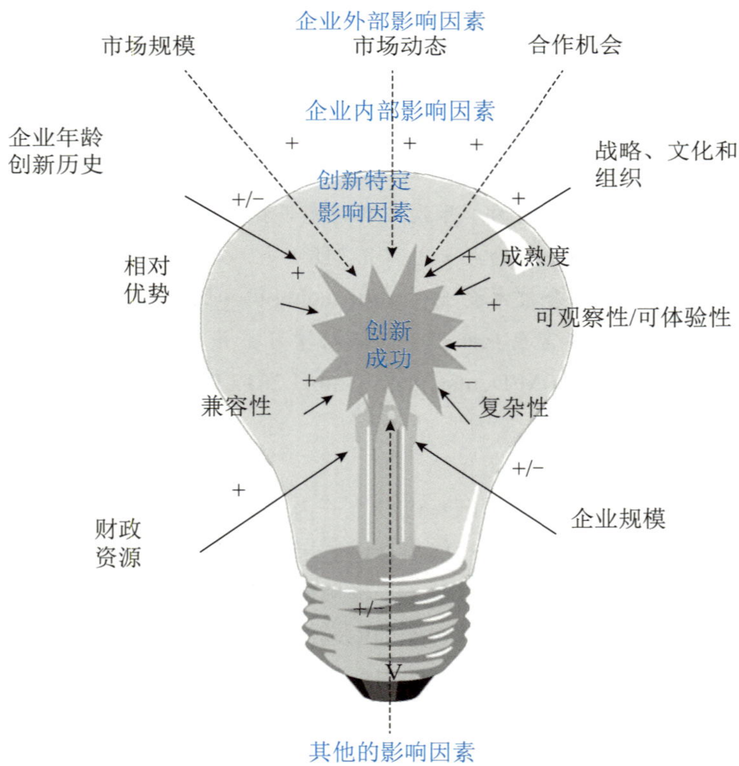

图 1-30　相关影响因素对创新成功的影响

但是，图 1-30 只是一个示意图，既没有完整性也没有普适性。然而，这种描述可以作为进一步分析问题的思考方式，即在具体情况下创新的成败取决于什么，以及这些因素如何相互作用。

1.3.3　创新失败的根本原因

提出影响创新的各种因素之后，就会产生一个疑问，是否存在某些具体的因素，会不可避免地导致创新失败。这个问题对那些还没有从自己的创新活动中获得全面认知，并希望通过学习其他创新者的经验来避免重大错误的企业特别有意义。

一方面，潜在的失败因素是由于上述创新成功因素的满足程度不足所致（见图 1-30）；另一方面，始终有可能找出导致创新失败的非常具体的原因。创新过程中**典型的薄弱环节**或**“实施陷阱”**包括以下部分（见图 1-31 以及 Corsten, H. 1989 P. 9，Olschowy, W. 1990 P. 30）：

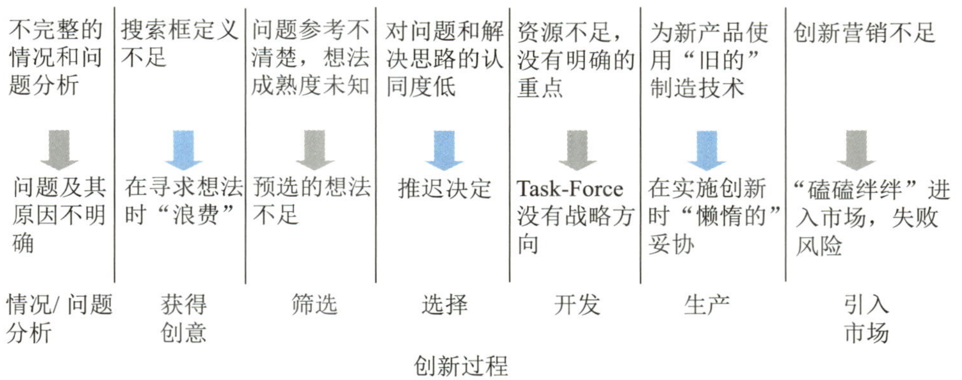

图 1-31　创新过程中典型的“实施缺陷”

在创新过程中“实施缺陷”

- **组织**上的薄弱环节（专业化程度过高、层次太多、R&D、市场和生产之间缺乏协调与合作，缺乏应对必要的过程稳定性和足够的行动灵活性之间的“组织困境”）。
- **人员**上的薄弱环节（缺乏创新意识、创新能力有限、由于创新意识不足，缺乏创新意愿、信息不完整、参与机会不足、参与机构之间的沟通问题、缺乏人力资源）。
- **规划**的薄弱环节（不完整的问题分析、没有清晰的创新战略、在创造和实施创新思想的过程中缺乏系统性、错误的上市时间、缺乏规划工具的知识和应用、缺乏创新控制）。

- **环境相关**的薄弱环节（对市场和竞争环境、技术、法律和政治形势的分析不完整和不系统）。

图 1-32 补充说明了新的资本货物引入市场失败的一些经典案例，图 1-33 补充说明了创新成功（被忽略的）影响因素。

类型	描述	失败的原因
A	没有人想要过度设计的捕鼠器 （28% 的新发布失败）	• 尽管产品具有优势，但仍高估了潜在的客户数量
B	跟风产品，满足竞争壁垒 （24% 的新发布失败）	• 客户对现有供应商的品牌忠诚度 • 模仿代替创新
C	具有竞争优势的产品 （13% 的新发布失败）	• 跟风产品无法承受竞争压力
D	有环境问题的产品 （7% 的新发布失败）	• 产品不具有足够的客户价值 • 市场被错判 （客户、竞争、国家）
E	产品有技术缺陷 （13% 的新发布失败）	• 不能遵守技术要求
F	价格暴跌 （13% 的新发布失败）	• 太高的物价定位政策 • 通过低价竞争导致失败

图 1-32　资本货物新发布失败的类型

（见 Backhaus, K. 1997 P. 318）

图 1-33 中的观点仅限于那些可以直接从案例描述中获取的影响因素，这些是创新项目失败的基础因素。但是诸如缺乏发现想法或不足的创新控制等导致创新失败的进一步影响，是看不到具体实例的。

总之，创新失败的原因可以追溯到两个关键问题：创新能力和创新意愿（见 Corsten, H. 1989 P. 10）。

创新能力

创新意愿

公司的**创新能力**来源于员工的适应潜力、企业组织的目标设计；创新过程，尤其是**创新意愿**来自创新活跃人士的动机。这两个影响因素往往是公司实践中创新活动不足的根本原因，但可以通过适当的措施来弥补！

类型	被忽视的成功标准
A	• 一致的市场导向和客户导向 • 可观察性、可体验性 • 市场规模
B	• 相对优势 • 市场动态 • 市场规模 • 一致的市场导向和客户导向
C	• 市场规模 • 市场动态 • 利用合作机会 • 创新的相对优势
D	• 市场规模 • 市场动态 • 一致的市场导向和客户导向 • 创新的相对优势
E	• 高的成熟度 • 可观察性、可体验性 • 兼容性
F	• 财政资源 • 市场动态 • 市场规模 • 合作机会

图 1-33　成功因素的未实现，是创新项目失败的潜在原因

例子　确保创新成功

The Offensive Mittelstand-Good，是由德国由联邦政府、州、协会、工会和一些其他机构在 2002 年发起的一个独立网络，倡议新的工作质量，旨在“通过引入当代标准和实用工具来促进成功的、以员工为导向的企业管理”。为此，该网络开发了“中型企业潜力分析”，特别是小企业应该接受具体的建议，借此促进它们的创新过程，提高对新产品和成功产品的认识，更好地重视和利用员工的想法。在潜在分析的背景下，管理人员可以审查六个相关行动领域，以便凭借众多的核对清单（见图 1-34）来提高其创新能力和创新意愿（塑造创新框架条件、促进内部创新意愿、利用外部创新潜力、创造创新动力、在创新过程中融入迭代、控制创新过程），并根据结果制定各自公司具体的行动计划（Offensive Mittelstand-Gut für Deutschland 2014 P. 6）。

- 是否有企业内部调研，用以识别创新过程的成功因素和失败因素？
- 创新过程的哪些优点和缺点可以重复地被观察到？
- 能否为自己的产品设立（可操作的）标准，明确与竞争产品相比的相对优势？
- 是否使用了可视化表达产品性能或特征轮廓的工具？
- 在新产品开发的背景下，是否寻求和实现了客户的应用可能性与公司的生产可能性之间最大的兼容性？
- 公司是否利用这些机会，使其新产品对潜在客户具有可体验性和可观察性，比如通过产品诊所（product clinic）、市场营销、市场测试、出版物等？
- 公司如何确保在上市之前具有创新的最高成熟度？
- 是否持续监控相关的市场参数（绝对和相对的市场份额、市场结构和市场动态，竞争对手的活动等）？
- 公司是否以合作的形式充分利用客户、供应商和竞争对手的知识和经验（战略联盟，合资企业等）？
- 企业是否或多或少地把自己的创新经验用于未来的新产品项目？
- 公司是否有足够的资金用于目前和未来的创新项目？
- 公司决策者是否意识到创新成功的影响因素？
- 如何评估员工的创新能力和创新意愿，以及采取哪些措施来改善这两个创新成功的关键影响因素？

图 1-34　成功因素核对清单

复习题

创新——流行语或“经济引擎？”

1. 解释熊彼特创新理论的基本思想。
2. 你认为创新的经济意义是什么？
3. 解释所谓的康德拉季耶夫周期是什么意思。特别注意各种基本创新。
4. 康德拉季耶夫周期如何阐明创新对国民经济增长的重要性？
5. 现如今多大程度上可以成为康德拉季耶夫第六周期？
6. 什么是“关键技术”？
7. 为什么创新具有很高的企业经济重要性？
8. 为什么现如今企业必须特别具有创新才能获得长期的成功？
9. 时间是企业的关键竞争因素。请建立创新时间与创新成功之间的联系，并解释相关关系。
10. 描述战略绩效分析研究的主要内容，创新管理会对这项研究带来什么影响？
11. 如何评估社会与“研究和发展”的关系？
12. 如何评估创新的政治意义？请论证你的观点。
13. 在你看来，为什么赞成政府的创新资助，为什么反对？

14. 你认为未来的创新重点会在哪些领域？

创新管理基础

1. 什么是“发明”，什么是“创新”？
2. “狭义”的创新与“广义”的创新有什么不同？
3. “管理”一词包括哪些方面？
4. 基础研究、应用研究和开发的 R&D 有哪些特点？
5. R&D 管理的任务和目标是什么？
6. 你了解什么类型的技术？
7. 技术管理的对象是什么？
8. 什么是“创新管理”？
9. 指出创新管理的基本任务。
10. 一般而言创新有哪些特征？
11. 什么时候问题解决方案可以称为是“新颖的”？
12. 根据创新程度创新如何分类？
13. “不确定性”因素在创新中扮演什么角色？
14. 什么是“复杂性”？
15. 与创新有关的复杂性问题是什么？
16. 你熟知创新实践中有哪些典型的冲突？请举出例子。
17. 创新特征之间有什么相关性？
18. 目标有哪些维度？
19. 你知道哪些目标关系？
20. 创新管理的“魔法目标三角形”是什么意思？
21. “魔法目标三角形”中的定量和定性目标有什么意义？
22. 你知道哪些企业经济的创新目标？
23. 质量在多大程度上是企业战略目标？
24. 在创新过程中如何形成成本趋势和成本影响力？
25. “时间”在多大程度上是企业的一个重要竞争因素
26. 使用自己选择的例子，解释为什么获得收益的机会窗口越来越小。
27. 在多大程度上技术创新目标对实现产品创新和流程创新发挥作用？
28. 社会创新目标扮演什么角色？
29. 可以用哪些标准来区分不同类型的创新？
30. 区分产品创新、产品差异化、产品变化和产品统一化，并各举一个例子。

31. 什么是流程创新？它有哪些特点？
32. 举例说明，什么是流程创新的对象。
33. 为什么流程创新变得越来越重要？
34. 产品创新和流程创新在一个行业的生命周期中起什么作用？
35. 什么是社会创新的特点？
36. 什么是结构创新？
37. 什么时候谈论“营销创新”？
38. 什么是“商业模式”，什么是“商业模式创新”？
39. 你知道哪些类型的商业模式创新？
40. 用自己选择的例子来解释拉动和推动创新的区别。
41. 哪些创新可以通过“创新程度”的特点来区分？至少各举一个例子。
42. 在评估创新程度时应该注意什么？
43. 为什么激进创新虽然有风险，但是又特别有希望？

创新成功的影响因素

1. 哪些维度表征了创新的整体效益？
2. 在现有的实证研究中，有哪些直观合理的创新成功因素？
3. 你认为研究创新成功影响因素的特殊问题是什么？
4. 哪些因素可以积极地或者消极地影响创新成功？
5. 你认为创新特定的影响因素是什么？
6. 你认为，是否有企业内部影响因素会对创新的成功作出重大贡献？指出并描述这些因素。
7. 外部因素对达到创新目标有什么作用？
8. 你知道创新过程中有哪些典型的“实施陷阱”？请举例说明。

第 2 章

规划创新

本章概览

2.1　发展创新战略

2.2　创新职能的组织

2.3　设计创新促进型企业文化

学习目标

- 研究创新战略的特点和类型，以及制定战略阶段、方法和工具。
- 识别可能性、机会和风险；了解如何将创新职能恰当地融入企业组织中，以及在创新过程中可以有哪些角色。
- 深入了解创新促进型企业文化的意义和影响，并了解哪种方法对企业文化的进一步发展有意义。

2.1　发展创新战略

2.1.1　战略和愿景

2.1.1.1　战略的概念和特点

一般而言，创新不是由“虚无”产生的。相反，它们是基于对创意的机遇和风险有充分了解的企业决策者的有目的的行动。为了实现成功的创新，需要优化资源配置。因此，所有的创新活动都必须与战略目标保持一致，符合企业战略。总体而言，企业战略，特别是创新战略，将成为成功创新过程的起点，如3M公司所示，并将在下文进行更详细的探讨。

例子　战略规划是创新支柱

一直保持新颖的和创新的产品、服务和解决方案——3M公司因此而闻名，公司也一直致力于此。它依靠两个强大的支柱：一个是企业文化，在这样的企业文化里创意可以发展为成功的创新；另一个是战略规划。它首先了解当前和未来客户和市场的需求，准确评估市场机会（3M Deutschland GmbH 2012 P. 8）。

战略的概念

战略这个概念已经成为近几十年来现代管理的一个流行语，在文学作品和商业实践中的使用情况大不相同。它起源于希腊语，可以追溯到“stratós”（军队）和“ágein”（领导）这两个词。据此，战略意味着“军事指挥艺术”或“军事艺术”，在这个意义上，普鲁士将军卡尔·冯·克劳塞维茨（Carl von Clausewitz）在18世纪初的军事理论著作中使用了战略（战略是以战争为目的使用战斗的原则）。大约五十年前，所谓“博弈论”的两位发明家约翰·冯·诺依曼（John von Neumann）和奥斯卡·摩根斯坦（Oskar Morgenstern）将战略概念从军事领域转移到了经济领域。博弈论中的战略是针对特定目标的一系列各个步骤的结果。美国“战略教皇”伊戈尔·安索夫（Igor Ansoff）在其1965年的《企业战略》一书中将战略概念引入管理层，并将**战略**定义为**确保企业长期成功的措施**。迈克尔·波特（Michael Porter）于1996年强调**独特竞争优势的实现**：竞争战略是与众不同的。这意味着故意选择一组不同的活动来提供独特的价值组合（Grant, R. M./Nippa, M. 2006 P. 40）。虽然已经在文献中对战略概念进行了无数次的界定，但对企业战略的普适性描述并不容易。因此，**接下来介绍战略的重要特点**（见 Frese, E. 1987 P. 117, Lombriser, R./Abplanalp, P. A. 2005 P. 21, Macharzina, K./Wolf, J. 2012 P. 259, Mintzberg, H. 1995 P. 29, Pümpin, C./Gälweiler, A./Neubauer, F.-F. 1981 P. 45, Ulrich, P./Fluri, E. 1995 P. 114）。

- **高度复杂**

战略的特点

企业战略涉及大量的个人决策，所有决策都是以战略目标为导向，包括企业的各个方面。这导致了各种相互作用，例如各个职能部门之间的相互作用，必须审查其对总体目标成果和战略一致性的影响。这个特点清楚地表明，战略变化通常涉及很多费用和很高的风险。

- **长期性和连续性**

战略是长期的。战略规划期一般为五至十年，相关期限具体取决于一个行业的动态。在此期间，战略不断地追随特定的长期目标。这导致企业家行为在较长时间内持续存在。

- **有意识地规划和设计所期望的目标**

战略目标是适用于整个企业的长期目标。原则上这些目标必须始终得到全公司的同意和采纳，以避免从一开始就埋下了目标冲突的隐患。这也是为了实施战略而作出的决定的一致性的必要条件，即所谓的“战略契合”。

- **高层管理者的任务**

由于战略对企业长期发展的重要性，战略的制定一直是高层管理者的任务。它规定了企业在根本目标方面的基本方向。因此，战略的成功至关重要，即董事会成员或管理层尽可能就企业战略达成一致意见，以避免下面层级的利益冲突。

- **严格的目标定位**

战略来源于基本的企业目标，而企业目标又遵循企业愿景。大多数专家认为，目标定位代表了路径而不是实际的目标。只要公司的长期战略与目标定位保持一致，就可以认为是实现目标的长期有效措施。

- **适应能力**

战略必须能够不断适应企业及其环境中可能发生的任何变化。这一点尤其重要，因此长期的战略定位，难以对企业发展和环境发展作出准确的、稳定的预测。因此，战略需要不断的监督和调整，以便能够灵活地应对不断变化的框架条件（规划的开放性）。

战略是一整套涉及整个企业及其绩效计划的决策、措施和行为，旨在建立或保

证长期的成功潜力，从而实现企业持久的最终目标和价值观（见 Grünig, R./Kühn, R. 2011 P. 7, Weidler, A. 1997 P. 31）。

例子 明确的创新战略使您更成功

已经引用的波罗的海航交所和 Droege 企业管理咨询公司于 1998 年提出的创新管理研究指出了明确制定创新战略的重要性。该研究中，79% 的成功企业具有明确的创新战略，然而，对于不太成功的企业，占比只有 51%（见 Droege / BDI 1998 P. 22）。最近的研究还表明，65% 的创新领导者有明确的创新战略，而创新追随者只有 29%。创新战略与创新成功率之间的相关性表明，缺乏创新战略是实现创新目标的重大制约因素。（Capgemini Consulting 2012 P. 11）

例子 “创新”作为战略支柱

另外，成功的企业将创新战略定义为战略管理的一个组成部分。例如，“创新”是阿迪达斯集团六大战略支柱之一。明确的目标着重指出了其对企业未来的重要性：“我们期望所有部门每年至少有一项创新或重大改进。我们尤其相信，产品的技术进步和突破性设计有利于保持我们在行业内的长期领导地位。”（见 Adidas Group 2014 P. 69）

这就清楚地表明，战略创新管理必须始终以企业的基本方向为指导。这种定位体现在企业的愿景中，成为制定创新战略的出发点和基础。因此，在下文中，首先解释一下愿景是什么意思。在 2.1.2 节介绍可以从愿景中得出的潜在的创新战略类型。

2.1.1.2 愿景作为战略制定的出发点

罗曼 • 赫尔佐克（Roman Herzog）把愿景称为“行动策略”，因此标志着它们与乌托邦的本质区别（见 Herzog, R. 1997 P. 5）。阿尔伯特 • 爱因斯坦（Albert Einstein）将愿景视为灵感的根本诞生地，也是所有科学研究的源泉（见 Bayer AG 1997 P. 14）。

愿景是企业未来发展的一幅生动的、可信的和有吸引力的图画，指向一定的方向，而不是精确而有约束地界定框架（Vahs, D. 2012 P. 132）。

愿景回答了这样一个问题：**长远来看我们想去哪**？它们可以用几个字来概括，便于沟通。一方面，一个愿景可以与北极星或者太阳进行相比，它不是一个旅行的目的地，而是表明了一个企业员工的思维、情感和行为的方向。另一方面，一个愿景必须足够具体，以便能够看到其实现的可能性（“一个具有最后期限的梦想”）。总之，对于变化的框架条件，愿景应该是面向未来的、值得追求的、明确的、有针对性的和灵活的，而且应该激发组织成员的积极性。

一个愿景来自三个部分，**开放性**（对于时代精神和人们的需要）、**自发性**（从不同角度看问题的能力）和**现实意义**（作为实际看待事物的前提条件）。愿景提供动力和工作的意义，它们包含了人们行为的基本方向，因此具有巨大的激励作用，如果它们被员工接受的话。这使它们成为一个重要的管理工具（见 Burt, N. 1994 P. 21, Hinterhuber, H. H. 2011 P. 83, Kieser, A./Hegele, C./Klimmer, M. 1998 P. 162）。

一个有效的，而不仅仅是优雅的愿景具有**三个特点**（见 Bleicher, K. 2011 P. 111, Müller-Stewens, G./Lechner, C. 2005 P. 235）：

愿景的功能

首先，愿景对个人和集体都有着**重大**的影响意义，也就是说，它给定了一个方向，从而制定了方向和秩序（感知功能和聚焦功能）。对于一个企业来说，这也意味着要把重点放在核心竞争力的特定领域，在这些领域通过卓越的服务明显地将其与竞争对手区分开。

其次，通过勾画一个未来的蓝图，一个愿景而具有**激励作用**，特别值得追求的、激发热情的、激发新的且尚未实现的情景（激励功能）。

最后，愿景作为**行动指南**，为把个人行为塑造成一个创业实体作出了重大贡献。此外，它还构成了企业的社会环境及其参考群体间的桥梁，明确了企业与环境之间交换过程的意义（合法化功能和识别功能）。

作为追求创新战略的出发点，企业如何以服务的方式为用户提供长期的利益是制定愿景的关键要素。

例子　杜邦（DuPont）和科莱恩（Clariant）的愿景

成立于 1802 年的美国化学公司杜邦（DuPont），致力于道德伦理的愿景：成为世界上最具活力的科技企业，创造可持续的解决方案，为全球各地的人们创造更美好、更安全、更健康的生活（DuPont 2014 P. 2）。相比之下，瑞士的科莱恩公司（Clariant），前身是成立于 1896 年的山度士（Sandoz），遵循经济为导向的愿景：成为特种化学品领域的全球领先者，为所有利益相关者创造高于平均水平的价值（Clariant International AG 2014 P. 38）。

经济史上许多优秀的商业人士都根据他们提出的愿景，使他们的公司却始终专注于一个指导思想，即使周边环境发生了很多变化。

例子　知名企业家的愿景

以下四个例子清楚地表明了著名的企业家所提出的愿景。

- 戈特利布・戴姆勒（Gottlieb Daimler）认为他的企业的主要目的不在于生产和销售汽车，而是为了实现人类可以更快、更方便地出行的目标（见Küttenbaum, V. 1992 P. 93）。
- 海因茨・尼克斯多夫（Heinz Nixdorf）的企业具有这样一个愿景，即电子数据处理应该通过分散性来适应人类，而不是迫使人们进入抽象和复杂的中央计算机系统。尽管尼克斯多夫最初在竞争中被竞争对手所嘲笑，但他的小型冲动技术实验室在二十年的时间里发展成了一家公司，公司在20世纪80年代中期，实现了超过五十亿马克的营业额。该公司一贯以用户为导向提供问题解决方案，并对未来市场具有的创业意识（见Henzler, H. A. 1997 P. 289）。
- 亨利・福特（Henry Ford）的指导思想明确了，一个愿景不需要太多的语言，但是（或正因为如此）可以具有很强的表现力和吸引力，并且会产生深远的影响。他的愿景十分简洁：为所有人提供汽车，他不仅帮助T型车在21世纪初获得成功，而且如今还为汽车企业提供方向性指导（见Henzler, H. A. 1997 P. 291）。
- 比尔・戈尔（Bill Gore）的愿景也非常简洁，他于1958年创立了当今世界PTFE塑料应用领域的领导者——戈尔公司，其公司愿景是，赚钱且有乐趣。一方面，"钱"代表整个企业的成功；另一方面，"钱"代表每个人的价值。而"乐趣"意味着员工感觉自己在做重要而具有价值的事情，给他们带来快乐（见Flik, H./Rosatzin, C. 2011 P. 261）。

使命

使命（商业使命，政策）这个术语也常常和愿景一起被提及，在文献和实践中并不能总是清晰地区分这两个概念。通常可以这样理解使命：使命是商业目的的一般性陈述，理想情况下匹配主要利益相关者的价值观和期望，并设定业务活动的界限（Lombriser, R./Abpla-nalp, P. A. 2005 P. 49）。

例子　美国电话电报公司（AT&T），耐克（Nike）和沃尔特迪斯尼（Walt Disney）的商业使命

例如，电信公司AT&T的商业使命是"把人与世界联系起来，生活和工作的

各个地方，比其他人做得更好”。耐克（Nike）的使命是“给世界上每一个运动员带来灵感和创新（如果你有一个身体，即是一个运动员）”，而沃尔特迪斯尼（Walt Disney）追求的宗旨是“成为世界领先的娱乐和信息生产商和提供商之一”。这些例子清楚地表明，在日常运作中不能总是清楚地区分愿景和使命。

使命宣言

虽然愿景表达了企业的一般性指导理念，但战略是企业想要实现目标的方式。企业使命宣言（企业原则、企业指导原则、宗旨说明）将愿景转化为要实现的企业目标、企业的核心价值观，以及规范和活动的普遍有效的和相对抽象的陈述。这些陈述包括对客户的态度、企业内人际关系的构建、供应商和竞争对手的处理、绩效导向等。与愿景相比，使命宣言与当前情况有明显的相关性。它们被广泛使用，并回答了企业员工应该如何表现以实现企业长期目标的问题。通常情况下，企业在其使命宣言中会前瞻性陈述其创新活动的目标，正如西门子公司的例子所示。

使命宣言更全面地聚焦于愿景以及使命的陈述，且作为行动框架和行为准则，具有整合和控制功能。

例子 西门子（Siemens）和科莱恩（Clariant）的价值

西门子（Siemens）如今提出了三个价值观，代替了之前相当全面的使命声明或指导原则，对所有员工来说，这些价值观成为他们理解诚信的核心，也是行为的基础（Siemens AG 2011 P. 61）。

- **有责任心**：我们承诺道德和负责任的行为。
- **卓越**：我们获得最佳成绩和卓越的结果。
- **创新**：我们持续创新，以创造持久的价值为目的。

科莱恩国际股份有限公司（Clariant International AG）更加简洁地表达了它的指导原则：绩效、成长、创新（Clariant International AG 2014 P. 41）。

图 2-1 生动地描述了愿景、使命宣言和企业战略之间的关系。法斯（Vahs）和魏安德（Weiand）对于综合的愿景和使命宣言的发展提出了一个实用的三相模型（见Vahs, D./Weiand, A. 2013 P. 114）。

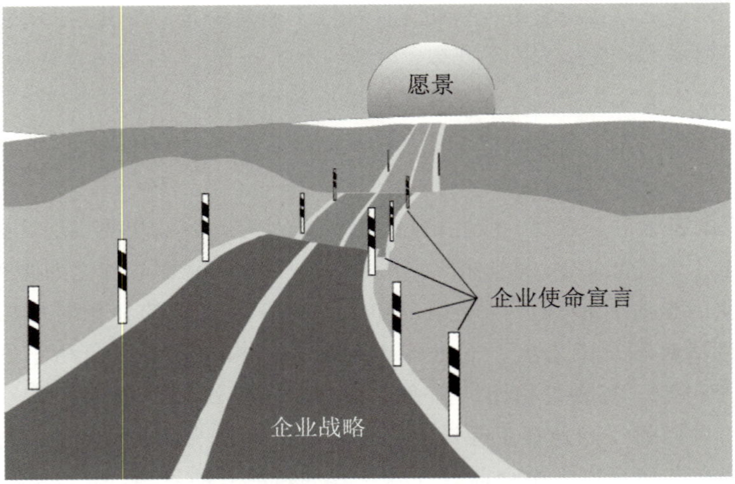

图 2-1 愿景、使命宣言和企业战略的关系

2.1.2 战略类型

2.1.2.1 战略分类

企业的愿景和使命声明构成了制定企业战略和创新战略的基础和框架。以下来自西门子公司（Siemens AG）的例子显示了这种关系在企业实践中有多么的紧密。

例子 西门子（Siemens）的愿景和战略

在西门子，长期愿景是不同时间段战略的基础：西门子——能源效率、工业生产率的先驱，提供未来医疗和智能基础设施解决方案。基于这一愿景，我们以中期战略领导企业。我们的目标系统“一个西门子”具体化了这一战略。在整个公司的战略框架内，我们制定了各自市场的业务战略。此外，2013 年年报指出：“我们把力量集中在三个战略方向上：关注创新驱动的增长型市场，成为我们客户的强大合作伙伴和利用西门子的力量。这些方向中的每一个都代表着三大焦点话题，具有持续提高西门子价值的巨大潜力。”（Siemens AG 2013 P. 80）

鉴于在科学文献中对企业战略进行分类的方法很多，很难有一个普适性的标准来区分不同的战略类型。以下论述仅限于两个典型的差异化特点，它们具有普遍的接受性（Kreikebaum, H. 1993 P. 52； Macharzina, K./Wolf, J. 2012 P. 269）。

- 实现的程度。
- 组织的适用范围。

根据实现的程度进行区分

战略实现的程度与战略的适应性，尤其是战略的可规划性密切相关。在这方面，由亨利・明茨伯格（Henry Mintzberg）领导的一个研究小组早在 20 世纪 90 年代中期就开发了一个以经验为基础的模型，该模型清楚地表明，在商业实践中，制定详尽的战略与最终实施战略之间存在的差异，基本上可以按图 2-2 中显示的战略类型进行区分。

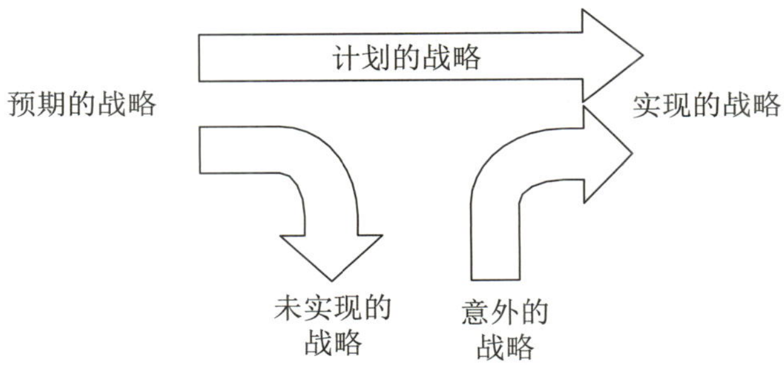

图 2-2　根据实现的程度来区分战略类型

（见 Mintzberg, H. 1995 P. 32, Macharzina, K./Wolf, J. 2012 P. 264）

接下来描述各个战略的特点（见 Macharzina, K./Wolf, J. 2012 P. 263, Mintzberg, H. 1995 P. 30）：

战略类型

- **预期的战略**（intended strategies）表明事前由企业设定的基本（行为）意图，通过各种措施来实现目标。

例子　林德集团（Linde Group）预期的战略

作为世界领先的气体和工程公司，林德集团（Linde Group）本质上依靠增长战略：林德集团的战略以盈利为宗旨、可持续增长。面向未来的产品和服务是企业有针对性地扩张国际业务的重点（Linde Group 2014 P. II）。

- 实际实现的（预期的）战略被称为**计划的**（有意规划的）**战略**（有意识的战略）。只有这种类型的战略符合这样的观点，即一种有意识的长期有效的措施。

例子　雨果博斯的高端战略

例如，如果一家企业选择了所谓的高端战略，那么这个战略必然会导致高的质量和高的价格定位，以覆盖相应的高端市场。因此，雨果博斯的战略溢价定位在早期阶段就体现了一贯的质量定位，专为高价专卖店设计的商品分销以及特别强调产品专有性的沟通政策。

- **未实现的战略**（unrealized strategies）是指没有以及没有完全实现以前预期的战略。战略实施未完成的原因既可以是企业内部的（例如，在战略过程开始时设置的不切实际的期望或对环境的错误判断），也可以是企业外部的（例如，实施阶段的竞争或市场状况发生了根本变化）。

例子　综合性技术集团

比如，集团董事会人事的变化和战略实施中的重大缺陷，导致前戴姆勒-奔驰公司的董事会主席埃查德·路透多年追随的多元化战略并没有被实现。迄今为止，通过企业并购（AEG、MTU、Dornier、Fokker）创建全球运营的“综合性技术集团”的战略目标，由其继任者朱尔金·施伦普进行了根本性的改变。出于盈利的原因（关键词：股东价值），持续关注汽车行业现有的核心竞争力。“创新领导力”，作为新的战略目标在集团所有业务部门实施，这是一个完全不同的战略起点，然后在与克莱斯勒公司合并之后也导致了重大问题（见 Zetsche, D. 1996 P. 35）。

- 在实际计划阶段没有打算但最终被使用的战略被称为直觉的或**意外的战略**（紧急战略）。这种战略的决定性因素在于，一个计划之外的情况发展可能导致调整以前的战略或完全重新定位战略。

例子　厂家直销作为直觉的战略

因此，雨果博斯公司采取的高价战略和独家经销战略，与企业多年来在仓储销售和厂家直销（Factory Outlet）领域成功进行的活动基本上是不相容的。尽管折扣商品的销售违反了最初设计的产品市场定位，但是这个措施把更加流动的消费者与雨果博斯品牌连接起来。品牌本身显然没有受到任何损害，虽然其产品在纺织品零售行业中以高得多的价格出售。

- 与预期的战略相比，**实现的战略**（realized strategies）代表了事后状态，即将战略基本模式实施为适当的措施。因此，实际上实现的战略既包括有意计划的，也包括直觉的行动取向。

在战略管理实践中，所实现的战略不太可能恰恰反映那些在战略制定过程开始阶段已经考虑的因素。实际上这也是不可能的，因为在制定战略和实现战略之间，尤其是在动态的市场中，会发生很多变化，而这本身又会对战略实施和战略方向产生影响。正因为如此，战略必须有足够的灵活性，以充分考虑到战略出发点的**根本性变化**。

战略的灵活性

根据适用范围进行区分

基于制定战略涉及的企业单位和部门，对可能的战略类型进行分类（见 Braun, C. C. 1995 P. 17, Hahn, D. 1997 P. 152, Kreikebaum, H. 1993 P. 52, Macharzina, K./ Wolf, J. 2012 P. 269, Pümpin, C./Gälweiler, A./Neubauer, F.-F. 1981 P. 20）：

- 集团战略或企业战略（corporate strategies）
- 业务单元战略（business unit strategies）
- 职能部门战略（functional unit strategies）

在**集团**以及**企业**层面，战略重点主要放在企业活动的根本问题上。所以这里更多的是应该做什么而不是应该怎么做。因此重中之重是有效性（做正确的事情）。有效的战略性企业管理的核心问题包括：

企业层面

- 我们希望未来出现在哪个市场？
- 我们希望在各自的市场上提供哪些产品或服务（我们的竞争战略是什么）？
- 我们未来的核心竞争力在哪里？

这些问题清楚地表明，制定企业战略有关“**产品 - 市场 - 战略**”，其中制定了要追求哪些长期增长和盈利目标，以及要采用哪些基本行动计划。战略可以分为增长战略和收缩战略、多元化战略和核心竞争力战略以及联盟战略。作为战略实施的一部分，企业可在整个公司层面进行资源分配。

相比之下，职能部门和业务单元战略的特点是更强大的效率导向。这种对**效率**（efficiency：做正确的事情）的追求是从企业战略推导而来的。

业务单元和职能部门层面

- **业务单元战略**定义了单一业务范围（部门、中心、业务区域、业务单元）的战略方向，实际上作为组织单位，一个业务范围（strategic business unit）在实践中往往聚焦于战略的业务领域（strategic business area），这意味着它负责处理特定的市场或细分市场。
- **职能部门战略**定义了企业职能部门的基本目标和活动（比如人力资源战略、R&D 战略、营销战略、IT 战略等）。

战略的相互关系

职能部门战略和业务单元战略作为低的战略层级，在资源和目标实现方面有着密切的联系，且与企业战略密切相关。这使得两个层面的决策范围都很有限，必须在总体战略指导方针的框架内进行。在这方面，**系统且全面地协调战略目标和行动方案**，对于一个连贯的、无冲突和资源最优的企业战略而言至关重要。图 2-3 明确了这种相互关系。

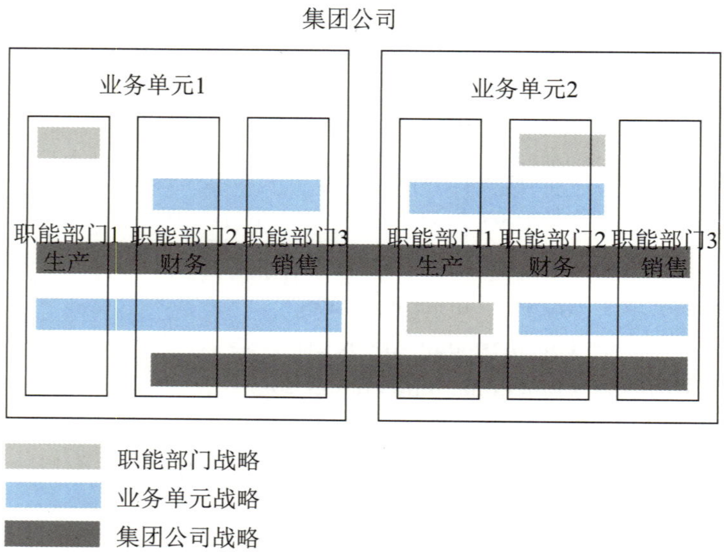

图 2-3 职能、业务单元和整体企业战略

（见 Macharzina, K. /Wolf, J. 2012 P. 283）

2.1.2.2 创新战略

创新战略是整体战略的一部分，是企业在未来市场中立足的基础，包括**技术、产品、流程和时间战略**。研发项目计划是从创新战略中衍生出来的，此外它还决定一家企业如何提供现在或者将来需要的工艺和技术（见图 2-4）。

创新战略作为企业整体战略的一部分，确定在哪些领域、什么时间需要实现创新，尽可能好地达到企业目标（见 Goffin, K./Herstatt, C./ Mitchell, R. 2009 P. 167）。

创新战略的各个部分之间存在**相互依赖关系**。在技术推动的意义上，新技术和新工艺使实现新产品成为可能。同时，在市场拉动的意义上，对新产品的需求可能意味着需要开发新的工艺和技术来实现这些产品。潜在的市场进入时间最终取决于产品和流程的发明时间。

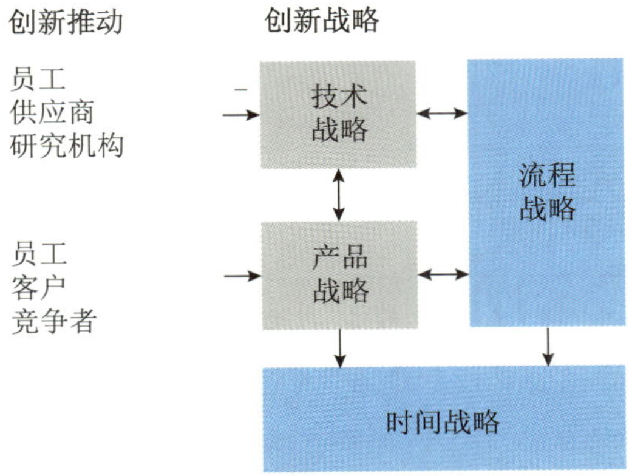

图 2-4 创新战略的各个组成部分

（见 Vahs, D./Schäfer-Kunz, J. 2012 P. 601）

创新战略的子战略

如下所述为四个子战略（见 Vahs, D./Schäfer-Kunz, J. 2012 P. 603）。

- **技术战略**：技术战略明确了企业将来开发以及再次开发哪些技术，放弃或者购买哪些技术。发展和实施技术战略对企业来说特别重要，因为大多数革命性创新是技术推动的，而不是市场拉动的。
- **产品战略**：作为产品战略的一部分，产品战略将决定开发哪些产品，哪些应该保留或者放弃。产品战略必须与产品营销战略相协调。目前有五个产品战略行动领域在：产品淘汰、产品保留、产品变化、产品差异化和产品多样化。
- **流程战略**：企业要遵循的流程战略大多来自技术和产品战略。新技术推动流程创新，尤其是可以在降低成本的情况下。与此相反，新产品引发流程创新，特别是当需要新的流程来生产产品时。
- **时间战略**：在确定要开发哪些技术、产品和流程之后，利用时间战略来确定**发明**时间（定义应该何时完成发明）和**创新**时间（定义应该何时进入市场）。如果现有产品作为新产品的一部分且被替代，那么时间战略必须与受影响的产品的生命周期保持一致。

公司必须根据实际情况决定如何制定自己的创新战略。因此，以下章节将解释不同类型的创新战略。

2.1.2.3 创新战略的特殊类型

创新战略作为职能战略或 Meta 战略

创新战略可以作为企业各个职能领域的职能战略，或者作为跨部门增值过程的 Meta 战略（见图 2-5）。

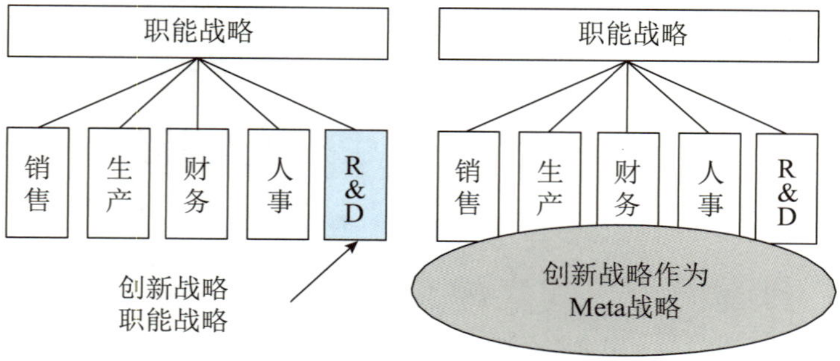

图 2-5 创新战略的替代视角

（见 Braun C. C. 1995 P. 19）

- 如果将创新战略理解为**职能战略**，则意味着其与其他职能战略相比，如生产、财务或人事战略，存在目标和任务导向的区别。创新战略更符合发展或 R&D 战略，这是企业 R&D 领域的战略定位。例如，针对未来技术领域，这些领域的 R&D 强度和研发服务的制造或购买等问题。在这种情况下，要在各个部门之间取得协同效应是非常的困难。相反，存在这样的风险，即“争夺资源”的整合潜力较低，可能导致职能上的隔离。但是，如 1.2.4.1 章节所述，创新概念不仅延伸到 R&D 和市场方面，而且还延伸到流程和社会创新。

创新战略作为 Meta 战略

- 创新战略被看作是一个包含企业所有职能的 Meta 战略，并有目的地将其包含在战略过程中，这样可以发挥并使用协同作用。所有职能部门的现有技术诀窍可以作为增值导向型创新活动的基础。但是，所需要的沟通和协调工作相对较多，因为它要求职能部门之间进行尽可能平稳的协调。为了做到这一点，在实践中要经常披露各部门的利己主义并永久地消除它们。创新战略的重要任务是，一方面整合现有的创新设计资源；另一方面，应该在所有职能部门推动“创新意识”，从而提高企业的整体创新能力。

创新战略作为市场进入战略

虽然创新战略普遍涉及多个不同的职能部门，但为外部市场选择正确的时机策略却是个问题（见章节 3.4.2 和 4.3.1）。它提供了一个答案，即企业什么时间想要在相关市场上出现其产品（引入市场）或者希望产品不再出现在市场上（退出市场），以便最佳地利用市场机会并减少市场风险。特别是创新的市场**进入时间被认为是创新管理中主要的战略决策参数**。市场进入战略可以分为四种战略选择（见图 2-6 和图 2-7）：

开拓性战略

- 开拓性战略（first-to-market）从根本上依赖于创新的开拓性地位，尽管对一个企业而言，成本和需求情况有很大的不确定性。然而，即使是暂时的技术垄断，也可以使企业获得大部分的消费者盈余，特别是在创新友好的“首批购买群体”中，发挥大量生产优势，从而在竞争中取得优势（见 Pleschak, F./Sabisch, H./Wupperfeld, U. 1994 P. 135）。此外，开拓者早期进入市场并作为唯一的供应商，使其更容易选择一个有吸引力的细分市场，并改善其形象（先发优势）。当大量的竞争者以相同或相似的产品进入市场时，上述的优势就会变得越来越微弱。然而，开创性战略需要很高的 R&D 强度和大量的经费，需要产品计划和生产之间的密切合作，以及紧跟最先进技术（见 Corsten, H./Grössinger, R./Schneider, H. 2006 P. 259）。

早期追随者的战略

- 相比之下，**早期追随者**（early-to-market）的战略，通过在开拓者之后短时间内向市场引入相似的服务，来降低市场引入的风险。在知识产权保护范围内，当竞争创新被对手“复制”时，这种战略也可能应用于和竞争对手的相互作用（所谓的“创新溢出”；见 Picot, A. 2012 P. 481）。然而，实施早期追随者战略变得更加困难，因为至少早期购买者的个人偏好已经被开拓者满足了。然而，为了进

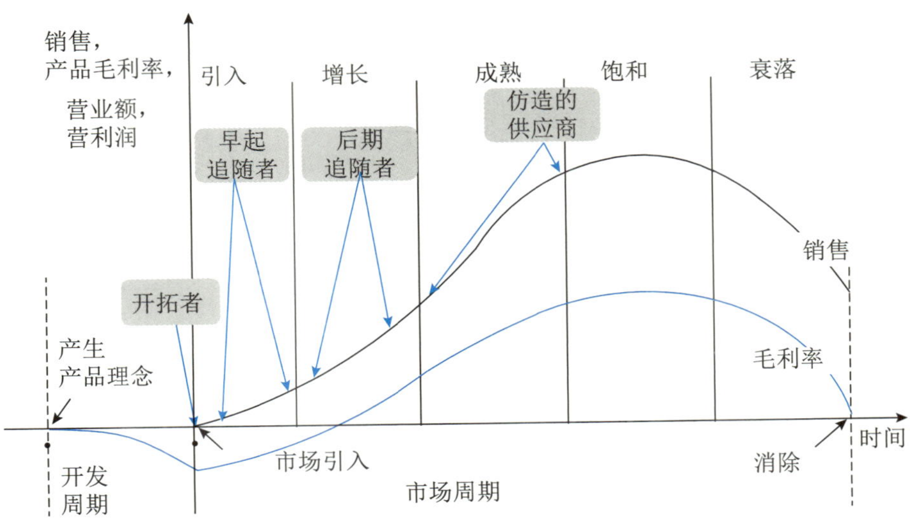

图 2-6　在产品生命周期的市场进入战略

	范围 研究 / 开发	投资需求	技术 / 市场 相关	任务重点	战略目标
开拓性战略 （first-to-market）	非常高的研究强度	非常高	技术导向 （技术推动）	研究 / 开发	技术领先
早期追随者的战略 （early-follower）	密集的开发工作	低 – 中等	市场导向 （市场拉动）	开发 / 销售	客户导向
后期追随者的战略 （late-follower）	强大的客户导向开发	低	市场导向 （市场拉动）	销售 / 开发	客户导向
模仿战略 （me-too）	没有 R&D 支出	非常低	没有技术能力	生产 / 销售	成本领先

图 2-7　市场进入战略的差异化特点

一步开发以应用为导向且已经成功引入市场的创新，企业需要高强度的开发和更短的开发时间。这需要生产和销售之间的密切合作（见 Corsten, H./Grössinger, R./Schneider, H. 2006 P. 259）。此外，开拓性企业在面对新的竞争对手时也会尽力保护自己。然而，在早期阶段，与更后来的竞争对手相比，即所谓的“后期追随者”，早期追随者仍然具有明显的市场竞争优势。因此早期追随者必须权衡观望态度应该持续多长时间，以及可能对目标收益产生什么样的影响。

后期追随者的战略

● 只有在市场发展和买方行为稳定下来，并且可以相对可靠地估计进一步的发展，**后期追随者**（late-follower）才会进入市场，这样可以避免早期进入市场的风险。相反，严格关注客户的要求，需要较低的研发强度，但销售和开发的紧密合作，以及高效的生产流程会变得非常重要（见 Corsten, H./Grössinger, R./Schneider, H. 2006 P. 261）。

模仿战略

● 通常情况下，后期追随者依赖**模仿战略**，使他们能够以低廉的竞争价格提供服务（主要目标：成本领先）。另外，该战略可以在很大程度上规避在创新产品时一再出现的产品缺陷（“发展过程中的缺点”），这就需要生产和销售之间的密切合作。然而，一家**模仿供应商**往往面临市场进入的壁垒，很少或根本没有机会获得较高的市场份额和正面的形象。后期追随者的有效营销工具是广告和一贯的低价策略（见 Hörschgen, H./ Kirsch, J./Käßer-Pawelka, G. 1993 P. 93, Pleschak, F./Sabisch, H./Wupperfeld, U. 1994 P. 135, Schewe, G. 1994 P. 999）。

对于将创新战略作为市场引入战略，可以得出以下结论（见 Benkenstein, M. 1993 b P. 105, Vidal, M. 1995 P. 43）。

战略制定的出发点

● 尽管存在缺陷和风险，但对于一家企业来说，开拓性战略似乎是最有希望的，如果它渴望成为一个创新开拓者。**开拓性战略**将被证明是一个实际的选择，如果一家公司实际上必须提供创新型产品，这标志着其产品或服务与类似服务或前身产品相比，有着技术的飞跃，从而给它一个独特的销售主张（**unique selling proposition，USP**）。

- 然而，也有很多情况下，**早期的追随者**可以迅速将实际的开拓者赶出市场。原因在于开拓性企业的客户导向不足、营销工具的使用不足以及在动态市场中开拓者没有通过改进个别产品特性使其产品更具吸引力。
- 对于同质产品和强劲的市场增长，从风险最小化的角度来看，**后期追随者战略**可能是合适的。但是它必须被看作是一个值得怀疑的战略方向，特别是如果企业在动态的市场中运作，因为这些市场的特点是多样化和不断变化的产品供应。

例子 JVC：早期的追随者获胜！

比如，对于早期追随者来说，一个典型的成功故事是 20 世纪 70 年代中期在当时高度创新的录像机领域中的 JVC 公司（Victor Company of Japan, Ltd.）。虽然飞利浦（Philips）作为领先者，在 1972 年推出了第一款 N1500 设备，但由于缺乏市场需求和缺乏生产能力而无法保持这一开拓性的地位。JVC 首先凭借强化营销和较低的价格定位，成功建立了 VHS 体系并作为市场标准。飞利浦的第二次尝试未能挑战 JVC 的市场地位。尽管飞利浦可以用与根德公司（Grundig）合作开发的 Video 2000 技术标准提供技术上优越的系统，然而，单方面有利于 JVC 的市场情况阻碍了 Video 2000 在市场上推广（见 Perillieux, R. 1989 P. 24）。

应对技术、市场和生态挑战的创新战略

在创新战略的帮助下，企业可以系统地识别和有针对性地实现可能的创新。原则上可以由三种不同的推动触发（见 Hauptmann, G./Hohmann, R. 1989 P. 388, Leder, M. 1989 S. 30, Rothwell, R. 1995 P. 10）：

- **技术触发**（technology-push, knowledge-push），也就是说，创新是创新技术提供的结果（供应推动）。
- **市场触发**（market-pull, need-pull, demand-pull），也就是说，创新是以在市场上识别的需求者的需求为基础而开发的（需求拉动）。 创新触发
- **生态触发**，也就是说，创新活动旨在解决生态问题（生态取向）。

哪个战略选择有望取得更大的成功呢？这个问题引起了创新研究中激烈的讨

论。在几十年来的争论中，重点来来回回转移了好几次。在过去几年中，除了两种传统的市场和技术方面的讨论之外，有关生态方面的讨论也越来越多。这可以归因于**利益相关者**的影响，其重点在于企业所有利益相关者的满意度，而不仅仅是股东的满意度（见 Hinterhuber, H. H. 1997 P. 16, Schultz-Wild, L./Lutz, B. 1997 P. 165, Steinle, C. 1995 P. 914）。

由于技术、市场和生态之间的密切相互依存关系，在如今的实践中很难划清创新触发因素之间的清晰界限。然而，从历史的角度来看，**战略设计**可分为三个基本**时间阶段**：

调整创新战略

- **技术推动阶段**

直到 20 世纪 60 年代中期，在科学和实践中普遍认为技术提升是创新成功的关键。作为推动战略的一部分，成功的创新应该由研究人员和开发人员发起。对于这些创新，就必须在市场上寻求或创造适当的应用领域。制造商和他们的客户之间的关系是经典的卖方市场。

- **市场拉动阶段**

面对不断变化的市场，这种技术定位在 20 世纪 60 年代末发生了根本性的变化。从 20 世纪 60 年代开始，客户被认为成功创新的主要发起人，这些创新满足了市场需求。新的情况带来了一种模式的转变，从卖方市场转向买方市场。现在，创新必须“商业化”，导致**创新营销**的出现。其目标是创新活动必须持续以市场为导向，比如通过有针对性的市场调研、适当的市场细分和适当的营销组合。

- **生态导向和所有三种方案组合阶段**

由于 1973—1974 年的第一次重大能源危机，人们环保意识不断增强，并且需要“清洁技术”，近年来已经认识到，一个成功的创新战略只有通过三者之间的均衡才能实现。局限于技术挑战和专注于市场需求都不能正确地处理复杂的“创新”现象。今天，人们普遍认为，成功的创新只能通过技术、市场和生态相结合来实现（见图 2-8 和 Wolfrum, B. 1994 P. 1016）。

创新推动触发的这种组合是否总是以一个平衡的市场、技术和生态导向，即以**平衡战略**的形式还是有待商榷的。相反，根据行业、市场和企业的情况，似乎有必要适当地考虑战略的基本方向，以避免片面的方向。例如，基础创新提供了一种推动战略，而改进创新更可能是由目的主导的拉动战略（见 Cooper, R.G. 1984 P. 151, Leder, M. 1989 P. 38, Macharzina, K. 1995 P. 594）。激光技术的例子说明了**推动和拉动战略的相互作用**。

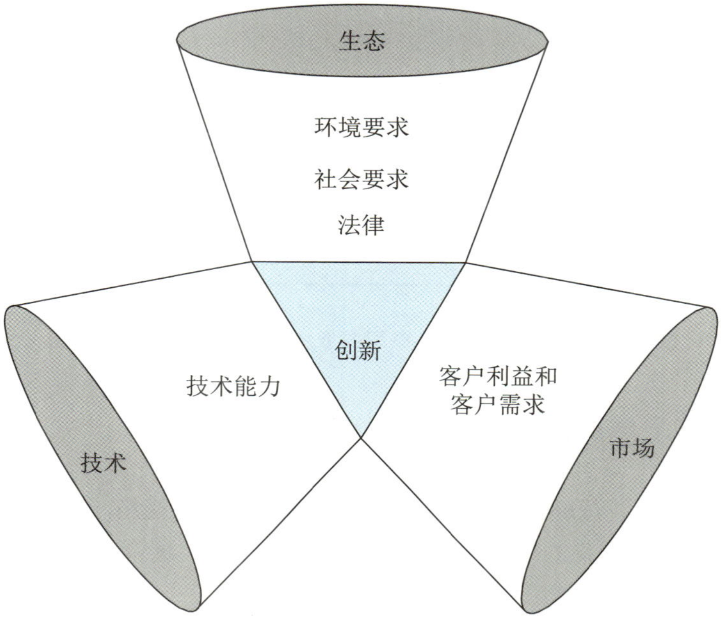

图 2-8 创新作为技术、市场和生态相互作用的结果

例子 激光技术需要推动战略

可以说整个激光技术领域是由于技术上的突破而取得的较新的基础创新。在这个领域中，拉动战略被排除在外，因为创新对象的复杂性以及由此导致大众难以了解创新对象，所以拉动战略不会引发需求推动。然而，在基础创新的技术实施之后，可能会受到客户越来越多的关注。这导致了各种改进创新，特别是在消费电子领域，激光打印机和 CD / DVD 播放器只是其中的两个例子。

创新项目的规划周期也可以改变取向的重点（见图 2-9）。对于规划时间较短的项目，增加市场取向似乎特别有用；对于长期创新项目，技术取向变得更加重要。这种重新取向可以通过以下事实来解释：客户通常只能在有限的时间范围内识别和传达自己对未来的愿望。从长远来看，企业倾向于技术潜力，然后根据客户的意愿和需求进行调整（见前文激光技术的例子）。生态取向在整个时间范围内起着次要作用。但是，鉴于生态限制越来越多，生态取向决不能被忽视。

规划时间的影响

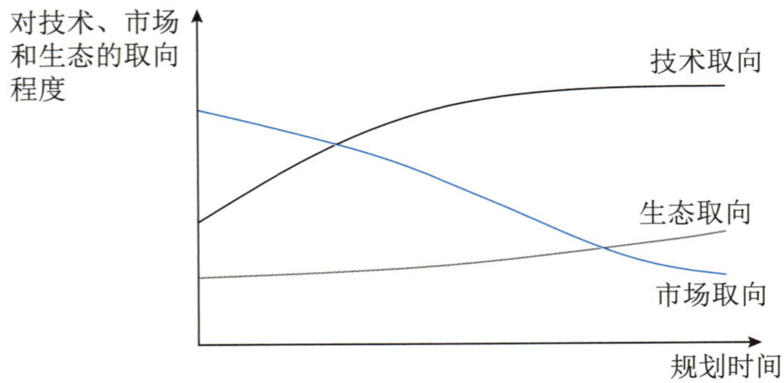

图 2-9　技术、市场和生态取向取决于创新项目的时间范围

2.1.3　战略发展的阶段

在本节开始时，战略已被确定为**确保企业长期成功的措施**，其具有诸多特点，如高度复杂化和有意识的规划目标（见第 2.1.1.1 节）。这两个特点使得企业有必要系统且有目的地制定战略，并在企业中实施。

总的来说，制定一个战略一般需要采取几个步骤，创新战略尤是如此。不严格按顺序进行各个阶段，是完全可能且可行的，但至少要保证部分阶段平行进行。无论如何，选择一个**全面的视角**很重要，也就是说，企业要在企业发展的整体背景下看待创新战略，并使之成为企业战略的一部分。

以下是**战略发展的三个阶段**，并从内容上更详细地解释创新战略（见图 2-10 以及 Buck, M. 1992 P. 54, Gassmann, O./Sutter, P. 2011 P. 30, Goffin, K./Herstatt, C./ Mitchell, R. 2009 P. 167, Hinterhuber, H. H. 1996 P. 113, Kneerich, O. 1995 P. 27, Macharzina, K./Wolf, J. 2012 P. 303, Ulrich, H./ Fluri, E. 1995 P. 116）：

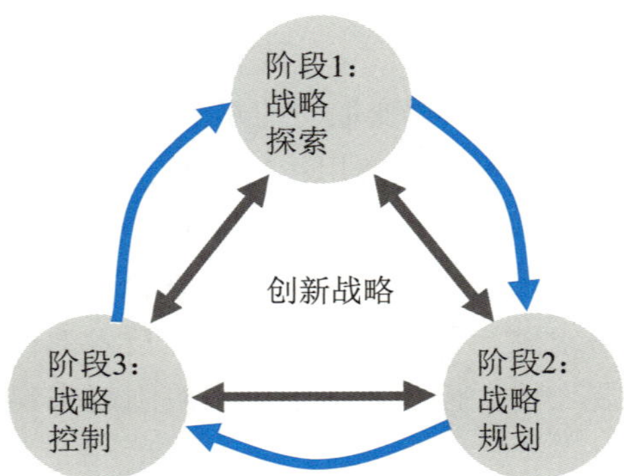

图 2-10　创新战略发展的阶段

阶段 1：战略探索

战略探索

战略探索包括分析一个企业的战略出发点（潜在分析：根据能力、知识、技能和资产价值的当前的和未来的人力、财力和物力资源的可用性）和与企业更紧密、更广泛的环境（环境分析：市场、竞争、立法、政治等），对内外部框架条件发展的预测，以及对长期市场和技术趋势的认识。

在颠覆性发展和激进创新的背景下，搜索领域分析也是有意义的，而且还应该跨越其他行业和细分市场，以挖掘跨行业创新潜力（cross industry innovation）。戴姆勒（Daimler）与巴斯夫（BASF）合作的整体电动汽车 smart forvision 概念车便证明了这一点。

例子　Smart Forvision 作为跨行业创新

在 2011 年法兰克福车展上展出的 smart forvision 概念车是戴姆勒（Daimler）和巴斯夫（BASF）合作的结果。在这项研究中，这两家公司表明了他们对 2020 年"特大城市"交通的共同愿景，这在战略探索范围内被定义为搜索区域。"电动汽车"的整体概念不仅包括汽车传动的改进，还包括将能源效率、轻量化和热管理技术相结合。它既依赖先进汽车制造商的核心竞争力（包括创新的驱动技术和创新的轻量化部件），又依赖一家领先的化学企业（包括世界上第一个实用的全塑料轮圈和用以调节车内环境的创新的高性能发泡车身面板，见 smart 2011 P. 1）。

潜在和环境分析的结果可以结合**优势—劣势分析**和**机会—风险分析**。通过这些分析，可以具体地表明企业与主要竞争对手相比当前和未来的竞争地位。它们还表明，创新活动在哪些方面持续不变是合理的，哪些方面需要通过战略决策来改变方向。

一方面，**有意义的和有效的信息**是成功的战略探索的先决条件；另一方面，**特别是高层管理者**，有明确的、一致的意愿，对即将来临的创新战略问题进行密切和公开处理。这包括管理者对自己企业的潜力进行自我评估，以及准备与现实高度相关的预测和场景。

在探索阶段，系统的**企业远见**（corporate foresight）可以对企业战略地位的评估作出重大贡献，此外也被称为"技术远见""未来管理"或"趋势研究"。这被理解为一个全面的过程，旨在识别、理解和正确评估未来中期和长期的发展以及与之相关的机遇和风险。为此，记录并分析合适的定量的和定性的数据来系统地预测未来。因此，企业远见不是基于单一的未来，而是基于不同的未来选择，因为未来仍然受到当前行动的影响。企业远见的重点不仅是技术趋势，而且也是社会、政治、科学、经济和环境的预期发展。在理想情况下，企业远见的过程发生在三个阶段：研究（“thinking the future”）、讨论（“debating the future”）和设计（“shaping the future”），包括企业所有的利益相关者，必要时还包括外部利益相关者，比如研究机构（见 Schindler, M. 2008 P. 5 和 Continental 的例子）。

例子　德国大陆集团（Continental）——开辟新的视角

在 2013 年度报告中，德国大陆集团（Continental AG）（主题为“移动的未来”）也强调了在竞争对手之前认识企业环境发展的重要性：“战略的创新管理和早期适应趋势给我们带来技术上的领先（Continental AG 2014 p.23）。”公司试图确定全球大趋势，并将其用于优化和进一步开发自己的产品，以持续改善自身竞争和市场地位。

阶段 2：战略规划

战略规划

战略规划确定了长期**目标**，并确定了战略**行动替代方案**，以缩小在“差距分析”中确定的当前和预期目标之间的差距。例如，企业在这个阶段会考虑，在哪些市场应该实施所追求的创新，以及在竞争方面应该占有什么位置（**战略性业务和技术领域的选择**）。此外，重要的是，企业要尽可能确定可操作的战略目标，即完整的、可衡量的和易于理解的战略目标。它为后来的战略指导确定了优先事项，从而形成了基于战略行动计划的资源分配基础，也为后来的战略控制确定了重心，从而形成了根据战略行动计划分配资源的基础。

在这个阶段，尽管企业存在内在不确定性，管理层越是以目标为导向、客观全面地处理悬而未决的问题，规划过程的结果越好。无论如何，考虑未来创新战略的可能性和制约因素，会使企业**前进的道路更加清晰**，例如在战略目标方面，放弃老的和占领新的业务和技术领域，就像德国电信股份公司（Deutsche Telekom AG）和诺华国际集团公司（Novartis International AG）这两个例子。

例子　电信的战略市场

德国电信股份公司已经确定了移动互联网、互联互通、互联网服务、网络系统服务和智能网络解决方案作为其五个战略增长和创新领域，其在 2013 年年度报告声称："收入从 2009 年的 150 亿欧元增加到 2015 年的 270 亿欧元（Deutsche Telekom AG 2014 P. 67）。"

例子　诺华制药重振产品组合

战略创新规划及其结果的另一个例子是瑞士医疗保健集团诺华国际集团的医药部门，其在 2011 年度报告中指出："该部门是肿瘤、普通和特种药品的领先供应商，并拥有行业先进的渠道。创新使我们能够恢复产品组合，并实现增长。2011 年，新药带来了 28% 的销售额（Novartis International AG 2012 P. 7）。"

阶段 3：战略控制

战略控制

在创新战略实施和控制阶段，为了实现制定的目标，要进行**资源定义和分配**，同时满足制定的时间和成本要求。为研究和开发项目提供资金（见 AT&S 的例子）、创建组织架构、投资新的实验室和制造设施、准备向市场推出创新等，都是相关行动规划的一部分最终目的是缩小先前确定的**战略差距**。这个阶段除了计划活动的战略**实施**之外，还包括**控制**计划的实施，在战略控制过程中对战略计划的承载能力和可行性进行持续的审查，并在必要时采取纠正措施。

例子　奥斯特（AT&S AG）：按计划分配资源

奥地利奥斯特（AT&S AG）是全球 HDI 微孔互联印刷电路板领域的领先供应商之一，并在不断提高其市场地位。因此，资源作为技术团队战略管理的一部分进行分配：AT&S 作为在高端印刷电路板领域的技术领导者，因其市场地位，需要持续的创新，可以与客户一起快速地将概念发展成工业系列产品。为此，AT&S 集团每年在研发上的投资约为销售额的 5%（AT&S AG 2013 P. 21）。

这就是目标！

三个阶段的实施带来了新的或更先进的创新战略。战略发展的路径与其目标同样重要，因为它迫使决策者系统地、一致地和主动地处理企业的未来问题。即使事后证明规划是错误的或部分错误的，这种思想的辩论也是战略创新管理的一个基本要素。在这方面，人们可以同意前总司令和美国总统德怀特·D·艾森豪威尔（Dwight D. Eisenhower）的说法，他曾经说过："我总是发现计划毫无用处，但计划又是必不可少的（见 Goffin, K./Herstatt, C./Mitchell, R. 2009 P. 167）。"

战略探索、规划和控制是相互关联的，特别是从长远角度来看，是由多个依赖战略为一个“持续的过程”

关系联系起来的（见图2-10）。这迫使决策者必须始终全面地考虑这三个阶段，并意识到制定创新战略是一个“持续的过程”。因此，希望我们可以避免不好的意外以及错误地分配稀缺资源。出于这个原因，发展创新战略不应该成为一次性事件，而是一个**经常性的、有生命的过程**，其结果在行动计划中始终记录、实施并定期和系统地监视其目标效果。

高层管理人员，特别是第一层级，起着至关重要的作用：他们是战略过程的**推动者**，为企业所有其他员工发挥了重要的榜样作用。他们的任务，一方面为业绩潜力的进一步发展提供想法，另一方面在过程中“带动”其员工，并让他们意识到所选择的创新战略的意义。这意味着战略过程及其结果的**沟通交流**将成为创新战略规划和实施阶段的一个关键成功因素。

在战略发展的三个阶段中，可以使用不同的工具来支持战略规划、实施和控制活动，如图2-11所示。

<table>
<tr><th>战略阶段</th><th colspan="3">工具</th></tr>
<tr><td>战略探索：
以战略为导向评估当前和未来</td><td>• 环境分析
• 企业分析
• 价值链分析
• 行业结构与竞争分析
• 机会—风险分析
• 场景技术
• 基准测试</td><td rowspan="2">• 空间分析
• 安索夫矩阵
• SWOT 分析
• Misfit 分析
• 战略棋盘</td><td rowspan="3">• 产品—市场投资组合
• 技术—投资组合
• 漏洞分析</td></tr>
<tr><td>战略规划：
发展战略重点</td><td></td></tr>
<tr><td>战略控制：
资源定义</td><td></td><td></td></tr>
</table>

图2-11 战略发展的阶段和工具

（见 Macharzina, K./Wolf, J. 2012 P. 304）

仔细研究这些工具便会发现，如果不适当地按照创新管理的特殊要求进行调整的话，只有极少数工具可以直接用于制定创新战略。例如，波士顿咨询公司（BCG）经典的四象限分析法的初始形式并不适用于制定创新战略，因为战略业务单位或领域的定位作为企业概念的产品—市场组合是不存在的。此外，对于新产品而言，投资组合轴所基于的经验曲线（横坐标：相对市场份额）和产品生命周期（纵坐标：平均的市场增长）的概念是不可确定的。

以下第 2.1.4 节详细介绍五种战略发展工具，这些工具专门的按照创新战略的要求进行了调整，并且在实践中尤其重要。这五种战略发展工具分别是环境分析、场景技术、基准测试、SWOT 分析和技术投资组合。

2.1.4 战略发展工具

2.1.4.1 环境分析

在战略管理和创新管理的资料中引用很多的一句话是，环境已经变得“更加复杂和动态化”。鉴于创新领域的日益多样化和在许多领域日益缩短的创新周期，这是完全可以接受的。在这方面，战略探索阶段的环境分析对制定创新战略具有重要的意义。

对于评估企业当前和未来的情况及其环境，已经开发了多种理论方法和实用的工具，如环境—战略—结构理论、利益相关者理论、指标分析、市场分析或行业结构分析（见 Kreikebaum, H. 1993 P. 62）。特别是在制定创新战略之初，应对企业当前和未来的经济、社会、技术和生态状况进行充分的区分和详细分析。这种环境分析有时被称为“周围环境分析”，有**三个主要目标**：

环境分析的目标

- 企业管理层更清楚地认识到环境问题以及企业环境对战略决策的影响。
- **确定**与企业更相关的环境（任务环境）和其他环境（一般环境）。
- 环境分析的结果，可以识别和**评估**当前和未来的机会和威胁。

例子 戴姆勒依靠自己的研究小组

戴姆勒股份公司在系统性环境分析中看到了这样一个巨大的潜力，即在该企业内设立了一个独立的组织单位，用于有针对性地识别、解释和利用外部的信息。自1979 年以来一直存在的研究小组“社会与技术”，作为“车辆概念和未来趋势研究中心”的一部分，在跨学科团队内为集团内外的客户开展面向市场的环境研究。该单位作为“早期预警系统”与世界各地的研究机构和大学合作，如柏林未来研究与技术评估研究所和斯坦福大学。他们的主要任务是根据当前的环境发展开发最准确的未来方案，以便用于制定创新战略。他们使用不同的工具，比如场景技术、产品影响评估、趋势图库、专家组和未来质量功能部署等方法，这些工具在科学与实践使用中得到了进一步发展和优化。

微弱的信号和不连续性

检测所谓的**微弱信号**（weak signals），对更进一步和更深入地全面调查商业环境似乎也是明智和有必要的。通常情况下，某些事件在实际发生之前就已经有了明显的变化（**不连续性、趋势中断**）。不连续性不会突然发生，但是在其前期过程中已经出现“微弱信号”。例如，这种微弱的信号可能是专家的观点、缓慢变化的客户行为或特定的社会或市场趋势。越是全面地和更好地挑选这些微弱的信号并在企业内处理，才越可能早地采取适当的战略应对措施。此外，它还为企业有针对性的、适当的行动提供了较充裕的时间。第 2.1.4.2 节中介绍的场景技术就是一种及时识别这些微弱信号的工具。

扫描和监测

凭借其战略理念，安索夫（Ansoff）希望实现对**突然和不连续性的管理**，从而实现目标明确的战略性企业管理。关于创新过程的产生和设计，首先可以通过环境分析中所谓的“扫描”和“监测”来获得重要的信息。虽然**扫描**试图通过对企业环境进行广泛和无目的的探索，来筛选出与战略相关的变化，但**监测**的目的是检查某些外部信号是否与企业相关，以及它们产生的潜在影响（见 Ansoff H. I. 1976 P. 129, Krystek, U./ Müller-Stewens, G. 1997 P. 917）。

评价

图 2-12 给出了一家汽车公司的环境分析，其中也包含了预警系统的组成部分。汽车行业的特殊情况十分重要，但在五个观察领域（包括竞争分析，见章节 3.2.2.2）的分析中，并未包含全球和貌似外部的环境发展。环境分析使企业能够识别潜在的机会和风险。在经济学、人口学、政治学、法律、技术和生态学领域识别的趋势，可以被纳入战略的产品规划和创新规划中，从而为企业管理创造回旋余地。然而，一个深入的分析需要广泛的信息，必须在研究过程中产生和评估这些信息。这需要适当的专业知识，以确定真正相关的环境因素，并能够正确评估其潜在影响。

例子 “丁克”趋势要求新的汽车概念

自 20 世纪 90 年代初以来，汽车行业已经推出了一系列新型乘用车车型，例如丰田 RAV4、本田 CR-V、铃木 Vitara、宝马 Z3、福特 Puma、欧宝 Tigra 和奔驰 SLK 等，所有车型设计都考虑到变化的环境条件，特别是社会人口领域的变化。社会价值观的变化导致所有制造商新的汽车理念变化，理念变化可以通过小型家庭或单身生活的趋势、更注重休闲和快乐（享乐主义）以及更个性化的趋势来确定。大多数情况下，双座或敞篷车强调汽车驾驶的“趣味”，并根据价格政策进行定位，以便充分地激活潜在的消费者（所谓的“丁克”指“双收入，无孩子”）。

经济	• 发展宏观经济变量作为未来销售潜力的指标（国民收入、通货膨胀率、储蓄率、集体协议等） • 汇率的发展（尤其是全球采购和国际销售市场） • 相关经济领域的发展（主要是汽车供应商） • 销售市场的动态变化（例如传统运输公司向综合物流服务提供商的发展） • 不断增加的区域差异需要不同的车辆概念（比如城乡差异）
人口和社会发展	• 区域人口发展（它表明城市化趋势会影响汽车需求的类型和范围） • 大城市地区的汽车问题 • 新的汽车使用形式（例如汽车共享） • 社会心理变化（休闲行为、享乐主义、工作心态和人口对汽车交通的态度） • 个性化趋势要求目标群体有适当的产品差异化概念
政治和法律	• 公共交通发展趋势 • 通过税收和燃油价格增加车主的负担 • 铁路运输的政治推动 • 与私人交通相比，城市中心日益闭塞 • 更严格的排放标准 • 可能收紧的产品责任法律 • 引入重要的法律规范（例如速度限制、驾驶禁令）
技术	• 越来越多地使用新型天然材料（高性能陶瓷，纤维复合材料） • 客户对车辆安全性和维护强度的要求越来越高 • 基础设施越来越拥挤，需要新的交通概念 • 对新驱动概念的需求（生物柴油、天然气、太阳能、电力、燃料电池、氢气驱动） • ICT 在汽车中的应用，通过远程信息处理、导航系统、自诊断系统、遥测
生态	• 几乎所有买家的环保意识都在提高 • 引入污染性环境税 • 环保政策的要求（3 升排量汽车） • 回收行业的新法规（制造商的回收义务）

图 2-12 一家汽车制造商的环境分析示例

S 曲线概念

所谓的 **S 曲线**（efficient progress curve），是一个特别关注企业环境技术发展的概念。这是一个性能循环模型，它考虑到技术性能与时间或技术相关的 R&D 费用的相互关系。S 曲线的概念由麦肯锡（McKinsey）咨询公司在全球推出。技术经历了一个周期，在接近周期终点时，性能接近临界值。一个具有更高性能水平的新性能周期开始向新技术（技术飞跃）过渡，这个新技术也被称为**替代技术**，因为它随着时间的推移取代了旧技术。例如，DVD 替代盒式录像带，然后又被蓝光盘取代（见图 2-13 以及 Gerpott, T. J. 2005 P. 113）。

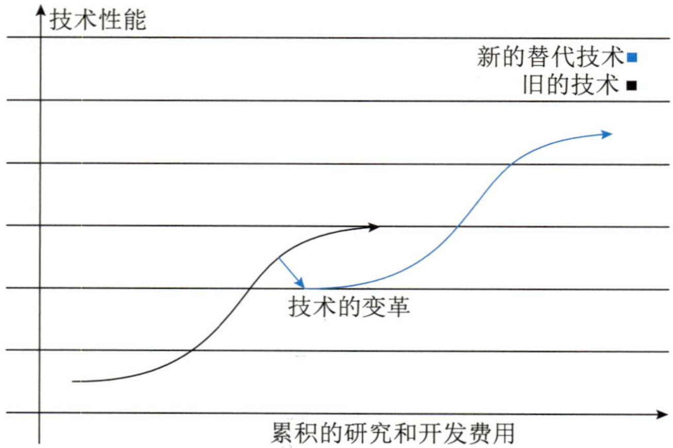

图 2-13　S 曲线概念

（见 Gerpott, T. J. 2005 P. 118）

为了避免错过向新技术的转变，企业必须在所谓的**技术早期识别**的环境中，系统地分析其环境中与技术相关的**微弱信号**，然后使用所谓的**技术预测**（technology foreesight）评估未来新技术对他们自己的产品和过程有何意义（见 4.3.2.2 节）。微弱信号可能的来源包括客户、员工、供应商、竞争对手、研究机构和其他的书面信息（专业杂志、专利等；见 Gerpott, T. J. 2005 P. 103）。

例子　注意“帆船效应”！

然而，如果认为新开发的技术能够在短时间内取代旧的技术并在市场上建立起优势，或者至少不亚于旧的技术，那么可能是一种误解。原因在于，一项新技术正在对旧的技术施加压力，这反过来又促使那些持有旧技术的公司作出一切努力来改进它。随着第一批汽船的出现，帆船得到了进一步的发展，并在货物和客运方面发挥了重要的作用（因此称这种效应为“帆船效应”）。即使在 1879 年托马斯·阿尔瓦·爱迪生（Thomas Alva Edison）发明了碳丝灯泡之后，依然花了几十年的时间来取代之前一直使用的煤气灯技术。然而，煤气灯的第二次复兴是以灯泡为代价的，因为仅仅在 7 年的时间里，煤气灯改善得如此之多，以至于到最后它的性能是碳丝灯泡刚发明时的 15 倍（见 Gassmann, O./Sutter, P. 2011 P. 65）。

2.1.4.2　场景—技术

长期发展的分析，特别是技术和客户行为的分析，是战略探索阶段特别重要的一步,"因为缓慢的趋势可能很难被查明,并且当被识别到时,往往会被忽略"(Goffin, K./Herstatt, C./Mitchell, R. 2009 P. 172）。因此，关键的挑战是现如今就要评估**将来的市场和客户需求**，并考虑如何在竞争方面更好地满足这些需求。由此，一方面，这需要将"未来世界"的未来发展从场景向当前转移；另一方面，通过"今日世界"的技术投资组合和路线图，有必要将当前业务推向未来。通过协调使这两个观点，应该可以出现最佳的未来蓝图（见图 2-14）。

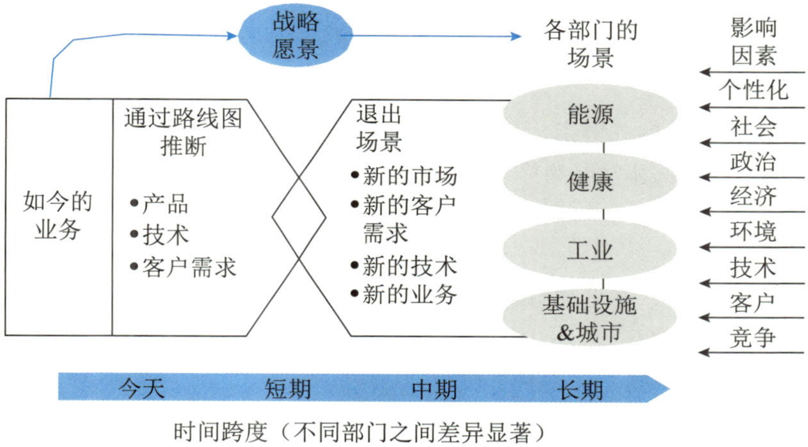

图 2-14　西门子未来规划的方法

例子　西门子的"未来之窗"

例如，西门子使用场景技术作为其"未来之窗"的一部分。通过使用这种方法来开发能源、医疗保健、工业和基础设施 & 城市，自 2014 年 10 月以来，西门子八个部门，在路线图的基础上延续当今的业务，并考虑到各种影响因素（见图 2-14）。当然，没有人能够准确预测未来，因此战略营销团队的方法是通过战略行动建议来塑造未来。要确定在未来对西门子业务领域重要的发展和趋势，专家们采用了"未来之窗"的方法，这是在企业技术部门十年前设计的，并且从那以后一直在发展优化。对于西门子而言，这是决定性的趋势推断，与场景技术相结合，尽可能全面地调查未来世界的生活。由 CT 和西门子各部门的员工组成的项目团队分析了，影响未来市场发展和新技术传播的因素，比如技术、社会、经济和政治因素。

虽然预测是基于对过去的观察、解释性理论以及在假设其持久性的情况下延续到未来的相关性（"长期稳定性假说"），场景技术（源自拉丁语 scenarium，

场景 - 技术的特点

意为戏剧中的场景序列）是一种投影方法。这项技术由赫尔曼·卡恩（Herman Kahn）在20世纪50年代作为美国军事战略研究的一部分而开发，使得该项目的目标，比如市场开发或技术开发，随着时间的推移得以合理发展。使用这种技术的目的是为企业**未来的行动状况**拟定一个合理的**整体画面**。

循序渐进的过程

为了达到这个未来的情景，可以按8个步骤进行（见Geschka, H./Hammer, R. 1986 P. 245, Staehle, W. H. 1999 P. 640）。

（1）确定和结构化研究领域（比如企业、业务领域、技术）。

（2）确定和结构化最重要的环境部分（比如销售市场、竞争形势、技术和政治环境）。

（3）确定合适的关键指标用以描述周边细分市场（比如市场容量），并描述这些指标的当前状况和发展趋势（比如根据具体假设推断市场潜力）。

（4）形成和选择有关环境发展的替代假设（比如相关市场需求的增加、减少或连续性）。

（5）一般而言，开发和解释三到五个环境情况的场景，至少一个最好的、一个最坏的和一个趋势场景（best-case, worst-case and trend-scenario），这些场景表述为所谓的“预测喇叭”（见图2-15）。

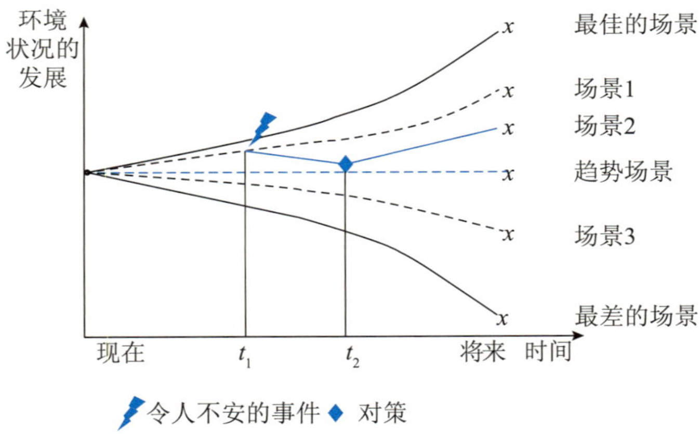

图2-15　用替代方案预测喇叭

（6）对投影期间重大的干扰事件进行描述、介绍和影响分析（比如新的竞争对手在t_1时出现在相关细分市场）。

（7）制定替代行动选择方案并推导投影对象的后果。

（8）执行战略措施计划以及避免干扰并评估其影响（比如时间点t_2）。

例如，使用场景技术获得的结果可用于制定战略目标或制定战略。它能够考虑到潜在的、未来的环境风险，及时识别微弱的信号，即结构不完整且高度不确定信息，并且在规划措施时也考虑到环境风险（例如模糊的、不切实际的想法或趋势）。因此，场景技术对于早期预警和预防危机特别有用。

微弱的信号

场景技术考虑到对未来环境发展有影响的定量和定性的因素以及整体的相互依存关系，且提出了未来可能的几种情景，可以作为目标，从而成为寻找替代方案的基础。不确定因素和可能的干扰变得明显。在不同的情况下，可以模拟和评估对策的影响。使用这种技术所需的时间和资源取决于对未来场景要求的准确性。关键的是，场景的发展在很大程度上取决于决策者的主观评价，从中长期来看，这可能会是非常有问题的（见 Hinterhuber, H. H. 2011 P. 119）。IBM 和雨果博斯这两个例子可以说明不同的影响。

评价

例子　IBM：错失技术趋势……危机！

IBM 公司几十年来在全球硬件市场上占据着主导地位，且是 1972 年美国营业额最大的公司。在 1982 年，它被评为世界上最好的管理公司。十年后，它已不是美国 20 强企业之一。1993 年，IBM 亏损了 81 亿美元，并且陷入了严重的企业危机。截至 1994 年，共有约 20 万名员工被解雇。这种灾难性发展的原因是什么？因为 IBM 没有认识到从大型主机到工作站的技术趋势，而且持续依赖于过去成功的产品。

例子　雨果博斯：正确评价发展——股市明星！

20 世纪 90 年代末，时尚品牌雨果博斯（Hugo Boss）是一个纯粹的男性高级商务用品品牌，但面临着巨大的市场变化。年轻、注重职业意识的都市人（“雅皮士”）最初的正面形象受到越来越多的批评，这对雨果博斯产生了负面影响。女性这个目标群体以及高利润的生活方式领域产品（配饰、香水、珠宝）并没有为公司带来利润。业务流程相当不理想。但是管理层认识到需要改变并调整商业模式。在战略核心上，雨果博斯扩大了提供的服务范围和深化了对目标群体的理解，并发展成为男性和女性生活方式的提供者。例如，在不放弃品牌高品质定位的情况下，产品系列中增加了个性化的配件（鞋、包、手表等）。同时，门店逐渐建立了自己的全球直销网络。就价值链而言，企业考虑到生产质量和速度，从而放弃了向亚洲转移生产计划，并继续保持其自身高度的附加值。因此，雨果博斯成为股市明星，从 2001 年至 2007 年（投资公司 Permira 收购雨果博斯的日期），其公司市值翻了两番（见 Greiner, O./ Wolf, T. 2011 P. 41）。

2.1.4.3 基准测试

基准测试是一项系统的技术，它根据具体的指标将公司的产品、工艺和流程与其他同行或非同行的“世界级”企业进行比较。日本人在第二次世界大战后不久就开始使用这种“向最好的学习”的技术，1979 年复印机制造商施乐公司（Xerox）在美国开展了首批主要基准测试项目。汽车制造商福特和其他公司也紧随其后。自 20 世纪 90 年代以来，基准测试已成为许多公司增值活动的标准做法。

基准测试的目标

基准测试旨在识别行业内或行业外的“**最佳实践**”，并用于自己的企业，目标是长期地**确保竞争力**。由于竞争环境的动态变化，基准测试如今作为一个**永久的情况分析**被制度化。这也符合 Kaizen（持续改善）的基本思想。

步骤

通常，基准测试由以下**步骤**完成（见 Kotler, P./ Keller, K. L./Bliemel, F. 2007 P. 1099, Müller-Stewens, G./Lechner, C. 2005 P. 384）：

（1）定义基准测试的主题（比如产品、过程、功能），并将其作为过程的一部分进行优化。

（2）确定基准（绩效目标、指标、测量参数），从中可以预估自己公司在竞争环境中的状况。

（3）必须确定可用于比较的合适的基准测试伙伴。无论属于哪个行业，这些都是具有最佳执行实践的公司。

（4）进行实际的基准测试，即收集所需数据，并在基准测试的帮助下分析相关事实。

（5）从基准测试结果中得出结论，以弥合现有的差距并改善自己的公司。

（6）将结论在行动计划内实施，并转移到持续改进的过程中。重要的是，清晰和有说服力地传达基准调查的结果，并制定实施调查结果的规则。

内部的基准测试

除了所描述的外部基准测试之外，**内部基准测试**也是可行的，例如，将自己产品的性能特征或部门的业务流程与其他的产品和部门进行比较。这种形式的基准测试的优势在于可能或者相对容易地得到所需的数据。此外，触发内部竞争，应该会导致性能的提高。

评价

基准测试意味着从其他公司或组织单位的经验中学习。这可以显著地节省成本和时间。外部基准测试的关键问题是获取必要的信息。在这方面，最好与我们自己的客户、供应商和销售伙伴一起开展工作。此外，可以询问咨询顾问，获取基准测试数据库，并确保这些数据库包含相关的和最新的信息。同样值得注意的是，企业应当注意把控这类项目涉及的时间基准测试开展时间过长可能会导致企业更关注竞争对手而不是自己的客户，企业无论如何应该避免这种情况。

例子 汽车行业的产品基准测试

作为**产品基准测试**的一部分，一家汽车制造商根据 10 项评估标准对相关细分市场的五大主要竞争对手进行了比较。比较结果以六条轮廓线的形式显示在图 2-16 中。这表明自己的车辆（Speedster OR）在四个比较标准中是同类车型中最好的。但是，标准 3、5、7、9 和 10 仍然需要改进，尤其是相对于竞争对手 5。基于这一结果，这家汽车制造商可以采取措施尽快缩小与竞争对手的性能差距。

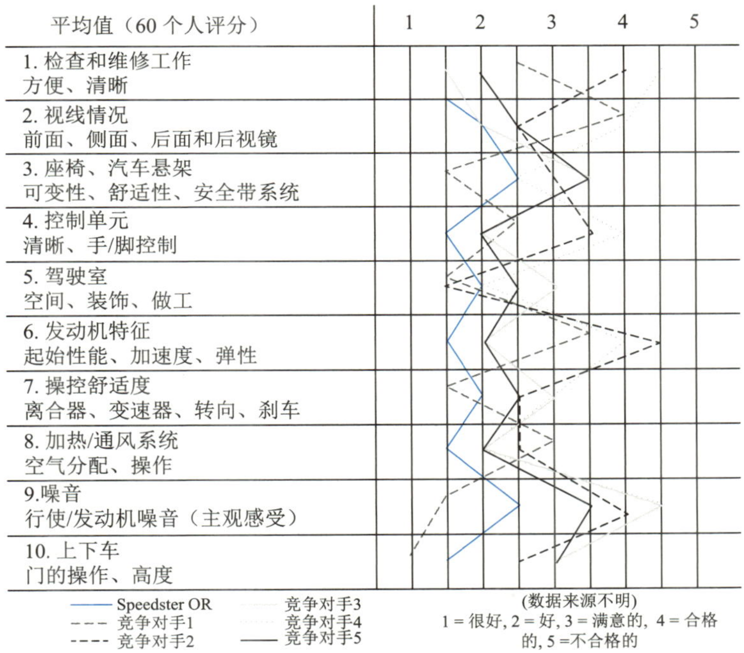

图 2-16 产品基准测试的实例

例子 外部的基准测试：赛车和飞机有什么共同之处？

科特勒和布利姆引用一家美国航空公司作为**外部基准测试**的一个例子，该航空公司希望缩短从飞机抵达到重新启动的处理时间，并且正在寻找相关建议。它在印第安纳波利斯（Indianapolis）的赛车比赛中找到了解决方法，在这里赛车的处理过程（加油、轮胎更换、功能检查）只需要 20 秒。虽然这对于一架飞机来说是不切实际的，然而该航空公司了解到赛车队如何协调处理所有的事情，以减少时间浪费。应用这些知识后，该公司飞机在 9 个月内的周转时间从 60 分钟减少到了 30 分钟（见 Kotler, P./Bliemel, F. 1999 P. 62）。

2.1.4.4 SWOT 分析

在战略规划阶段，确定企业的方向。在这种情况下，还提到了**战略搜索领域分析**，在此基础上，应识别、分析、评价和选择新的业务和创新领域（战略搜索领域的定义见章节 3.2.2.1）。为了有针对性地进行这种搜索，可以使用不同的工具（例如，空间分析、产品—市场矩阵，Misfit 分析、SWOT 分析）。

SWOT 分析的步骤

SWOT（strengths 、weakness、opportunity、threat）分析代表了对优势和劣势描述性分析的进一步发展。通过这种工具，企业**外部的**机遇和风险与企业**内部的**优势和劣势相对比。通过建立 SWOT 分析及其特征清单，可以尽可能地确保考虑到企业内部和外部环境的所有变化。这创造了企业**内部**与企业**环境**之间的联系（见图 2-17）。

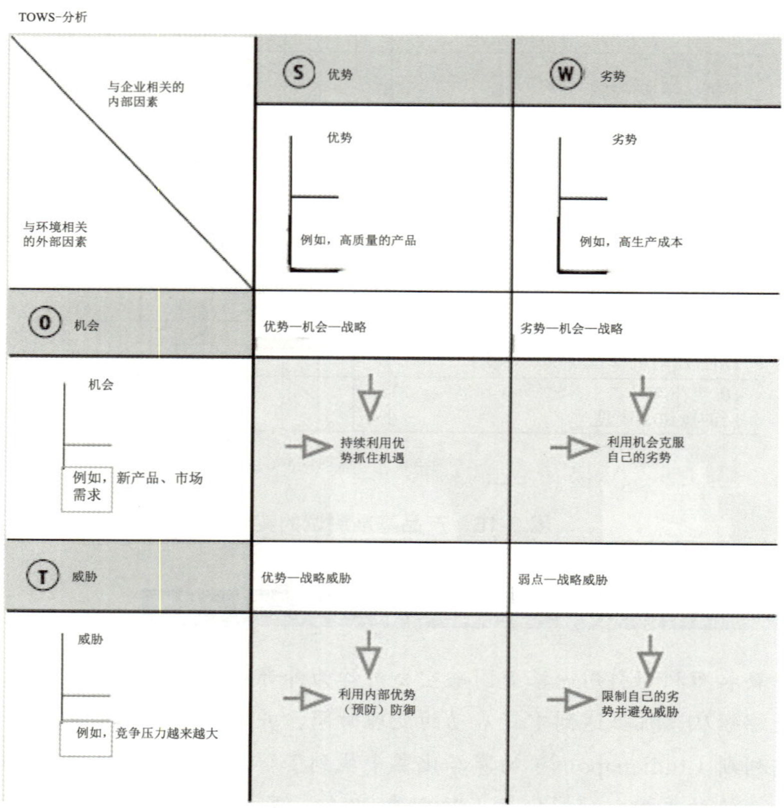

图 2-17　SWOT 分析

SWOT 分析的结果

对各个内部和外部因素进行系统分析，目的是为每个内部和外部发展至少确定一个合适的**战略行动选项**，这个选项记录在矩阵核心的四个领域之一中（SO 战略、

WO 战略、ST 战略、WT 战略等）。这种主要方向必然可归因于给定的环境参数，并且不仅是所有 SWOT 整体观察的结果。本规范的目的是有目的地扩大型企业的优势，有针对性地减少或消除这些劣势，同时利用环境中存在的机会并尽可能避免或消除威胁（见 Macharzina, K./Wolf, J. 2010 P. 342, Müller-Stewens, G./Lechner, C. 2005 P. 224）。

评价

因此，SWOT 分析需要对企业的现状和环境进行非常全面的考察。这两个矩阵维度形成了这种情况分析的网格，其基于例如文献研究、调查和研讨会。考虑到在不远的将来继续存在的机会和威胁，可以使用 Delphi 技术。易懂的可视化处理技术和相对简单的关系描述使它更容易处理当前和未来的情况，以及它们的影响。

2.1.4.5 技术投资组合

作为战略规划和控制相结合的工具，技术投资组合可以用来制定创新战略（见章节 4.3.2）。

投资组合概念起源在于金融领域，并在此确定证券投资的最佳“投资组合”。自 20 世纪 70 年代初期由波士顿咨询集团（BCG）以市场增长—市场份额—投资组合形式使用这一概念以来，技术投资组合已在企业管理的所有领域得到广泛应用。

投资组合分析的步骤

战略投资组合分析旨在从企业的角度出发，设计最有利的各种投资选择。为此，需要界定规划单位，被称为战略业务单元（SGE），可以是单个产品、产品组或技术领域。之后，主要影响每个企业业务单元机会和风险的因素多以二维矩阵（所谓的 BCG 矩阵）或九个领域（所谓的麦肯锡矩阵）来呈现，并评估其对战略业务单元的未来发展的影响。最后，可以对战略业务单元的当前和期望的战略定位作出合理的说明，最终决定资源分配。可以借助所谓的**标准战略**的形式制定这些说明，借助标准战略依据给定的条件来显示经典的战略方向（比如，投资、撤资或选择战略；见 Kreikebaum，H.1993，P.87）。

然而，经典的产品—市场投资组合与下面将要讨论的技术投资组合有两点不同（见 Pfeiffer, W./Dögl, R. 1997 P. 411）：

技术投资组合的特点

- 与产品—市场投资组合不同的是，技术投资组合不是针对现有的产品及其销售市场，而是针对潜在的和新兴的**技术**（产品、制造、信息、材料技术）。
- 传统上开发的投资组合仅仅是市场周期的反映，但技术投资组合的描述范围超出了实际的市场周期，诸如掌握技术或未来的开发潜力等指标是长期的方面，除市场周期外，还涉及上游**观察周期和生成周期**。

在前面的章节中已经明确阐明的是，创新对于一个企业的长期存在具有特殊意义。由于从传统的产品—市场概念中几乎不能得出相应的创新建议，所以“技术投资组合”是避免或克服这些问题的**概念性工具**。鉴于太多技术投资组合的概念，以下解释仅限于法伊弗（Pfeiffer）等人的技术投资组合，尽管有些复杂，但这些解释是有说服力且可行的。

例子 默克公司（Merck）的投资组合管理

特别是研究和开发密集型企业使用投资组合作为规划和控制的工具，以德国制药、化学和生命科学公司默克公司（Merck KgaA）为例表明：“对于默克而言，创新是企业制药和化学部门战略的一个重要组成部分。研究和开发项目可能会延期、超出预算，或未能达到要完成的目标。研究和开发对制药业部门尤为重要。因此研究和开发项目由**投资组合管理**进行永久监控。在投资组合管理过程中，我们定期评估研发领域和开发流程中的所有项目，并在必要时重新调整“（Merck KGaA 2012 S. 86）。”

Pfeiffer 等人的技术投资组合

类似于传统的产品－市场概念，技术投资组合可以分为**两个评估级别**。这两个级别，一方面是资源优势，作为企业内部因素；另一方面是技术吸引力，作为主要的外部决定性因素。两个维度的定位是为了更好地区分 9 个领域矩阵中的战略选项（见 Pfeiffer, W./Amler, R./Schäffner, G. J. 1983 P. 253, Pfeiffer, W./Dögl, R. 1997 P. 412）：

评估级别

- 相对于其主要的竞争对手而言，（相对的）**资源优势**通常被理解为对当前和未来技术的掌握程度。具体的特征可以包括诸如 R&D 支出水平、个人和事实潜力以及拥有的技术诀窍（如注册专利的数量）等指标。
- 相比之下，**技术吸引力**基本上体现了技术的机遇（可开发性和未来开发潜力）和风险（应用的广度和深度、接受程度、兼容性、投资要求），并且可以根据将来对进一步发展或扩散过程的时间要求进行操作。特别要高度评价的是，所谓的**关键技术**（key technologies），作为多个行业发展的载体和先驱者，预示着具有很高的应用潜力。

例子 IKT和微系统技术作为关键技术

关键技术的典型例子是信息和通信技术以及微系统技术，这些技术既在私人领域又在商业领域带来了工作和私人生活的巨大变化。除此之外，许多产品的通信结构和规模以及移动性已经从根本上发生了变化，比如智能手机等移动通信设备的开发。

在对相应指标进行处理、评估和加权之后，可以创建技术投资组合，作为潜在的创新战略的基础。图 2-18 显示了典型的选择创新活动的**三种标准战略**，具体取决于技术吸引力和资源优势的两个维度。

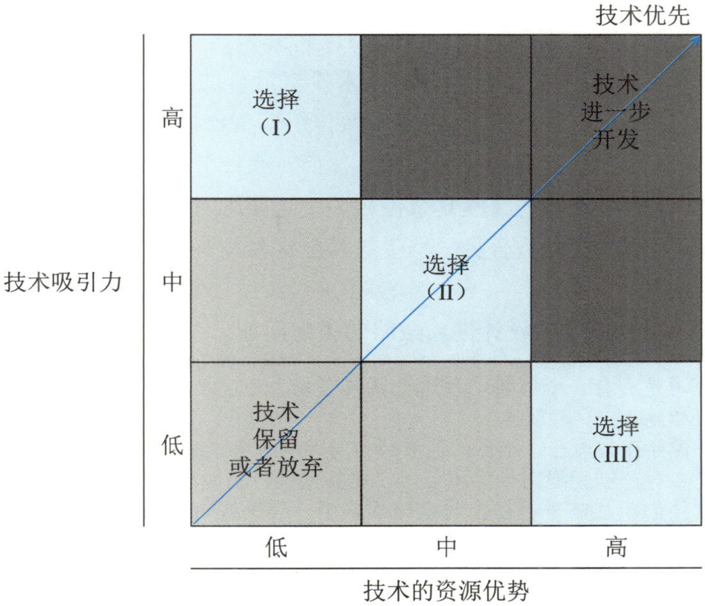

图 2-18　技术 - 投资组合

（见 Pfeiffer, W./Amler, R./Schäffner, G. J. et al. 1983 P. 259）

标准战略

- 如果要开发新技术或进一步开发现有技术，可以考虑**投资战略**。在这种情况下，规划和实现战略创新项目，由于这些项目具有强大的开发潜力和自身的资源实力，可期待持久的市场成功。这些项目通常属于新的技术领域，有着高的增长率，但同时需要大量的资源。
- 相比之下，如果在企业既不能充分保证未来与技术相关的成功潜力，又不能保证技术的可管理性，则可以考虑撤资战略。在这种情况下，现有技术可以保留，但不会进一步开发或放弃，并且可以转让现有的知识产权。
- 选择的区域需要根据具体情况进行战略决策，这意味着不可能提出普遍适用的建议。因此，（I）可以减少资源消耗；（II）可以通过投资追求高资源优势的目标；（III）由于技术吸引力水平低，不再进一步发展高的资源优势。一般来说，要有区别地评定这个过渡区，创新项目是否可能向右上角或左下角发展，以及需要哪些资源和经济可行性。

技术路线图

借助技术投资组合选择的用于开发和进一步开发的技术及其依赖性和因果性，常常用所谓的技术路线图表述，这些技术路线图含时间轴并指明何时应实现哪些技术。该路线图也是决策者的视觉指南，可以跨部门协调技术规划，一方面节省时间和金钱，发挥协同效应；另一方面在技术为导向的决策情境中保持透明度，以提高规划安全性（见 Gassmann, O./Sutter, P. 2011 P. 95）。

评价

在图 2-18 中描述的法伊弗等人的技术投资组合的主要优势在于，为战略创新活动获得设计建议的相关系统学。它并不像传统模型那样指代特定的产品或产品组，而是以技术为基础，涵盖相当长的时间。然而，系统分析和相关透明度与技术吸引力和资源优势这两个维度的高度复杂性相关，这要求对所有相关影响变量进行复杂的识别和分析。技术投资组合另一个优势是促进参与开发和实施创新战略的组织单位之间的沟通。

最后，图 2-19 总结了设计创新战略的关键问题。

- 公司是否有一个愿景，且这个愿景在多大程度上得到了组织成员的认可和同意？
- 是否存在公司在十年后如何看待自身及其任务、客户和供应商的描述？
- 是否存在创新战略（集团公司、业务范围、职能部门）？
- 这种创新战略是否在公司全球战略中，合乎逻辑且与其相互不矛盾，也就是说，有没有“战略契合”？
- 企业管理层是否认为制定创新战略是一项坚定不移的且不可转交给他人的任务？
- 考虑到替代发展，是否有任何场景来描述未来五到十年的业务发展？
- 是否有对社会、生态、经济、法律、政治和科技企业环境的持续分析？
- 企业内部和企业环境中的增长潜力是否被系统地识别和评估？
- 有没有分析技术变化和评估其未来意义的方法？
- 是否对自身的优势和劣势以及环境发展带来的机遇和风险进行综合的分析？
- 是否将企业及其环境中的所有信息和经验都用于分析战略并有目的地联系在一起？
- 是否在相关组织单位（职能部门、业务范围）之间针对战略创新计划进行了沟通协调？
- 是否将技术资源用于主要的客户需求？
- 研发领域和销售部门的市场相关活动之间是否存在明确的接口？
- 是否有系统地评估创新对生态的影响？
- 产品创新是否系统地整合到战略产品规划中？

图 2-19 创新战略的核对清单

2.2　创新职能的组织

2.2.1　组织设计的基本问题

2.2.1.1　什么是组织？

组织的概念在日常谈论和学术界是多种多样的。圣加仑（St. Galler）管理科学家克努特·布莱切（Knut Bleicher）将此归因于这样一个事实：以零碎和相互协调的方法解决复杂的问题是人类与生俱来的本领。随着教会、军队和国家等较大的社会单位的出现，人类从早期阶段就开始寻找适当的组织解决方案。在经济发展过程中，尤其是 18 和 19 世纪的工业化，经济领域借用了这些问题解决方案，并且不同结构变体差异化越来越大。那么“组织”究竟是什么呢？

一个整体的各个部分之间每个有目的地合作都是基于规则制度的。没有规则制度就会出现**混乱**，也即“彻底混淆”。然而，在混乱的情况下，就无法系统而有目的地完成复杂的任务。因此，它需要一个相应的组织，“组织”首先是有意识地草拟规则，诸如给一个企业实体规章制度。

组织与混乱

因此，组织一方面是**组织（动词）**，即一项活动，换句话说，它构成了一项全面的任务，并根据具体目标分配子任务。其次，**组织（名词）**是组织（动词）的结果。例如，当提到“职能型组织（结构）”或“产品创新过程的组织”时，其中一种情况是企业以绩效为导向的结构（比如采购、生产、销售等），另一种情况是以成功产品创新为目标的特定工作步骤的顺序。

组织（名词）和组织（动词）

然而，组织（名词）和组织（动词）的差异还不足以令人满意地掌握与之相关的有意义的内容。对组织科学文献深入地研究表明，组织的概念有**很多不同的定义**。三个著名组织理论的例子可以清晰地说明这一点。

- 科西奥尔（Kosiol）将组织理解为以目标为导向的“整体或结构系统的综合结构化”，他特别强调耐久性（见 Kosiol, E. 1976 P. 21）。
- 根据格罗赫拉（Grochla）的观点，组织的特点是“完成连续任务的系统结构化”（见 Grochla, E. 1983 P. 13）。
- 基泽和库比切克（Kieser and Kubicek）将组织视为“具有长期目标和正式结构的社会产物，旨在使成员的活动与其目标保持一致”（见 Kieser, A./Walgenbach, P. 2007 P. 6）。

定义的多样性

在下文中，组织既被理解为在开放的社会系统中，有目的地整体塑造关系，又

被理解为这一活动的结果。

因此，这个定义包括组织的两个观点，在企业实践中不能彼此分开。

工具的和机构的组织概念

- 一方面，关于工具的组织概念，它始终是企业管理的组织理论的核心（“企业有一个组织”）。这种观点将组织看作是对企业进行有效管理的手段，因此也是实现其目标的工具。这非常接近“组织”这个词的原意。它来源于希腊词“organon”，被翻译为“工具”。这种意义上的组织包括企业所有的详尽规则，这些规则既包括个人行为准则，也包括与机器相关的操作规则。
- 另一方面，机构的观点主要以组织社会学和心理学为特征，并将组织理解为一个有目的的社会系统，人们用自己的价值观和目标来工作（“企业是一个组织”）。这个意义上的组织都是私人和公共机构，如企业、大学、权威、协会，政党等。

2.2.1.2 组织的特点

对“组织”的基本理解可以借助以下三个特点来表征（见 Vahs, D. 2012 P. 12）。

组织是有目的的

目的

有目的性几乎是所有的组织概念定义的核心特征。一方面，组织是一种工具，以实现追求在正式的、合法的目标设定过程中设定的企业目标（所谓的“组织目标”）；另一方面，组织意味着目标，即组织或者其中的个人追求的“自己的”目标（所谓的“个人目标”，比如高收入、有趣的活动、声望、权力等）。特别是组织和个人目标一致时，成功潜力巨大。

例子 汉莎航空（Lufthansa）追求明确的目标

以德国汉莎航空公司（Deutsche Lufthansa AG）2013 年年度报告为例，说明企业目标的重要性，报告的标题为《企业价值的可持续增长仍然是最重要的目标》。“汉莎集团自 1999 年以来一直使用基于价值的管理体系进行管理和控制。这种方法是所有规划、控制和检查过程的组成部分。股东对资本的适当回报和企业价值的可持续增长的要求在整个集团的管理中都有所体现。其目标是在跨工业循环中创造可持续的价值。为此，定期检查价值创造的实现程度。结果汇入内部和外部的报告系统（Deutsche Lufthansa AG 2013 P. 30）。”

组织是开放的社会系统

开放的社会系统

组织作为**社会系统**的标签直接与“人类元素”这样的系统相关，比如生产企业的工人和雇员、体育俱乐部的成员或大学的成员。在企业的日常中，元素与环境之间存在着多样的相互关系，这就是为什么组织被定位为**开放的系统**。

事实上，组织不是“没有灵魂的”实体，而是由拥有自己的目标、价值观和行为方式的人组成，这对处理组织问题的人提出特殊的要求。关键问题是，如何尽可能最好地使个人目标和组织目标相一致？它有什么用处？比如，创新领导力作为一个组织的目标，但员工都不愿意支持这个目标，因为它需要相当大的努力并需要员工经常加班，但没有更高的薪水或更多的自我实现。这种相互矛盾的目标不利于组织。

例子　阿迪达斯（Adidas）依靠员工

许多公司的年度报告都表明了员工的重要性，例如阿迪达斯：“为了成为体育用品行业的全球领导者，我们依靠潜力、责任心、专业知识和员工的业绩以及管理人员卓越的领导才能。这就是为什么我们采取全面的措施来创造促进创新、团队精神、责任心和业绩的企业文化。为了实施我们的集团战略并进一步提高我们的业务成果，我们专门提升了员工的绩效潜力（见 Adidas AG 2014 P. 105）。”

组织有一个正式的结构

正式的结构

规则制度，即一种固定的、正式的关系结构，是组织的另一个基本特征。没有**组织规则**，就不可能有组织成员有目的地合作。因此，在组织目标方面，组织结构是控制组织成员行为和绩效的一个工具，该工具对劳动分工的模式是绝对必要的。

例子　科莱恩（Clariant）重组R&D

山德士（Sandoz）公司拆分出来的瑞士化工公司科莱恩国际股份有限公司（Clariant International AG），于 2010 年重组 R&D 任务，表明了正式的结构对于结构和流程效率的重要性：“在 2010 年年度报告中，通过调整 R&D 和其创新链，能够实现协同效应的巨大潜力，并同时提高效率。集团技术服务部门化学 R&D 部门合并成立新的集团研发部门（Group R&D），并根据核心竞争力整合和组织化学研发（见 Clariant International AG 2011 P. 31）。”

将这三个特征应用于创新职能的组织，意味着创新的结构先决条件必须根据具体的组织规则有针对性地且要考虑受影响的人来设计。这种必要性既涉及组织结构（organizational structure），也涉及流程组织（process organisation）。

2.2.1.3 组织结构和流程组织作为企业结构化的结果

组织结构和流程组织在企业实践中是密不可分的。虽然**组织结构**在创造就业的背景下将企业细分为组织单位（职位、部门、领域等），并为其分配具体的责任和职权范围（静态的结构部分），但企业活动的**过程**反映在流程组织中，它主要调节工作流程的内容、时间和空间顺序（动态的结构部分）。

近几年来，许多企业在努力调整流程结构方面所做的努力越来越多，这表明组织结构和流程组织的区分可能是整个企业组织效率的问题。下面讨论组织设计的基本可能性。

组织结构的设计

组织结构可以通过职位、关系和沟通系统来表征，描述了企业履行责任的框架。通过实施分配关系，即实际分配责任、人员和技术辅助，创建了同级、上级和下级组织单位，这些组织单位履行特定的责任并具备相应的实施和管理技能。此外，这些组织单位还有履行责任所需的某些工作和沟通关系。根据其特点，可能会出现或多或少复杂的组织结构。图2-20展示了主要的**组织结构选择**，因不同的分类标准而产生（见Vahs, D. 2012 P. 102）。

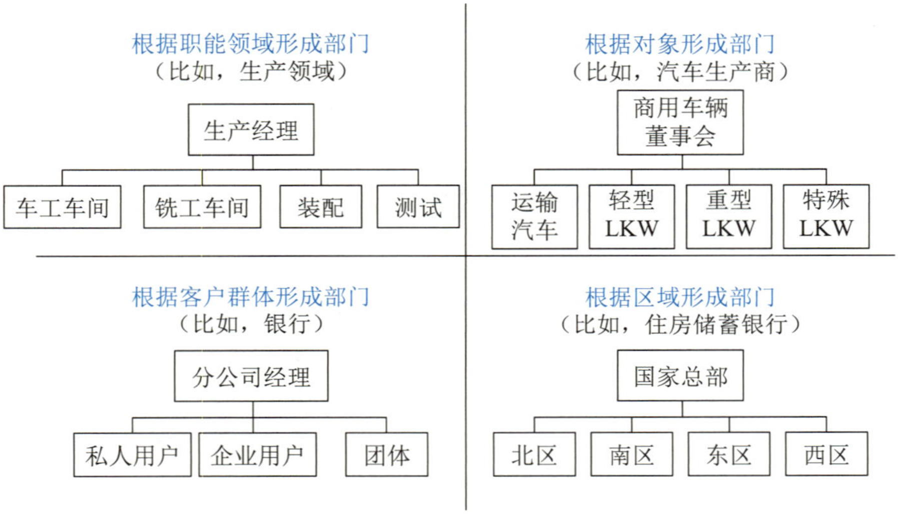

图2-20 组织结构的不同分类标准

结构类型

为了确保各个组织单位在企业目标方面采取协调一致的行动，必须在上下级之间建立永久的沟通和指导关系。由此产生的管理体系也被称为**领导组织**或**管理组织**，它包含企业中所有管理关系的结构。它通过所谓的**直线**（line）将职位与各自的上级管理层联系起来，这些直线形成从上到下的安排路径和从下到上的通知或报告路径，总结来说，层级“更高”的职位可以指挥层次“更低”的职位。基本上，管理组织可以被设计为直线型、直线参谋型、多线型、矩阵型。这些设计方案也被称为**结构类型**或**组织类型**（其在企业实践中的特点，见 Vahs, D. 2012 P. 113）。图 2-21 描述了这四种结构类型及其优缺点。

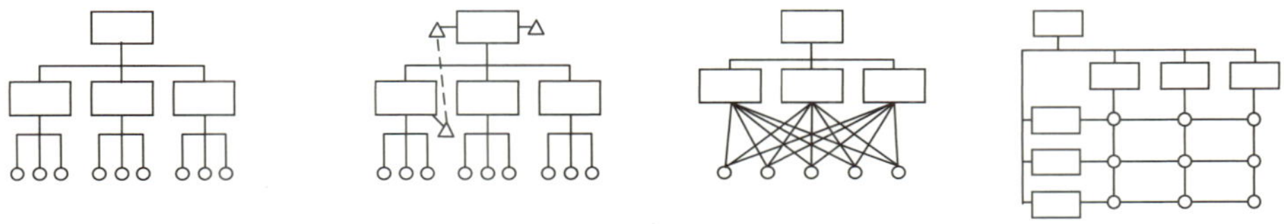

直线型组织	直线参谋型组织	多线型组织	矩阵型组织
简要说明： 经典的组织金字塔，基于秩序统一的原则，通常沟通只是垂直的	简要说明： 职能机构在没有权力的情况下，补充直线型组织	简要说明： 根据职能的专家原则进行指导，即只有相应的专业的上司，结果是多重从属的情况	简要说明： 组织根据几个标准（如活动、对象、地区、项目等）结构化，创建了一个多维的结构
优点： •简单、一目了然 •清晰地描述能力、沟通关系和从属关系 缺点： •冗长的行政手续 •管理者超负荷 •潜在的信息流失 •过分强调职位权力	优点： •通过参谋减轻管理者的负担 •清晰地描述能力、沟通关系和从属关系 缺点： •参谋失去作用 •决策过程失去透明度 •对参谋的信息依赖性	优点： •布置路径缩短、具有灵活性 •减轻高层管理的负担 •专业化 缺点： •复杂的结构 •可能会职责重叠 •在大型企业里存在协调问题 •部门之间潜在的竞争	优点： •直接的路径 •减少参谋的冲突 •避免单方面的决定 缺点： •职责交叉 •高度的沟通需求和管理需求 •太多妥协的风险 •向官僚主义倾斜

图 2-21 组织结构的类型

团队结构

四种结构类型以各个职位之间的正式管理关系为出发点。任务、能力和责任不仅可以委托给个人，还可以委托给组织，他们通过正式沟通和指导渠道相互联系。这种从单数到复数的转变带来了**团队导向的结构**（见 Grochla, E. 1983 P. 214）。团队结构的目标一方面是等级的扁平化，另一方面是垂直和水平网络的形成。通过这种方式，组织可以加强组织内部的沟通关系，确保更有效的合作。特别是在创新过程中，任务和决策权通常不在于个人而是在于团体，作为组织的设计方案，团队结构是“经典的”结构类型（更多细节见章节 2.2.2）。

流程组织的设计

从组织结构的表述中可以清楚地看出，没有充分地考虑跨部门的流程。可以这样说，这些流程稍后会“整合”到现有的结构中。由于组织结构缺乏有利于整体设计的跨部门流程利益的定位，存在各种缺点，因此可能会对企业组织的效率产生不利影响。

组织结构的问题

- 将职能和等级相关的任务分解成多个单独的工作步骤会导致**控制问题**，并且需要**协调和规定**。
- 缺乏信息交流或相互之间彼此孤立等协调困难的情况，会产生不能创造价值的**功能失调**。
- **本位主义**和企业流程**缺乏透明度**会导致“操作性岛屿”。它们会引起不必要的界面、重复工作和冗余，从而降低资源效率、性能效率和管理流程效率。

流程管理

在这种背景下，盖塔尼德斯（Gaitanides）等人谈到了“结构性危机”，这导致无法实现结构性成本优势，并且期望的客户导向会受到影响（见 Gaitanides, M./Scholz, R./Vrohlings, A. 1994 P.2）。但是，企业的竞争力和生存能力比以往任何时候都更依赖于快速地、无差错地、灵活地和经济高效地处理针对外部客户的业务流程。这就是为什么流程导向不仅在制造业中变得越来越重要(见西门子公司的例子)。如果进程视图是由企业决策者采用适当的组织措施来实施的，那么就会谈到“流程管理”，除此之外还有很多其他的概念，比如流程重新设计、业务流程再造、流程创新、业务流程管理、价值链方法等。所有这些都是组织**面向流程的**思考方法。

例子　西门子（Siemens）依靠精益流程

“我们通过实施精益生产流程，希望实现更短的生产时间，从而实现高质量的流程、产品和解决方案。这反过来又使我们能够更灵活地响应客户的要求，并提高我们的交货可靠性。我们的战略是，所有的生产和制造车间都简化其流程，并将这些原则应用于其他职能（比如，管理、工程）（Siemens AG 2013 P. 223）。”

与传统的以科西奥尔的观点为特征的结构和流程组织划分的设计方法相反，面向过程的组织设计，在设立职位和部门时，十分重视企业价值链的特殊要求。在确定与成功相关的流程后，要对现有流程进行分析，必要时重新进行设计。只有这样才能创造就业机会。通过专注于基本流程，这种方法使组织趋向于创造价值，从而有助于建立相关性更强的结构（见 Pfohl, H.-C./Krings, M./Betz, G. 1996 P. 247）。

如果以流程的**市场关系**作为区分标准，那么根据波特（Porter）理论，可以将流程区分为主要流程、辅助流程和创新流程（见 Porter, M. E. 1996 P. 65；Vahs, D. 2012 P. 238）：

流程类型

- **主要流程**作为市场流程直接参与价值创造，旨在创造和销售产品或服务，因此它们也被称为“直接的业绩流程”（比如制造、质量保证、运输、仓储、市场营销和销售、客户服务）。
- **辅助流程**涉及间接的活动，没有直接的市场相关性，可以确保运营就绪，并支持主要流程的持续执行（比如财务和会计、企业规划、维护和服务、采购和人员）。
- **创新流程**服务于发展和引入新的产品、流程或结构，这使得它们直接与市场相关，特别是在产品创新流程中。

创新流程，其特点是有多个相互关联的子流程和高度可变性，需要灵活的结构，其具有明确定义的界面以及综合全面的相互依赖关系。因此，组织解决方案必须既要支持所需的标准流程，又要允许适合情况变化的结构变体。**针对流程导向的组织设计**有以下**优势**。

- 通过使组织与相关的企业流程相一致，各个流程之间的相互依赖关系以及**界面问题**都会减少，与交接点相关的错误和重复工作的风险会下降，所需的协调工作减少，参与创新过程的组织单位有更多的时间来完成他们的实际任务。
- 定义跨部门的流程允许将整个流程的责任和权限委派给一个或多个人员。**整个的流程责任**为自我组织和自我监控创造了自由的空间。协调机制首先是参与流程的人的自我协调。员工的更广泛的责任范围和更大的个人责任开辟了新的创造力潜力和动力潜力，从而可以制定宏远的目标。
- 内部和外部的**客户导向**（“下一个流程就是你的客户”）促进跨部门的和跨公司的思考，并允许专注于创造价值的活动。不是利己主义，而是客户对于成功创新的动力很重要。在持续改进的过程中，这种观点有益于持续地优化企业流程。

2.2.2 创新职能的组织设计选择

2.2.2.1 组织设计选择的概述

从结构上看，创新职能的结构和流程设计可以被视为创新管理的核心任务，它涉及各个子任务和组织单元的整合，其目的是提供新颖的问题解决方案。这一任务的特点，一方面是事实的高度复杂性，另一方面是需要考虑多种界面和相互依存关系。其结果是力求实施最佳的创新流程。

例子 组织作为创新成功的因素

2011 年由奥纬咨询公司（Oliver Wyman）和《德国金融时报》的一项研究证实了组织问题解决方案以及明确的创新战略导向的重要性，其中 891 位高管接受了关于创新管理发展趋势的调查。它表明缺乏创新想法主要是由于组织障碍，例如不同职能领域的合作不足（“筒仓心态”）、创新责任归属不明确以及不完善或者缺失创新流程（见 www. oliverwyman.com）。

创新职能的任务

创新管理作为一种职能的任务是确保创新所需的财力、物力和人力资源的有针对性的组合。这项任务可以在不同组织单位的业务实践中进行。根据各自的创新推动力，创新管理的组织整合更可能呈现在市场方面（市场拉动）或技术方面（技术推动）。具体而言，这意味着作为一个机构的创新管理既可以整合到市场营销又可以整合到研究与开发中。创新职能的基本结构设计选择如下所述。

基本上，企业有两种选择方式来组织其创新活动（如图 2-22 所示）。

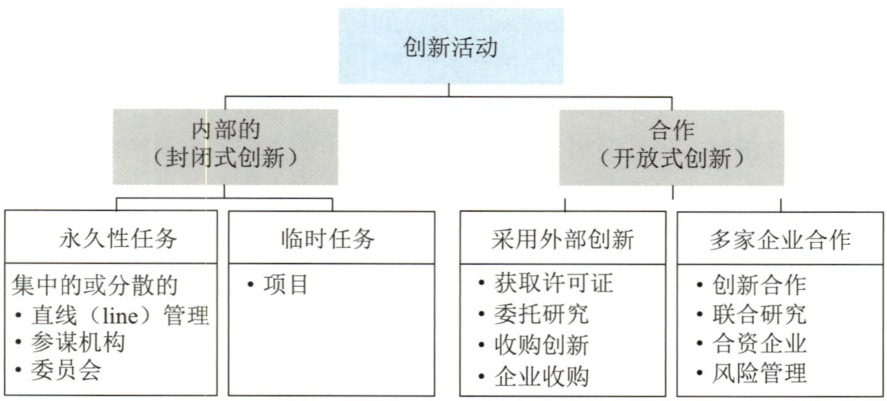

图 2-22 创新活动的组织设计的可能性

组织选择

- **内部的创新活动**，即与创新相关的全部任务，计划、执行和控制，都是在企业内进行（**封闭式创新**）。为此，企业可建立集中的或分散的组织单位，以永久或临时的方式执行这些任务。

- **与其他公司合作**，意味着创新活动延伸到跨企业领域，包含其他企业或科研机构，通过采用外部创新或通过在创新过程中合作的方式（**开放式创新**）来组织创新活动。

实际上，企业经常结合使用这两种基本设计选择。企业决定哪一种选择取决于许多因素：现有的自身资源及可用性、竞争情况、追求的创新战略或相关技术领域的能力等。然而，随着发展速度越来越快，R&D 费用支出不断增加以及技术越来越复杂，完全放弃使用外部可用的创新知识，对当前企业而言是没有意义的。相应地，大多数企业试图通过外部创新活动来补充自己的创新活动，例如通过共享创新项目或者通过并购其他企业或科研机构的创新成果。

例子　西门子（Simens）：通过开放式创新

西门子作为德国最具创新力的公司之一，2013 年总共有约 6 万项专利，公司依赖与其他公司的合作："这些新的合作方式也是西门子开放式创新理念的重要组成部分，通过内部和外部专家的重要推动，增强了集团的创新实力。开放式创新克服了简仓心态的限制，事实上证明并开拓了网络化开放式企业的潜力。自 2008 年西门子第一次启动开放式创新项目以来，来自 80 多个国家共约 35 000 名员工参加了 9 次内部开放式创新试点项目，而我们的外部项目涉及 1750 多名外部专家共 17 个项目。开放式创新解决的技术领域涵盖了西门子所有的技术领域（Siemens AG 2013 P. 218）。"

2.2.2.2　内部创新

内部创新，也称为封闭式创新，在实践中可以有不同的原因：防止创新知识不必要的流失和可能无法控制的扩散、对整个创新过程进行全面规划和控制的愿望以及不依赖于合作伙伴或外部研究机构。**"非我所创"**，即（错误地）认为创新过程从产生创意到引入市场均在内部进行才能成功，也可能是内部创新活动的原因之一。

实际上或所认为的优势被潜在的缺点所抵消，这些缺点来自创新职能的内部感知，特别是当能力有限时，以补偿技术诀窍和资源缺乏。另外，不可能将创新活动的财政负担分配给一个或多个合作伙伴，以降低自己企业的风险。从这个意义上讲，如果企业专注于核心竞争力，且其基础开发和应用知识已经存在并可以使用，那么企业的创新活动是有意义的。图 2-23 总结了内部创新的优缺点。

	优点	缺点
内部创新	+ 排他性，避免了不必要的知识扩散 + 全面控制整个开发过程 + 不依赖于第三方的技术	– 几乎不可能补偿技术诀窍的不足 – 有限的人力和物力资源 – 巨大的经费

结论：必须在（金融）风险和自我发展机会之间加以权衡；在任何情况下，专注于核心竞争力都是合适的。

图 2-23 内部创新的优点和缺点

在企业内**创新职能的组织**有两种选择，在第 2.2.3 节中会更详细地解释。

内部的组织选择

- 一方面，创新活动可以作为一项**永久性任务**转交给专门的组织单位。为此，原则上，可以由考虑直线（line）管理、参谋机构、某些委员会或产品管理部门（企业内有的话）。例如，直接隶属于企业领导或部门领导的**参谋**，被授权履行创新的职责，作为“产品和流程开发的中央机构”或者类似的机构。实际上，也有**委员会**或**解决问题的团体**，比如“新产品开发指导委员会”负责处理创新管理问题。许多企业建立了自己的**研发部门**，全面负责规划和实施技术创新。一旦企业决定进行**产品管理**，其核心任务通常不仅是产品特定营销概念的开发、实施和控制，还包括技术领域对产品开发的支持，以及相关 R&D 活动的协调。
- 另一方面，企业组织可能以项目的形式完成创新任务（见章节 4.1.4）。由于时间限制，目标导向和复杂的计划，要求项目需要进行跨学科的合作。基本上项目任务是全新的，并且不在日常活动之中。在这方面，可以以项目组织的形式和项目管理的方法来处理业务实践中重大的创新项目。

由于经常要同时处理多个项目，因此会产生相当大的协调工作，并且需要尽可能准确地在多项目管理范围内协调，项目之间的以及与其他组织单位之间的窗口和相互依存性。

为了实现创新职能的优化设计，许多企业既实施了制度化的创新管理，又实施了一个展开创新项目的项目组织。在这方面，通常不是一个“要么……要么……”而是一种“既……又”的解决方案，可以通过与企业外部机构的合作加以补充。

2.2.2.3 外部创新

创新项目通常非常耗费资金。涉及新产品项目时尤是如此。即使是大公司，多数情况下也无法完全覆盖与其产品相关的所有技术领域。因为许多公司都关注于核心竞争力，收购 R&D 服务已成为理所当然的事情。通过研究和开发最优的制造策略或购买策略，首先可以减少在这一领域的资本投入，改善（固定的）成本状况和知识产权利用率，并使技术更加专业化（见 Bürgel, H. D./Haller, C./Binder, M. 1996 P. 335）。

例子 通过技术诀窍交易获取知识

技术诀窍交易是获取外部创新知识的另一种途径。在这种知识获取形式中，各企业的研究和开发人员交流最新的过程开发信息，并互相获益。这个措施基于“give and take”的原则，这意味着交流大致是势均力敌的。技术诀窍交易在美国的一些行业运作良好，并且在日本由 MITI 有针对性地组织（见 Albach, H. 1991 P. 55）。

因此，毫无疑问的是，具有创新职能的内部组织的企业，也可以获得**外部的创新来源**，以确保获得最新的知识和经验。除客户外，其他企业（竞争对手、供应商）或科研机构（大学、研究机构）也是潜在的重要来源。创新活动范围非常广泛，从获取个人问题解决方案的许可证到获得完整的产品创新，甚至是整个创新的第三方公司（见 Hauschildt, J. 2004 P. 64, Pleschak, F./Sabisch, H. 1997 P. 272, Wolfrum, B. 1995 P. 259）。

获取许可证

外部的创新来源

通过获取许可证，在许可人（licensor）先前已向专利局进行了注册声明的情况下，被许可人（licensee）有权使用商业产权。在大多数情况下，被转让的产权是一个专利或样品，可能涉及整体创新（例如，一个有市场的产品）和部分创新（例如，组件或子流程）。

技术诀窍、时间和能力的不足可以通过许可证策略来弥补，但是获取许可证并不能完全取代自身技术能力的发展。特别是，由于经常出现的法律问题以及在完全转让知识产权之前相关的时间损失，使用自有的资源进行内部开发可能会更有利（见 Zahn, E. 1986 P. 40 和图 2-24）。

	优点	缺点
获取许可证	+ 放弃自己的（固定）成本密集型研究和开发 + 快速和有针对性地采购专业知识	– 并非可以获取每个知识 – 所获得知识产权的可用性有限 – 有时要很长时间才能获取许可证 – 几乎不可能通过排他性进行竞争差异化
结论：虽然获取许可证有一些缺点，但它给予了一个在自己的企业中建立外部创新成果的机会。		

图 2-24 获取许可证的优点和缺点

委托研究

针对外部的委托研究，委托另一个组织进行具有明确定义的研究和开发活动，这些组织大多数是专业的企业或科研机构。除了活动的主题之外，合同除了规定研究内容之外，也规定了期限、财务条款及创新的其他用途。

委托方有什么优势呢？固然，委托研究也会给委托方带来相当大的经济负担，并且只能很有限地影响开发成果；然而，由于承包商具有必要的 R&D 能力和专业知识，委托方至少可以省掉购买昂贵的设备或建立技术诀窍的部分成本，并加快创新过程。委托方通常可以很好地描述创新对象及其预期目的，所以可以相对清晰地定义工作步骤，并且可以很好地监控工作进度（见图 2-25）。

	优点	缺点
外部委托研究和开发	+ 放弃（固定的）成本密集型研究和开发 + 可能实现特殊领域的规模经济	– 知识扩散的危险 – 开发成功与否不能直接影响 – 至少放弃了部分的核心竞争力

结论：委托研究最适合单个零部件，并不适用在外面进行全新的产品开发。

图 2-25　委托研究的优点和缺点

例子　工业界的委托研究

这里有两个成功的工业界委托研究的案例。

例如，戴姆勒公司（Daimler）让梅塞施密特 – 伯尔科 – 布洛姆公司（Messerschmitt-Bölkow-Blohm，MBB）为其开发安全气囊，让博世（Robert Bosch Gmbh）为其开发 ABS 系统。空客 A320 的驾驶舱并非由空客自己设计，而是由保时捷开发中心草拟并设计的。

收购创新

所有领域日益增加的环境动态，意味着企业很难放弃收购新的服务和新流程。收购创新产品、组件、生产设备以及特殊的技术和方法论知识，会给收购企业带来技术的飞跃，这有助于确保企业自身的竞争力。然而，不能忽视的是，在收购创新时创造价值的活动以及竞争分化的活动会被转移。因此，通常通过并购创新知识和特定的技术，是要填补这些知识空白，而不会成为企业成功的决定性因素（见图 2-26 和 Wolfrum, B. 1995 P. 259）。

	优点	缺点
收购新产品和流程	+ 放弃自己的（固定）成本密集型研究和开发 + 可能填补内部的知识空白	– 知识扩散的危险 – 依赖于提供创新者的知识垄断 – 增值活动的任务

结论：在收购创新（部分）服务时，收购企业应该将自己限制在单个组件或子流程中，利用它可以填补现有的知识空白。

图 2-26 收购新产品和流程的优点和缺点

例子 宝马集团（BMW Group）的虚拟创新机构（VIA）

成立于 2001 年的宝马集团的虚拟创新机构 VIA，使用社交网络作为获得和连接创意的平台，表明大型企业也依赖于创新收购。

虚拟创新机构 VIA 是来自全球各地和宝马集团的创新人士互动的平台。通过这个平台，创意人士可以直接将他们的想法推荐给宝马集团。无论是发明家、大学还是企业——没有太小或不重要的想法。如果一个想法真的很好，可以与宝马集团共同合作、共同实施这个想法并应用在未来的产品上（见 BMW Group 2010）。

企业收购

收购外部创新最彻底的形式是收购这些企业的大多数资本，他们以创新的服务和流程在市场上脱颖而出。这样做的话，企业收购不会购买单个产品或产品线；相反，它收购了整个公司，包含所有相关资产和负债。由于需要巨大的资金，这种形式的创新收购一般只适用于资本充足的大型企业。

企业收购带来了机遇和风险：尽管需要注入技术诀窍，但被收购企业的某个部门（例如管理部门）可能并不需要。然而，某些收购条款往往禁止裁员。在许多情况下，难以解决的问题是企业文化之间缺乏“契合”，特别是当小企业被大型企业收购的时候。企业收购时需要投资多少，必须显示在收购之前的企业估值报告中。任何情况都有可能让创新型企业处于法律和经济的风口之下，这要求收购行为不妨碍收购方当前的持续运营，并在失败的情况下可以相对容易地转售（见图 2-27）。

	优点	缺点
收购创新企业	+ 快速实现创新优势 + 给企业带来创新的形象 + 如果失败，可以转售被收购的公司 + 创新保持独立，不会妨碍正在进行的业务流程	– 高的财政支出 – 被收购公司的估值问题 – 如果收购政策过于粗放，可能会损害形象

结论：如果资金充足，企业收购是向自己的企业引入外部创新知识最安全和最全面的方法。

图 2-27　收购创新企业的优点和缺点

例子　拜耳收购Athenix Corp.

2009年底，拜耳（Bayer）CropScience收购了美国生物技术公司Athenix Corp.——一个拥有丰富产品线的技术平台。这次收购价格为3.65亿美元，并且如果达到了某些发展目标，另加高达3500万美元的一次性付款。拜耳的相关新闻报道着重指出了收购目标：“随着收购Athenix及其创新技术平台，拜耳CropScience扩大了其向世界各地的农民提供新技术和从种子到丰收的完整农业解决方案的能力。Athenix在除草剂耐受性和抗虫性方面拥有全面的植物属性开发平台。该公司拥有业界最大的BT基因库，这对植物的抗虫性至关重要。此外，这次收购还提高了拜耳作物科学作为全球种子业合作伙伴的吸引力（见www.bayercropscience.com）。”

2.2.2.4　多家企业合作

除了通过一家外部企业获得外部的创新技术诀窍之外，企业也可以和多家外部企业合作创新。这需要企业之间分工合作以及达成共识。作为具有不同结合程度的合作形式，创新合作、共同研究和成立合资企业都可以成为可考虑的合作形式。在所有情况下，都应该考虑填补参与企业中存在的创新空白，并通过有意识地分工和责任来确保最高程度的效益和效率（见Hauschildt, J. 2011 P. 49, 154, Macharzina, K./Wolf, J. 2012 P. 757, Pleschak, F./Sabisch, H. 1997 P. 273）。

创新合作

合作形式

在创新合作中，几个合作伙伴追求共同的创新目标。通常情况下，这些合作都是在R&D领域，为一个具体的问题或定义的搜索区域寻找解决方案，就像麦德龙集团（Metro Group）和汉高股份有限及两合公司（Henkel AG & Co. KgaA）这个例子所示。严格功能分离的合作也是可行的：一个企业负责开发任务，合作伙伴负责营销新产品（垂直合作模式），但无论如何都仅限于合作伙伴使用创新成果。除了在特定经济领域内，活动内容接近之外，也可以在某个地域内，地理位置上相接近相互合作，通常使用**创新集群**这个概念来说明这些。在这种合作的组织形式中，参与者之间有许多直接和间接的关系，例如斯图加特数字化生产的创新集群或德累斯顿纳米生产的创新集群（见弗劳恩霍夫应用研究促进会 2008 年版）。

例子　麦德龙集团（Metro Group）的未来商店

麦德龙集团通过其“未来商店”，在零售领域建立了跨企业和跨行业的创新合作关系，旨在促进“零售业的现代化进程”：“早在 2002 年，我们就创立了麦德龙集团未来商店的计划。目前，我们联合超过 75 个合作伙伴，分别来自科学、消费品行业、服务和信息技术行业。我们与他们一起测试创新解决方案，以迎接运营业务的挑战。客户和他们的需求始终是该合作关系的重点（见 www.metrogroup.de/internet/site/annual2011）。”

例子　汉高（Henkel）创新伙伴计划

例如，汉高（Henkel AG & Co. KgaA）也提供了类似的合作伙伴关系。该公司发起了汉高创新伙伴计划。

“汉高的目标之一是随着时间的推移，成为全球市场的‘创新领导者’，并将技术诀窍付诸实践。如果您可以帮助我们解决产品、包装和工艺开发的问题，那么汉高有兴趣继续与您保持联系。根据挑战和可能的解决方案，您可以以不同的方式继续与汉高的合作（见 www.henkel. de/innovation）。”

联合研究

作为一种合作形式，联合研究通常由相关企业设立和财务支持的专门机构进行。这种合作形式旨在流程创新而不是产品创新。他们的结果适用于所有的委托人，有时作为特例也适用于第三方。比如，典型的联合研究机构可以在大学里找到。它们构成了理论研究和应用开发之间的桥梁。尽管联合研究机构最初是针对中小型企业的，但它们的服务也越来越多地被大型企业使用。

例子 工业联合研究作为当前研究的“桥梁”

工业联合研究（IGF）支持竞争前的研究项目，帮助中小型企业获得研究成果。研究协会与各企业协调，提出行业支持的跨行业或与技术相关的研究项目，这些项目在大学或非营利性研究机构进行。在相同条件下，所有企业都可以不受限制地使用这些项目的成果。通过 IGF，中小型企业和研究机构之间已经形成研究网络。正如在工业网络中一样，大型企业也融入了 IGF（BMBF 2014 P. 246）。

合资企业

随着成立合资企业（joint ventures），参与的企业之间最大可能地达成了合作。通过与合作伙伴共同成立或联合收购一个已经存在的实体来创建一个新的企业，其合伙人参与其中，进行资本投资。特别是，新的组织单位承担创新的、冒险的任务，因此具有风险单位的特征，这必须作为风险管理的一部分进行管理。合资企业的管理通常是友好的，如果不能或者不想独立完成某项具有特殊要求的创新项目的话，那么组建需要高花费的合资企业是合理的。然而，技术诀窍流失的风险和对合作伙伴不必要的依赖性，会导致企业失去独立性和灵活性。

风险管理

风险管理（也称为“企业风险投资”）的概念可以追溯到 20 世纪 50 年代。这是企业活动的一种形式，一个成熟的公司，寻求与冒险的初创企业的合作，以风险投资、合资企业、分拆等形式（外部风险管理）进行合作，或者将涉及新市场和新能力在内的高度创新和冒险的任务，委托给产品冠军（个人）和风险团队（由专家组成的小组）完成。由此产生的创新可以带来新的业务部门甚至新企业。风险管理总体目标是获得发展和创造延伸的行动选择，同时限制风险。3M、施乐（Xerox）和杜邦（DuPont）等高度创新的公司是首批实施这一概念的企业。风险管理旨在利用成熟合作伙伴的积极发展潜力（经验、资源、成本和组织收益等）和年轻合作伙伴的发展潜力（创新动力、灵活性、速度等），而不会将缺陷转移给其他合作伙伴。

例子 BIG和STA作为风险管理的平台

德国私营企业提供风险投资的一个例子是拜耳股份有限公司的全资子公司拜尔创新股份有限公司（Bayer Innovation GmbH，BIG）。该公司可以将母公司提供的资本独立地投资于在化学和制药技术领域活跃的高增长和独立的中小型企业。重点在于，年轻科技公司保持其独立性，从而保持其创造力、动力和灵活性等内在的优势。目前，拜耳的主页显示：“BIG 正在努力为拜耳寻找和开发新的增长领域，从而为进入新的高增长市场做好准备。BIG 的活动领域符合拜耳的使命宣言‘Science For A Better Life’，并使用隶属组织的竞争力，常常与大学、研究机构、创业公司或其他公司等外部合作伙伴联系在一起。一旦这些领域由 BIG 开发，它们将被出售给感兴趣的拜耳子集团进行商业整合，BIG 用其资源应对新的挑战（见 Bayer Innovation Beteiligungsgesellschaft mbH 1998, www.bayer-innovation.de/de/homepage.aspx）。”

西门子公司也在推行一个类似的概念，即西门子技术加速器有限公司（Siemens Technology Accelerator GmbH, STA）：“并非西门子创造的所有发明都可以直接用于公司内的产品，其中往往是创新的和专利技术，有望在市场上取得可持续的成功。为了提高这些技术的价值并开拓市场机遇，西门子在 2001 年成立了西门子技术加速器有限公司（STA），并将其作为西门子企业技术公司（Siemens Corporate Technology）的全资子公司。STA 的使命是识别潜在的有利可图的创新和商业化。”STA（座右铭：“Turning innovations to businesses”）支持在组织上、法律上和财务上分拆资产创业，比如分拆的企业 EnOcean，是由五名西门子员工分立出来的，开发和销售无须额外的开关（见 www.sta.siemens.com）。

图 2-28 比较了合作创新活动的优缺点（见 Pleschak, F./Sabisch, H. 1997 P. 274）。

机会	风险
+ 挖掘潜在协同作用的同时获得技术诀窍和竞争力 + 通过缩短开发时间、分担风险和避免重复工作来降低成本 + 发展规模经济和专业化 + 更好地进入新技术领域 + 制定共同的规范和标准 + 通过更大的市场力量进入市场	– 依赖合作伙伴，丧失独立性和灵活性 – 通过信息交流和持续的协调来增加交易成本 – 在贡献和成果归因方面存在争执 – 技术诀窍流失以及保密问题和风险 – 丧失自己的知识优势 – 不当的合作伙伴会有损形象

图 2-28 在创新方面企业合作的机会和风险

总的来说，创新合作的优势是无可争议的。尽管如此，如果参与者仅试图弥补个别合作伙伴的弱点，那么从一开始就注定会失败（见 Gerybadze, A. 1993 P. 43）。相比之下，成功将企业的优势与无与伦比的核心竞争力相结合的联合显然是有利的。由于核心竞争力是实现永久性成功和独一无二市场地位的重要前提，它们很难被潜在的竞争对手模仿。企业以此与竞争对手区别开来，从而确保了市场的竞争优势（见 Zahn, E. 1996 b Sp. 883）。

2.2.3 企业中的创新职能组织

2.2.3.1 创新职能组织的基本问题

如果一个企业将创新职能至少部分地理解为内部的任务，那么它可以以集中式或分散式的创新管理的形式整合到企业组织中。除了决定集中化程度之外，企业还有必要决定委托给负责创新任务的机构的职责范围：创新职能是否应该作为一种权利受限的职能机构或有同样权利的直线（line）职能整合到企业组织中呢？

为了在企业里集中**制度化**创新管理，委托专业的组织单位实施企业内所有的创新项目。原则上，以下结构选择是可能的。

集中化、中央化

- 建立集中的创新管理体系，将其作为一项与研发、生产、采购或营销有同等权利的**直线（line）职能**。
- 创建一个直接向管理层汇报的，用以创新的中央参谋**机构**。参谋机构经常存在的问题，可以用“能力不足”“缺乏动力”和“信息力量”等概念描述（见 Vahs, D. 2012 P. 79）。
- 为创新活动创建中央**委员会**，起中立作用，并作为指导委员会或咨询机构。

例子 创新领导者拥有创新委员会

显然，成立评估新创意的中央委员会是特别具有创新性企业的特征，因为根据之前奥纬咨询公司和《德国金融时报》的研究，58% 的创新领导的企业已经成立了跨职能的创新委员会，其他企业仅有 31% 成立了跨职能的创新委员会（见 www.oliverwyman.com）。

在创新职能**分散**设计的情况下，需要给各个职能或产品部门分配任务，委托他们负责创新管理任务。原则上除了分散的组织单位外，常常还存在一个中央的创新职能，其主要任务是协调企业所有的创新任务：

- 研发、采购、生产和销售等**职能**领域的创新职能分散化。
- 在以**产品为导向**（区域的、以客户为导向）的部门中形成独立的创新管理单位，因而在很大程度上成为企业组织独立的分部。

分散化

一般来说，随着**企业规模**扩大，分散程度也越来越高，当你看到越来越多的规划、协调和控制问题时，这并不足为奇。在一个大型企业里，除了负责处理协调任务和创新领域的研究与开发的集中式创新管理之外，还必须形成更接近产品、区域或客户的几个分散的创新管理单位（请参阅下面的示例）。这样的结构决策对公司具有**战略意义**。它们明确了，哪个机构必须决定要执行的创新项目和背后的预算。章节 2.2.3.2 将详细讨论创新管理不同形式的组织整合。

例子　分散程度取决于行业

一项针对 226 家研发密集型行业的欧洲上市公司的研究表明，石油和天然气、公用事业和钢铁行业的公司倾向于集中式 R&D 活动，而化工、制药和电信公司创新活动通常较为分散。根据埃森哲（Accenture）的研究，这样做的根本原因在于，与其他三个行业的公司相比，制药、电信和化工公司在产品创新方面更多地依靠当地的客户和当地的市场行为（见 Hagemeier, W./Holst, A./Altenkirch, G. F. 2010 P. 2）。

2.2.3.2　创新管理组织整合的选择

企业组织中创新管理的集中化

对于创新职能的集中化，下面详细地介绍可备选的方案。

创新管理作为中央参谋机构（见图 2-29）。参谋机构或参谋部门也被称为专业的管理援助中心。他们执行专业的任务，但通常没有决策权和自由处理权。参谋机构总是与管理机构联系在一起，并在准备、执行和控制决定方面减轻管理机构在数量和质量上的负担。然而，实际决策仍然由上级主管部门来制定，其执行由直线（line）管理负责（见 Vahs, D. 2012 P. 79）。

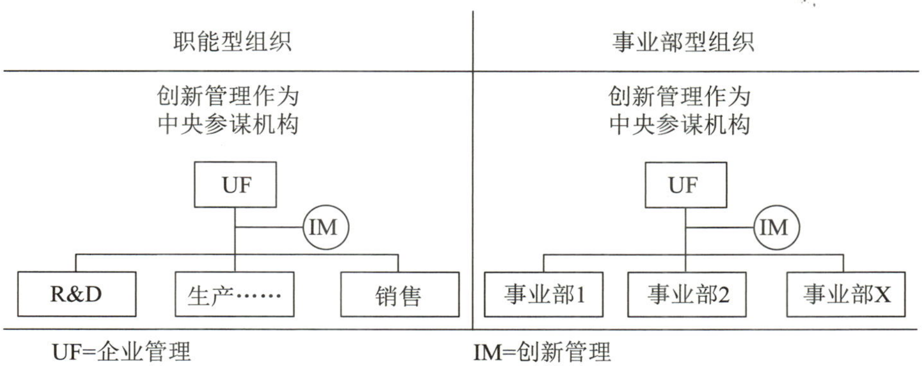

图 2-29　创新管理作为中央参谋机构

产生了这样一个问题，即是否和在多大程度上，参谋机构能够有针对性地完成创新管理这类复杂多样的相互依存的任务。这很可能发生在**职能**结构化的企业中。在这里，中央参谋机构“创新管理”可以承担所有创新活动的计划和协调。然而，这通常只适用于可管理的中小型企业，并且中央机构有直接访问所有相关信息和人员的权限。

然而，在规模较大的**事业部**或**区域**组织的企业中，很少只有中央创新管理参谋机构独自管理的情况。由于各事业部或区域组织的独立性，他们也很难确保全面地控制创新。另外，远离市场和产品也不太可能有助于产生新产品和新流程。

创新管理作为高级管理的一个领域（见图 2-30）。与参谋组织不同，高级管理层面的创新管理与该层面的其他任何组织单位具有相同的权利和义务。通过配备管理技能，高级管理层面的创新管理使创新目标的执行变得更加容易，因为他们可以直接“渗透”到下属组织层面。

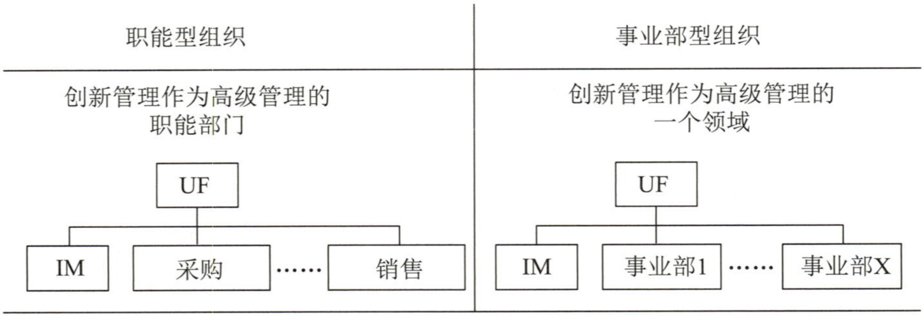

注：UF=企业管理，IM=创新管理

图 2-30　创新管理作为高级管理的一个领域

在**职能型**组织的企业中，这个变体代表了将创新职能集成到企业组织中“经典的”形式（见 Kern, W./Schröder, H.-H. 1977 P. 362, Gerpott, T. J. 1995 P. 29）。这种结构化解决方案的主要优势在于，创新目标与其他职能目标（采购、生产、销售目标等）处于同等地位，因此可以最佳地利用与高度专业化相关的效率潜力。然而，在绩效导向型结构中，存在潜在的危险，即职能部门相互排斥并且出现利己主义，这将会阻碍跨部门的创新过程。更为关键的是，在**事业部或区域组织**的范围内，创新管理可能与各事业部或区域的等级平等。各个事业部的服务计划越是多样化，或地理区域的差异越大，集中式创新管理就越难，无论是在直线（line）还是参谋职能中，都要满足一个事业部组织目标群体特定的和灵活的本性（见 Kern, W./Schröder, H.-H. 1977 P. 359 , Zwei-pfennig, H. 1991 P. 77）。

创新管理作为职能部门或者事业部 / 区域的一部分（见图 2-31）。只有当这个部门对履行创新职能具有显著的主导影响力时，创新管理融合到这个职能部门才有意义（见 Kern, W./Schröder, H.-H. 1977 P. 360）。这一发现也可以应用于将创新管理完全纳入一个**事业部**或一个**区域**的情况。

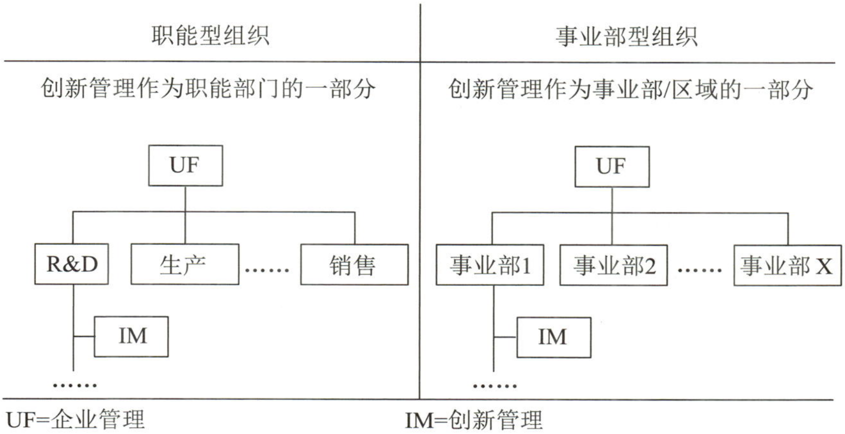

图 2-31　创新管理作为职能部门或者事业部 / 区域的一部分

毫不奇怪，这种方式很难确保跨职能或跨业务范围的创新活动，但是这一点对于新产品的开发尤其重要。另外，很难为特定的职能部门或者事业部设定适当的标准，专注于整个企业的创新活动。因此，这种结构变体几乎没有什么实际意义。

总之，可以说，创新管理的集中化只有在接近高级管理层的情况下才有意义。如果创新管理集中在职能部门或事业部，那么明显削弱了创新职能对整个企业的核心重要性。创新职能的集中整合尤其适用于职能结构相近和提供的服务相对同质的服务范围。假如提供的服务是异质的，创新管理集中化将会限制对市场和竞争发展的灵活性以及响应能力（见图 2-32 和 Bürgel, H. D./Haller, C./Binder, M. 1996 P. 159）。

	优点	缺点
集中的创新管理	+ 避免重复性工作，促进资源的有效利用 + 专注于核心竞争力，创新聚焦于战略上重要的项目 + 利用专业优势 + 减少协调性工作	– 潜在的创新管理的孤立和独立性 – 由于专业部门与集中创新管理之间太长的信息和沟通渠道，缺乏市场接近度和灵活性

➡结论：集中的创新管理基本上是有用的，特别是在职能型组织企业中；但是，在事业部结构中，缺点大于优点。

图 2-32　集中的创新管理的优点和缺点

企业组织创新管理的分散化

如果创新管理的任务分布在多个组织单位，而且各个创新管理部门也隶属于自己的管理机构，那么创新管理就存在分散化如图 2-33 和 2-34 中所示的结构选择。

创新管理作为所有职能部门或者所有事业部 / 区域的一部分（见图 2-33）。存在于所有职能部门 / 事业部的以直线（linie）管理形式的创新管理，一方面确保了直接的市场相关性，另一方面也确保了极大的灵活性，以便对创新环境中微小的变化也能作出响应。然而，这些优势伴随着较高的协调性工作和重复性工作的潜在风险，可能会导致对现有财力、人力和物力资源的无效和低效使用。对资源的需求增加和相对较低的附加价值，也是直线管理在**职能型**组织中不重要的原因。然而，在**事业部**结构中，这种结构选择更为常见，因为日益增长的产品项目或区域活动的多样性。

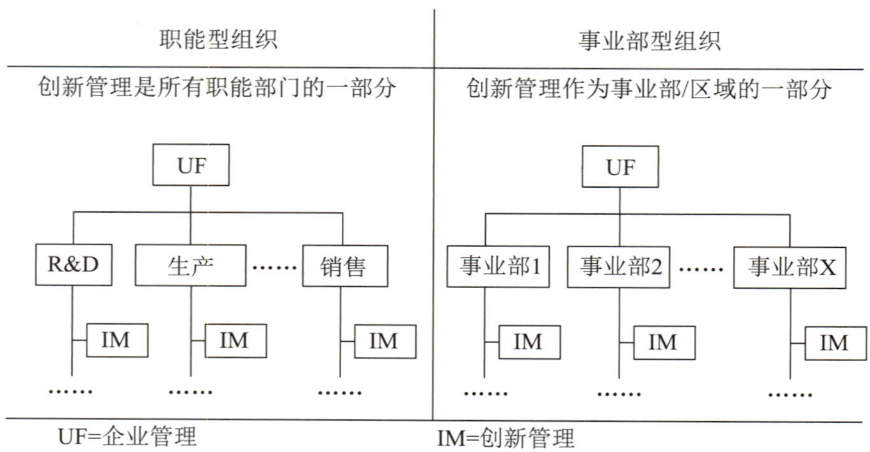

图 2-33　创新管理作为所有职能部门或所有事业部 / 区域的一部分

创新管理作为分散的参谋机构（见图 2-34）。以分散的参谋机构形式存在的创新管理，融合到职能的、事业部的以及区域的层面，是创新职能分散化的另一种方式。原则上，就像分散式创新管理一样，创新管理作为分散的参谋机构会产生同样的优点和缺点，因此必须考虑参谋机构特有的问题。为了确保在整个企业范围内协调创新项目，分散的创新管理参谋机构可以由集中的参谋机构进行补充，该机构主要承担协调任务。

下面将讨论这种集中—分散式解决方案的具体特点。

在企业实践中，创新职能的分散化与**多样化的程度**正相关，因此间接与**企业规模**相关。为了充分利用分散式创新管理的优势，格普特（Gerpott）已经识别出一些主要的前提条件（见 Gerpott, T. J. 1995 P. 30）。

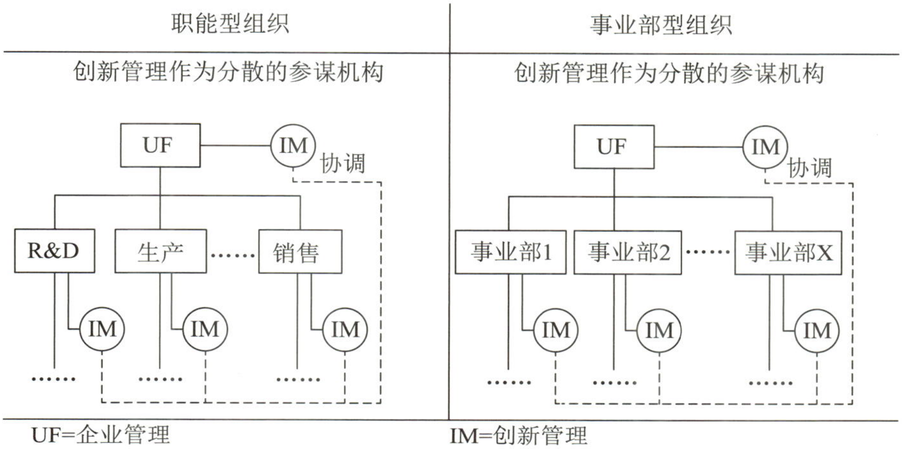

图 2-34　创新管理作为分散的参谋机构

- 各部门所服务的业务领域彼此分开，没有任何重叠；基本上适用于业务细分的要求。
- 不需要跨事业部的技术，也就是说，在创新项目中业务部门之间没有相互依存关系。
- 竞争优势可以通过成熟的技术来维持或扩大。
- 为了避免重复工作，需要进行相应的协调，使各个分散的创新管理部门去承担特定技术领域的协调职能。

成功分散化的前提条件

图 2-35 总结了分散式的组织创新管理的主要优点和缺点（见 Bürgel, H. D./ Haller, C./ Binder, M. 1996 P. 160）。

企业组织中结合集中—分散式创新管理

在集中和分散式创新管理的两大整合变体之间，有一个综合考虑这两个方面的结构解决方案。图 2-36 显示了在职能型企业组织和事业部型企业组织中，两个集中和分散的直线（line）管理的组合（图 2-34 描述了集中—分散的参谋机构）。

建立集中—分散式创新管理相关的财力、物力和人力的成本相对较高。这通常会导致只有拥有足够资源的大型企业才能采取这样的组织路径。集中和分散的单位根据分工分配具体的任务、责任和权限，以避免重叠和含糊不清的分工。当**集中的**组织单位承接基础的和跨部门的任务时，**分散的**创新管理应满足产品和市场相关的开发任务（见 Zweipfennig, H. 1991 P. 78）。

集中—分散式结构解决方案的基本问题是分散式创新管理的分配和隶属关系。分散的单位作为直线（line）的一部分，原则上从属于并直接负责各自的职能、事

虚线原则

业部或区域管理。但是，为了不完全消除集中创新管理的影响，实际上使用所谓的**虚线原则**来建立组织的次级连接（见图2-34和2-36中的虚线）。因此，中央机构获得顺利完成协调任务所必要的政策指引，并获得相对于分散创新管理单位的信息权。然而，他们的影响程度常受限于参与基础的新产品和流程的开发、为相互交换意见而发布指导方针或组织交流论坛。相比之下，个别的创新措施是在分散的部门内决定的。

	优点	缺点
分散式创新管理	+ 高的反应速度和市场接近度	– 专业化不足
	+ 通过发展强大的团队，降低形式主义	– 规模经济（economiesofscale）受损，因为研究范围太小
	+ 通过清晰划分各个领域来降低复杂度	– 为协调不同的单位作出很大的努力
	+ 在创新管理部门和其他企业部门之间建立成功的客户—供应商关系	– 由于与中央机构冗长的沟通渠道导致信息丢失

结论：分散的创新管理只适用于事业部或区域组织的企业。

图 2-35　分散式创新管理的优点和缺点

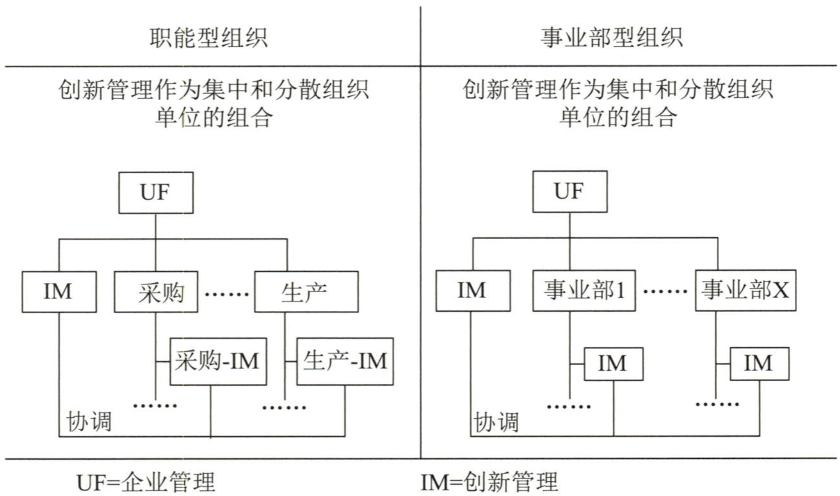

图 2-36　集中和分散式创新管理组合的可能性

例子 德国意昂集团（E. ON）创新——中心作为集中—分散式解决方案

2011 年，能源生产商德国意昂集团以集中—分散的结构重组了其技术和创新（T&I）核心领域的创新活动，如今该集团在全球和区域业务部门中有 12 个分散式创新中心（E.ON Innovation Centre [EIC]）。

集团管理的一个新部门，控制系统并全面地分析观点、市场变化的发展和新商业模式的构想。该部门一个主要任务是，全程伴随新的商业创意，直到被移交给现有的单位或创建新的业务单位。集团在某些技术领域的活动由所谓的 E.ON 创新中心领导，这些创新中心嵌入在现有业务中，并由集中的技术和创新组织控制（见 E.ON AG 2012 P. 47）。

2.2.3.3 创新管理的内部结构

除了组织结构，企业组织也面临了这样的挑战，即如何在内部构建创新管理。基本上，企业考虑以下几个部分。

- 日常事务（阶段、子功能）。
- 对象（产品、产品组、科学技术学科、项目）。
- 区域。

下面讨论这些替代方案。

- 在绩效导向的创新管理内部结构的创新管理中，具有相似内容的任务被分到同一个主管机关下面不同的组织单位中。对大型企业而言，这可能会导致研究、开发部门与研究、开发、测试和文档部门之间出现结构性差异，如图 2-37 所示。然而，这样的结构仅适用于相对均质的和长期稳定的业务方案。各个组织单位之间会出现以日常事务为导向结构的典型的沟通问题，并阻碍信息流通。

以绩效为导向

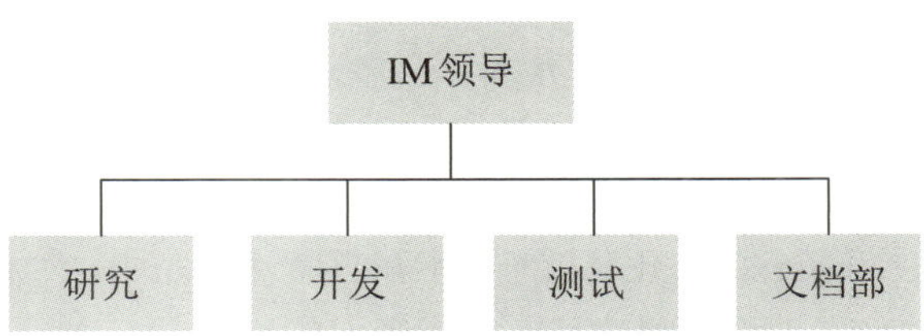

图 2-37 绩效导向的创新管理内部结构

- **面向对象**的创新管理内部结构是基于企业或部门的产品范围（见图 2-38），从属于共同管理的组织单位相对独立自主地运行。这种创新管理组织尤其适用于具有非常多样化的产品和明显差异化的产品的企业，就像在事业组织型企业一样。

面向对象

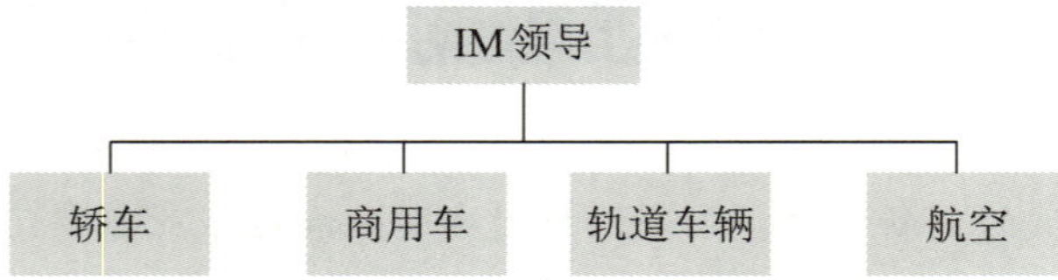

图 2-38　面向对象的创新管理内部结构

除了面向产品或产品组的定位外，内部结构还可以基于科学技术学科或项目，不同学科的划分主要用于大型企业的核心研究领域，比如化学工程或热力学。以下 2.2.3.4 部分详细讨论以项目为导向的研究和开发结构。

- 最后，创新管理的内部结构可以按照**区域**来划分（见图 2-39）。在这种情况下，企业总部的中央研究和发展承担了创新过程的基础规划和协调任务，而市场导向型创新管理则在区域“本地”进行。

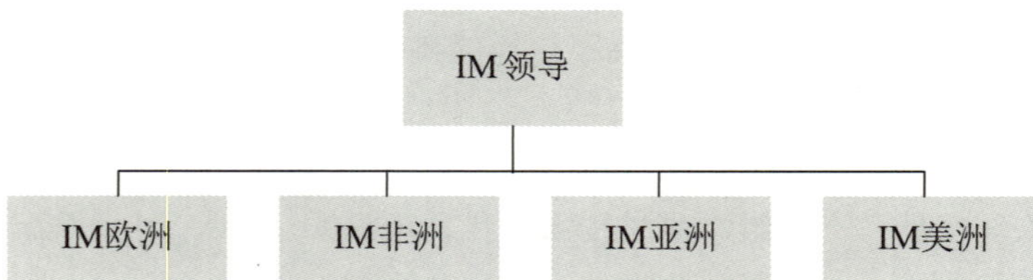

图 2-39　面向区域的创新管理内部结构

2.2.3.4　将创新项目纳入企业组织

项目管理的基本形式

通常，许多企业以创新项目的形式在实践中开发和实施新创意。**项目**具有以下特点（见 Deutscher Normenausschuss 1980, Litke, H.-D. 2007 P. 18, Madauss, B. J. 1994 P. 490, 见章节 4.1.4）：

- **目标导向**：项目始终专注于特定的目标，并在项目定义中将其定义为项目工作要实现的结果。如，项目目标可能是开发和推出新产品（产品开发项目）或引入新软件（IT 项目）。
- **新颖性**：项目任务（如开发市场）不在日常活动之中，对相关企业而言（相对）是新的，可能带来不可预测的且有时相当大的风险。
- **限制**：项目是有时间限制的，即有开始和结束时间。它们可以从内容方面与其他项目区分开来。一般而言，可用于项目的财力、物力和人力资源是有限的。例如，一家企业只能将有限的财务预算和工作时间用于产品开发项目。
- **复杂性**：项目具有高难度，可能需要将项目细分为更易于管理的子项目和工作包。由于其新颖性，现有的各种相互关系无法标准化，因此需要对各个过程进行持续的协调。

- **跨学科合作**：项目需要各个领域专家的专业知识。在产品开发项目中，研发部门成员和营销、生产、采购、控制、专利法方面的专家以及可能的外部供应商和关键客户都是有用的。因此，从这个角度来看，项目对有关参与人员提出了特殊的要求，他们必须能够相互沟通和合作。

微观察

项目管理的起源

项目管理的基本思想可以追溯到第二次世界大战期间美国的重大项目。特别是 1941 年开始的 S1 项目（曼哈顿工程区项目），由于大学、工业、军队和政府之间的深远依存关系，项目开发和建造第一颗原子弹所需全新的组织结构。第二次世界大战结束后，项目管理在实现北极星核武器计划、空军远程轰炸机计划和美国宇航局的阿波罗计划有了进一步发展。除了美国，项目管理的优势也得到了欧洲的认可，并且越来越多地用于主要的工业项目。

来源：Madauss,B. J. 1994 P. 12.

项目可以被描述为一个有时间限制的、目标导向的和新颖的意图、打算，其复杂程度特别高，需要相关领域之间的跨学科合作（**Vahs, D. 2012 P. 98**）。

由于它们具有时间限制和跨学科的特点，因此重叠结构（所谓的“二级结构”）的项目难以融入现有的职能型或事业部型结构（所谓的“主要组织”）。同时，项目实施尤其需要有关组织单位之间的不断协调，若是通过一如既往地以职能和部门为导向的工作方式进行协调，在许多企业中都很困难且耗费时间。

项目组

项目管理为这样的问题提供了解决方案：为了协调项目任务，建立了一个特殊组织单位的**项目组**（项目团队），可以克服现有的分工带来的困难。在项目组中，来自不同职能领域的专业人士共同合作，为实施创新项目作出实实在在的贡献。项目组由一名项目经理领导。项目完成后，项目组即被解散。一个特殊形式的项目组是**全明星队**（**all-star team**），包括所涉及领域最有能力的员工（见 Schrader, J. 1991 P. 33）。

例子　通过整合团队提高效率

在此背景下，格普特和威特克珀谈到“团队整合”，在这样的结构中存在一种组织变体，可以在创新过程中节省大量的时间。例如，当时独立的美国电脑公司康柏（Compaq），由于其团队组织，它只需要 6 到 9 个月的产品开发时间，而行业平均时间为 12 到 18 个月，康柏的产品开发时间大约只有行业平均开发时间的一半（见 Gerpott, T. J./Wittkemper, G. 1991 P. 139）。

项目经理

项目经理（project manager）具有与任务相关的能力，负责项目有针对性的和正确的开发，并负责向客户持续汇报。原则上，项目经理有权在项目范围内自由决定是否使用项目资金。此外，他还必须具有与其他机构相关的专业权威和其项目内全面的知情权。根据项目的性质和范围，项目经理的权限可能会被扩大，也有可能把任务、责任和权限委派给项目团队成员。

项目层次结构

这样就产生了一个项目层次结构，由项目经理、子项目经理（子任务经理）和负责工作包的项目人员组成。在这种情况下，为了利用团队成员之间直接的和及时的沟通优势，应尽可能在项目团队中建立开放的沟通渠道。对于项目的上述特征（目标定位、新颖性等）而言，不受干扰和快速的交流尤为重要，因为每个团队成员的专业知识和经验对于项目的成功均是必不可少的（见 Vahs, D. 2012 P. 99）。

项目管理形式

项目管理的组织形式在实践中是多种多样。除了跨职能和跨部门的项目外，在许多企业中还有部门特殊的项目，如纯粹的 R&D、销售或制造项目。在创新项目中，**跨部门的项目管理**可以区分为三个组织**特征**（见 Antoni, C./Hofmann, K./ Bungard, W. 1996 P. 492, Bleicher, K. 1991 P. 142, Frese, E. 1993 P. 454, Litke, H. D. 1995 P. 69, Maddaus, B. J. 1994 P. 107, 特定阶段的项目管理见 4.1.4.1 节）：

- 参谋项目管理
- 矩阵项目管理
- 纯粹的项目管理

专业部门模型

在某些情况下，项目管理中还存在**专业部门**或**领导模型**（见 Grün, O. 1992 Sp. 2110）。在这里，专业部门承担项目控制的任务且受项目影响最大，项目经理是该部门的负责人或由他任命的代表。如果在项目进行过程中与其他业务部门发生冲突且无法友好地解决时，问题将汇报到上一级领导直至执行委员会，并在那里决定（见 Hauschildt, J./Salomo, S. 2011 P. 72）。

选择标准

合适的项目管理**组织形式**的选择取决于不同的因素，例如，项目的战略重要性、规模、风险和持续时间。图 2-40 概述了将项目整合到企业主要组织的不同标准，以及项目管理三种形式的适用性。在项目管理实践中，合适的组织形式一般由客户和项目经理共同确定。

标准	参谋项目管理	矩阵项目管理	纯粹的项目管理
项目对企业的战略重要性	小	大	非常大
项目规模	小	大	非常大
项目风险	小	中 / 大	非常大
技术	常规的	有挑战的	创新的
时间压力	小	中	大
项目期限	短期	中期	长期
产能利用率	很好	好	满意的
可同时处理项目的数量	多	中等	少
项目复杂度	小	中 / 高	非常高
需要集中控制	中等的	大	非常大
项目团队跨学科组成的必要性	低	中 / 高	高
人员编组	次要的	动态的	主要的
项目经理特征	有能力的	有能力的	很高能力的

图 2-40　项目管理三种形式的适用性概览

（见 Platz, J./Schmelzer, H. J, 1986 P. 73）

创新项目的参谋项目管理

在参谋或影响项目管理中，协调项目的任务被委托给一个或多个专门设立的参谋机构（见图 2-41，两个参谋机构负责该项目）。项目成员的职位在主要组织中保持不变。项目管理的参谋机构没有决策权或监管权力，项目责任由上级管理机构负责，相应的项目经理主要负责时间监督、成本控制和其他的项目跟踪措施。项目经理的权力仅限于与项目相关的信息和咨询权力。有限的正式权力使得他很难成功实施跨部门的创新项目。在这方面，项目经理由于他的专业能力、性格、项目总览和企业领导的支持，应该至少可以对项目进程产生非正式的影响（因此这种组织形式也被称为影响项目管理）。

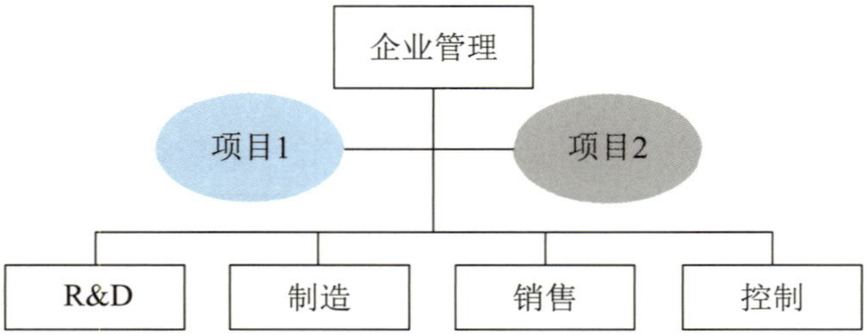

图 2-41 参谋项目管理

优点和缺点

首先，参谋项目组织的优点是主要组织保持不变，项目经理既可以是全职的也可以是兼职的。缺点是由于项目经理缺少正式的权限而产生不利的影响。最终，项目经理不得不依靠参与项目部门的善意和企业管理层的支持。因此，跨部门的问题很难解决，项目进行中遇到困难时的反应速度会相应缓慢。为了能够消除这些缺点，参谋应直接隶属于企业管理层或研发部门。

尽管参谋项目管理这种组织形式存在相应的问题，但在实践中经常应用，主要用于相对较小的项目和与其他组织单位结构联系较低的项目。参谋项目管理广泛应用的原因是，应用起来相对而言无故障且不需要重大的组织变化。

创新项目的矩阵项目管理

在**矩阵项目管理**中，主要组织的垂直职能部门或面向对象的部门与水平项目结构叠加（见图2-42），每个项目经理负责自己的项目。通常，项目经理可以依靠职能或业务部门的员工，这些员工是全职或兼职的且至少技术上（部分也是行政上）隶属于项目经理。这种形式的项目管理对于必须与多个直线（line）管理密切合作的创新项目是有意义的。

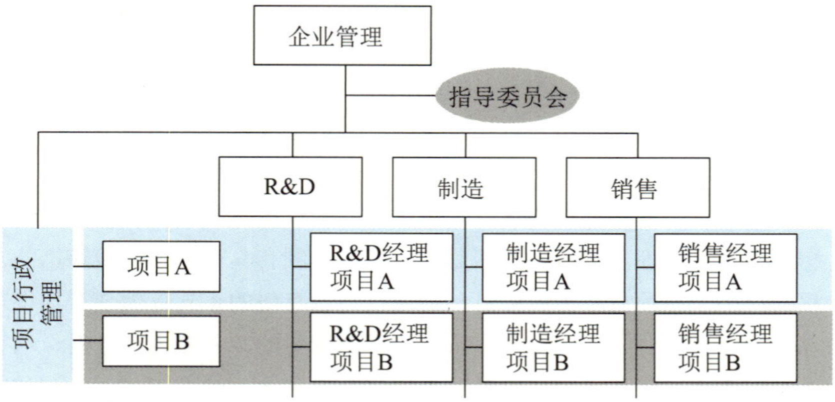

图 2-42 矩阵项目管理

当一个企业同时进行多个项目的情况下（所谓的**多项目管理**的背景下），这个企业可以建立一个集中的**项目行政管理**，其使命是在所有行政事务中支持和帮助项目经理（例如，项目报告和文档）。此外，企业通常建立一个**指导委员会**（steering committee），该委员会级别很高并负责所有项目的全面管理，创新项目的所有决策者和负责人都在这个指导委员会里。指导委员会作出项目实施所必要的决定，并解决那些在下级部门层面无法解决的冲突。由于高层管理人员甚至董事会或管理委员会成员参与重要创新项目的指导委员会，它还具有**权力促进**机构的作用，也就是说，指导委员会决定以前有争议的决定事项。

优点和缺点

矩阵项目管理的主要**优点**是将项目责任明确分配给项目经理。虽然项目组员被分配到项目中，但并未完全从其原来的组织单位中删除掉。因此，他们既可以保持其正常的职能，也可以根据需求将他们的专业知识和经验带到一个或多个项目中。这使得矩阵项目管理人事部署比纯粹的项目管理更加灵活。此外，多线制（multi line system）促进参与者的创造力，并通过与矩阵组织有关的“经过深思熟虑的冲突”，来促进发展建设性的辩论文化，这是创新项目中一个重要的成功因素。但是，矩阵项目管理在权力分配方面也存在着明显的**缺点**。项目经理的水平线和专业管理机构或业务部门的垂直线的交叉点可能会产生相当大的冲突。例如，当在项目中使用员工时，其上级主管部门同时增加人员的需求。项目组员“一仆两主”的这一事实可能导致相当大的不确定性。另一个冲突来源是，在项目过程中谁决定该做什么。

为了解决这些问题，项目和直线（line）管理之间必须有**明确的任务规定和职责规定**。项目经理应该负责定义定量的和定性的任务内容（what）和设置日期（when），直线（line）经理负责工作结果的技术实施（how）以及质量。即使制定了相应的正式规则，矩阵项目管理对所有项目参与者的沟通技巧和意愿提出了很高的要求。尽管人们对矩阵项目管理持怀疑态度，认为其会在实践中产生冲突，但矩阵项目管理经常用在大型和要求严格的技术项目中。

纯粹的项目管理

纯粹的项目管理的特点是项目经理作为“临时主管”，在专业和行政上领导项目组员，所有项目参与者都是全职参与项目。项目经理可以使用为完成项目所需的资源，他完全负责实现重大项目目标并遵期限和成本要求。纯粹的项目组织导致所有项目相关的任务和职责与主要组织分离，因此适用于高度复杂的大型创新项目，且这些项目与日常任务几乎没有任何联系（见图 2-43）。

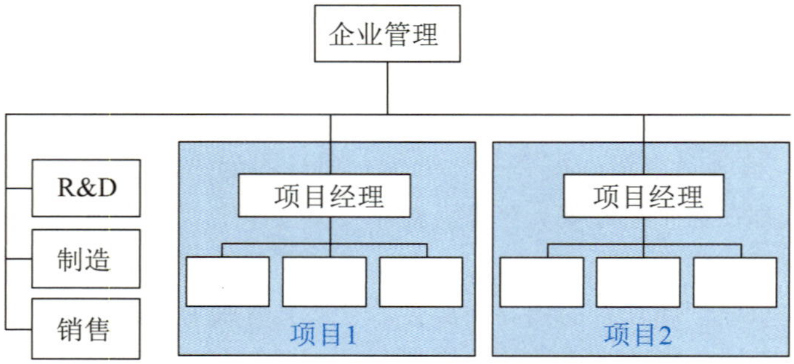

图 2-43 纯粹的项目管理

优点和缺点

纯粹的项目管理的主要**优点**是项目经理具有独立权限，他可以在责任框架内自主作出决策，这使他能够迅速对项目中的干扰作出反应。明确的自由处理权有助于避免职责冲突。然而，这种项目管理形式的**缺点**是，如果作为多项目管理（multi project management）的一部分，同时进行多个项目时，所有项目都需要相同的资源，那么就存在界面问题和协调问题。人员的使用也很关键，因为在某些情况下，专家作为项目团队的一部分，但其实只是偶尔需要他们。同时，由于项目的高度自治性，直线（line）管理和项目管理之间存在沟通风险。持续不断地在直线管理和项目管理之间交换信息和想法对创新项目来说尤为重要。这才是避免脱离市场开发而导致失败的唯一途径。另外，在实践中，当项目完成或取消时，很少能将项目组员无缝衔接到另一个项目中。这往往会导致相当大的不确定性和方向迷失，从而失去项目合作的动机。

在创新管理的操作实践中，纯粹的项目组织可以有**两种变体**（见 Hauschildt, J./Salomo, S. 2011 P. 72）。

纯粹的项目管理形式

- 整个企业组织可以以项目为导向（**基于项目的直线组织**）。项目团队一起和相继处理各个项目。这种结构可以在这样的组织中找到，即开展合同研究和“完成”各个研究任务相关的项目。因为在实践中经常有大量平行进行的项目，所以基于直线（line）组织的项目导向的组织需要设立一个协调机构来沟通协调使用资源，以避免重复地工作和错误地规划。
- 特别重要和紧迫的创新任务也可由**特别工作组**（task force）处理。这个小组由来自不同专业和职能领域的专家组成，他们专职工作，直到完成此专项任务。特别工作组在其第一次会议上，决定创新问题是不是紧急的和重要的。只有在决定处理此类问题时，才会成立特别工作组并寻求解决办法。通过决定问题解决方案的具体方法，来确定由哪些直线（line）管理机构来负责实施。问题解决之后特别工作组解散且其成员回到各自原来的专业职能部门。

2.2.4 创新过程中的角色

2.2.4.1 规定企业和过程特定的角色的必要性

创新过程通常以高度的跨学科合作为特征。除了专业内容之外，创新过程总会涉及资源分配、跨部门沟通、过程效率或决策权等问题。这些问题的答案与特定的**角色**相关联，并且通常由某些特定的岗位员工所负责。

角色是相互合作的伙伴因在任务、权利和义务方面的一系列行为预期（角色集）而指向的特定的职位所有者。

一个组织单位对职位本身的要求与人无关，或者换句话说：每个职位都有特定的任务、定义的责任和明确的职责范围，从中派生出相应的角色行为。角色的制定和相关的角色差异化降低了潜在行为模式的复杂性，并使得职位所有人的行为更加透明（见 Steinmann, H./Schreyögg, G./Koch, J. 2013 P. 558）。

角色的差异化

例子 不同的角色认知

原则上，按照制造流程对小组负责人的期望肯定会不同于企业中对研发部门负责人的期望：小组负责人主要是对受教育程度较低的流水线工人进行管理和分配工作；而研发部门负责人的任务是，激励受教育程度高的研究开发人员的创造性和尽可能激励他们独立开展工作。

官方的规定是**角色形成**的一个显著的因素，例如职位描述或作业指导书。影响企业角色设计的其他因素还包括员工、领导和外部合作伙伴（如客户和供应商）、人员的性格因素以及企业内可用的技术资源（见 Staehle, W. H. 1994 P. 253）。毫无疑问，除了官方的规定之外，非官方的情况也有助于确定角色的内容和塑造各种不同的角色。

角色的形成

角色形成和差异化的目的在于区分每个组织成员，为组织内的每个成员提供一个也被其他人接受和认可的特定位置，并且使每个人的行为都具有一定程度的连续性和可靠性（见 Comelli, G./Rosenstiel, L. v. 1995 P. 166）。

前面章节清楚地表明，创新具有这样的特性，即在实际中不允许标准化和重复行为。因此，定义与当前创新过程相关的角色，只能以企业特定或过程特定的方式进行。尽管如此，大量已经发表的经验性文献明确地表明，创新管理中存在**角色的**

角色的多样性

多样性（见图 2-44）。

作者	角色				
熊彼特（1912）	发明家	企业家	金融家		
罗格斯和休梅克（1971）	发起人	激励者	授权者	决策者	执行者
威特（1973）	专家促进者	权力促进者			
格洛博等（1973）	独立的发明者	技术的守门人	技术的企业家		
哈夫洛克（1973）	催化剂	解决方案提供者	过程帮手	资源连接者	
罗特维尔等（1974）	技术革新者	产品拥护者	业务创新者	首席执行官	
查克拉巴蒂（1974）	产品拥护者	职能小组成员			
乌尔曼（1978）	发起人	专家促进者	权力促进者	实现者	
罗伯茨和富斯菲尔德（1981）	想法产生者	企业家 / 领袖	项目负责人	守门人	赞助商 / 教练
豪希尔特和查克拉巴蒂（1988）	专家促进者	权力促进者	过程促进者		
皮科特等（1989）	政治协调员	信息协调员	资源协调员	市场协调员	
克吕格尔（1995）	决策者（“制造者”）	策划者（“专家”）	用户（“受影响者”）		
格明登和瓦尔特（1996）	专家促进者	权力促进者	过程促进者	关系促进者	

图 2-44　在创新管理中可能的角色

（见 Hauschildt, J. 2004 P. 196, Hauschildt, J./Salomo, S. 2011 P. 123）

2.2.4.2　内企业家

内部创业的起源可以追溯到吉福特·潘绍（Giffort Pinchot），他从两个概念组合而成了这个人造术语，这个术语由于各方声称的创新压力变得越来越重要：“intrapreneur”是由企业内部（intracorporate）和企业家（entrepreneur）的两个单词缩写组合而成（Pinchot, G./ Pellman, R. 1999 P. IX）。最重要的是，内部创业（intrapreneuring）旨在通过企业家人才和员工的创造力来促进大型企业的创新。**内企业家**（intrapreneur）是发展并试图主动实现愿景的人，就像独立企业家（entrepreneurs）的任务：在一个组织内，内企业家采取新的想法并将其转化为有利可图的新的事实（Pinchot, G./Pellman, R. 1999 P. IX）。因此，“内部创业（intrapreneuring）”一词是指在（大）企业中个人或群体的创新企业家的行为（见 Servatius, H.-G. 1988 P. 98）。

例子　西门子（Siemens）拥有技术企业家（Technopreneure）

20 世纪 90 年代末期，西门子公司（Siemens AG）引入了**技术企业家**这个术语来说明内企业家在研究领域中的角色。技术企业家不会满足于一个有创造性的想法，而是努力将它们应用到商业上且保证其成为成功的解决方案。他们确保自己的创新以所要求的质量和规划的成本及时地进入市场（见 Dürand, D. 1998 P. 63）。

内企业家通常游离于**企业家**和**经理人**之间。这三个职能或者角色都可以通过各自的特点进行区分（见图 2-45）。

	区别		
特点	企业家	内企业家	经理人
运营基础设施	不可用 必须自己创建	可以使用的资源是现有的	可以使用的资源是现有的
风险	大范围寻找	在项目范围内寻找	在职责范围内寻找
责任	没有限制的全部责任（有持股资本）	只有在责任范围内（没有持股资本）	只有在责任范围内（没有持股资本）
二义性	大范围评估	以项目为基础评估	稳定性是首选
处理错误	错误是学习的机会	错误是学习的机会	尽可能避免错误
追求绩效	全面的	项目相关的	任务导向的
责任、义务	长期	项目期间	直至获得更高的管理级别
动机	主要是自我实现	部分影响，部分自我实现	自我实现不那么明显，重要的是权力的运用
自己的满足需求	重要的	部分的，部分的考虑企业的需求	有时企业的需求处于中心位置
愿景	为整个企业全面且长期的	在企业的愿景中发展自己的愿景	接受企业的愿景

图 2-45　企业家、内企业家和经理人的对比

（见 Kiechl, R. 1990 P. 28）

以人为本的观点

特别是在美国，内企业家被视为一种纯粹的**以人为本的设计方法**，以消除企业里参与创新过程的利益相关者之间现有的紧张关系。这种方法的基础是，创新的成功或失败完全是个人问题。企业家的天赋往往因为官僚作风而死于萌芽中，特别是在大型企业里（见 Bleicher, K. 1991 P. 185）。

角色的多样性

因此，处于二级结构中的内企业家常常代表着“企业聪明的大脑”，但有时也贬损为“部门疯子”或“麻烦制造者”。最重要的是，他们拥有特别的想法、非常高的事业心和以目标为导向的独立性，这有助于实现其雄心勃勃的目标（见 Tsifidaris, M. 1994 P. 123）。这些特征体现**内企业家作为“采取行动的梦想家”**与其他潜在创新者的显著不同。他们不仅发展愿景，而且还能够并愿意在企业现实中以强烈的行动导向来追求这些愿景（见图 2-46 所描述的在创新管理中其他角色，其中与内企业家相对应的是存在“创新反对者”）。

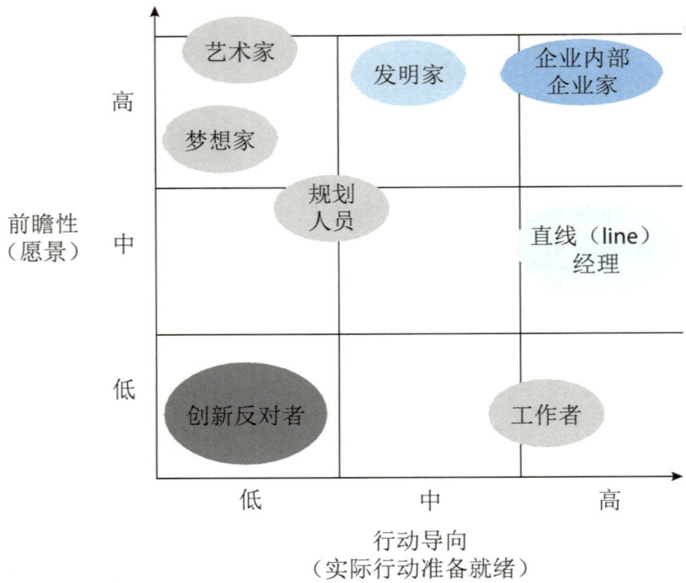

图 2-46　内企业家与其他角色的区别

内企业家的首要任务是，维持并在必要时扩大企业内部的激烈竞争。特别是在大型企业，应该防止两种危险（见 Servatius, H.-G. 1988 P. 94）。

大型企业里的创新问题

- 一方面，企业必须应对企业规模中固有的风险，其中尤其包括日益增长的官僚作风、频繁出现的安稳心态、承担责任的意愿较低等，自发性和创新性思维和行为由于日益增加的组织和形式化工作消耗殆尽而被阻碍。这些问题应该通过内部创业来解决。

- 另一方面，企业必须避免企业中个人的创新行为以这种方式结束，即这些人不得不带着自己的创意离开企业，然后作为先驱者争夺他们旧雇主的市场份额。

内部创业的先决条件

将内企业家纳入公司层级上的安排，例如具有典型上下级关系的线（line）管理或者参谋机构，不是一个成功的途径。相反，公司需要对内企业家全面授权任务、责任和职责，从而实现内企业家的行动自由和决策自由。**对于组织内部实施内部创业**，必须满足各种前提条件（见 Frey, D./Kleinmann, M./Barth, S. 1995 Sp. 1272, Vahs, D. 2012 P. 168, Walz, H./Barth, C. 1991 P. 40）。

- 应该确保内企业家（尽可能地）自由使用企业的资源。由此产生了“企业中的企业”，即所谓的 **intraprises**（intracorporate enterprises）。
- 为了避免沟通障碍，应该在内企业家和最高管理层之间建立**直接的信息通道**，通过这种方式避免信息被过滤，并且可以使内企业家作出快速和灵活的决策。
- 不管其他部门的职责如何，内企业家都应该有机会塑造他们已经发起的创新，从创意到产品或服务上市（**整体的流程责任**）。
- 任务授权的范围可能导致以**中心**的形式在企业内建立组织的子单元，尤其是，利润和投资中心适合推动实施内部创业，并允许内企业家独立计划和实施他们的想法。
- **企业的激励体制**应根据内企业家变更的要求进行修改，并包括与绩效相关的重要组成部分。例如，所谓的“内部资本体制”可以给予内企业家一部分他们获得的利润。凭借这些收益，内企业家可以再次进行投资，以启动更进一步的创新。

潘绍（Pinchot）在他的“内企业家的十条戒律”中生动地展示了一个企业家应该如何在企业内行事（见图 2-47）。他的描述给人的印象似乎是，潘绍希望无政府主义者和革命者成为企业家，但他的“戒律”清楚地说明了，对于内部创业成为一个成功的商业概念而言，什么是重要的。

评估内部创业的概念

内部创业的概念乍看起来令人印象深刻，尤其是当它涉及创新的实施时。但是，使用这种概念时必须有一定的要求：产品服务范围高度多元化的企业适合于内部创业产品范围有限的企业实施内部创业是值得商榷的。僵硬的层级结构和显著的官僚作风使内企业家很难有所发展并推动整个企业。最后，现实接近一张的“孤胆英雄”的照片，内企业家跨越所有的障碍，面对企业内的阻力追求自己的愿景，怀疑其商业现实。尽管内企业家扮演着关键角色，但问题仍然是集体创业能否取代他们的位置？对此，企业需要有影响力的支持者，利用他们的决策权和权力，在各个层级推动创新型企业家思维和行动。

1. 每天来工作时，都做好被解雇的心理准备。

2. 避免所有可以阻止您梦想的工作安排。

3. 无论实际工作是如何描述的，尽一切努力实现您自己的目标。

4. 找到可以帮助您的人。

5. 在选择员工时遵循您的直觉，且只和最优秀的人一起工作。

6. 尽可能长时间在地下工作——过早地宣传可能会带动组织的免疫系统（格言：“永远不要向傻瓜展示未完成的工作！ Never show fools unfinished work!”）。

7. 除非您自己亲自参与比赛，否则绝对不要在比赛中投注。

8. 请记住，请求宽恕比允许要更加容易。

9. 对目标抱有雄心，但实现目标的可能性要切实可行。

10. 尊重您的赞助商。

图 2-47　内企业家的十条戒律

（见 Pinchot, G. 1988 P. 43）

2.2.4.3　促进者作为创新活动的推动者

当必须克服企业内部创新障碍时，高层决策者和其他关键人员始终如一地参与创新过程起着重要的作用。这种阻力通常发生在实施新想法并导致变化时。它们可能因无知、不愿意和行政的抵触而产生。促进者可以帮助克服障碍。

促进者可以理解为这样的人，他们积极参与创新过程，并且通过提供资源和克服阻力来支持其实施。

促进者的角色在创新过程中起着重要作用。实证研究表明，创新是劳动分工的过程，其目标导向和跨界协调只有通过不同权利的使用和相互作用才能实现（见 Hauschildt, J./Salomo, S. 2011 P. 122）。无论这些促进者是“过程帮手”“首席执行官”“行政的拥护者”“赞助商”“顾问”“教父”或“教练”，总是意味着特别有事业心的人，他们拥有足够的权力、声誉、关系以及技术和经济的专业知识，抵抗阻力并推动创新过程。

埃伯哈德·维特（Eberhard Witte）的促进者模型把**促进者**划分为两种**类型**（见 Witte, E. 1973P. 17）：

- **权力促进者**是这样的人，他们积极而深入地推进创新进程，利用其**等级地**

权力和专家促进者

位来有针对性地执行创新，从而有助于克服**缺乏愿意的障碍**。权力促进者的角色必然与企业管理结构中高层次的地位相关联。大多数时候，他们是董事会或执行委员会的成员，甚至领导这些委员会。他们的职位允许权力促进者发挥出足够强大的影响力，一方面基于其正式的领导能力，另一方面基于其说服力和使用创新特定的激励和奖励手段。这种影响可以制裁创新反对者，并奖励且在必要时保护那些愿意创新的人。权力促进者最重要的任务是分配人力和财力资源以支持创新。

- **专家促进者**基于他们的**专业知识**推进创新过程。然而，他们的等级地位只起到次要的作用。专家促进者既是一名学习者，又是一名老师。一方面，他们不断地自我深造；另一方面，他们将自己的专业知识传授给第三方，并试图让第三方相信创新。为了支持那些愿意进行创新并说服反对的人，专家促进者有针对性地使用其职能权威，从而克服**无知的障碍**。

例子　权力促进者是最重要的

波士顿咨询公司在 2010 年进行的一项全球研究中指出权力促进者的重要性，近 1600 名高管参与了此次研究。对于“谁是推动贵公司创新的最大力量”这个问题，到目前为止最多的回答是 CEO，其次是总裁（见 The Boston Consulting Group 2010 P. 9）。德勒咨询公司在 2010 年对 46 家德国中型企业进行的一项研究中得出了同样的结论，根据这项研究，企业所有者和最高管理层是创新最重要的驱动力（见 Deloitte & Touche GmbH 2011 P. 8）。

促进者搭档

这两类促进者不一定属于同一个组织单位，也不一定处于相同的等级地位，他们也没必要共同工作。相反，他们是彼此的盟友，因为他们知道，只有共同抵制企业里现有的阻力，才可以执行他们期望的某些创新。因此，他们的联系更多的是一个**联盟**，而不是一个团队，这就是为什么他们被称为**促进者搭档**。这是因为人们意识到他们在实施创新目标时相互依赖，并且只有通过自我协调的行为才能成功（见 Witte, E. 1973 P. 21）。这两种角色都是由同一个人执行也是可行的。在这种情况下，这个人既具有等级潜力，又具备支持创新和消除障碍的专业知识，所以这是一个**身兼多职的两个促进者角色**（见 Picot, A. 2012 P. 499）。

豪希尔特和查克拉巴蒂首先扩展了威特的“二促进者模型”，增加了**过程促进者**格明登和瓦尔特又进一步添加了**关系促进者**（见图 2-44 和 Ge-münden, H. G./Hölzle, K. 2006 P. 143, Hauschildt, J./Chakrabarti, A. K. 1988 P. 384, Hauschildt, J./Kirchmann, E. 1997 P. 69, Hauschildt, J./Salomo, S. 2011 P. 138）。

过程和关系促进者

- 过程促进者通常属于中层管理人员，他们的主要任务是，**协调**内部的组织和**联系**参与创新过程中的各个职能部门及其背后的人员。这减少了协调问题并有助于对事物进行整体观察。他们建立了权力促进者与专家促进者之间的联系，并将创新的特点转化为所有相关人员都能理解的程度。除了对组织及其“游戏规则”深入了解之外，过程促进者还需要拥有高超的外交技巧。虽然专家促进者和权力促进者有助于克服能力和意愿方面的障碍，但过程促进者有助于消除组织障碍，特别是在复杂的创新项目或在具有许多部门的大型企业中。
- 这种**关系促进者**基于企业内部和外部网络的知识以及潜在的合作伙伴、高度的社交技巧、良好的人际关系和强大的外交才能。他们在创新过程中与**潜在合作伙伴**建立**联系**，与支持与愿意合作的人对话，在激励和感知冲突中扮演调解人的角色，并促进过程参与者的社会关系。在这方面，关系促进者角色聚焦在于心理层面。因此，关系促进者支持权力促进者、专家促进者和过程促进者在创新管理方面的努力，特别是有助于克服**不认识的障碍**。关系促进者与过程促进者的不同之处在于，其主要在组织之间发挥作用。

促进者三驾马车

根据实证研究，迄今为止最好的工作结果显示了专家促进者、过程促进者和权力促进者这三个角色在所谓的**促进者三驾马车**中的联系。根据一项研究发现，这种“拉车的马”的相互配合只能在大约六分之一的受访企业中找到，这种组合似乎是最合适的选择，可以积极和集中地支持创新，并确保不断的信息交流。因此，这对创新过程的效率有积极的影响，但需要促进者之间密切的合作和不断的协调（见图 2-48 和 Hauschildt, J./Salomo, S. 2011 P. 133, Picot, A. 2012 P. 498）。

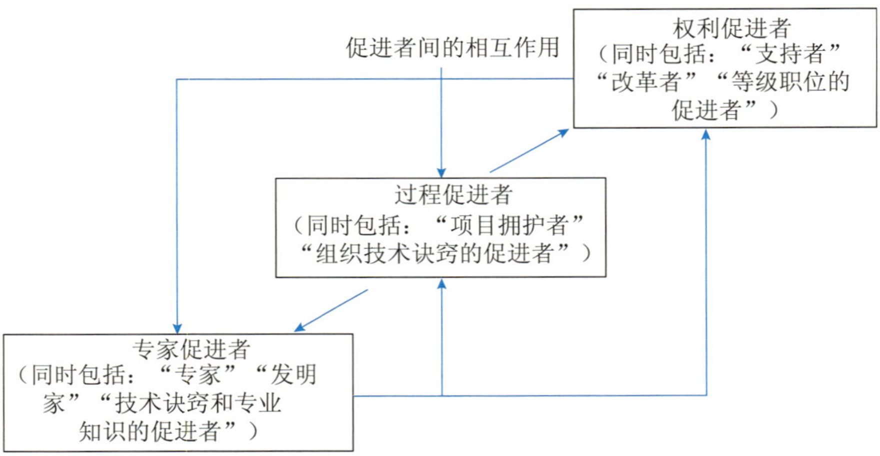

图 2-48 促进者三驾马车模型

（见 Hauschildt, J., Salomo, S. 2011 P. 135, Picot, A. et al. 2012 P. 499）

技术守门人

技术守门人有时被称为第五个角色。他们的主要任务是**克服知识障碍**，通过确保获取专业特定的信息和控制信息流。他们的贡献包括引入外部技术知识和在企业内部传播，解释专业特定的信息以及建立与私人和公共研究机构的联系。技术守门人因此成为信息网络中的一个链接部分，信息网络与企业环境保持着各种连接。技术守门人与上述促进者的根本区别可以参考格明登和赫尔茨勒的观点："守门人不依赖于某个特定的创新项目，而促进者的角色与特定的创新项目密切相关（Gemünden, H. G./Hölzle, K. 2006 P. 151）。"

促进者的意义

毫无疑问，上述所有促进者对于成功实施创新都很重要。但是，**过程促进者**尤其值得特别关注，因为随着创新项目变得越来越复杂、过程参与者越来越多，其作用也越来越重要。与权力促进者和专家促进者相比，过程促进者不能使用任何官方权力工具来执行利益，也不具备专业知识来确立自己是专家促进者。然而，由于他们具有特殊的品质，比如愿意承担风险、沟通能力、个人魅力和谈判技巧，他们能够履行这个角色典型的协调和互动的职能。

2.2.4.4　创新经理——新角色还是新职能？

自 20 世纪 90 年代末以来，越来越多的想法被赋予了一个新的角色或职能，同时在许多企业中已经成功地建立了：**创新经理**。在企业中委托一名全职的或专职的员工，既为创新提供有利的条件，也为创新管理提供支持，或作为工作任务的一部分开展相应的活动。已经有企业开始设立**首席创新官**，作为一名"管弦乐家（orchestrierer）"，在创新过程当事人之间协调并消除紧张的局势（见 Servatius, H.-G./Piller, F. T. 2014 P. 37）。

创新经理的任务

创新经理的任务有（见 Dziatzko, N./ Steinwandt, A. 2011 P. 36, Wöhlert, K. 1999 P. 3）：

- 参与**创新规划**和**决策**，主要包括识别和调查创新潜力、参与创新战略的发展和延续、发展创意管理、描述和评估各种创新方案以及向高层管理人员呈现结果。
- 支持**创新实施**，主要包括将创新理念传达给公司及其环境、监控和优化创新流程、在职能和产品领域发挥中间人的角色、控制创新成功并克服与创新相关的阻力。
- 建立和维护与创新相关的**知识管理**，主要包括识别知识空白、管理和互联企业现有的知识、合并技术诀窍载体、开发企业外部的知识。
- **管理关系网络**，主要包括建立和维护内部、外部的关系网络，发起并参与与其他企业和机构的合作。

微观察

创新经理如同“全才”？

2008年2月到4月，变革管理与创新研究所（CMI）对32个主要来自工业界企业的创新经理的招聘广告进行评估，发现这是一个非常广泛和跨学科的工作范围。它包括，创新管理的协同设计和战略性开发、确定R&D战略并制定商业计划，管理专利和制定专利战略。这表明，创新经理的任务定义遵循企业特点和决策者的想法，而不是明确的职能和角色模型。此外，在某些情况下，还存在这样的疑问，即职位要求和申请人的条件是否可以相一致。

创新经理的能力

上述任务要求创新经理具有全面的专业知识，并且通常需要多年的实践经验。变革管理与创新研究所（CMI）的实证研究表明，**社交能力**作为一种与他人有效合作并通过他人产生影响的能力，是最重要的能力类型。在被调查的98名来自中小型企业的创新经理中，63%的人认为**社交能力**最重要，排在第一名；其次是**方法能力**（例如，解决问题和创新技术），占39%；排在第三位的是**专业能力**（例如，技术和市场相关的知识），占37%。如果考察创新经理“非常重要”的必要技能，最重要的素质是**沟通能力**（76%），其后分别是**识别创新潜力**（75%）、**团队合作**（60%）、适应新情况的**灵活性**和**推动变革的能力**（57%）。相比之下，只有一半的受访者认为**管理技能**是“重要的”（见 Dziatzko, N./Steinwandt, A. 2011 P. 32）。

创新经理的职能

创新经理具体的任务和所需的能力清楚地表明，在企业中，创新经理不是一个角色模型，而是一个结构清晰的、固定的职能。因此，他的组织整合也看起来如下所示：35%的受访企业非常重视创新经理，把他放在第二层级；30%的受访企业将创新经理配给R&D部门；24%的受访企业将其视为参谋职能，多数直接列入最高管理层。因此，根据引用的CMI研究，超过一半的受访者表示，创新经理的职能在未来将变得更加重要，而大约15%的受访者表示其重要性保持不变。

最后，图2-49总结了组织创新的关键问题。

- 企业组织是否符合战略目标和框架条件？特别是创新管理的组织是否是追求创新战略以及对企业和相关环境分析的一个合乎逻辑的结果？
- 创新管理的结构和组织设计是否与企业中现有的其他结构和组织兼容？
- 现有的创新管理组织是否足够灵活，以满足创新流程的特殊要求？
- 是否足够重视参与创新过程的机构之间的界面和相互依存关系的设计？谁在不断地处理这种“界面管理”并消除可能出现的任何过程障碍？
- 企业是否为当前和未来的产品计划选择了最佳的创新管理整合选项？
- 企业是否系统地寻找外部合作伙伴，在创新活动的背景下以最大限度地发挥协同作用并将知识扩散的风险降至最低？
- 收购外部知识或者获取许可证，可以临时弥补企业出现的创新不足吗？
- 通过外部委托创新活动可以减少在内部研发所需的成本吗？
- 企业是否有系统地利用与研究机构或大学共同合作的机会？
- 在收购外部技术诀窍时，是否系统地评估核算了经济性以及进行了机会风险分析？
- 创新项目在多大程度上考虑以项目的形式进行，并且在项目团队组成中多大程度地考虑了涉及的业务部门？
- 是否系统地规划、执行创新项目并评估其结果？
- 假如单个项目通过项目管理或指导委员会整合到多项目管理中，可以避免重复工作和资源浪费吗？
- 创新项目管理是否得到所有业务部门充分的认可，并且项目参与者在其活动中得到了充分的支持？
- 创新项目是否组建了多功能型团队，这些团队能够在很大程度上独立完成任务并且没有层次结构吗？
- 企业中是否有内企业家？如果没有的话，为什么迄今为止还没有？
- 内企业家需要什么条件？可以为内企业家开拓行动领域吗？
- 如果存在内企业家，这些人员是否会得到特别的支持（比如提供资源、赋予额外的权限、免除常规活动、特殊激励措施等）？
- 在企业中实施创新的角色分配是什么？是否可以识别某些类型的促进者和反对者？如果是这样，企业管理层如何对待它们？
- 企业是否有一个创新经理，他是否有明确的任务和权限职责以及适当的组织锚定？

图 2-49　创新组织的核对清单

2.3　设计创新促进型企业文化

2.3.1　企业文化的基本问题

2.3.1.1　什么是企业文化？

文化作为行动框架

当提到成功创新活动的基本前提条件时，创新管理的文献和企业出版物常常提到企业文化或创新文化。强大的企业文化带来的影响范围包括：在经济动荡时期的方向性指导，促进员工出色地表现，以及加强创业精神。因此，企业文化的任务是定义一个方向和行动框架，且在这个框架中，企业可以毫无困难地产生和实现新颖的创意，重点是促进个人和整个团队积极地参与创新。这是基于创新开放的“创新氛围”，企业在这样的氛围中不断地提升对新事物的喜悦之情，并且有足够的时间、结构上的和财务上的自由空间来发展创造力和创业精神。弗利克和罗斯塔琴在其关于高科技塑料制造商戈尔公司的创新文化的文章中，引用爵士乐传奇人物爱德华·艾灵顿生动地描述了这一点：“如果没有这样的摇摆，这什么都不是（It don't mean a thing if it ain't got that swing）（Flik, H./Rosatzin, C. 2011 P. 253）。”

例子 创新和企业文化

在动态的经济领域中，以创新为导向的企业文化对企业成功而言扮演着重要角色，以下四个知名企业的例子清楚地表明了这一点（作者着重指出）。

- 变化和改变是未来增长的基础。精简的组织、提高的效率和**业绩为导向的企业文化**，确保了我们作为领先的**创新集团**的地位，并不断地拓展领先地位（默克公司）。
- 对西门子而言，成为先驱者是不言而喻的，这是我们的愿景和**企业文化**的独特的组成部分（西门子公司）。
- 为了始终贴近客户并满足消费者需求，创新是**我们企业文化不可分割的一部分**（阿迪达斯公司）。
- 创新之家的基础是集团内更自由、勇于冒险和支持创新者的**创新文化**蒂森克虏伯（www.thyssenkrupp.com/quartier.de/zu-besuch/quartiertage/in-novationcube.html）。

如果回顾一下文献资料，可以确定，20 世纪 80 年代大量的出版物“发现”，企业文化是成功的因素。当人们想到许多企业使用的“房子风格”时，这并不新鲜。然而，企业文化方面在理论和实践中受到广泛的关注首先是在过去的 20 年，当人们意识到，企业文化可以促进经济成功时。从那时起，企业文化就变成一个迷人同时又难以掌握的现象，并且理论和实践也越来越深入地研究这一现象。

文化作为一种集体现象

毫无争议的是，企业文化对内塑造了员工的思维、决策、行为和态度，对外决定了企业与周边环境之间互动的方式。它指明了意义和方向，并将个人和集体的创造力引向更高层次的、共同的目标。因此，企业文化是一种**集体现象**，它描述了企业的“精神”，使其具有鲜明的个性和风格，并与其他企业区分开来，如宝洁公司（Procter & Gamble）的例子所示（见 Vahs, D. 2012 P. 128）。

企业文化（或组织文化）是随着时间的推移，企业有意或无意地出现并在某个时间点有效的价值观、行为准则（规范）、信念和态度的总和。

例子　宝洁公司的核心价值观

宝洁公司的核心价值观是企业独特的、文化定义价值观的一个例子，宝洁公司作为消费品制造商成立于 1837 年，该公司在 2014 年管理了八十个核心品牌，是一家知名品牌公司，并且在全球“40 家最佳领导力公司”名单中排名第一（2014 年《首席执行官》杂志）。在“P&G is its people and the values by which they live”这一标题下，公司制定了六个核心价值观（见图 2-50）。

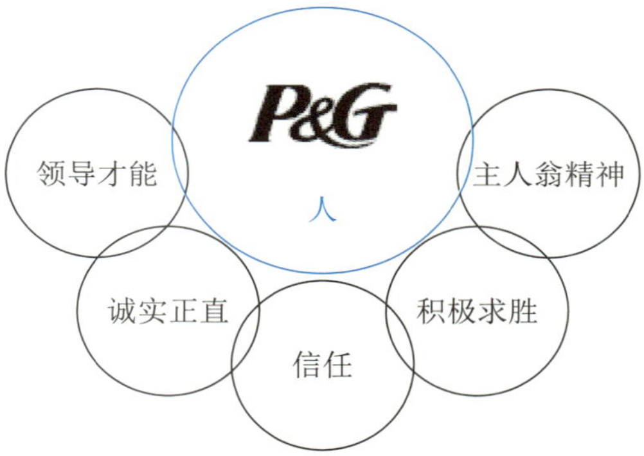

图 2-50　宝洁公司的“核心价值观”

- **宝洁人**：我们吸引和招募世界上最优秀的人才。我们从内部建立我们的组织，促进和奖励人们，而不考虑任何差异。我们坚信，宝洁公司的男人和女人是我们最重要的资产。
- **领导才能**：我们都是自己职责领域的领导者，且致力于输出领导成果。我们对自己的愿景有清晰的认识。我们将资源集中在实现领导目标和战略上。我们提供战略并消除组织内部障碍。
- **主人翁精神**：我们接受个人责任以满足业务需求，改进我们的制度并帮助他人提高效率。我们像主人翁一样行事，把公司的资产看作是我们自己的，并且考虑到公司的长期成功。
- **诚实正直**：我们总是努力做正确的事情。我们彼此诚实坦率。我们在法律的文字和要求内运作。我们在每一项行动和决策中坚持宝洁的价值观和原则。我们以数据为基础，在倡导建议时保持理智、诚实，包括识为风险。
- **积极求胜**：我们坚定地做最重要的事情。我们对现状持有健康的不满。我们有强烈的愿望去改善和赢得市场。

- **信任**：我们尊重宝洁的同事、客户、消费者，并且对待他们就像我们所期望被对待的那样。我们对彼此的能力和目的充满信心。我们相信，当存在一个信任的基础时，人们会工作的最好（见 http://www.pg.com/company/who_we_are/ppv.jhtml）。

文化层次

美国社会心理学家和管理科学家艾德佳·沙因（Edgar H. Schein）的系统论对文化讨论而言，在理论和实践中均具有重要意义（见 Schein, E. H. 1984 P. 3）。图 2-51 所示的模型包含文化现象三个层次的可见度，这对理解企业文化的结构和影响至关重要（见 Becker, M. 2009 P. 149, Steinmann, H./Schreyögg, G./Koch, J. 2013 P. 655）。

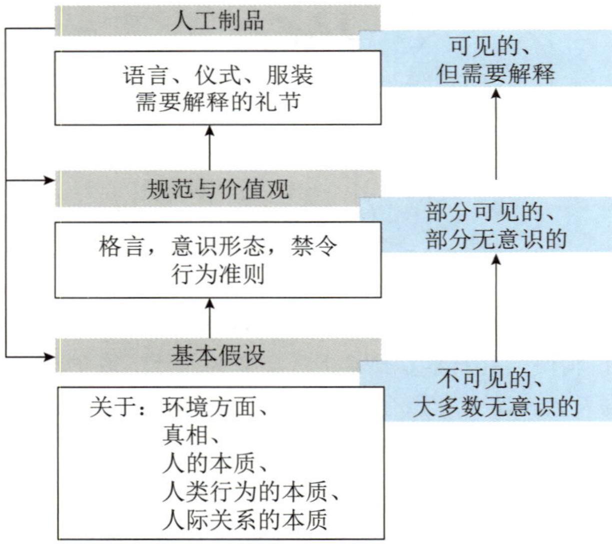

图 2-51 沙因的文化层次

（见 Schein, E. H. 1984 P. 4）

- **人工制品**——最高层次，即象征和标志（artifacts and creation），很容易观察到，但在不熟悉的文化中需要解释。它体现在语言的设计、特殊仪式和礼节的使用以及员工对服装的选择。当涉及保持两个下游层次的内容，并且特别是将它们传递给新员工时，人工制品尤其重要。

- 相比之下，中间层次的**规范与价值观**（espoused values）只是部分可观察的，并且大部分是无意识的。从某种意义上说，它形成于人工制品可见性和内省的中间阶段，包括一些不成文的行为准则、禁令、格言和意识形态，员工可以借此区分“正确的”行为与“错误的”行为。例如，一些企业将其价值观和行为标准建立在管理理念或使命声明上，然而，这些很少与实际的企业文化有任何关系，并且通常只是一厢情愿而不是对现实的描述。

- 相反，较低层次的**基本假设**（basic assumptions）是无意识的和不可见的，因此难以识别。这些是一个文化圈子里的基本假设、信念、定位模式和感知模式（“世界观”），是价值导向行动的出发点。它们通常在组织中发展数十年，并被视为理所当然的存在。基本假设包括人类的本质问题（“懒惰”或“勤奋”）或人际关系的本质问题（“平等主义”或“等级”）的答案。基本假设构成了一个**文化核心**，它创造了企业文化的两个较高层次。

协调和规划

“内在化”的价值观促成了**活动的沟通协调**，并且至少可以部分地取代正式的协调机制，例如规则、计划和指示。事实上，员工越是认同他们的信念，就越接受它们作为指导原则并执行。企业文化就像是一个人类思维的**集体规划**，它含蓄地发挥着作用，潜移默化、默默无言。企业文化的内容是通过在社会化过程中象征性的调解获得的（见 Becker, M. 2009 P. 144）。

鉴于总体情况发生变化，特别是由于日益全球化的企业导向、激烈的竞争和社会发展，企业文化可以为应对经济的和社会的结构转变作出重大贡献。文化相关的变化主要受以下事态发展的影响（见 Rosenstiel, L. von/Nerdinger, F. W. 2011 P. 51, 375, Schanz, G. 1994 P. 274, 376,Wever, U. A. 1992 P. 17）。

文化相关的变化

- 几乎国内的和国际的所有行业**竞争局面**都加剧了，迫使企业从 20 世纪 80 年代开始利用员工的动力储备。成功的和文化驱动的企业被视为遵循的榜样，尤其是“日本的挑战”，即日本的产品不可阻挡地渗透到世界市场，促使许多美国的和西欧的企业，深入研究远东管理的特点及其框架条件。在研究过程中发现，日本员工对“他们的”企业有强烈的认同感，他们背后强烈的情感承诺以及集体决策制度和责任制度被确定为重要的文化成功因素。
- 在政治层面上，企业**日益增长的社会责任**对企业价值观作为文化核心的形成产生了重大影响。除此之外，这还表达了某些社会群体日益增加的影响力，如消费者协会、环保主义者和公民倡议。它清楚地表明，要求正在增加，且如今远远超出了确保经济成功的范畴。例如，企业试图通过制定价值观来做到这一点，比如“有责任心。我们致力于道德和负责任的行为”（西门子公司）。
- **理性的和技术专家型的企业及其员工的领导力**越来越接近其极限。与诸如企业战略、组织和管理系统等“硬性”因素相比，像员工领导力或企业文化等“非理性的”主题和“定性的”方法对于成功的行为活动更为重要。

- 持续的**价值观转变**（见图 2-52），大致意味着从传统的强制性价值观和接受价值观（例如纪律、服从、成就），转向新的自我发展的价值观（例如，降低工作作为一种责任的重要性，强调自我实现和享受生活，降低自我服从的意愿），企业负责人必须考虑在未来如何确保员工高度认可企业目标。发展企业文化是对个性化趋势日益增长的一个潜在的解决方案，这种企业文化将个人及其情感更深地融入企业集体。
- 随着价值观的转变，**员工**对企业的**忠诚度**也会发生变化。因此，“视企业为自己的企业”的认同感也越来越低。员工认为比对雇主承诺更重要的是个人的自我实现。因此，特别是有能力的员工将不再需要把自己的整个职业生涯都花在同一家企业，而是倾向于在能够最好地实现其职业愿望的企业里工作。因此，这种情况越来越多地要求企业，开发理念以设计最佳的工作条件，尽可能降低高素质和高度积极的员工流失，从而在不断增长的“人才争夺战”中站稳脚跟。

传统的价值观	新的价值观
纪律	自治
服从	参与
等级制度	团队
成就	需求取向
事业	个性发展
效率	创造力
权力	妥协能力
集权	分散制度

图 2-52　传统的和新的价值观

（见 Wever, U. A. 1992 P. 26）

如果一家企业想要适应这些变化并从功能文化效应中获益，就必须创造适当的条件，以充分利用员工的潜力。特别是在创新过程中，尤其重要的是，一方面，创造力和创业精神的发展有足够的自由空间；另一方面，可用的稀缺资源要与创新目标捆绑在一起。对此，企业文化作出了重要贡献。

例子　文化作为乔治费歇尔集团的发展基础

由最高管理层给予的“功能性”企业文化及其积极的意义，可以在位于瑞士沙夫豪森的乔治费歇尔工业集团（Georg Fischer AG）的 2013 年年度报告中找到。

“**随着国际化程度的提高，共同的企业文化变得越来越重要**。通过沟通和实施企业的价值观，企业总部维护和促进自己的企业文化。与员工、客户、投资者和公众进行开放的、积极的和及时的沟通赋予了可信度并创造了信任（见 Georg Fischer AG 2014 P. 34）。”

2.3.1.2 企业文化的设计元素是什么?

文化元素

每一种企业文化都有其特点和表现形式。可以通过以下例子来识别企业文化是如何呈现的，比如内部的沟通，处理冲突、批评和错误，对客户的行为态度或组织会议的方式方法。除了愿景和使命宣言外（见章节 2.1.1），企业文化重要的设计元素是企业中已经推广的准则规范、象征、传说、英雄和仪式。它们一方面向员工及其他利益相关者传递企业的价值观和信念，另一方面稳固并进一步发展。

准则规范

- 企业**正式的准则规范**和**行为标准**指出，在特定情况下对员工思考和行为方式会有什么样的期待（准则规范、价值观），或者具体规定了员工特定的行为（标准、仪式）。例如，在许多组织中就什么被认为是“好的”或“坏的”，以及什么是“适当的”或“不适当的”达成了一致。会议和企业聚会通常具有仪式行为的特征，其过程的每个阶段都遵循精确和反复的模式。

例子　德国电信股份公司的五项指导方针

德国电信股份公司（Deutsche Telekom AG）的五项指导方针是当前这种行为标准的一个例子。它们构成了“行为准则（code of conduct）”的基础，该准则将“日常工作规则”定义为“行为准则”（见 http://www.telekom.com/konzernleitlinien, Deutsche Telekom AG 2014）。

信息社会和知识社会正处于动态的发展。为了创新性地应对客户行为和数字技术发展方面的变化，德国电信不断地进行测试并进一步发展它的愿景和要求。在这一发展过程中，**企业文化是一个关键因素**，且以**指导方针作为基石**塑造了这种文化。因此，企业价值观已经进一步发展成为现在的指导方针，决定我们应该如何行事和预先给出，代表了我们的价值观和信仰。但是，这些指导方针不仅适用于内部，而且也适用于处理德国电信的外部环境。

- **使客户振奋并让事情变得更简单**

客户是集团最重要的资产。客户的想法、情绪、需求和经验是电信成功的驱动力。

- **诚信和感激**

第二条指导方针不仅仅是尊重同事，还包括来自客户的、合作伙伴的、供应商的和股东的感激，也包括爱护社会和环境。

- **开放决策，团结一致地实施**

第三个指导方针涉及合作的文化。在团队，员工里必须公开地讨论议题，必须容忍不同的意见和激烈的讨论。但是，当达成一致时，会一贯并团结一致的实施。

- **做到最好！承认成绩，提供机会**

如果德国电信希望成为业内最受尊敬的服务企业，那么它需要积极主动的优秀员工。因此，本指导方针要求所有的管理人员承认个人的努力和成功，并为进修机会和观点提供积极的环境。

- **我是电信，是值得信赖的**

第五条指导方针是每个员工的个人承诺。举例来说，这意味着每个同事都要付出全力来解决客户的问题。在这种情况下，客户可以是最终用户，也可以是企业内的同事、企业的业务合作伙伴或企业的其他合作伙伴。

象征

- 每个企业都有一些通常不易被察觉到的象征。这些包括服装、演讲风格、现有或缺失的地位象征、办公空间设计、标语，标识和高层管理人员起示范意义的行为。象征的存在不是为了他们自己的缘故，而是代表企业员工认同的那些价值观和准则规范。因此，这些象征被员工认为是具有约束力的。那些不适应的人往往不仅仅是识别问题（Identification Problem）（见 Vahs, D. 2012 P. 141, Wever, U. A. 1992 P. 62）。

例子　惠普（HP）的“门户开放政策”

例如，惠普公司（Hewlett-Packard GmbH）以其“门户开放政策”而闻名，其中上级的办公室门对所有人始终都是开着的，员工也可以向管理人员或人事部门求助，而不会有任何不利的后果。“我们的门户开放政策表达了我们对开放式沟通的承诺，以及会倾听每个人声音的工作场所。”这种象征性的“保持门开着”的方式可以追溯到两位公司创始人威廉·休利特和戴维·帕卡德的“车库法则”（另请见以下例子）。

英雄和传说

- 作为另一个文化元素，英雄在文学中常被提及。英雄是被文化所认可的、一群真实的或虚构的卓越的人。在企业中，他们通常是创始人或者个别的高层管理人员，随着时间的流逝，他们作为预言家和创新的企业家而被标榜为英雄，并通过故事（成功的案例）、传说或者传奇而传播。传奇或者类似的加强和传播文化方面，有助于组织价值体系的合法化和维持。德语区的英雄有罗伯特·博世（Robert Bosch）、维尔纳·冯·西门子（Werner von Siemens）和阿尔弗雷德·克虏伯（Alfred Krupp）；北美区有亨利·福特（Henry Ford）、约翰·戴维森·洛克菲勒（John D. Rockefeller）、霍华德·休斯（Howard Hughes）、史蒂夫·乔布斯（Steve Jobs）等。除了这些“永久的”英雄外，还有“situation hero”，比如“月最佳销售员”或“周最佳雇员”。德国组织学者尚茨正确地指出，“以无缝的方式轻松进行”过渡（Schanz, G. 1994 P. 281）。

例子　门户开放政策的起源

惠普（HP）公司的两位创始人之一休利特在一个周六来到车间，他非常沮丧地发现物料仓库被锁上了。他立即弄到一把钳子把挂锁从门上去掉。人们在星期一早上惊奇地发现他留下的一张纸条，上面写着：“请不要再锁上这扇门。谢谢。比尔。”

例子　童话故事使创新栩栩如生

德国联邦教育与研究部和欧洲社会基金正在共同推动一项题为《基于英雄原则的创新戏剧》的研究项目。该项目旨在展示，传达的信息如何能够变得更加生动活泼，并有助于吸引企业的员工成为创新者。一个创新的故事以简短的方式呈现出来：“例如，费斯托公司在采用自动化技术人员开发自然机器的方法中，发现了许多迷人的东西。所以迈向童话的那一步并不遥远（见 Spitzley, K./Ganz, W./Martinetz, S. 2011 P. 22）。”

仪式

- **仪式**是一个象征性的行为，对企业而言真正地“上演了”重要的价值观和行为规范，例如，庄重的新员工介绍仪式、员工开放日、正式宣布年度目标、宣布成功的销售员加入某些“俱乐部”或“排行榜”中。仪式也决定了日常事务的行为规则。韦弗以会议中的座位安排和桌子形式、公共争议的合法性和允许的情绪激动程度为例予以否认（见 Wever, U. A. 1992 P. 65）。

例子　没有勤奋没有奖励！

在许多企业中，经常会为开发特殊的新产品及其他出色的创新成就颁奖，比如自 1982 年以来汉高股份有限及两合公司（Henkel KGaA）每年颁发“弗里茨汉高创新奖”，蒂森克虏伯（ThyssenKrupp）创新大赛和自 1998 年以来默克集团（Merck KgaA）颁发的“企业创新奖”。大多数情况下颁奖都遵循固定的仪式，通过这种方式赞赏获奖者并且同时发出这样一个信号，激励其他员工努力取得同样的成绩。3M 颁发的最高奖项是卡尔顿奖，该奖项被称为“内部的诺贝尔奖”。

2.3.1.3 企业文化有哪些功能和效果?

一个重要的问题是，企业文化应该并能够实现哪些功能。毕竟，企业不是“社交活动”，而是追求他们想要在特定的时间内实现的具体目标。就这方面来说，企业文化除了作为一种规划和组织工具外，还是实现预期目标效果（例如，高的创新率）的一种工具。从本质上讲，企业文化具有**三个本质的功能**（见 Dill, P./Hügler, G. 1987 P. 146）。

文化功能

- **协调功能**：协调通常可以理解为在更重要的总体目标方面协调各项活动。分层组织的企业，一方面需要协调各个员工各自的利益和个人的目标，另一方面需要限制共享资源，特别是在创新过程中，由于其复杂性和相互依赖性，需要相当大的协调，其管理直接影响创新项目的成功或失败。
- **整合功能**：整合功能与企业文化的协调功能密切相关。“整合”是指个别元素与整体联系起来。转化为创新过程的设计，举例来说，这意味着将各个不同的职能部门（如 R&D、市场营销、生产、控制等）相结合到持久的或时间有限的创新团队中，伴随着创新过程并解决可能出现的问题。
- **激励功能**：“激励”是指激发某人具有特定的行为。在创新过程中，相关参与人员的工作动机或表现动机特别令人感兴趣，特别是在企业的意义层面执行所分配的任务和职责的动机。例如，它促进员工集中全力实施创新过程，并抵制内部的阻力，开发新的创意从而成功上市。

文化效果

但是，这些功能只能通过强大而实用的企业文化来实现。“强大”，也就是清晰的、明确的和许多员工深信不疑的文化，然而它们在效果上却是**矛盾的**。它们既能为创新的成功或整个企业的成功作出贡献，也能引致失败或导致衰落。特别是主流文化阻碍发展，甚至使必要的变革变得不可能时，后者的情况很有可能出现。因此，必须加以区分企业文化的**积极（功能性的）**和**消极（功能失调的）**效果（见图 2-53 以及 Vahs, D. 2012 P. 143 和其中引用的文献）：

功能性

- 一个“活”的企业文化需要员工的价值观和偏好尽可能达成一致。然后方可以发挥**协调的**、**稳定的**和**整合的效果**，这有助于形成一个普遍的基本共识（“我们感觉”），并将员工的绩效贡献引向一个共同的目标。这有助于**沟通**并加快**达成和实施决策**。如此，正式的监管和控制工作减少了。企业文化的**激励促进效果**

受到个别文化元素的支持，这些文化元素迎合社会的需求并回答工作的“意义”，由此提高了员工对“他们的”企业的**忠诚度**。功能性的文化可以使企业在危机发生之前**及早**地识别问题并解决问题，需要广泛的信念和价值观，以保证全面的思维和行为自由。

积极的影响	消极的影响
• 协调效果 • 高的动力和忠诚度 • 稳定性和可靠性 • 有效的沟通 • 快速的决策 • 解决问题的能力	• 封闭的趋势 • 阻止新的方向 • 集体的防守政策 • 建立情感障碍 • 缺乏灵活性

图 2-53 企业文化的效果

（见 Vahs, D. 2012 P. 144）

功能失调

● 首先是在危急情况下，企业文化也会产生负面影响。强大的文化可能会通过其稳定性而带来**封闭**和**惯性**，与现有文化不相容的环境警告信号、新的挑战或新的机遇，不能被及时认出、处理或压制。必要的适应措施被认为威胁了文化认同，因此被排除在外。取而代之的是，企业注重传统的成功模式，但由于环境的变化而可能不再有效。最后，如果这些新的想法被认为对文化有害，则**情感障碍**会阻碍其实施。在这方面，强大的文化可能会阻碍决策和行动的灵活性，归根结底，这可能会**危及**企业的**生存**。

因此，企业文化原则上可能会影响企业创新及其业绩，因为它明确地禁锢着员工的态度和行为模式严重影响当员工参与文化发展的过程并贡献他们的经验、观点和能力。但是，文化的效果取决于企业所处的具体情况。正如尚茨准确地指出，文化的“力量”和文化的“功能性”有时是矛盾的（见 Schanz, G. 1994 P. 295）。

2.3.2 企业文化对企业成功的重要性

企业能否战胜市场挑战和竞争并不仅仅取决于是否使用新的产品概念、新的生产和组织形式或具体的规划工具，相反的，（重新）布局工作和社会关系，以及内部沟通和合作，对企业的成功发挥着至关重要的作用。创新型企业依赖高度积极的员工，他们认同“他们的”企业，并合理地利用赋予他们的机会（对于战略、文化和组织之间的相互关系，见章节 1.3.2.3）。

鉴于日益动态和复杂的企业环境，重新布局正式的组织结构、价值创造过程或

关系冰山

创新战略不足以保证企业长期成功，相反，企业必须更多地关注非正式的方面。所谓的“**关系冰山**”，描绘了一个组织正式的和非正式的方面：**正式的、理性的（“硬的”）方面**是可以直接观察到的（例如，组织结构图、职位描述、指导方针、手册、规划）；而**非正式的、感情的（“软的”）方面**是不可以直接识别的（例如，个人的关系、价值观、态度、权力分配、企业文化）。对于一个企业和它的功能性以及创新力来说，“水面之下”的非正式的关系通常比处于冰山顶端随时可见的正式关系更重要（见图 2-54）。借助下文商业实践的例子可以更清晰地阐明这一点。

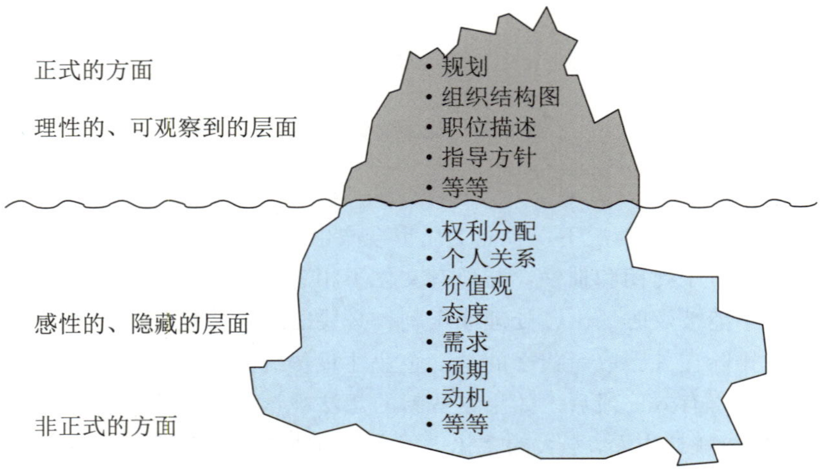

图 2-54 关系冰山

（见 Vahs, D. 2012 P. 113）

例子 黄翅蝶的故事

在许多企业流传的名言中可以明显地看到一个组织正式的和非正式的方面之间的分歧，即：“任何认为部门领导可以领导部门的人，也认为黄翅蝶（Zitronenfalter）可以折叠（falten）为柠檬（Zitronen），”并明确指出，正式任命的权威并不一定意味着，其领导职能可以得到其他人的尊重和认可。

“硬的”和“软的”因素

两位美国顾问汤姆·彼得斯（Tom Peters）和罗伯特·沃特曼（Robert Waterman）是第一批认识到“软的”因素对企业成功重要性的人。两位作者于 1982 年初发表的题为《追求卓越》研究中，研究了当时 62 家“出色的”美国企业（包括惠普、IBM、3M、柯达、宝洁公司），明确指出，除了三个“**硬的**”，更确切地说理性和量化的成功因素（结构、战略和制度）之外，还有四个以情感为主的定性的**“软的”**因素（自我形象、专业知识、固定人员和风格）。只有通过有意义地结合这些因素且相互作用才能使企业成功，并以“优异的成绩”实现生产（见图 2-55 中的成功因素或 **7S 模型**）。

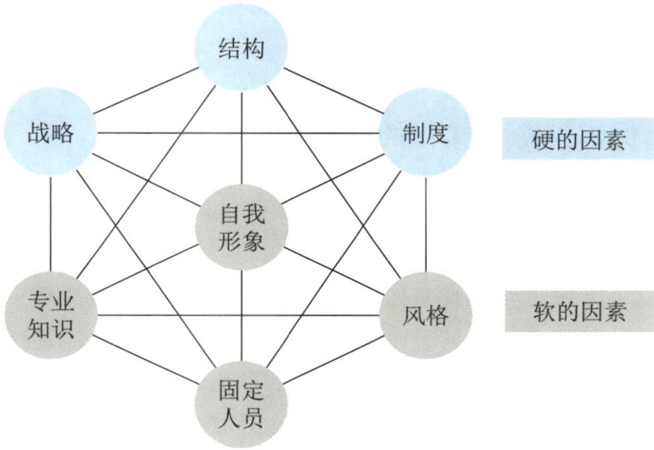

图 2-55　7S 模型

例子　注意潜艇！

特别是在研发密集型企业中，总是谈论所谓的“潜艇”，有时将其称为“蓝天项目（blue sky projects）”或“星期五下午的项目（Friday afternoon projects）”。这是指创新项目在没有“官方”委托的情况下，被开发和继续进行。例如，软件公司的员工开发隐蔽的新程序，汽车工程师在没有委托的情况下就测试新的汽车零部件，或者化学家开发可替代的物质。由于缺乏决策者正式的同意，项目发起人（从项目管理的意义上很难说是“项目负责人”）试图将其他项目的资源用到“他自己的”项目，当然，他们不会让决策者注意到这些。如果项目不成功且没有被事先发现的话，潜艇将永远淹没在水下面。只有成功的项目才会以新产品的形式出现及浮出水面（对于这种“非法制造”项目，见章节 3.2.2.3）。

总体而言，“潜艇”的存在清楚地表明，该企业正式的和非正式的层面不兼容。无论如何，这应该促使最高管理层立即采取行动。研究表明，企业 R&D 预算的十分之一到五分之一流入潜艇项目（见 Jaworski, J./Zurlino, F. 2007 P. 125）。众所周知的“非法制造”项目的例子包括拜耳的药物阿司匹林和西普乐，默克的液晶技术以及休斯飞机的激光开发（见 Corsten, H./Gössinger, R./Schneider, H. 2006 P. 76）。

文化讨论

他们的论点是，软的“因素”有助于企业位居前列，而往往高估“硬的”因素对成功的影响，彼得斯和沃特曼就企业文化对企业成功的影响和真正的“企业文化繁荣”的影响，发起了激烈的讨论，且持续到今天。这就提出了一个问题，即企业文化作用方式的认知，可以在多大程度上以何种方式用于启动和实施创新项目，企业必须满足哪些具体的文化前提条件，才能在企业中产生新的想法，并成功地将其转化为市场成熟的问题解决方案？

2.3.3 创新促进型企业文化的前提条件

“每家企业都有自己的企业文化，但并不是每个企业文化都能够满足新的要求（Beyer, H./ Fehr, U./Nutzinger, H. G. 1995 P. 157）。”这个名句阐述了企业文化对执行企业变革过程贡献的经验性研究结果，并指出了在该领域需要采取的行动。鉴于今天几乎没有一个“创造性的发明者”能够产生新的想法，而是综合性的专业团队不断引领创新，那么所参与人员的沟通协调和动机就成为创新成败的关键因素（见Kieser, A. 1986 P. 43）。为此，必须有目的地使用图 2-52 所示的企业文化的积极影响，并尽可能避免消极影响。

信任代替不信任

泰勒式企业中存在高度的劳动分工、许多正式的规章制度、体力劳动和脑力劳动相分离的结构以及严格指导和控制员工的领导，很难创造出创新的文化。为了有效利用未开发的创造力和生产力潜力，企业必不可少地要通过一种企业文化代替这种**不信任的组织**，在这种新的企业文化中，员工发展自己的想法、独立自主地行动并共同完成未来的任务。具体而言，这意味着组织中的成员具备足够的能力并对委托给他们的任务承担责任，因此预先规定和控制细节变得多余。员工在其权力范围内和目标范围内自主决定和行事，他们的上级不认为自己是控制者，而是作为推动力和创意支持者。这种**信任文化**的积极作用不仅局限于社会层面，而且在物质层面也具有功能性作用。此外，信任文化会带来三点优势。

“信任文化”的优点

- 成本优势，降低控制成本。
- 时间优势，通过消除复杂而漫长的谈判和协调过程，缩短决策时间。
- 员工高度的意愿和强烈的责任感，即使没有物质的激励。

合作

内部的和企业之间的**合作**与存在信任的基础密切相关。严格来说，这两方面之间存在着相互关系：一方面，信任是合作的基础；另一方面，成功的合作反过来又加强了合作伙伴之间的信任关系。

微观察

文化作为最重要的成功因素

1998 年已经引用的《创新管理研究》指出，**创新文化**被确定为“**最高的成功因素**”，说明企业文化出色的成功效果（见 Droege/ BDI 1998 P. 6）。

最近的实证研究也证实了企业文化对创新成功的重要意义，例如在前面提到的 2010 年 BCG 的研究。这项研究表明，在漫长的发展时期或者选择正确的创意之前，**避免风险的文化**是高投资回报率最大的障碍（见 The Boston Consulting Group 2010 P. 11）。

微观察

没有信任就不可能做到！

相互信任不仅是开放式创新和跨行业项目的基本要求，也是企业内部创新项目的基本要求。只有当来自不同企业、不同业务领域或不同部门的创新合作伙伴确信其研究开发活动的成果不会被第三方窃取，才能真正实现合作。这就是为什么合作往往始于边缘区域而不是十分重要的领域。只有当积累足够积极的经验、相互信任并且没有失望时，合作才会扩展到核心竞争力的敏感领域。

约束力

除了已经概述的方面外，拜尔、费尔和纳青格还确定了另一个作为创新型企业文化前提条件的因素：**约束力**。通过合同规定，合作伙伴之间的约定和协商具有约束力，从而可以进一步加强合作。固定的权利和义务构成了持久的信任和合作基础，并有助于减少误解和冲突的风险（见 Beyer, H./Fehr, U./Nutzinger, H. G. 1995 P. 160）。

事实上，具有强大的创新促进型文化的企业明确地描述了它们的要求（例如以企业原则和管理原则的形式）。然而，只有在员工在发生冲突时知道使用它们，并且对违反这些“游戏规则”的行为给予严重的惩罚时，这样的企业文化描述才能被视为是具有约束力的。在实践中，这很可能是特殊情况而不是基本原则，因为通常情况下很难发现和证明一项行为违反文化。尽管如此，文化意识型企业应该不懈地努力，来确保其文化规则的约束性。

例子 IBM：两个错误太多了！

IBM公司有一个不成文的规定是：如果因为第一次犯错导致未能实现目标，管理人员不一定会被替换；但是，如果这名管理人员再次犯错，那么公司将会坚决地替换这名管理人员。这显示了认真对待领导任务有多重要以及有多大的容错能力（见 Wever, U. A. 1992 P. 201）。

然而，仅凭书面权利和义务无法保证强大的企业文化，更不用说产生强大的企业文化了。只有信任、约束力和合作元素相结合才能打下发展创新型企业文化的基础。

2.3.4 创新促进型企业文化的特征

创新和变革友好的企业具有一系列的特征，可以视为存在创新促进型企业文化的指标。但是，在谈这些特征之前，首先要明确**创新敌对**的企业文化具有哪些特征。

创新敌对文化的特征

- 根据基泽的观点，阻碍创新的企业文化最突出的特征是强调个别部门和领域的目标。这样，就形成了数个不同的、几乎没有互相关联的**亚文化群**，这些亚文化群不符合整体的企业目标。组织单位之间的沟通就会变得困难，因为其他领域的成员被视为自己的“敌人”，且争夺自己单位稀缺的资源。由于这种**本位主义**，伙伴关系的合作非常困难，甚至是不可能的。
- 创新敌对文化的另一个特征是**害怕冒风险**。新的想法常常会遭到拒绝。没有看到机会，高估失败的潜在原因。在这样的企业环境中，创新者没有机会追求和成功实施他们自己的想法（请参阅下面引用的 BCG 研究成果）。
- 另外，创新敌对的文化特征具有明显的**等级思维和意识**。企业没有自主创新活动的空间，下级层级的决策空间十分有限，企业管理层不断地控制创新项目的进展，缺乏对个人和团队创新力量的信任。因此，创新项目通常既没有高层管理人员财力上的支持也没有道义上的支持（见 Kieser, A. 1986 P. 45）。

企业内部边界

潘绍以**领土思维**的概念来描述这些方面，领土的特点是清晰的、刚性的，侵犯领土的行为通常会导引发冲突。他认为在企业中可以观察到三种类型的边界（见 Pinchot, G. 1988 P. 276）。

- 负责盈利的业务单位之间的边界。
- 职能部门之间的边界，比如销售、生产、R&D 之间。

- 等级相关的边界，例如不同管理层间的隶属关系，或者一方面是参谋型员工，另一方面是直线型员工的情况。

微观察

规避风险的文化降低投资回报率

根据波士顿咨询公司的大量实证研究表明，规避风险的企业文化是迄今为止创新经济成功的最大障碍，并伴随着长的开发周期："多年来，在我们的调查中，规避风险的文化和漫长的开发时间一直被认为是阻碍发展的主要障碍（The Boston Consulting Group 2010 P. 21）。"

边界的影响

这些纵向和横向的边界意味着企业内部的沟通是不充分的，有时甚至会故意隐瞒或"过滤"一些信息。员工对创新战略和持续创新项目了解甚少。**本位主义**以及**职能性和等级性的封闭**阻碍创新，而不是促进。结果是"操作性岛屿"，并且它们之存在着不必要的界面接口。重复和冗余降低了企业内创新活动的有效性和效率等。

现在有一种观点认为，只要没有上述创新的障碍，就可以称为**创新促进型企业文化**（见 Nieder, P./Susen, B. 1991 P. 434）。我们认为，这是一个必要的前提条件，但还不足以使企业特别具有创新性。对此，还必须具有其他的特征，接下来进行阐述（见图 2-56）。

- 避免创新敌对的企业文化的特征（等级思维和领土思维、信息隐藏、控制、监督）
- 在价值体系中创新地位高
- 员工的安全感
- 参与传统
- 创新促进的工作、管理和参与概念
- 全面的员工培训和继续教育
- 通过提供信息、及时有效的沟通、创造自由、容忍失败和错误，支持创新领袖。
- 从错误中学习

图 2-56　一个创新促进型企业文化的特征

高的创新地位

创新促进型文化特征

在创新型企业文化中，创造力和创新友好性在价值体系中占据着很高的地位，是不可或缺的。除此之外，这种赏识体现在，传统的神话和传说还围绕着创新本身和已经做到的英雄们。在企业原则中，创新被坚定地当作一个核心价值。

企业管理层要让所有人都知道，赞赏新颖的想法及鼓励其实施。这一方面至关重要，因为仅仅口头表达规范和陈述价值是不够的还必须始终如一地贯彻执行它们，以使它们是可信的（见 Kieser, A. 1986 P. 47, Nieder, P./Susen, B. 1991 P. 435）。

例子 惠普（HP）和特百惠（Tupperware）赞赏创新

在惠普和特百惠公司的价值体系中，创新具有很高的地位。彼得和沃特曼的调查显示："管理层有意地争取两个目标：通过所有可能的积极强化的形式，赞赏任何良好的表现，包括尤其是在较低的层级上；创造尽可能多的机会来交流成功的故事（Peters, T. J./Waterman, R. H. 1984 P. 154）。"因此，这两家企业现如今仍然是高度创新的。

例子 西门子带来了成功

但是，创新并不总是具有很高的地位，比如，巴伐利亚电气工程师鲁道夫·海尔（Rudolf Hell）发明传真机的例子。1951 年，他开发了数字图像处理的原始机器，即电子刻版机。1963 年，色谱仪作为第一台扫描仪用于彩色图像模板的分析。1971 年，世界上第一台具备"Hell-Schreiber"的传真机问世，即基于传真的电传打印机。他把自己的发明卖给了西门子公司（Siemens），并一起工作了四十年。然而，西门子集团担心其会对自己的电报业务构成威胁，以至于西门子如此犹豫地宣传这个传真机，使潜在的客户几乎没有注意到它的存在。随着时间的推移，这被证明是一个严重的错误决定，因为日本的竞争对手成功地把它变成一个非常有利可图的业务（见 Iwersen, S. 2004 P. 16）。

安全感和信任

如果管理层制定的准则只是没有付诸实施的口号，那么员工就会没有安全感。这种不安全感会导致员工对任何创新和变革的抵制，从而对创新意愿产生负面影响。员工必须知道他们的情况以及他们应该如何行事，尤其是当涉及与高风险相关的创新并且其市场成功并不确定时。"安全感"还包括这样的事实，即创新型企业应该避免因"流程"创新而解雇员工。由此，减少抵制，增加创新的意愿（见 Kieser, A. 1986 P. 48）。同时，它还涉及"信任"这个因素，这对于发展创新想法极其重要，因为谁喜欢在没有安全感和不信任的环境中研究发展创意呢？

例子　曼集团（MAN）的信任文化

1758 年成立的商用车、发动机和机械工程公司曼集团（MAN SE）的例子证明了安全感和信任在创新型企业中的重要性："曼集团的领导文化为全球的高管和全体员工提供了一个明确的方向，即他们应该如何行事、他们可以对同事期望什么以及曼集团如何对外。我们的目标是信任的企业文化，是每个员工都出色表现的基础，从而也是曼集团成功的基础（见 MAN SE 2012 P. 64）。"

合作的工作概念和管理概念

在短期内建立创新型企业文化是不可能的，这是一个需要持续很长时间的过程。作为创新文化的基础，合作和相互信任的意愿必须缓慢增长，特别是，如果当前的文化以不同的"派系"之间的不信任为特征时。有效的工作、管理和参与概念是促进创新型企业文化取得成功的重要因素。员工参与先前的决策，独立工作的自由空间以及最高级别的资格和全面的信息，有助于支持有事业心的和负责任的员工的行动。参与式管理和合作的工作形式，一方面，通过密切关联企业内部许多地方现有的知识和该知识的载体，而为创新型的工作方式创造结构体系的和社会的前提条件；另一方面，它们向员工表明，企业管理层对伙伴关系的合作非常感兴趣，并且公司人员不会被视为"纯粹的成本因素"（见 Beyer, H./Fehr, U./Nutzinger, H. G. 1995 P. 161, Roth, S. 1995 P. 39）。

例子　更少的组织反而意味着更多

丹麦助听器制造商奥迪康（Oticon）的例子表明，一个合作的工作环境对企业成功有多么的重要。随着竞争对手向市场推出更好、更便宜的产品，企业的市场份额和盈利能力下降后，新的 CEO 改变了内部的框架："他着手创造一个促进知识交流和鼓励企业家行为的环境，抛弃了组织结构图、办公室、职位描述和正式的角色，希望员工选择他们自己的项目并在快速发展的跨职能团队中工作。这些变化产生了巨大的成果。股权回报率，从 20 世纪 80 年代后期的低位数，到 20 世纪 90 年代超过 25%，这是因为奥迪康开发并快速商业化创新，如数字助听器（Day, J. D./Wendler, J. C. 1998 P. 22）。"

全面的员工培训和继续教育

基于这样的认知，即高素质的且知情的员工是宝贵的生产因素，创新型企业特别关注投资培训和继续教育。一个重要的工具是工作轮换的原则。随着员工了解企业内不同的领域，他们会扩展自己的专业知识，并学会更好地了解特定领域的问题。这有助于减少地区利己主义，并有助于形成非正式的关系和知识网络，反过来这又对开展复杂的和跨学科的创新项目具有重要意义（见 Kieser, A. 1986 P. 48）。

例子　曼集团（MAN）投资员工的资质和能力

我们想再次引用曼集团（MAN）的年度报告，它代表着许多其他投资于员工培训和继续教育的企业，特别是在所谓的“人才大战”中：“从第一天起，曼集团的员工就为企业的成功作出贡献。他们的动力和创新力量是我们企业成功的基础。我们员工的知识和经验是我们最重要的资源。我们投资建设他们的资质和能力（MAN SE 2010 P. 14）。”

创新领袖（champion）的支持

创新促进型企业文化的另一个特征是支持高度积极的和创新的个性，即所谓的“创新领袖（innovation champion）”。他们可以被看作是一种“创新推动者”，他们不会回避问题，而是尝试有目的地和有效地解决出现的困难。令人惊讶的是，成功的企业专门培养这些潜在的创新者（见 Kieser, A. 1986 P. 48）。创新领袖的特殊意义源于他们不仅仅有创造性思维，而且他们也希望并能够实现自己的想法。这个事实情况尤其重要，因为在许多企业中都有足够的创意。但缺少的是企业家思维和坚韧不拔的人，他们会真正地落实自己的想法（见 Peters, T. J./Waterman, R. H. 1984 P. 242）。

例子　领袖使企业更成功

彼得（Peters）和沃特曼（Waterman）的研究发现，很多伟大的商业成功都归功于少数专注的外部人士，比如麦当劳的早餐菜单或通用电气公司开发的新型塑料和飞机发动机（见 Peters, T. J./Waterman, R. H. 1984 P. 144）。

例子　3M“著名的专家”

综合技术企业 3M 定期地表彰开发创新想法的员工，从而加强企业的创新实力，此外 3M 还为他们的职业生涯前景提供前景（3M 2010 P. 7）：

“3M 奖励推动创新的员工。3M 是最早为科学家和管理人员创造双重职业发展路径的企业之一，为 3M 专业技术人员提供与企业管理层相同的地位、薪酬和福利。3M 通过多项技术成就计划奖励其创新者，比如技术卓越与创新圈。”

信息的可用性

创新型企业对创新领袖的支持具有多种多样的方式。与创新不足的企业相比，创新型企业文化中的信息不是什么稀缺资源，既没有被过滤也没有被封锁（见 Kieser, A. 1986 P. 48）。“信息隐藏”和“知识就是权力”的态度被认为是过时的，因为它们至多赋予管理层表面上的权威。此外，缺失的或不完整的信息会对员工产生不利影响，因为他们不认真对待员工，并且由于缺少定位，剥夺了他们有明确目标的创新活动的基础。这就是为什么创新型企业有意地促进信息交流，甚至跨越部门、企业和国家的边界，正如 100 多年前成立的德国医疗保健集团费森尤斯医药用品有限公司（Fresenius Medical Care，FMC）所示。

例子　费森尤斯开放的交流

此外，我们的研发人员会定期与技术服务和销售交流，例如关于质量保证和质量改进的主题。在年度内部会议上，来自所有地区的研发人员将讨论合作项目等相关主题及其趋势透析。通过参加国际专业活动并为科学研究作出自己的贡献，员工为团队提供新的想法，同时加强企业在国际专业界的声誉（见 http://reports.fmc-ag.com/reports）。

有针对性的沟通

但是，信息存在、可访问和可用是不够的。今天的员工期待深入和有针对性的沟通，尤其是通过管理层，特别是具有创新文化的企业具有正式的和非正式的沟通系统和高的沟通频度。他们使用额外的资源来进一步改善员工之间的沟通。彼得（Peters）和沃特曼（Waterman）的研究指出，这些优秀企业的成功主要基于非正式的沟通。这带来更多的实践、更好的学习效果，同时保持对事情的知情和超越事物的能力（Peters, T. J./Waterman, R. H. 1984 P. 154）。

例子　沟通必须是可见的

例如，一个部门中关于业务发展状况或某些项目的信息板会鼓励他们讨论当前的问题和困难。大家更倾向于口头交流而不是书面的交换意见。然而，除此之外，员工调查也可以提高动力，并加强与企业的联系，例如，拜尔斯道夫集团（Beiersdorf AG）所示的“tesa 想要知道（tesa wants to know）”（见 Beiersdorf AG 2014 P. 35）。

空间接近度也被证明是影响人际交往的一个因素，可以在工作场所的安排或管理层的空间整合中考虑到这个因素。例如，惠普（Hewlett-Packard）的人力资源总监在一个由其员工包围的开放式办公室中工作，确保直接的和可见的开放式沟通。

企业家的自由

创新的企业文化也有助于支持他们的创新领袖，为他们独立行动提供自由空间。例如，他们可能会花一部分工作时间来开发和实施有前景的创意，例如 3M 公司“15% 规则”便是如此，相对容易地给他们提供必要的物质、财力和人力资源，但这并不意味着他们可以无限制地和不受控制地使用这些。相反，创新领袖的活动被纳入以结果为导向的评价体系，并受到持续的内部竞争。因此，才有机会实现这些项目，这些项目即可以为企业的长期目标作出贡献（见 Albach, H. 1991 P. 47, Kieser, A. 1986 P. 49）。

例子　自由可以促成有效成果，但很少见！

由柏林技术大学对 148 个激进的产品创新项目进行调查的实证研究表明，企业家的自由对创新项目的效率和效果有重大的积极影响，特别是遵守时间和成本目标（见 Liebeherr, J. 2009 P. 269）。尽管 2013 年德国服务行业工会（ver.di）创新晴雨表中超过 1000 名服务产业受访者中的 82% 表明，员工在其责任范围内有足够的行动和决策自由，以便开发和尝试新的想法，但其实是相当少或根本没有的（German United Services Trade union 2014 P. 17）。显然，这里仍然存在着巨大的改进空间。

容错

与独立行动的自由密切相关的是容忍失败和错误。只有当“投射”更多时，才能“命中”更多，尤其适用于对性能要求快速变化的动态的行业。然而，增加“实验”次数，可能的失败次数也会相应地增加。成功的企业知道这种相互关系并且接受它，因为创新项目总是与特殊的风险联系在一起。因此，一家想要创造有利于创新氛围的企业，必须考虑非常规活动中的失败，并确保它们不会对肇事者造成个人影响。起决定性的是，这种失败不应视为消极的，而应视为积极的学习机会。就这点而言，错误文化（mistake culture）和学习文化是企业文化和创新文化的重要组成部分，特别是在创新型企业中（见 Bürgel, H. D./Haller, C./Binder, M. 1995 P. 10, Kieser, A. 1986 P. 47, Peters, T. J./Waterman, R. H. 1984 P. 245）。

例子　总会犯错……

3M公司目前的企业文化和创新文化仍然基于由前董事长兼董事会主席威廉•麦克奈特（William L. McKnight）于 1948 年制定的基本原则。她主张从错误中学习，并为企业所有员工创造自由。因此，“**麦克奈特原则**”的中心思想是（http://solutions.3m.com）：

- “随着我们业务的增长，委派责任和鼓励男性和女性行使主动权变得越来越有必要。这需要相当大的宽容。如果他们是好的员工，并且想要以自己的方式来完成工作，我们将把权力和责任委派给那些男性和女性员工。
- 总会犯错。但是，如果一个人本质上是对的，那么他所犯的错误在长远看来就不那么严重了，因为管理层也会犯错，如果需要确切地告诉他们应当如何做好自己的工作。
- 管理层在犯错时具有破坏性的危害，会导致其丧失主动性。如果我们要继续发展，那么我们就要有很多拥有主动权的人。”

图 2-56 总结了创新促进型企业文化最重要的特征。

2.3.5　设计创新促进型企业文化

2.3.5.1　文化变革是一个长期的过程

企业文化不是静态的产物，而是处于不断变化的过程中。例如，推动进一步发展的驱动因素包括：贡献个人价值观的新员工，需要新流程、结构和方法的新的企业战略，市场和竞争态势的根本变化。这些内部和外部因素会对企业文化产生或多或少的影响（见 Nieder, P./Susen, B. 1991 P. 436, Wever, U. A. 1992 P. 120）

特别是，由于调整方向，企业战略的变化通常会对企业文化产生重大影响，特别是在实践中。在那些企业文化一直以来不太支持创新的企业中，问题在于他们如何调整创新文化来适应创新战略。毫无疑问，企业的战略总是受到其文化和现有文化的影响（见 Steinle, C./Eggers, B./ter Hell, A. 1994 P. 132）。因此，企业管理层的

“最佳匹配”作为目标

目标是必须建立一个**最佳的战略——结构文化匹配**，这最终意味着调整企业结构和文化来适应所追求的企业战略的要求。然而，企业文化变革是一个关键因素，一方面，需要相当长的时间；另一方面，其不稳定性会给企业带来一定的风险。如果企业战略与当前的企业文化之间存在很大差异，那么必须考察战略在何种程度上，至少过渡地适应文化框架条件。

创新战略的文化条件

布罗曼（Bromann）和皮温格尔（Piwinger）为实施一项新的、创新的战略提出了许多文化条件，比如（见 Bromann, P./Piwinger, M. 1992 P. 14）：

- 将创新固定在企业的价值观和目标体系中。
- 愿意尝试且容忍错误和失败。
- 消除结构性障碍和建立跨部门的团队。
- 开放的信息交流。
- 在不同组织单位之间设计创新竞争。
- 为“领袖”和“创造性”创造自由。
- 最高管理层明显支持创新。

在一家企业里，一个有**计划的文化变革过程**（也被称为“重塑”或“重构”）看起来是怎么样的呢？在回答这个问题时，文献中提到了三种不同的见解（见 Steinmann, H./Schreyögg, G./Koch, J. 2013 P. 674）：

文化变革的见解

- **文化工程师**认为，企业文化和其他管理工具一样，可以采用适当的方法和流程进行针对性的和系统性的改变（见以下 SAP 和德意志银行的例子）。
- **文化主义者**将企业文化理解为有机生长的生活世界，它避开了任何故意的设计过程。企业文化被看作是一种有价值的传统商品，必须在工程的设计合理性的基础上予以保留。
- 施泰因曼、施赖尔、科赫用“**方向改变**”这个关键词概述了第三个见解。它接受计划中的变迁，作为战略调整的重新定位和文化层面的重塑。

例子　思爱普（SAP）和德意志银行作为“文化工程师”

在企业实践中，企业文化有目的的改变占着主导地位，例如思爱普（SAP）和德意志银行的例子所示：

“为了实现其战略目标，作为企业向‘最佳经营公司’转型的一部分，思爱普开始将战略和企业文化趋于一致。为此，思爱普确定并强调了企业文化最重要的基本价值，制定了新的文化要求，并在企业内部加强沟通（SAP AG 2006 P. 75）。”“我们的文化是我们所有努力的基础，旨在将银行定位于未来。文化变迁是我们目前最重要的任务之一。”2013 年，德意志银行对近 52 000 名员工的经验、想法和建议进行了调查，这是近年来最全面的调研过程的一部分。并且银行高管深入讨论和补充了该调查。由此，我们确定了六项核心价值观：诚信、可持续发展、客户导向、创新、纪律和合作关系。这些价值观中的每一项都通过指导我们日常工作的条例进行了具体说明。在 2013 年 7 月 10 日的高级管理层大会上，所有 250 位德意志银行高层管理人员都有义务亲自落实这些价值观和信念，并通过签名确认此事。2013 年 7 月 24 日，该银行向全体员工和外界宣布了新的价值观和信念（Deutsche Bank AG 2014 P. 27）。

微观察

变迁需要时间

诺埃尔·蒂奇（Noel M. Tichy）在其著作《革命家指导（Regieanweisung für Revolutionäre）》中着重指出了，在设计变革过程中特殊的时间要求，其中他研究了全球活跃的通用电气集团（General Electric）的重新组合（Tichy, N. M. 1995 P. 22）：“从长远的过程进行规划。在通用电气公司，变迁从开始到结束持续了十多年。在准备组织变革时，您必须首先对所需时间进行切合实际的预估。”

进化而非革命

通过激进的、机械化的措施进行文化变革通常是行不通的。相反，文化变革需要考虑到文化元素及其特征的**进化的变迁**，因此更像是一种“方向改变”而不是重新定位。为了让全体员工广泛参与，各级管理人员通过做榜样和传达所追求的价值观和方向模式，发挥着特殊的作用。

因此，设计一个创新促进型企业文化不是短时间内可以实现的，而是需要**较长时间**的变化。基泽（Kieser）说持续时间在六到十五年，并提到潜在的问题是高昂的成本且只有百分之五十左右的成功率（见 Kieser, A. 1984 P. 11）。作为创新文化的基础，明显的合作意愿和强烈的互相信任，必须生长和存在。很难简单地决定和在短时间内引入它们。因此，不可能仅靠合理的规划方法来改变企业文化，还需要有目的地影响和培育（见 Beyer, H./Fehr, U./Nutzinger, H. G. 1995 P. 161, Wever, U. A. 1992 P. 132）。

2.3.5.2 设计创新促进型企业文化的方法

重组或进一步发展现有企业文化不仅是一项非常耗时的工作，而且也是一项特别具有挑战性的任务，这需要决策者的充分承诺，显而易见的是，无论如何，文化发展过程的启动和控制都是最高管理层的事情。鉴于许多企业日益全球化，跨文化正变得越来越重要。对此，相互尊重不同的价值观和建设性地处理文化差异是重要的。无论如何，企业文化的变迁需要非常**独特的方法**，每个案例都应该精心设计并且灵活地适应企业文化。

文化变迁三步走

在下文中，将分三个步骤介绍企业文化变迁的方法（比如，见 Vahs, D./Weiand, A. 2013 P. 70 及其引用的文献）。

第 1 步：分析和诊断当前状态

为了开发现有企业文化特别是创新文化变革的行动计划，然后可以有针对性地实施，需要全面了解初始状况。如果一个企业的高级管理人员询问其员工行为背后的价值观、观点、态度和信念，那么这些陈述大多非常具有选择性，并受到主观经验的影响。对于文化的变革，员工要尽可能客观地并且全面综合地表述当前企业文化。

文化分析的问题

一方面，文化分析的困难在于，企业文化的许多要素都是意识不到的、**不可见的**变量。对于企业的员工而言，个别文化元素的具体特征往往成为理所当然的事情，并且往往不再被如此认可。另一方面，外部观察员无法直接接触并详细了解企业内部“处于表面之下”而发生的非正式过程（见 Wever, U. A. 1992 P. 124）。因此，为了理解**当前文化的状态**，提出具体的问题是很有意义的，例如：

理解当前文化的问题

- 我们来自哪里？
- 我们是谁？
- 我们想要什么？
- 我们主张什么？
- 哪些价值观表征了我们的行为？
- 什么适合我们？
- 我们如何处理彼此和与外界的关系？
- 我们如何组建自己的团队并且以最佳方式实现我们的目标？
- 我们如何工作？
- 我们如何进一步发展自己和我们的公司？

理解当前文化的工具

为了回答这些问题，必须使用适当的**工具来系统地理解和诊断企业文化**。它们可以解释从企业文化所产生的行为，从而为分析企业文化奠定基础。除此之外，韦弗提到以下方法，可以帮助理解企业的当前文化（见 Wever, U. A. 1992 P. 127）：

- 上级和员工之间定期的、尽可能开放的对话。

- 企业管理层和企业职工委员会之间的对话，是沟通和投诉的重要来源。
- 与不同群体的员工进行非正式的讨论，例如学徒、管培生和特别资助计划的员工。
- 最高领导人与“基层”之间在研讨会活动中（所谓的“炉边谈话”）的讨论，在大多数情况下，比一对一采访更能客观地表达文化。
- 组建处理企业优势和劣势的工作组，并将结果直接汇报给企业管理层。
- 独立于企业文化的外部顾问系统地采访员工。
- 举办企业文化研讨会。
- 书面的员工民意调查，包含所有的员工或具有代表性的员工队伍。

这类分析工具支持对文化发展进行精心策划和结构化的方法。员工调查尤其可以被看作是一种“文化的镜像”，因为他们提供的信息包括管理理念、普遍的工作条件、沟通和信息、员工晋升、企业职工的认同以及工作环境（见 Bromann, P./Piwinger, M. 1992 P. 41）。

当前分析的目标

无论如何，当前分析的目标必须是系统而全面地理解企业中固定的**文化表现形式**，并阐明它们所依据的**基本方向**。然后，必须评估当前文化对实现企业目标的影响以及由此产生的变革需求。但是，上述工具只能对企业文化这一非常复杂的现象进行近似的理解，大部分无意识的方面则不能被破译。

第 2 步：定义理想状态并采取变革措施

如上所述，对现有企业文化进行有针对性的变革是一项非常复杂而艰巨的任务，需要花费很多时间。在确定所追求的理想状态时，企业管理层必须充分考虑到这一事实。韦弗指出，企业文化的理想状态可以从**企业的原则和目标**中推导出来，因为这些构成了企业文化和企业战略共同的“保护伞”（见 Wever, U. A. 1992 P. 133）。因此，在文化变革的背景下，必须考察变革是否以及到何种程度上是必要的和可行的。最重要的是，必须注意确保文化变迁不会因为形式的障碍、个人以及团体的抵制而提前失败。

文化变迁的前提条件

特别是大型企业有大量的指导方针和规则，旨在以通过具有约束力的方式来规范员工的责任、权利和义务。这些标准因缺乏灵活性可能会妨碍创新，甚至阻碍创新。因此，成功的文化变迁的一个基本前提条件是要**超越**那些阻碍企业文化变革的**标准**。识别这种障碍的基础是与涉及的人一起制定变革措施。此外，文化变革发起人（企业管理层）与其他文化承担者之间的对话可以产生更大的可信度，并且可以对所期望的文化状况有深远的认同。这种方法也考虑到这样一个事实，即一个全新的文化不能被“设计”并逐步实施。施泰因曼、施赖尔、科赫指出，这样的想法过于机械化，并且误解了企业中文化关系的网络特征（见 Steinmann, H./ Schreyögg, G./ Koch, J. 2013 P. 674）。

文化变迁的措施

在最高管理层澄清了企业文化的当前和理想状态之后，必须确定和沟通文化发展过程的进一步措施（在实践中常常被“遗忘”）。变革的措施包括：

- 将新的价值观转化为日常事务。
- 管理层承诺新的企业文化和认知企业高层的榜样功能。
- 使用适当的和可理解的图像和例子来传达价值观。
- 审查并在必要时调整流程和工具，特别是在人力资源管理领域。
- 将文化发展措施纳入目标协议。
- 明显地促进思想家和有创意的想法。

这些措施的实施应由跨部门和跨等级的团队来执行，这些团队遵循明确定义的、目标明确的总体规划，并直接向最高管理层汇报。

第 3 步：审查和继续发展

在成功实施变革措施之后，应定期地审查企业文化。这确保了一段时间之后旧的价值观和行为模式不会被重新建立起来，并取代预期的新文化元素。可用的工具包括员工调查和访谈、客户调查、领导力评估、高层管理层的现场考察等。

文化的继续发展

在这个阶段，最重要的是，企业管理层应该推动进一步的文化变革，例如反复指出先前行为模式的问题影响，并继续缩小当前和理想状态之间存在的差距，并大力倡导纠正错误行为。这应该通过与受影响的人们进行持续而富有建设性的交流来实现，使他们有动力尝试新事物。启动干预措施和其他与过程相关的措施来支持文化继续发展，有助于确保这些变化不会“迷失”。

文化变迁的边界

总而言之，可以说，企业文化的变革不能仅仅是强制实行新的价值观。只要员工不信服新的价值观和行为模式并接受它们，这一过程就不会取得预期的成功。最终，计划中的文化变迁受到明显的**限制**，这些限制源于企业文化的复杂性，且无法被完整地描述。通常会导致变革措施令人惊讶的和意外的效果。然而，可以确定不符合变革目标的不良发展，并与受影响的人一起修改（见 Steinmann, H./Schreyögg, G. 2005 P. 736）。因此，特别是在文化发展过程中，一定的风险和创新意愿是取得其长期成功的重要前提条件。

最后，图 2-57 总结了设计创新文化的关键问题。

- 变革的意愿和创新的态度是否牢牢地存在于企业使命宣言中？
- 企业管理是否体现了企业原则？
- 企业原则是否对所有员工都具有约束力，并且相应地对他们进行违规处罚？
- 创新行为是否得到回报，或者只是一个积极的结果？
- 创业为创新员工提供了多少自由？
- 多大程度地容忍创新活动中的错误和失败？
- 有多详细地通过指导方针和原则来规定员工的行为和活动？
- 员工获得资源来实施创新解决方案有多困难？
- 在企业中不同职能和领域之间的合作有多密切？
- 是否有讨论组、“圆桌会议”、休息角落或其他非正式的沟通方式？
- 有多重视员工的继续教育？
- 采取了哪些措施来培养员工，例如通过课程、培训、轮岗等？
- 企业是否具有一个扁平的等级、员工参与、灵活的工作时间模型等？这些特征已经存在多久了？
- 员工在多大程度上了解企业的目标和流程，以及当前的项目和结果？
- 对员工来说获取信息有多容易？
- 这些创新是由企业管理层“从上面”实施的，还是与来自不同等级的员工一起制定的？
- 是否抑制或者公开讨论冲突和问题？
- 是否通过研讨会、会话、讨论和员工调查来不断地分析现有企业文化，并对其创新定位进行审查？

图 2-57 设计创新文化的核对清单

复习题

发展创新战略

1. 一项战略从根本上意味着什么？
2. 战略有哪些特点？
3. 什么是愿景？
4. 愿景的特点是什么？
5. 给出知名企业家的愿景。
6. 什么是使命宣言？
7. 解释一个企业的愿景、使命宣言和战略之间的关系。
8. 可以用哪些标准来区分战略？
9. 通过例子来解释预期的、计划的、未实现的、直觉的和实现的战略。
10. 集团公司、业务单元和职能部门的特点是什么？它们的相关性如何？
11. 什么是创新战略？

12. 创新战略的子战略有哪些？简要描述其中的每一项。

13. 创新战略可以指定为职能战略和荟萃战略，您会选择哪个特征并证明。

14. 开拓性战略、早期追随者战略和后期追随者战略有什么区别？

15. 创新战略的特殊特性是什么？

16. 市场进入战略的出发点是什么？

17. 解释什么是“平衡战略”，以及企业今天是否必须选择这一战略选项。

18. 原则上战略发展可以区分为三个阶段，描述这些阶段的特点并给出可以使用的典型工具。

19. 环境分析的目标是什么？

20.“微弱的信号”和“不连续性”是什么意思？

21. 扫描和监测有什么不同？

22. 解释 S 曲线概念。

23. 什么是“帆船效应”？

24. 说明场景技术的特点。

25. 你将如何继续开发场景？

26. 你如何评价场景技术的方法和结果？

27. 解释“基准测试”的概念和目标。

28. 基准测试有哪些步骤？简要描述一下。

29. 什么是“内部的基准测试”？

30. 你如何评价基准测试作为支持战略制定的工具？

31. 你何时将 SWOT 分析作为战略制定的一部分？

32. 举例说明一个典型的 SWOT 矩阵。

33. 技术投资组合与经典的产品市场投资组合有什么区别？

34. 哪些标准战略可以从技术投资组合衍生而来，以及单个的战略选择的特征是什么？

35. 什么是“技术路线图”？

36. 如何看待技术投资组合的优点和缺点？

37. 制定创新战略时应该注意什么？

创新职能的组织

1. 说明并解释组织的基本特点。

2. 你知道哪些组织结构类型？

3. 一个企业如何在原则上设计其创新活动？

4. 比较内部创新活动的优点和缺点。

5. 解释并评估采取外部创新的备选方案。

6. 企业在创新方面进行合作有什么样的机会？您认为选择最重要的机遇和风险是什么？

7. 在企业里可以集中的和分散的组织创新管理，详细地解释这两个选项，包括它们的优点和缺点。

8. 你如何评价集中和分散的组织单位作为创新管理的载体？

9. 创新项目如何融入企业的主要组织？

10. 讨论参谋型、矩阵型、纯粹型创新项目管理的特殊性。

11. 为什么在创新过程中从一开始就定义特定的角色是有意义的？

12. 解释内企业家是什么意思。

13. 企业家、内企业家和经理人之间有什么根本区别？

14. 潘绍制定了“内企业家的十条戒律”。在你看来，在商业实践中这些戒律能够在多大程度上被遵循，以及它们实施的后果是什么？

15. 促进者在创新过程中有什么样的作用？

16. 描述权力、专家、过程和关系促进者在创新设计中的任务，并解释他们的具体角色。

设计创新促进型企业文化

1. 解释企业文化的概念。

2. 沙因的文化层次模型是什么样的？ 请描述各个层次。

3. 你认为，西方工业化国家发生的哪些事情会导致相关企业文化的变化，它们对企业有何影响？

4. 你知道有什么样的企业文化设计元素？

5. 企业文化最初的功能是什么？

6. 概述企业文化对企业创新活动可能产生的积极（功能性的）和消极（功能失调的）效果。

7. 如何评价企业文化对企业成功的重要性？

8. 所谓的“关系冰山”意味着什么？

9. 从彼得和沃特曼的 7S 模型中可以得出什么结论？

10. 实证研究表明，企业文化被认为是最重要的成功因素。你把它归因于什么？

11. 你如何描述信任文化的特征？

12. 从你的角度来看，创新敌对的企业文化的典型特征是什么？

13. 企业内部的边界常常在多大程度上是创新的障碍？
14. 创新促进型企业文化的特点是什么？指出并描述相应的特征。
15. 是否可以有针对性地改变企业文化？在文化发展时应特别关注什么？
16. 在你看来，为什么企业文化和创新文化的变革是一个长期的过程？
17. 企业在计划的文化变迁过程中可以采取什么样的基本立场？
18. 文化变迁是进化的还是革命的？你的立场是什么？并证明你的意见。
19. 你将如何着手设计一个创新促进型企业文化？
20. 你认为文化分析的特殊问题是什么？
21. 在你看来，企业中文化变迁的前提条件和边界是什么？
22. 在文化变迁过程中，企业管理层扮演着什么角色？

第3章

发展创新

本章概览

3.1 创新过程
3.2 创新的推动力
3.3 评估创意
3.4 选择创意
3.5 创新控制

学习目标

- 了解并领会创新过程的逻辑，对常见创新过程的功能进行概述，并将“开放式创新”这个概念分类。
- 了解并使用内部和外部的创意来源；获得收集和产生创意的重要方法知识，特别是创造性技巧。
- 区分并应用结构化评估和选择创意的重要的方法。
- 了解发明和创新的时间意义并且可以确定合适的时间战略；理解创新中不确定的必然性。
- 理解创新控制及其意义，理解创新控制的任务，了解重要的工具。

3.1 创新过程

3.1.1 创新过程的概念

3.1.1.1 基本架构

在与创新相关的时间和财务背景下，定义、思考或优化企业特定的创新过程似乎是有必要和明智的。

创新过程的具体任务是及时地借助可用的资源将创意转化为卖得出去的产品。它必须确保从产生创意到将产品引入市场的所有必要的步骤。鉴于市场和竞争条件的高度不确定性，它必须保持灵活性，对突发的变化作出逐步和适当的反应。另外，其结构性进展需要规定明确的过程任务、过程责任和过程能力。

下面介绍的理论和实践模型在细节层面和侧重点上有所不同。它们的表达力和实用性也有相应的变化。考虑到不同的概念，接下来的论述是基于本书作者开发的创新过程架构，如图 3-1 描述所示。此外，首先概述过程的各个核心阶段及它们间的相互关系。第 3.2.3 节将解释可用于各个阶段的主要方法和工具。

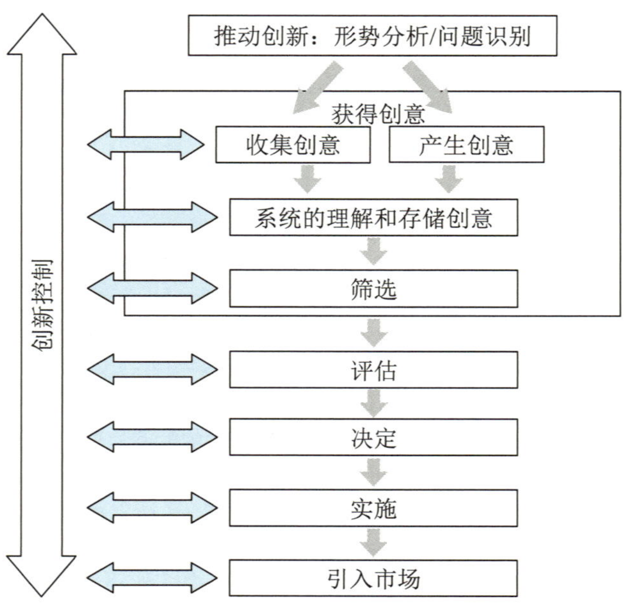

图 3-1　一个理想的创新过程原理图

3.1.1.2 创新过程的核心阶段

为了确保取得持久的成功，一家企业必须不断地分析其环境和可确定的趋势。这种**形势分析**的对象既是买家也是供应商和竞争对手。只有从一开始就坚定以市场为导向，才能抓住战略性竞争优势的机会，并及时认识到创新风险。形势分析有助于**识别**因不断变化的客户需求、市场和技术的总体发展以及企业本身而产生的**问题**。作为创新过程的初步阶段，这是至关重要的。

因此，在形势分析中确定当前状态与期望的理想状态之间的差异，实际上推动了寻求产品创新或流程创新。理想状态源自战略性企业目标（例如，争取技术和市场领导地位）以及由此推导出来的、为了实现目标的战略（例如，执行非常具体的 R&D 项目）。任何有明确目标的创新过程的出发点都是由理想与实际的偏差产生的并需要解决的**问题**（见章节 2.1.3）。这些问题常常将理论上分开考虑的创新类型结合起来，尤其是产品和流程创新。有时候，一个新产品流程方面的过程创新甚至可以成为产品创新的推动力。

推动

例子 施德楼（STAEDTLER）Wopex: 产品和过程创新的成功结合

施德楼（STAEDTLER Mars GmbH & Co. KG）在制造木制铅笔方面拥有悠久的历史，早在 1662 年，企业创始人约翰·施德楼（Johann Sebastian Staedtler）的祖先弗雷德里希·施德楼（Friedrich Staedtler）就在纽伦堡市的书中被提及为“铅笔制造商”。他敢于做那个时候不可能的事情，并成为先驱。当时，制作一支铅笔需要两个工种：笔芯制做工和木匠。而他第一个意识到，如果开发出只需一步即可制作的铅笔，将有巨大的潜力。他为未来的铅笔行业铺平了道路。

现在，铅笔已经成为一种经典的日常用品，不会被认为具有高度的创新性。但当年该公司第二次成功开发了基于共挤出工艺的天然纤维复合材料，该工艺彻底改变了铅笔的生产。因为传统的铅笔生产需要多个步骤，但是 WOPEX 铅笔的生产只需要一步：铅笔包含的所有材料（木材、笔芯、表面层）均以塑料粒子的形式在 130℃ ~180℃熔融塑化。专门开发的喷头——确保每种熔融粒子料流的数量和精准对齐位置，从而生产出均匀的铅笔。

一方面，WOPEX 显著简化了木制铅笔复杂的生产过程；另一方面，其实现了无溶剂和资源节约型生产。同时，WOPEX 显著改善了铅笔的产品性能：更长的书写幅度、更高的铅芯稳定性和抗断裂强度。

因此，一个过程创新（新的生产工艺）可以同时推动产品创新（新的产品性能）。环保型 WOPEX 铅笔的成功获得了无数奖项和殊荣，并且在 2014 年 7 月获得红点奖（见 www.staedtler.de）。

获得想法

一旦发现问题，就会采取有针对性的措施来获得解决问题的提案，称之为**创意（idea）**。原则上，可以采用两种方式进行：一方面，可以从不同的来源（客户、供应商、员工、竞争对手等）收集现有的创意，因此不会采取支持性措施来产生进一步的想法（**“收集创意”**）；另一方面，可以通过**产生创意**来积极推动并产生新的解决方案。例如，可以通过使用创造性方法，将在第 3.2.3.2 节中解释。

必须系统地理解和存储获得的创意。**理解和存储创意**的目的是确保不同方案均有一个良好的概括，使之易于编辑和具备可比性。为此，使用创意数据库可以作为创意存储器。必须权衡，目前是否以及在多大程度上对各种创意进行初步评估。考虑到可管理的创意数量，这是完全适当和可行的。系统地组织和评估解决问题的提案缩短了在跟踪一个创意时的进一步行动。然而，许多创意需要花费大量的时间，因此只有当一个创意被证明与实际要解决的问题相关时，才能进行评估（见章节 3.4）。

并非所有已经收集或获得的创意和建议都是具体问题的潜在解决方案。而且，在收集和获得创意的过程中，往往会出现针对其他问题领域或不同具体化程度的提案。

例子　为车辆内部空间进行头脑风暴

一家汽车制造商正在为车辆内部空间的设计进行头脑风暴。在获得创意的过程中，提出了对现有车型的内部空间重新设计的建议；将仪表板上的某些功能集成到方向盘上的创意；以及加配那些可以吸引客户的配件的创意，例如，用于蓝牙、WLAN 的集成接口，个性化的智能手机支架等。

虽然这些创意并不直接用来创建一个新的产品，但不应该轻易地消除它们。相反，在创意数据库中录入所获得的创意是有意义的，这样便于在将来某个时刻可以重新使用。为了避免忽视原来的问题，在理解创意之后要在具体的搜索领域进行**筛选**，然后发现问题解决方案。创新过程的这一阶段也被称为搜索领域定向的选择（见章节 3.2.2.1）。

评估

为了有效地设计创新过程，重要的是尽早过滤出有前景的创意并加以跟进，且放弃不太有前途的创意，或将它们归档以供将来重新评估。在筛选环节之后进行的**评估**，应该做得非常仔细，因为错误的创意可能会给一家企业带来显著的经济劣势（见 Trommsdorff, V./Schneider, P. 1990 P. 9）。因此，评估过程必须是管理层的一项任务，比如来自各个领域的专家和高管组成的委员会。该委员会必须以一种逻辑的和可理解的方式对各个创意进行排序。为此，实践中可以使用各种工具，包括从创意的口头评估到动态的盈利能力分析（见章节 3.3）。评估创意的新方式是用户亲自参与，例如，他们可以采用在线社区或互联网解决方案的积分奖励制，从而有助于决出创意的优先顺序。这种民主的过程导致参与者对这些创意高度认同，但也给负责人带来了实施方面的压力，并给竞争对手提供了决策。

选择

创意评估之后是**选择**要实施的备选方案。选择决策可能是另外一个机构的任务，这个机构被委托评估这些提议。在实践中，常常将选择创意的准备工作转移给由不同领域的管理者和专家组成的跨学科委员会（主要由 R&D、控制、生产和营销部门成员组成）。是否决定真正实现一个新颖的创意是由企业管理层，即最高管理层负责的，他们对经济的成败负有最终责任。这使得系统的创新政策成为一项中央的领导任务（见章节 3.4）。

实施

决定之后，将实施选出来的方案。如果**实现**这个创意需要相对大量的资源而且具有高度的创新程度，那么在一个项目范围内实现这个解决方案是有意义的。在其他情况下，实施这个创意可以并入常规流程，而不用建立独立的创新结构（见章节 4.1）

引入市场

随着**引入市场**，即为客户提供产品，那么新的市场周期就开始了。发明就成为一项创新。在创新过程的这个阶段，会使用营销组合的工具（尤其是价格和条件政策、沟通政策、分销政策），这些工具必须在引入市场之前和所采取的企业战略（见章节 4.3）之间进行协调。

控制

作为跨阶段的交叉过程，一个奏效的**控制系统**应建立在所有的过程步骤之上。这就确保了一个中央的规划、指挥、协调和控制，并考虑到系统的和目标明确的执行创新过程（见章节 3.5）。

3.1.1.3 创新模型的问题

由于创新过程的复杂性、可变性和不确定性，创新模型的抽象描述显示了有问题的一面。创新模型描述了一个理想的典型情况，但是，这并没有考虑到企业各自独特的情况。因此，在实践中不能总是完全区分各个阶段，因为某些阶段可能被跳过或者几个阶段可能迭代耦合。虽然在理论模型中，新阶段仅在前一阶段完成时才开始，但实际上通常是不同的活动同时进行，导致时间和内容的相互依赖（见 Tsifidaris, M. 1994 P. 12, Pleschak, F./Sabisch, H. 1996 P. 26）。然而，恰恰有时也会通过某些方法（比如同步工程）有意识地促进这一点，目的是通过并行子过程从而使整个过程更高效，实现时间和成本优势。因此，将创新过程分为不同的阶段，可以更好地理解以及更有效地处理创新。

例子　3M——通过错误文化创新

综合技术集团 3M 德国有限公司似乎正在生产线上开发成功的创意。在 2012 年，该公司在全球获得 26 800 项发明专利，其中包括世界上第一台高架投影仪和无须戴特殊眼镜的 3D 屏幕薄膜。3M 既没有建立制度化的创新管理，也没有聘请单独的创新经理。

新的事物应该由每个员工来尝试。3M 的每个开发人员和研究人员都可以自由地使用其 15% 的工作时间进行各种尝试。不过，3M 有一个标准化的创新过程，具有 7 个层次。这首先被理解为“一个结构化的发布，尽早埋葬无意义的项目”。因为只有极少数的创意能够到达目的，有些创意只是走弯路。大多数创意都以死胡同结束，但错误被视为进一步发展的机会。

3.1.2　创新过程模型

3.1.2.1　背景

创新与发明的不同之处在于它们不是时间相关的，而是与过程相关的。创新过程中涉及的时间段可以分为不同的阶段，包括从想法到实际实施需要的所有活动（见 Tsifidaris, M. 1994 P. 12）。

在文献和商业实践中，有**多种方法**将创新过程细分为单独的阶段、等级或步骤，其目标是使整个过程一目了然和可控，以及每个阶段的典型任务和方法都可见。各个概念相互之间或多或少有所不同。一方面，各个模式具有不同的抽象层次，另一方面它们往往强调创新过程的不同方面。在这种背景下，人们经常批评这种过程“仅在纸上”存在，它们在企业内不能完全以这种形式存活。可以说，由于创新过程的复杂性，很难找到普遍性和准确性之间的最佳组合。这里的决定性方面是对创意的起源、路径和成功因素进行一般结构化的思考，它体现在正式的创新过程中。

越普遍地描述创新过程，能越早地转移到具体的“创新案例”的实际情况中，然而，一个抽象的描述对于非常具体的创新过程只有相对较低的意义。

相比之下，**详细描述的过程**虽然十分具有表达力，但要根据企业的具体情况而定，比如企业所在的行业、企业的规模、企业文化和组织形式。因此，企业很难移植其他的创新模式。因此汤姆很早就指出，每个企业都可以使用不同的阶段模型（见 Thom, N. 1980 P. 391）。此外，在创新过程中，要求和组织形式也会变化（见图 3-2）。

过程阶段	要求（重点）	组织的设计形式
规划	战略的纽带；开放性；获取内部或者外部信息；促进创造力的氛围	员工在管理层的参与下工作；小组工作；外部专家参与
实现	专注于项目目标；自信；不同活动的协调；时间和成本意识	项目管理；团队领导力；项目控制；权力促进者
引入	广泛的解答；与用户和客户沟通的能力；分析当前的信息 / 情况；快速的行动能力	特别代表或产品经理；企业管理和技术管理相结合；“特定的”工作组；将子任务委托给研究机构或顾问

图 3-2　创新过程中变化的要求和组织形式

（见 Geschka, H. 1989 P. 66）

3.1.2.2　常见的创新过程模型概览

存在多种阶段模型的另一个原因是，创新过程的不同方面每次都会有所体现，从而确定了不同的思考重点。关于**创新过程**与**创新项目**之间的区别，格施卡（Geschka）使用了示意图来解释，如图 3-3 所示。

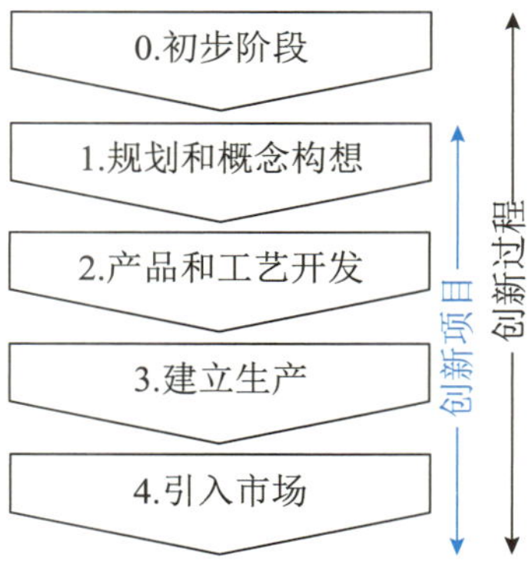

图 3-3　格施卡创新过程的阶段模型

（见 Geschka, H. 1993 P. 160）

格施卡模型

格施卡的阶段模型显而易见，从创新过程开始到项目工作开始的活动都属于所谓的**初步阶段**。他故意没有对各个阶段做更深入的划分，因为这背离创新时间缩短的原则——活动嵌套的原则（Geschka, H. 1993 P. 160）。然而，格施卡指出，在一种情况下，将选择更详细的划分：“假如将创新规划置于思考的重心，那么‘初步阶段’至关重要。它必须分解为这几个阶段：战略定位、发现创意、评估和选择。”（Geschka, H. 1993 P. 182）。本质上，它遵循企业管理规划过程的典型的规律。

汤姆模型

用于描述创新过程的所有概念的共同点在于，该过程至少包括在创新的情况下新产品引入市场或者在企业中引入新工艺的阶段。对创新过程的主要阶段也有广泛的一致意见。在20世纪80年代初期，汤姆开发了一个开创性的三阶段模式，更详细地描述了产生创意、接受创意和实现创意的主要阶段。过程描述如图3-4所示。

创新过程的阶段

主要阶段		
1 产生创意	2 接受创意	3 实现创意
主要阶段的详细说明		
1.1 确定搜索区域 1.2 发现创意 1.3 提议	2.1 测试创意 2.2 创建实现计划 2.3 决定要实现的计划	3.1 具体实现创意 3.2 创意营销 3.3 接受控制

图 3-4　汤姆创新过程的三阶段模型

（见 Thom, N. 1980 P. 53）

为了概述可能的和实际中应用的过程模型的多样性，下面介绍一些常见的模型，并简要说明其各自的特性。

布罗克霍夫模型

与已经介绍的流程图相反，布罗克霍夫（Brockhoff）在其阶段模型中明确指出，创新过程存在由于技术或经济的失败或拒绝创意而被终止的可能性。只有当过程的前一阶段成功时，才能着手做下一步。布罗克霍夫将一项有计划的发明理解为满足最初确定的项目目标的发明创造，而非计划的发明，比如是由于巧合产生的，就像发现伦琴射线所报道的那样（见 Brockhoff, K. 1994 P. 27）。

布罗克霍夫的描述不是一个**确切的流程图**，而是描述过程和活动（研发、市场上推出新产品）及其结果（项目概念、发明等）。创新过程是被有意粗糙结构化且普遍遵守的。经过进一步深思熟虑，布罗克霍夫将“狭义上的创新”补充到通过模仿的市场渗透和竞争阶段（“广义上的创新过程”），如图3-5所示。他明确指出，在市场中引入产品或引入新的制造工艺的创新过程远未结束，只有传播才能使创新最终成功，这从企业管理的角度来看很容易理解（见 Brockhoff, K. 1994 P. 29）。

维特模型

维特提出了另一个结合实际的阶段模型，他描述了从定义搜索区域到引入市场的各个阶段。相对而言，创新过程的这些阶段具有**明显的差异性**。例如，维特将从定义搜索区域到精益选择与盈利能力分析过程划分为五个层次。他的模型有趣的地方是，技术发展阶段和销售概念发展阶段同时进行，这两个阶段都进入了市场测试，并最终使创新引入市场。维特指出，没有一个阶段是多余的，在每个阶段之后都必须决定是否继续下一个过程（见 Witt, J. 1996 P.9）。图3-6中的描述仅是简化了的过程，其前提是每个核心阶段都实现了特定的目标。反馈不包含在此阶段模型中。

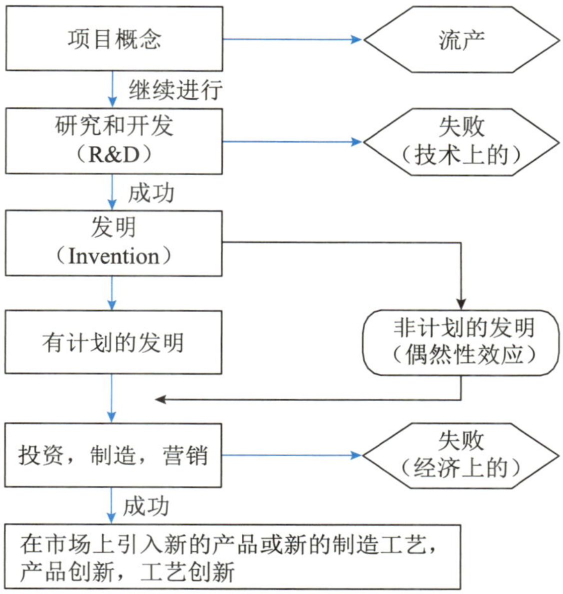

图 3-5　布罗克霍夫的阶段模型

（见 Brockhoff, K. 1994 P. 29）

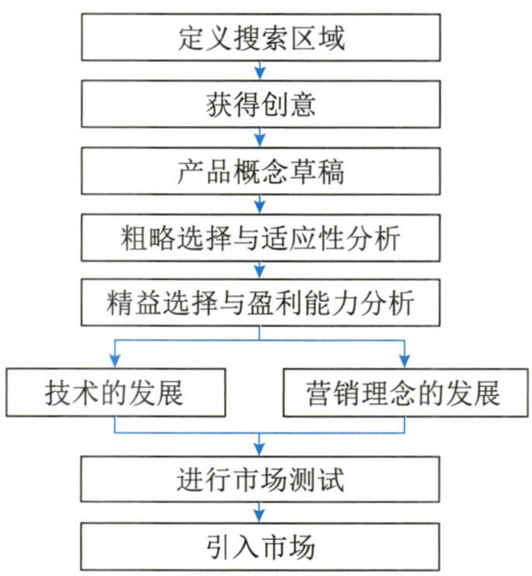

图 3-6　Witt 创新过程的核心阶段

（见 Witt, J. 1996 P. 10）

普莱斯查克和扎比施模型

图 3-7 所示的普莱斯查克和扎比施创新过程的模型特别全面且有说服力。在各个阶段，创新过程的这种图解既显示了发生在其中的工作过程，也显示了达成或未达成各自中间目标时的过程结果。此外，还考虑到整个过程的各个阶段之间最重要的反馈。普莱斯查克和扎比施指出，他们描述的是一个创新过程的**理想化过程**，而实际过程的特点是子过程并行进行、非线性的时间过程、多样化的反馈以及与客户和供应商创新过程的大量联系（Pleschak, F./Sabisch, H. 1996 P. 24）。

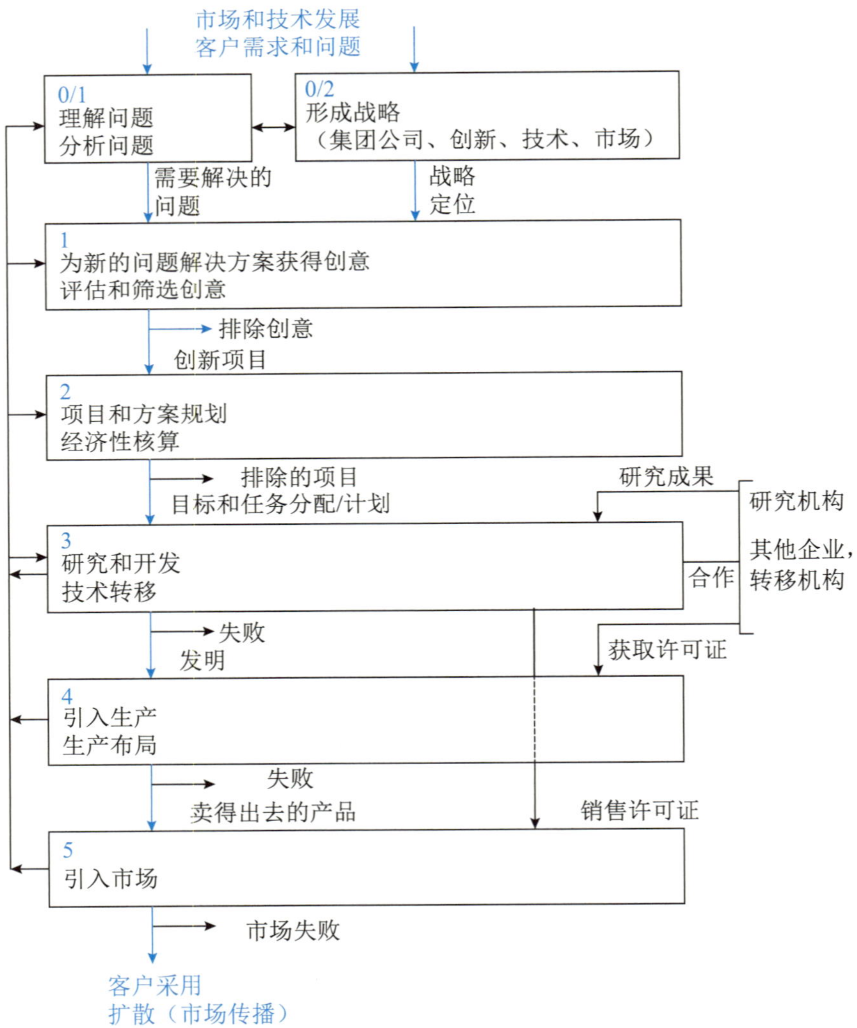

图 3-7 普莱斯查克和扎比施的创新过程

（见 Pleschak, F./Sabisch, H. 1996 P. 24）

经典的门径管理模型

基于所谓的门径管理模型的步骤图解，高度创新型企业 3M 创新流程使用的是四阶段标准模型，见图 3-8，在惠普（Hewlett-Packard）、戴姆勒（Daimler）和宝洁（Procter & Gamble）等企业中也可以找到相似的模型。从定义阶段开始，创新过程依次经过四个阶段（“stage”）。在每个阶段结束后，都将经过一个“关卡（gate）”（有时称为“质量门”），以跨部门会议的形式决定“通过”或者“不通过”，其中所有涉及的机构都将参会。一方面，检查目前取得的成果；另一方面，检查进入下一阶段的所有事情是否都准备好了。各个阶段的责任最初由研发经理以及营销经理负责，只有在系列的发布和引入市场之后，责任才转移到负责相关创新的业务部门。

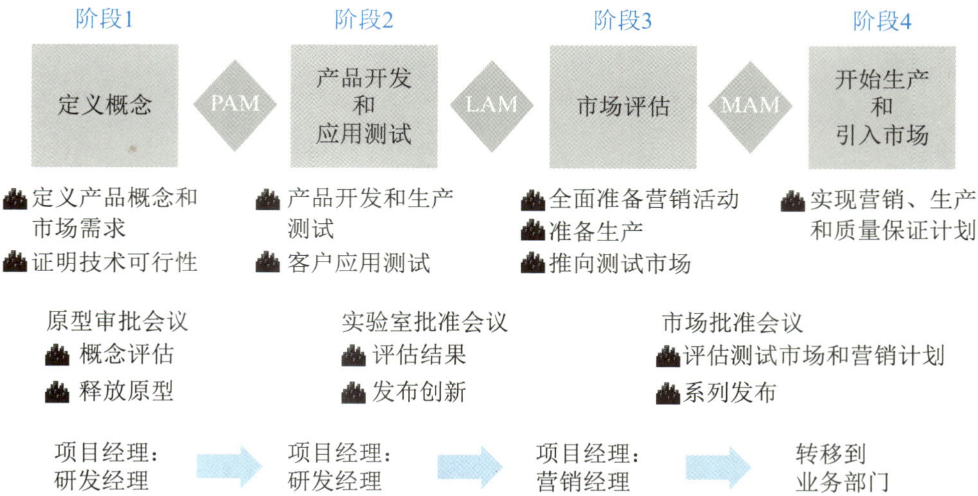

图 3-8　3M 的门径管理模型

门径管理模型的顺序设计很关键：对特定的里程碑和决策程序的严格定位，可能会延迟项目创意的进一步处理，比如由于缺少信息。因此，费尔沃恩和赫施塔特建议仅将这种标准化做法用于渐进式创新，因为它的技术不确定性和市场不确定性较低（Verworn, B./Herstatt, C. 2003 P. 202）。

“新一代”门径管理模型

在 2009 年，库珀发表了一篇描述**“新一代”**门径管理模型的文章（见 Cooper, R. G. 2009 P. 47），如图 3-9 所示。

与最初的门径管理模型相比，“新一代”门径管理模型按照创新类型区分为三个**子过程**。在最初的创意输入和第一次预选（关卡 1）之后，接着进行**完整的阶段——关卡，阶段关卡 Xpress 或者阶段关卡 Lite**。当涉及新的和大型的创新项目时，将使用完整的阶段 / 关卡。阶段关卡 Xpress 涉及风险可预估的项目，例如对现有产品或服务的扩展、修改或改善。阶段关卡 Lite 适用于小的变更请求，例如市场营销或销售。因此，这种“新一代”门径管理模型确保更高的资源效率，因为不再需要为每种类型的创新都实施相同复杂的过程，从而考虑到与企业创新主题相关的高度复杂性。

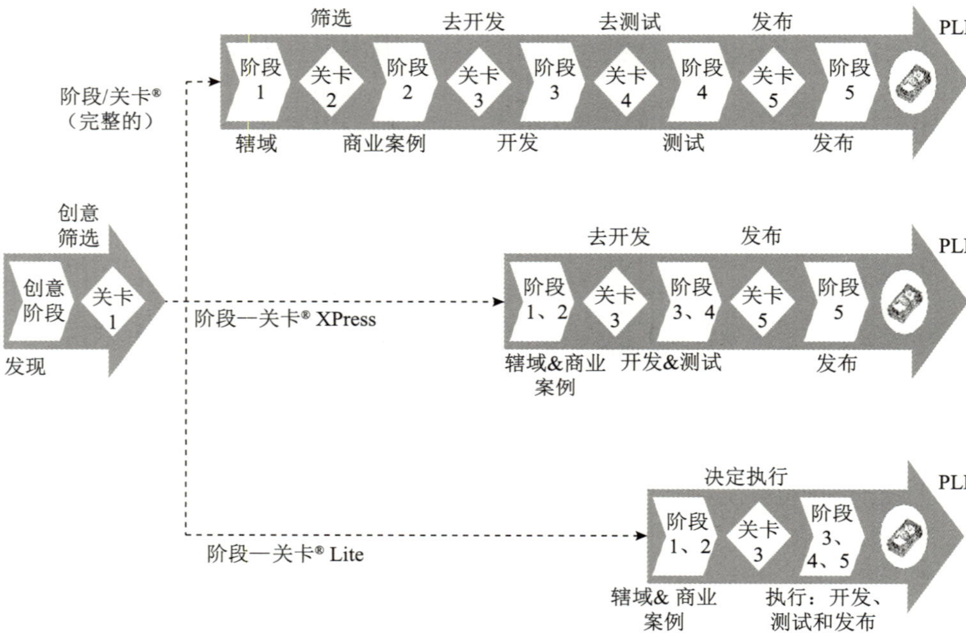

图 3-9 “下一代”门径管理模型概念

（见 Cooper, R. G. 2009 P. 54）

科恩等人的模型

传统上以实施为导向的过程模型被称为**后端**（Back-End），近年来，对**前端**（front-end）的考虑越来越多。科恩等人是强调早期特征的代表，图 3-10 展示的三种元素，即“内部区域”、“引擎”和“影响因素”。

特别是，“内部区域”包括以任何顺序运行的核心活动。“引擎”包含领导力和文化因素，具有不依赖于项目的效用和重要性。同样适用于“影响因素”，这包括企业战略和组织以及普遍的环境条件。

通过关注早期阶段，该模型展示了过程各个阶段之间相互依存关系的重要性，只可以有限地和部分地控制这些过程阶段。然而，也有一些固定的结构元素，从某个阶段开始需要创意（见 Koen et al. 2002 P. 8）。

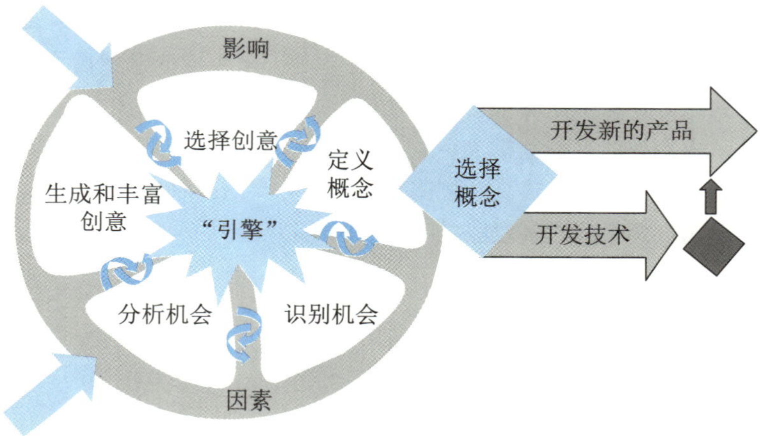

图 3-10 Koen 等人的创新过程模型

（见 Koen et al. 2002 P. 8）

3.1.2.3 通过开放式创新继续发展

近几年来，围绕“开放式创新”这个概念进行了大量的研究。以下的定义反映了当前的研究成果：“一个分布式创新过程，基于跨组织边界的有目的地管理知识流，根据组织的商业模式使用金钱和非金钱机制。”（Chesbrough, H./Bogers, M. 2014 P. 17）

作为经典的创新过程模型的进一步发展，图 3-11 阐明了**开放式创新**，与之相对应的是封闭式创新（见 Chesbrough, H. 2006 P. 21）。在后一种模式中，仅仅在企业内部开发创新，通常由内部的研发部门进行。开放式创新是，向外部开放各个阶段的创新过程。如果开放受到理念管理（ideas management）过程的影响，这就是所谓的**综合的理念管理**（见 Brem, A./Voigt, K.-I. 2007 P. 311）。

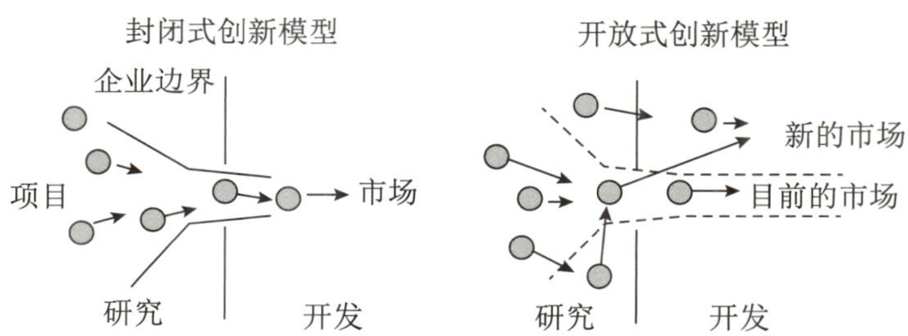

图 3-11 封闭式和开放式创新的区别

（见 Chesbrough, H. 2006 P. 43）

在这个对外开放中，图 3-12 描述了三个不同的过程类型（见 Gassmann, O./Enkel, E. 2004 P. 6）。**从外到内的过程**是指，在企业外部生成创意然后将其引入企业。这可以通过整合客户和供应商来实现，也可以通过采购外部的技术来实现，即通过购买创意。**从内到外的过程**是指，企业内部生成的发明在外部得以实施，例如以许可证授权或其他类型的销售或公开披露的形式。如果这两种方法相结合，就称为**耦合过程**，例如通过两个或更多企业之间形成的用以创新的战略联盟。

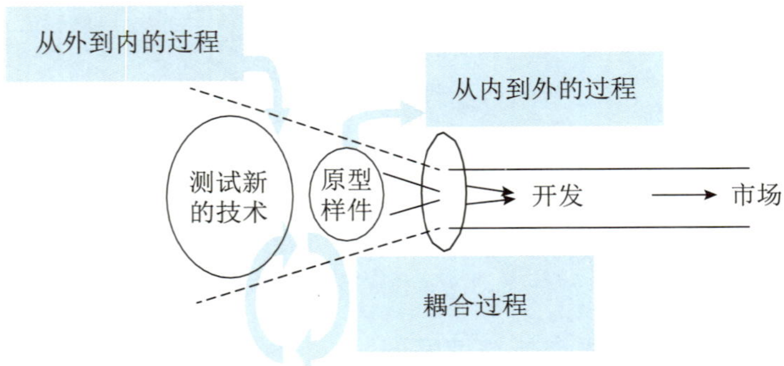

图 3-12 开放式创新——集成选项的区分

（见 Gassmann, O./Enkel, E. 2004 P. 7）

过去十年来对开放式创新进行了大量研究，所以在这里无法描述所有的研究成果。因此在这点上，可以参考诸如《国际创新管理》杂志（*International Journal of Innovation Management*）（http://www.worldscientific.com/ worldscinet/ijim），以及关于该主题的各种博客，比如 http://www. inknowaktion.com。

例子 工具箱作为开放式创新工具

开放式创新的一个有趣变体是“用户创新和设计工具箱”。这些设计工具有助于将新产品的设计和开发系统地转移到个别用户。大多数情况下，这是通过互联网上的软件来实现的，客户可以通过该软件设计自己的个性化产品。此外，用户还可以向供应商直接反馈所需解决方案的外观、价格和功能。这种自我设计产品的优势是，客户愿意付更多的钱，有时甚至比同类产品高出一倍。除了更好地适应个人需求之外，这些产品还具有为顾客带来心理优势的特性，比如对自己的表现感到自豪（见 Schreier, M./ Mair am Tinkhof, A./Franke, N. 2006 P. 185）。

图 3-13 列示了创新过程的核对清单。在下一节，我们将详细介绍引入外部创

意源泉的可能性。

- 是否有正式的创新过程？
- 是否已经以书面的形式记录？
- 对于不同的业务领域是否有不同的版本？
- 创新过程是否以这种方式存在？
- 创新过程是否已经传达给员工，且如果有必要的话，是否传达给外部人员？
- 哪一个创新过程的例子最适合企业？
- 内部是否讨论了过程模型的利弊？
- 是否有更高层次的创新过程和产品开发模型？
- 企业是否已经应用开放式创新（通常情况下，不知不觉中已经是这种情况）？
- 是否有潜力，利用与客户、供应商和其他外部团队的合作？
- 外部合作伙伴是否有义务保密？
- 是否早期澄清了知识产权状况？

图 3-13　创新过程的核对清单

3.2　创新的推动力

3.2.1　创新推动力

在开始描述创新过程之前，这个关键问题是不可避免的：什么导致创新？为此，仔细研究**创新推动力**的基本**体系**是有意义的，如图 3-14 所示。

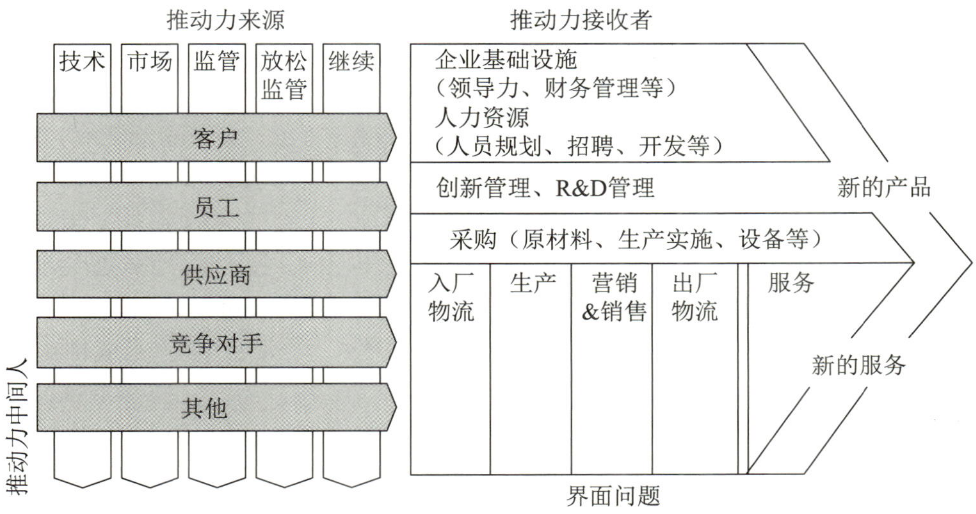

图 3-14　创新推动力的来源、中间人和接收者之间的相互关系

创新推动力体系

创新可以由**内部的**和**外部的推动力**触发。因此，区分创新推动力的来源很重要，可以来自技术领域、市场，也可以来自法律的变化。这些推动力通过不同的**中间人**，比如客户、员工或供应商转移到企业，并根据不同的中间人类型达到不同的**推动力接收者**。特别是供应商被认为是重要的合作伙伴，因为他们通常对产品和技术拥有非常高的见解（更多详细的描述见 Brem, A./Tidd, J. 2012）。

大多数情况下，信息最初不适用于相应的接收者，这就是为什么在企业内部进行结构化的信息传递是至关重要的。通常在创新管理中需要一个专业的界面管理。下面将详细讨论各自的外部和内部推动力（另见章节 1.2.4.2）。

外部的推动力

原则上，一方面，可以通过感知**市场方面**的问题来触发创新，导致相应的搜索活动，以便尽可能快地提出经济上合理且客户期望的问题解决方案（**市场拉动**）。这种由问题引发的对新的流程或产品的搜索，多数情况下具有很大的时间压力，且常会与同类问题解决方案提供商产生直接的竞争。另一方面，一项新**技术**可以识别某些客户利益潜力，从而“发现”创新（**技术推动**）。由于缺乏市场压力，这种情况下是可以“安静地”开发创新直到市场成熟，并认真地准备引入市场（见 Brem, A./Voigt, K.-I. 2009 P. 352）。在极端情况下，新技术可以转化为激进的产品创新或流程创新，甚至可以创造新的市场。这些问题集中在研发部门或企业之间。技术推动经常使企业成为“森林中的实验室”，对此研发不仅在空间上是分离的，而且在组织上也是孤立的，这可能会导致产品丧失市场相关性。同时，市场拉动可能会带来现有产品的“面对面”升级，而不会大幅度开发产品（见 Herstatt, C./Lettl, C. 2000 P. 2）。

此外，法律推动力也可以被看作是创新的外部推动力（监管推动）（见 Männer, A.-L./Bil-gram, V./Brem, A. 2012 P. 64）。

通过回顾的方法，通常很难把成功的产品究竟归因于市场、技术还是监管推动力。在这里发生经典的“先有鸡还是先有蛋”的讨论：首先有什么，需求或者解决方案？

通常，消费品行业企业在以**市场诱导的创新**开发方面特别成功。由于各种丑闻和不断变化的消费习惯，食品行业的客户越来越多地要求有机生产的产品，甚至折扣店也通过提供自己的产品系列和有机标签对此作出回应。**技术诱导的创新**主要基于发明，像滚动轴承一样：舍弗勒公司发展成为一家全球性公司，其销售额达到数百亿美元。基于监管以及放松监管而产生的创新描述了一个混合形式（监管推动）。在这里，法律推动力可以“迫使”企业创造新产品（比如，禁止使用氟氯化碳），或者创造全新的应用领域（比如，批准甜菊活性成分作为食品添加剂）。

哪些影响促进了创新的出现？例如，**企业环境**中的创新触发因素可以是以下因素。

相关环境因素增加的变化频率和速度（法律要求、客户的质量要求、竞争对手推出的可替代产品等）。

由于相关市场上新的和积极的竞争对手的渗透，竞争强度普遍增加。

特定的需求趋势（趋势产品的出现，买家的生活和消费习惯的变化）。

划时代的发明，根据康德拉季耶夫的理论，这是一项强有力的创新活动（见 Lange, J. H. 1994 P. 67）。

内部的推动力

相比之下，内因引起的创新推动力可以理解为这样的影响因素，即这些因素源于**企业的活动**并启动特定的创新项目。一方面，企业家的本质是“经济学家”，当这一步可以预期很高收益的时候，才能主动创新并承担相关风险。另一方面，无法用传统的方法合理解决一个企业遇到的问题时，企业将推动重组或者开发产品，再次假设问题解决方案也会带来经济上的成功。创新是为了充分地利用未来的优势或避免在放弃创新时出现最大的劣势（见 Uhlmann, L. 1989 P. 30）。特殊的**内因引起的创新促进型因素**包括：

- 一个新颖想法的创新潜力。
- 必须从企业的角度来解决技术和材料问题。
- 市场上现有问题解决方案潜在的成功机会，以及相关的利润前景。
- 面向创新的企业理念和文化。

危机作为推动力

另一个内因引起的创新推动力是**危机情况**，它反映了查明的问题的极端情况。在经济繁荣时期，许多企业的态度可以被描述为“令人满意的被动态度，”因此这些企业是讨厌风险和害怕创新的，企业更愿意在危机情况下承担风险，坚定地分析检测到的问题，并且把可用的资源集中于解决潜在的危及企业生存的问题。企业管理层和员工更愿意寻找全新的方式，这对创新产生了积极的影响（见 Perlitz, M. 1985 P. 94）。商业实践中两个著名的例子可以澄清这种情况。

例子 危机情况可能导致什么？

20 世纪 80 年代初，尽管增长率达 3% ~ 5%，瑞士钟表制造商在世界市场上的处境却迅速恶化。瑞士钟表行业的市场份额从原先的 50% 下降到了 1985 年的 12%。来自日本的制造商进入了高速增长的、低价格市场，并大大扩大了他们的市场份额。瑞士钟表制造商退回高价区，只能通过上涨价格弥补因减少的市场份额带来的营业额损失。最大的瑞士钟表制造商和零部件供应商 Ebauches S.A.，尽管采取了这种战略并采取了相应的削减成本措施，但仍遭受重创，管理层决定用新的产品理念来解决这个问题。作为寻找想法的一部分，Ebauches S.A. 碰撞出这样的想法——开发和销售瑞士原产的低价精密腕表。这款名为斯沃琪（Swatch）的手表凭借其革命性的产品和过程理念，已经在大众市场竞争中脱颖而出，从而创造了一个引起全球轰动而持久的成功故事。

自2008年苹果（Apple Inc.）推出iPhone以来，多年来市场份额最大的手机制造商诺基亚（Nokia）失去了大量的客户。此外，诺基亚切换到微软公司“Windows Phone”操作系统并使用新的机型，并没有带来任何改变且公司高额亏损。诺基亚错过了智能手机的趋势，错过了与iTunes相关的“生态系统”，以及错过了相关的应用程序商店。诺基亚只有对新设备和软件进行大规模投资才能缓解暂时的处境。2014年4月微软收购了诺基亚移动设备部门后，该品牌名称不再继续存在。

情况和问题分析

无论创新过程是由外在的还是内生的推动力触发，都必须在一开始就系统地开展**情况和问题分析**，目标是尽可能准确地描述并评估初始状况以及潜在的内部和外部决定性因素。因此，企业必须清楚了解当前状态偏离所追求的理想状态的原因，以及可用于解决问题的资源。原则上，这种分析应该是系统的和结构化的，以确保包含所有问题相关的行动领域并呈现在相互关系中。此外，企业还应该考虑市场和技术方面的问题。

许多企业认为创新管理是一个系统而持续的过程，且主要取向于市场需求。创新过程与产品设计的三个核心过程（产品战略规划、新产品规划和生命周期管理）和技术管理密切相关，在一定程度上形成了市场和技术层面的整合，如图3-15所示。

例子 在数字时代怎么玩？

睿思公司（Ravensburger AG）近年来对这个问题进行了深入而成功的研究。毕竟，在睿思公司130多年的历史中，几乎还没有产品可与2010年推出tiptoi视听学习系统相比。在市场推出的前两年，该公司售出了100万支笔和启动包的标准设备，并且售出了超过200万书籍、游戏和谜题。

该系统非常简单：父母可以专心从事自己的事情，然而通过笔，书籍自己可以给孩子“朗读”或者和孩子一起“玩”。该系统由睿思公司自己开发，由内容丰富的程序组成，特别是书籍和游戏。每个月都会出现与系统有关的新奇事物。

听公司（TING GmbH）也提供了类似的产品，即TING笔（“Ting”汉语意为听），可以独立于任何出版商使用，并由弗兰克林电子出版公司（Franklin Electronic Publishers Inc.）提供。后者录下任何一本书的阅读文本，随后用标签标记每个朗读的页面，然后通过点击标签可以再次朗读。

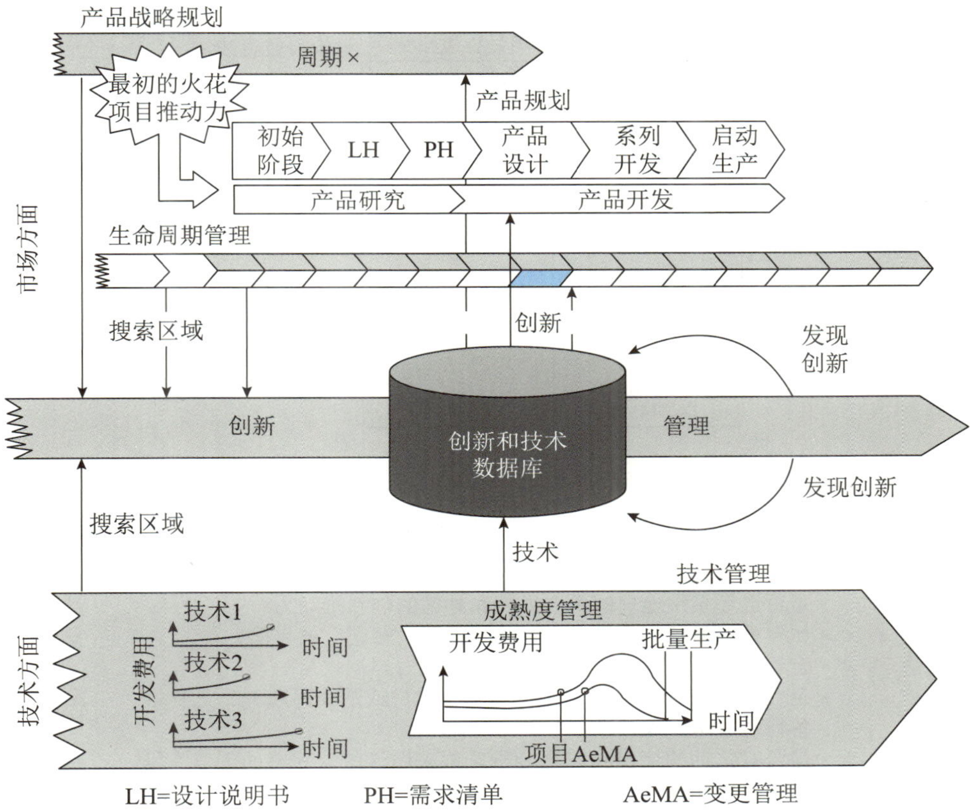

图 3-15　市场与技术之间的创新管理

所有这些产品都使用所谓的 OID 技术（光学识别技术），通过这种技术，传感器可以识别打印在页面上的点网格（对人眼来说基本上是不可见的），并播放相应的音频文件。例如，tiptoi 音频文件可以在制造商网站上免费下载，并存储在笔上。用户当购买相应的书籍、拼图或游戏时需要付费。因此，新的技术可能性和不断变化的市场需求导致市场在不断下滑的情况下进行创新：2013 年，德国儿童和青少年图书市场仅增长 0.1%，与 2012 年持平。

所有三个核心过程中最重要的规划决定性因素是产品在市场中的定位。一方面，产品定位包括客户要求的满足程度，另一方面是相对竞争地位。原则上，产品的功能必须以客户的意愿为导向，然而性能满足程度与竞争有关。当产品的情况与目标特征之间存在偏差时，就需要对产品措施以及创新采取行动。这种情况发生在客户要求的产品特性没有得到充分满足的情况下（例如车辆载货量），见图 3-16 至图 3-18。

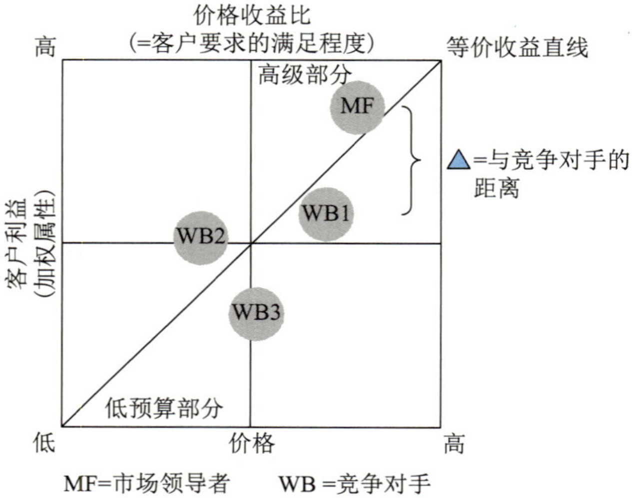

图 3-16　由于产品定位需要采取行动

- 是否已经系统地理解掌握内部和外部的创新推动力？
- 如何处理外部创新推动力？是否存在“转交”的界面？
- 企业内是否有职责，谁处理哪种推动力？
- 企业是否准备好了应对危机（例如客户或法律环境）？为此准备行动战略了吗？
- 是否有定期的情况和问题分析？谁来做这些？获得的创意有没有被存档并且可访问？
- 行动需求是否反映在客户要求中？

图 3-17　创新推动力核对清单

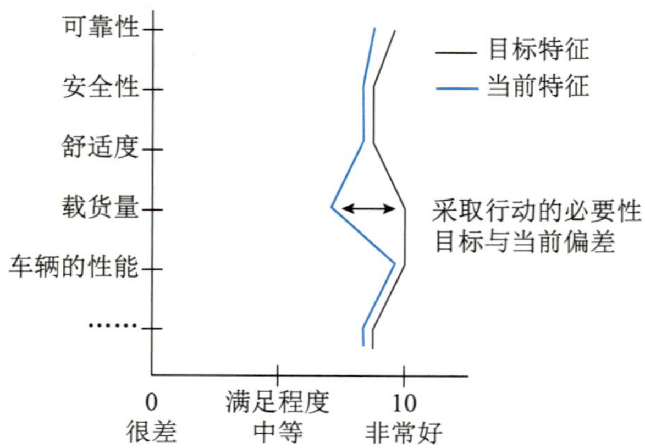

图 3-18　根据产品特征需要采取行动

图 3-16 显示了客户要求的满足程度。在这个例子中。市场领导者（MF）的满足程度远远高于三个竞争者（WB1-3），他们被定位在投资组合中。在这里，决定性因素是定位要高于等价收益直线，因为客户基本上只在这种情况下愿意支付制造商要求的价格。

图 3-18 显示了由当前产品特征和目标之间的偏差引起的采取行动的必要性。在这个例子中，实际的载货量与客户提出的要求不符。因此，汽车制造商迫切需要采取行动来改善这种产品的性能。

在确定的市场和产品相关的行动需求的基础上，我们必须专门寻找通过实施可以满足客户要求的创意（例如，增加或优化车辆载货量的措施）。因此，问题导向是创新过程后续阶段有效和高效定位的出发点。

3.2.2 获得创意的方法

创新来自于想法。因此，以系统化的且适合企业的方法来获得创意是企业创新能力的基础。一般而言，创新过程的成功概率随着新产品构思的数量增加而增加。在 1.2.1 节已经介绍了创意和创新等基本术语，在此基础上定义创造力这个术语。

创意（idea）可以理解为点子、思想和想象，在寻求问题解决方案时，进入了一个思想的“新领域”。这需要高度的创造力，可以被描述为，产生新的和有用的创意来解决实际问题的能力（见 Heyde, W./ Laudel, G./Pleschak, F. 1991 P. 167）。

因此，人的创造力是创新过程中产生创意的决定性成功因素。出于这个原因，除了创新可能的信息来源和创意来源之外，本节将更详细地介绍创造性发现创意的方法。

图 3-19 显示了获得创意的两种不同方式。

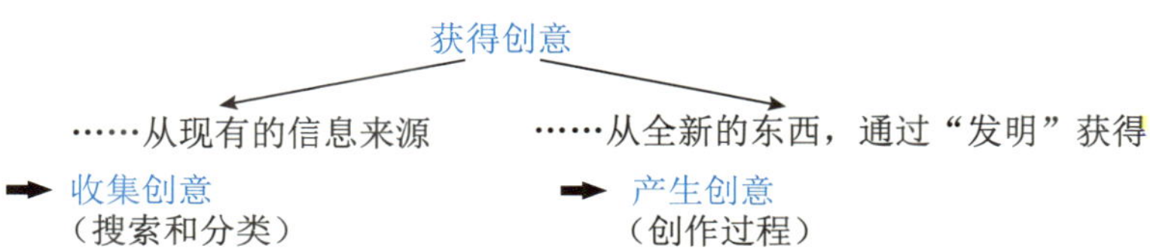

图 3-19 收集想法和产生想法

收集创意考虑到了这样的事实：对于大多数问题，在许多来源中已经有潜在的解决方案，只需要系统地寻找和发现它们。因此，这是对现有的和可用的信息材料 收集创意和想法材料，进行有针对性的和尽可能全面的加工处理。结果，创新企业的稀缺资源得以爱惜，责任人不再冒着“第二次发明轮子”的风险。收集这个概念源于这样的假设，即这些创意“仅仅”需要被提取出来，因为它们已经存在了。

产生创意

产生创意依赖于全新的创意，迄今为止是不可用的以及不存在的。它既可以是“发明”新事物，也可以是“进一步发展”现有的问题解决方案。“产生”一词针对这样的事实，即这些创意以前并不存在，而是通过使用创造力或者创新技术来“创造”的。

这两种方法基本上是互补的，并且在实践中通常**并行或补充**使用。至于关注其中哪一种方法，取决于运营目标和框架条件。然而，通常情况下，积极地产生创意会为未来带来更大的潜力。只有通过有针对性地激活创意来源，才能制定出问题解决方案的新维度。

此外，应该指出的是，这些方法只能按重点被分类到两种形式中的一种。

在发现创意中，不存在对抗性因素，因此其主要是针对已有的创意，并通过参与者的互动产生新的创意。同样，现有的创意可以用非常复杂的方法来表达。

结构与创造力

特别是对于本节讨论的创新过程的早期阶段，可以制定一个**基本规则**：针对所考虑的问题，整个获得创意过程的结构化和针对性越高，创意过程应该越自由和不受管制，以带来预期的创意。创新过程的整个阶段，信息的可用性和传递性，以及开放的和信任的人际沟通是决定性的成功因素，它们创造了富有创造力的氛围。

组织困境

在这种情况下，有时会使用创新型企业所处于的“**组织困境**”这个概念。一方面，创新问题的重要性需要明确的规定和稳定的结构来完成；另一方面，广泛的标准化与创造力、非正式交流和行动自由的基本需求相矛盾，但这在发现创意阶段是不可或缺的。在这方面，企业必须设法找到一个最佳的规定程度，使创新过程充分标准化，同时又足够的灵活，以充分的考虑创新项目的高度可变性和复杂性（见 Thom, N. 1980 P. 305, Trommsdorff, V./Reeb, M./Riedel, F. 1991 P. 570）。

正如在第 3.1 节中对创新过程已经表明的那样，确定搜索区域对于有效地获得创意阶段的活动特别重要。

3.2.2.1 确定搜索区域

在创新过程的第一阶段，根据情况分析的结果和对已确定的问题描述（见章节 2.1.3）来定义搜索区域。因此，获得创意阶段把注意力集中到与问题相关的事实上，并避免资源错配。

搜索区域是获得创意和推动创新之间的桥梁。搜索区域塑造了针对具体问题解决方案的活动框架，并应作为方向性指导，特别是在获得创意阶段，以便将大量的

创意进行分类，从而能够更有效地设计头脑风暴。

一方面，**确定搜索区域**可以基于**市场方面识别的创新推动力**。例如，如果另一家企业在某种产品特性方面拥有竞争优势，那么企业就会针对这个产品特性寻找改善措施，从而使自己的产品与竞争产品相比再次具有客户吸引力。另一方面，确定搜索区域可能是基于**企业内部产品政策**考虑的结果，比如根据客户利益和价格，重新定位他们自己的产品。在这两种情况下，对创意的探索都不是以非结构化和漫无目的的方式进行的。这避免了一种情况，即在后面获得创意的过程中，虽然可以呈现一种解决方案，但该解决方案与问题并不相关或者只是部分相关，然而这是常见的创新缺陷（见 Trommsdorff, V./Reeb, M./Riedel, F. 1991 P. 568）。

例子 食品行业的创意研讨会

一家食品行业的企业不再允许没有事先确定搜索区域就进行创意研讨会。因为在过去，这个阶段往往被忽视甚至被遗忘，这常常造成令人不满意的结果。缺乏明确的目标、坚定的框架以及参与者不同的想法和方法导致了各方面的不满。只有明确界定具体的搜索区域，并在研讨会开始时提出期望和研讨会结束时总结经验，才能以可持续的方式抵消这一点。一个具体的搜索区域可以是，比如“6 至 10 岁儿童的有机产品，其价格在 2 至 4 欧元之间”。

客户导向

基本上，在定义创新搜索区域时，重点应放在解决**客户的问题**上，因为企业最终只能从产品的售价和销售中获得回报。搜索区域可以局限于特定客户或客户群体的问题，或专注于与所有客户同样感兴趣的特定问题。

例子 搜索区域类别是有针对性获得创意的前提条件

因此，戴姆勒公司（Daimler AG）的汽车部门使用两种不同的搜索区域类别为新产品获得创意。比如，其中一个搜索区域包含不同用户的“整体运输问题”，如建筑业和零售业。相反的，另一个搜索区域是跨越目标群组的。例如，戴姆勒公司考虑“上下车的效率”和“可变的使用用途”。这两个搜索区域都通过目标群体特定的以及跨目标群体的“客户问题”来具体化，必须实现有针对性的获得创意。

图 3-20 说明了创新推动力、搜索区域和获得创意之间的基本关系，接下来用一个例子加以说明。

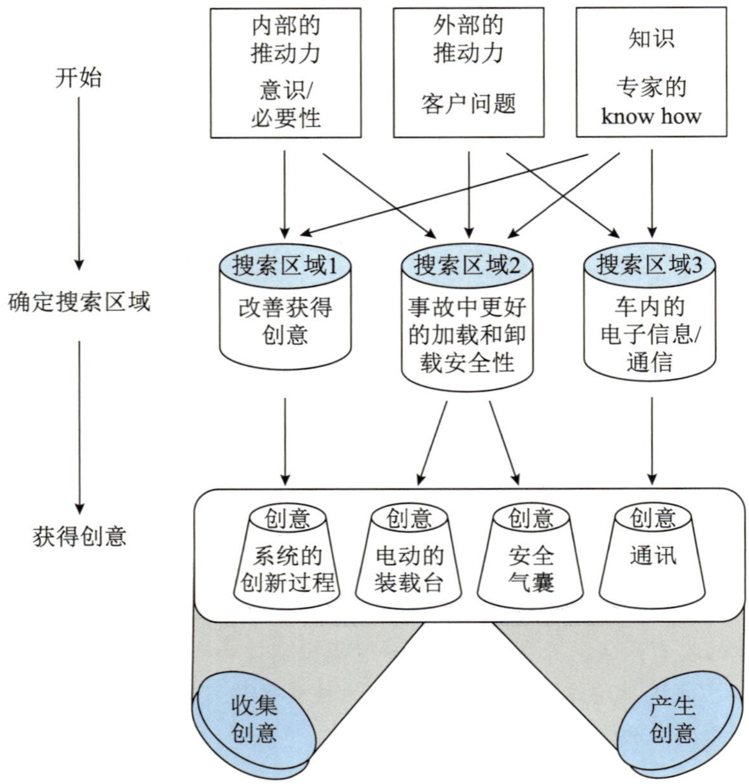

图 3-20　在汽车行业创新推动力和产生搜索区域

例子　客户问题作为创新推动力

根据客户调查，许多客户表示需要更高的车辆安全性能。现在，必须在企业中具体化这种外部创新推动力，并转化为合适的搜索区域，以便有针对性地寻找创意。以下这些关键词是潜在的搜索区域，比如“事故预防”“主动安全”“避免事故后果”“被动安全”。确定搜索区域之后，必须使用适当的信息来源和创意来源，来产生这样的创意，以确保最佳的问题解决方案。“来自被动安全”搜索区域的典型例子是，开发汽车减速系统或者安全气囊。

石川图

所谓的**鱼骨图或石川图**是搜索区域具体化和可视化的一种方式。这是由一位日本教授石川馨（Kaoru Ishikawa）开发的方法，既可用于创造性地获得创意也可用于问题识别。在它的帮助下，可以系统地、清晰地表达所有问题的相关影响因素以及其因果关系。这种方法的特殊之处在于对问题的整体考虑，避免了单一维度的且受限的观点，并且多人和团体可以参与到问题分析中。

以企业内创意流动不足为例，图 3-21 形象地说明了创建鱼骨图的方法。

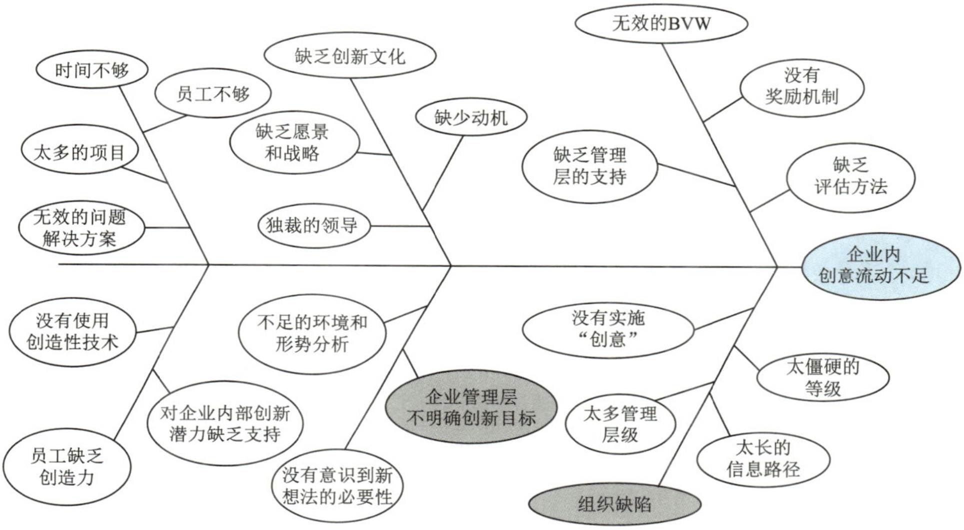

图 3-21 鱼骨图或者石川图

为了创建这个图，通过过程分析、观察和调查识别现有的薄弱环节，并记录所有问题当前情况与目标之间的偏差及相关的影响因素（**薄弱环节识别**）。之后，询问各个薄弱环节的原因，并将这些问题的原因分配到图中的各个“鱼骨”。因此，尽可能准确地和易于理解地描述问题原因尤为重要。

从图中描述的事实情况来制定**搜索区域**，也就是说，它优先考虑那些预期会对整体目标（“改善企业内创意流动不足”）有最大影响的因素（薄弱环节优先）。在此可以使用所谓的“帕累托法则（Pareto-Regel）”或者“80−20 法则”，其假设 20% 的问题原因导致 80% 的问题。例如，在目前情况下，这可能是组织的缺陷，以及企业管理层没有传达其创新目标。这样就可以确定两个重要的行动领域，然后可以开始有针对性地寻找问题的解决方案。

然而，搜索区域的“引导”效应不仅有利于获得创意，而且还有利于**进一步处理**（收集、处理和评估）创意，把注意力集中在问题相关的行动领域。

在理论和实践中，找到获得创意的来源和方法是非常多样化的。在产生创意之后的评估和选择阶段，会淘汰很大一部分创意，所以应该首先尽可能多地产生和收集创意。原则上，必须始终如一地使用所有可用的信息来源和创意来源。

来源预选

然而，从效率的角度来看，进行**预选**是有意义的，因为它表明信息来源或创意来源的预期收益是否与其开发所需的努力在经济上是合理的。这种事前审查可以使企业恰当地使用稀缺资源。

如图 3-22 所示，收集创意的重点在于有针对性地使用信息来源，而创新方法在本质上有助于产生创意。总体而言，通过举例列出的其他方法，既可以用于收集创意也可以用于生成创意。这将在下面的章节中详细讨论。

++ 存在高度相关性
\+ 存在相关性
– 不存在相关性

			获得创意	
			收集创意	产生创意
信息来源	外部的	出版物	++	–
		专利和知识产权	++	+
		竞争分析（benchmarks）	++	+
		供应商	++	++
		客户	++	+
	内部的	员工	+	++
		企业文献（战略 / 定位）	++	–
创新方法	头脑风暴		–	++
	书写头脑风暴		–	++
	形态学		+	++
	举隅法		+	++
其他方法	市场研究		++	+
	专家 - 研讨会		++	++
	探讨性会谈		++	+
	处理建议 / 创意比赛		+	+
	文档研究		++	–

图 3-22　获取想法的来源和方法

3.2.2.2　外部的信息和创意来源

在开放式创新的过程中（见章节 3.1.2），以结构化的方式掌握、观察和整合外部创意来源变得越来越重要。因此，下面总结了主要的外部信息和创意来源。

出版物

所有类型的出版物呈现的是一个广泛的，但只在很小程度上提供特定的信息。这种来源的典型例子是（大部分免费）：

出版物的类型

- 公共机构的出版物和统计资料。
- 商会和协会的出版物。
- 科研机构的出版物，例如经济、市场研究和技术研究机构的出版物。

- 高校出版物，例如学习论文、硕士和博士论文等。
- 专业杂志、可靠的互联网站、专业书。
- 常见的企业出版物，例如产品和企业小册子、展览目录。
- 专门的搜索引擎，如用于科学出版物的谷歌学术搜索。

例子　互联网研究作为信息来源

“商业未来——我们如何在 2020 年购物？”这是易趣（ebay）在 2012 年进行并发布的一项研究主题。就内容而言，该项目详细介绍了 2020 年的趋势，这些趋势通过访谈和 1005 名消费者在线调查进行了论证。研究结果定期发表在委托方易趣（ebay）的网站上和各种新闻报道。

图 3-23 是上述研究的一段摘录，其中讨论了未来实体商店是否会成为展览室。

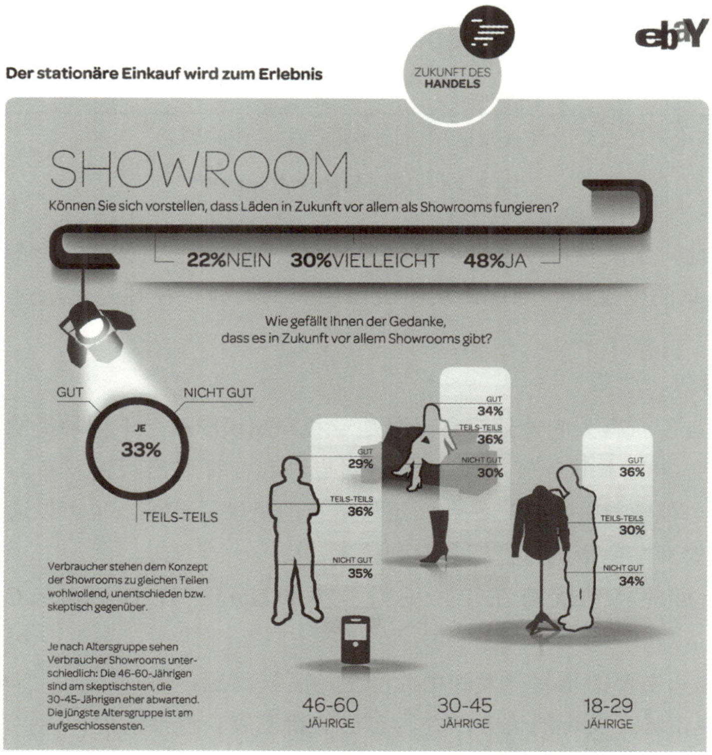

图 3-23　固定购物成为一种体验——来自易趣研究的摘录

（来源：http://www.internetworld.de/Nachrichten/E-Commerce/Zahlen-Studien/ebay-Studie-Die-Zukunft-des Handels-Werden-stationaere-Laeden-zuShowrooms-67322.html）

这些以书面的或视听的形式呈现的媒体特点是便于获得并且购买成本低。

出版物的优点和缺点

特别是在德国，几乎每个领域，甚至很小的领域都有自己的协会以及自己的期刊，这通常很容易研究学习。因此可以通过相关的搜索引擎，借助巧妙的搜索逻辑找到大量的信息。特别是，联邦统计局的官方门户网站提供免费的、有依据的信息。

然而，通常特别普遍的和抽象的信息，不利于实际使用。通过系统的评估以获取具体的信息通常需要大量的时间和人力支出。由于出版物是公众可以获得的信息来源，因此很难实现具有竞争差异化的信息优势。此外，这些出版物在本质上是具有回顾性的，因此在新的创新领域只能提供有限的帮助（见图 3-24）。

	优点	缺点
出版物	+ 性价比高 + 易用性 + 作为规划依据的有益补充	– 高度抽象 – 具体的评估非常耗时 – 较高的发布损失 – “每个人”都可用 – 通常难以理解的方法

结论：更适合设计搜索区域，而不是产生具体的创意

图 3-24 出版物的优点和缺点

尽管如此，出版物可以是用以描述当前情况和当前框架条件的一个重要依据，作为**未来观察**的出发点。因此，从出版物中获得的建议往往是创意进一步发展的基础。

总结

专利和知识产权

另一项与创新有关的外部信息来源是**专利**和**知识产权**（不同种类的工商业知识产权的详细描述见本书章节 4.4）。通过对专利和商标局出版物发布的专利进行全面的审阅，可以获得关于新产品和新过程丰富的见解。此外，也可以通过欧洲商标局和专利局的网站免费进行商标和专利检索。

专利分析的优势

专利分析的特殊**优势**在于（见图 3-26 和 Bürgel, H. D./Haller, C./Binder, M. 1996 P. 87）：

- 避免不必要的重复开发和由此产生的版权问题。
- 发现市场上新奇的机会，并为自己的新发展获得推动力。
- 深入了解国内外竞争对手及其在特定细分市场的商业兴趣。
- 获取已经开发的和享有专利的技术诀窍的适用性和潜在的信息。

微观察

德国的专利状态

迄今为止，计算机辅助专利研究的可能性尚未得到认可。根据德国专利局和商标局的报告，2013 年共有 63 158 项专利申请，但仅授予了 14 083 项专利（见 DPMA 2013）。与 2011 年相比，授予专利的数量增加了 18% 以上（见 DPMA2012a）。然而，与提交的专利申请相比，授予专利的比例仅为 22.3%（2011 年为 20.16%）。这是令人惊讶的，因为事实上可以借助免费的研究工具对现有的专利和其他知识产权进行深入的研究。

但是情况也有所不同，比如戴姆勒股份公司（Daimler AG）已经建立了一个电子专利信息系统，来系统地研究和分析专利。在知识产权管理部门内，该系统确保企业始终了解专利技术的状态。系统每周更新一次专利信息的收集情况（截至 2004 年 6 月，约有 1400 万份专利全文文件专利和约 1800 万份专利摘要文件）。公司的所有研究人员和开发人员都可以直接访问该数据库。系统运营的目标是观察国外的专利和保护自己的专利，全球每年有 200 多万新专利，因此要及时获知创新相关领域的活动，并避免平行开发。

来自这些专利数据库的信息可用于生成统计表，以实现公司自我定位。例如，图 3-25 根据向德国专利和商标局（DPMA）提交的**专利申请**数量和欧洲专利局（EPO）的区域申请数量，显示了各联邦政府专利申请情况。可以看出各个区域的创新动态。但是，大量的专利申请展示了“专利分析”行动领域的广度以及相关的创意潜力。

专利分析的限制

然而，最近出现了这样一种趋势，可能会严重地限制使用专利分析，因为越来越多的企业出于竞争原因不再注册专利。他们希望能够更好地防范竞争对手模仿其产品。这种观点似乎挺有道理，因为如果一个专利像往常一样，在向市场引入新产品之前的几个月就登记出来且发布，就会给竞争提供这样的可能性，通过有针对性地模仿、调整或变体来绕过专利壁垒。但是，如果创新企业成功地“秘密地”保持新开发直至市场成熟，并且防止知识传播，则可以充分利月第一个进入市场（First to market）的优势。尽管如此，向德国专利和商标局提交的专利申请数量从 1995 年的 38 377 项增加到 2000 年的 53 521 项和 2013 年的 63 158 项（见图 3-25）（见 DPMA 2001 P. 16, DPMA 2013）。图 3-26 表明了专利分析的优点和缺点。

图 3-25　2013 年德国专利申请

（见 DPMA 2014）

	优点	缺点
专利分析	+ 特定数据的来源 + 几乎没有任何浪费 + 避免重复开发 + 创意来源	– 高的费用支出 –“信息过载”的危险 – 由于未注册而导致的信息失真

结论：丰富而具体的创意、信息来源，然而，广泛的使用需要很大的费用支出

图 3-26　专利分析的优点和缺点

例子　模仿作为成本杀手

实证研究还表明，由于飞速的技术进步以及围绕着授予专利的创意进行二次发明，专利只在少数几个行业是重要的，例如在制药行业。在一项包括来自不同行业

的 48 项创新研究中，约有 60% 的专利创新在四年内被模仿。仿制品的成本仅为创新成本的 65%（见 Vidal, M. 1995 P. 45）。

竞争分析

在市场经济体系中，开展竞争分析在获得创意方面发挥着重要的作用。此类分析旨在**识别**当前和潜在的竞争企业并**评估**其对市场活动的重要性。竞争对手分析提供了有关竞争对手的战略、产品和创新实力等信息。在创新方面，对目前的产品定位、未来的产品规划和竞争对手成本情况的认识具有极大的兴趣。搜索竞争信息的一个非常有用的来源是德国联邦司法部公报的网站，由联邦司法部出版。此外，关于出版物、公告和法律相关的企业新闻都是可免费获得且无须登记的，特别是在德国注册的所有企业的年度报告。

克莱肯鲍姆（Kreikebaum）把**竞争分析**区分为狭义的和广义的（见 Kreikebaum, H.1993 P. 132）：

- **狭义上的**竞争分析是指，一家企业与其当前竞争对手的关系（竞争对手分析）。
- **广义上的**竞争分析还包括观察潜在的竞争对手以及客户和供应商。

如上所述，竞争对手分析被理解为对当前和未来竞争对手的研究。因此，竞争对手分析是竞争分析的一部分。竞争对手分析的对象、范围和深度尤其取决于所需信息的可用性以及与获取信息相关的成本（见 Kreikebaum, H. 1993 P.134）。

然而，竞争对手分析的问题是，企业大多数情况下只能获得**普通类型的信息**，例如竞争对手出版物中所包含的信息（商业报告、小册子、产品说明、价目表、目录等）。相比之下，企业几乎无法获得竞争对手面向未来的**计划信息**，例如产品范围、价格定位或者营销战略。只有通过双方同意才能交换此类数据，因此是特殊情况而非常规的。

回顾性的观点

竞争对手分析几乎总是对**当前情况的分析**。因此，竞争对手分析有这样的缺点，即只在极少数情况下，识别竞争对手在引入市场之前的创新项目。因此，对于未来发展的预测，通常只有基于竞争行为的场景预测，从当前情况出发并尽可能考虑到企业预估的环境影响和能力。

例子　对比行驶试验作为积极的竞争分析

汽车制造商经常拿他们自己的产品与其竞争对手的产品进行所谓的对比行驶试验，目的是衡量客户相关的车辆性能的满足程度并查明其相对竞争地位。通过这种方式获得的认知，一方面可以推导出短期内优化自己产品的行动需求，另一方面可以作为长期定位自己未来项目的基础。

在一次由60名员工参加的对比行驶试验中，戴姆勒股份公司（Daimler AG）的箱形客货两用车系列Sprinter与五个最重要的竞争产品进行了对比。为了确保可比性，在发动机设计、配置和汽车车身方面选择了相同的车辆并载有相同的负荷。然后由参与者在指定路线上测试这些车辆。之后根据先前定义的标准，对车辆进行评估，并将其结果列入优势、劣势概览（见图3-27）。

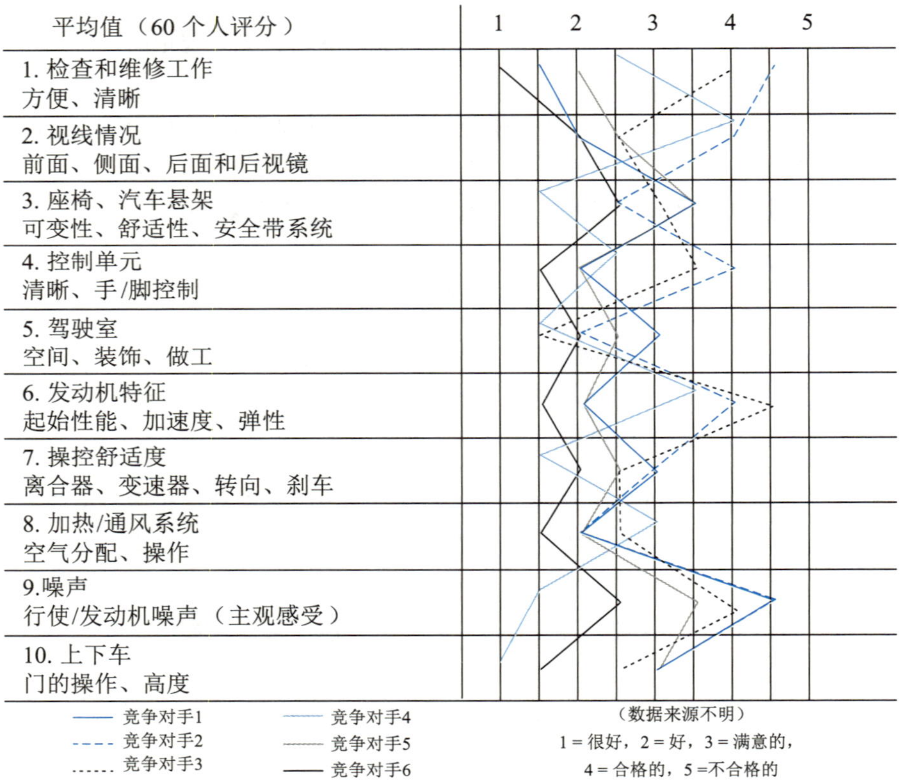

图3-27 竞争产品概况

逆向工程

逆向工程与竞争分析相似，结构性地分解竞争产品，以确定其基本的功能、设计和制造原则（见Sommerlatte，T./Laying, B. J./Frederik, O. v. 1987 P. 62）。正如这种方法在制造业的许多分支常见的那样，其提供了与竞争相关的并且有用的想法推动力，能够差异化评估竞争产品的优势和劣势。然而，如果竞争产品有太多的优势，就会带来这样的风险，自己的创新活动退化为专门的反应工具，在工具的帮助下缩小竞争的“技术空白”。换句话说，存在这样的风险，企业仅仅模仿了竞争产品的优势，而没有提出自己的想法来改进产品。以下来自汽车行业的例子表明了这一点。

例子 汽车行业的逆向工程

在 20 世纪 80 年代末期，日本汽车制造商认识到高端市场的潜力，因此开始开发豪华汽车。丰田开发了雷克萨斯，日产开发了英菲尼迪，本田开发了 NSX 等。由于在该细分市场缺乏经验，日本制造商购买和拆解了已经建立的豪华品牌的产品，并分析了其功能、设计和制造原则。通过将获得的知识和自己开发大众产品的经验相结合，日本汽车制造商在**逆向工程过程中**，把开发豪华汽车的成本降低了 30%，部件数量减少到 70%，与传统的高价格汽车厂商相比，降低了复杂性。

最后，图 3-28 显示了竞争分析的优点和缺点。

	优点	缺点
竞争分析	+ 特定数据的来源 + 帮助自己定位 + 拓展视野	– 难以查明 – 法律的限制和灰色地带 – 只是关于结果的陈述，而不是关于潜力

结论：适用于检查当前状态的工具，具有被动的特征（创新适应）

图 3-28 竞争分析的优点和缺点

供应商信息

在很多行业中，可以看到减少发展深度和垂直整合的趋势。这一过程主要由预期的成本优势驱动，通过供应商的**递减效果**以及制造商对销售波动提高的**适应性**完成。

供应商对封闭式产品功能越来越负责，这被称为“**系统**”。这就要求系统供应商有很高的可靠性和综合能力。这样做的结果是制造商和供应商紧密结合，相互依存。系统供应商对于企业满足客户需求变得越来越重要，成为开发面向客户问题解决方案的一个重要合作伙伴，并且必须尽早参与进来（见 Brem, A./Schuster, G. 2012 P. 85）。

制造商与供应商关系

例子　与供应商合作开发

戴姆勒股份公司，与外部开发伙伴的合作也变得越来越重要。因此，已经“在外面”产生了一些创新。例如，与韦巴斯特公司（Webasto SE）合作开发了A级车的百叶窗式车顶，与博世公司共同开发了车辆动态控制“电子稳定程序（ESP）”。在考虑整个系统制造商和子系统供应商之间越来越密切的相互依赖关系时，供应商方面的专家早期参与非常重要。这不仅是汽车行业的一个趋势，而且现如今几乎已经扩展到所有的行业。

由于这种发展，各个企业都有必要在产生创意阶段就与其供应商进行合作，以便利用其在产品开发方面的技术诀窍。另外，供应商往往有更多的竞争对手的创新信息，这些信息至少间接地流向自己的企业，反过来也是如此。一种新的趋势是所谓的**供应商门户网站**，这些门户网站由大的企业设立，以便掌握来自供应商的创新，而不论其企业规模大小。

例子　宝马虚拟创新机构（IA）的供应商门户网站

宝马集团在互联网上如下描述其供应商门户网站：“积极塑造未来！我们的任务是长期确保宝马集团的创新实力和技术领先地位。为了实现这一目标，宝马集团一直在寻找关于未来的新的和非传统的创意。我们不仅关注自己的研究和开发项目，也关注您的创意。您提交的创意可能是一个有前景的合作的开始，您的创新解决方案进入宝马集团世界之路。如果您有创新的解决方案，那么这里是正确的选择。虚拟创新机构让您有机会将自己的创意和思想带入宝马集团的世界。”

然而，供应商作为创意来源不应被理解为向供应商转嫁创新压力。相反，供应商应根据自己的经验提出具体的改善潜力，这是他们的核心竞争力，然后与生产企业合作实施，并分享其实现的附加值（另见图3-29中的优缺点）。

	优点	缺点
供应商整合	+ 特定的数据来源 + 容易查明相关的技术诀窍载体 + 深化合作 + 形成网络	– 怀疑后期的价值创造 – 选择创新的供应商是困难的 – 独家供应方的技术定位 – 技术诀窍可用于竞争

结论：具体产品理念的潜力很大，而市场方面的保障太短

图3-29　供应商整合的优点和缺点

客户信息

客户信息主要基于对客户口头的和书面的调查，以及评估统计数据（例如，客户文件和购买行为分析）。关于这点，进行探索性的客户对话、研讨会以及越来越多的所谓的“产品诊所”具有特别的意义，它们用于查明产品相关的客户信息。

由于企业的新产品必须满足其客户的要求，因此在创新过程开始时就吸引客户是合乎逻辑和符合目标的。它们是识别潜在问题领域中最重要的来源。特别是对于规划和实现周期相对较长的复杂产品，正确的预测潜在的客户问题是企业面临的最大挑战。

前提条件

为了得到可用的客户消息，需要满足一些前提条件。

- 数据的收集或提取必须以基本上**同质的群集**完成，也就是说，必须使用统一标准来划定客户目标群体。
- 各个陈述的质量主要取决于**选择**的客户和所使用的方法。
- 必须有足够大的样本，来获得统计学上具有**代表性**的陈述。

圆桌会议、产品诊所和传统的市场研究工具是获取客户信息的基本方法。

方法

客户圆桌会议。在头脑风暴阶段，您可以完成两项关键任务：一方面，可以直接与先前确定的用户进行联系，他们的经验可用于生成搜索区域；另一方面，客户可以在研讨会和创意会议上表达已有的创新产品的好处（见 Boutellier, R./Völker, R. 1997 P. 48）。

产品诊所。建立所谓的产品诊所是客户调查的另一种形式，其大多是为期一天的活动，在此期间，选定的相关目标群体成员有机会测试新产品并与市场上已有的产品进行比较。随后的调查旨在测试对新开发产品的接受程度，并促进被测试者提出进一步改善的建议和创意。

例子　制药行业的患者数据库

早在 20 世纪 90 年代，赫斯特公司（Hoechst AG）就以患者数据库的形式直接整合了客户信息。在过去，医生作为公司和客户之间的主要联系人和中间人，常常只有在完成持续数月的患者治疗后才向赫斯特公司研究人员发送文件，现如今可以把数据直接发送给赫斯特研究中心。然后，数据进入数据库立即进行进一步分析（见 Deutsch, C. 1996 P. 71）。

创新的市场研究。除了这些措施之外，创新的市场研究作为常见的工具，为获取信息提供了更多的选择。以问卷调查或产品测试的形式，可以查明搜索区域、客户需求和客户对新产品的要求。

一般而言，只有少数客户能够以合理且易于理解的方式描述对未来产品的需求。尽管如此，为了获得足够准确的消息，接下来以一个例子来陈述可以**生成客户信息**的**方法**：

例子　戴姆勒的客户问题系统化

为了查明相关目标群体未来的需求或问题，戴姆勒公司汽车部门采用了直接和间接方法（见图3-30）。这两种方法都是以当今客户问题的系统化为出发点。对于汽车部门，该系统包含四个标准，每个标准根据客户目标群体（行业）进行区分：

- 客户的商业活动及其成功的关键因素。
- 客户的运输问题。
- 客户使用车辆的相关条件。
- 客户对车辆性能的特定要求。

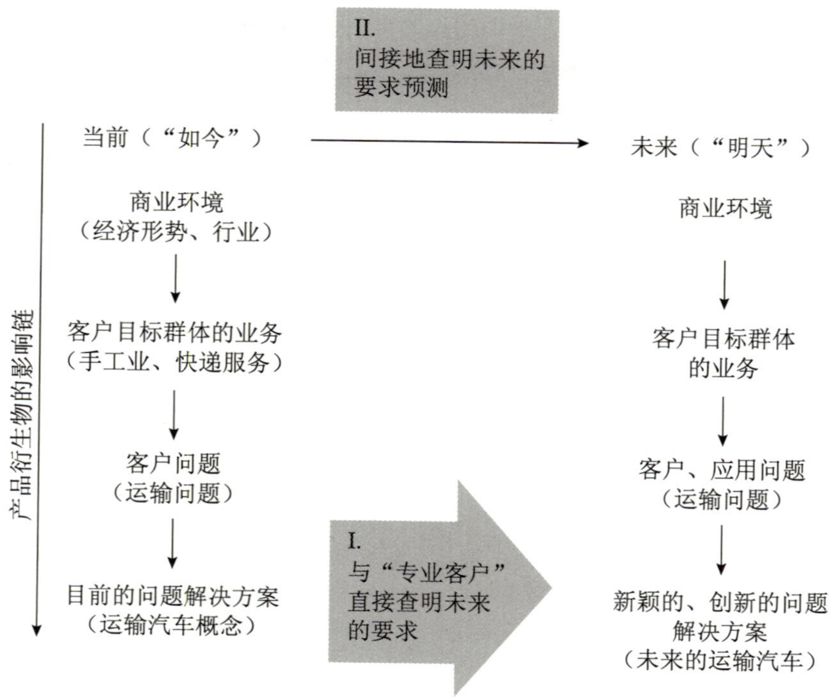

图3-30　在运输市场的客户问题描述、产品衍生物和产品要求

对于未来运输问题的**直接**问卷调查，可以咨询那些处理自己长期业务发展的客户。一般来说，这些客户一方面在规划其商业活动时具有高度的专业精神，另一方面在商业领域需要实现具有前瞻性的企业管理。这些客户可以通过长期的对问题的理解来描述未来的产品要求。比如，这种客户群体可以是投递、快速服务和包裹服务，其中货物运输是核心业务。

相比之下，其他客户群体（其商业活动不需要长期定位）的描述只能在有限的程度上用于设计新产品。例如小型的手工业企业、服务和零售公司，对它们而言，货物运输是一个边缘条件。**间接的**方法可用于查明此类目标群组未来的运输问题和对车辆的要求。间接的方法要求深入讨论与目标群体的原始业务相关的发展中企业，以便从获得的见解中推导出未来的产品要求，而不是相关客户。间接的方法可以详细地了解客户及其未来的商业系统，而客户自己却还不知道自己需要什么。因此，针对以解决方案为导向的创新产品而言，这是一个很好的基础。

客户调查的限制

尽管如此，每个客户调查，无论以何种方式进行，都必须考虑三个**限制因素**：

- 客户通常不知道或至少不能传达，未来的发展会在多大程度上影响他们的需求。
- 在问卷调查或测试中，查明的所有结果都受到主观偏见的影响。因此，客户可能会在产品诊所的环境中进行理性的论证，但实际的购买决策往往是相当情绪化的。
- 此外，之前消费者调查显示，消费者往往倾向于拒绝新颖性和未知的东西（见 Salcher, E. F. 1991 P. 57）。

领先用户

领先用户研讨会

领先用户研讨会，不仅包含客户，而且还将创新用户作为更广泛的目标群体。这个概念可以追溯到 20 世纪 80 年代，由 Eric von Hippel 提出，但是因互联网的新可能性而享有盛名（见 von Hippel, E. 1988, Bilgram, V./Brem, A./Voigt, K.-I. 2008 P. 422）。

领先用户是**先进的用户**，他们的需求代表着对产品的需求。在新产品出现在整个市场之前，领先用户已经认识到了需求。况且重要的是，通过创建问题解决方案，领先用户自己也从创新中受益（见 von Hippel, E. 1986 P. 796）。例如，可以在互联网社区的主持人以及进一步开发产品的业余爱好者中找到这些领先用户。图 3-31 显示了选择领先用户时典型的标准。

• 技术领先者（趋势影响） • 市场领导者（市场力量） • 潮流引导者 • 意见领袖	• 倍增效应、扩散 • 通过地理临近优势降低成本
• 标准制定者、代码制定者 • 名声、信誉 • 销售潜力 • 创新文化（文化必须合适） • 信任的基础、积极的经验	• 领先用户的主营业务 • 前 1~4 名表演者（Performer） • 风险可估计的 • 分配财务及风险 • 双赢的局面必须明确
• 沟通技巧、公关潜力 • 基础设施的可用性 （地理的、战略的）	• 创新 • 行业代表 • 互补的能力、兴趣
• 对问题的敏感度 • 存在具体的需求 • 可持续性	• 能力、产品竞争力 • 可能的排他性协议 • 竞争风险

图 3-31　选择领先用户的相关标准

（见 Gassmann, O./Kausch, C./Enkel, E. 2005, P. 6）

图 3-32 总结了一个领先用户研讨会的典型流程。

步骤1：启动领先用户项目	步骤2：识别确定趋势	步骤3：识别确定领先用户	步骤4：开发产品概念
• 组建跨学科团队 • 确定目标市场 • 定义项目目标	• 对市场/技术专家访谈 • 整理文献、互联网和数据库	• 筛选 • 对目标市场的用户进行聚合 • 对相似市场的用户进行聚合 • 发现第一个创意	• 与员工和领先用户研讨会 • 完善创意 • 记录和评估这些概念

图 3-32　领先用户研讨会构思和实施的典型阶段

（见 Herstatt, C./Lüthje, C./Lettl, C. 2001 P. 6）

基于此，获得和评估客户信息含有一定的风险，并且往往伴随着昂贵的时间和金钱成本。但是，它可以确保创新过程与客户利益保持一致，从而降低新产品引入市场时失败的风险。图 3-33 总结了客户信息的优点和缺点。

结论

	优点	缺点
客户信息	+ 目标明确的客户导向 + 确保技术方面的安全性并降低失败风险	– 昂贵的时间和金钱成本 – 选择领先用户 – 陈述并不一定都可靠
结论：客户作为创新和创意的源泉至关重要，通过其他知识发现更具体的细节仍然是必要的。		

图 3-33　客户信息的优点和缺点

例子 使用客户信息作为来源

1990 年在瑞士机器和汽车工业进行的一项实证研究表明，客户信息（建议、投诉）在很大程度上被用作创意来源。一方面，大约 35% 的创新建议来自这个源泉。现场服务和客户服务是客户参与的重要工具。另一方面，却只有十分之一的企业做了客户调查，甚至只有百分之一的企业做了客户研讨会（见 Geschka, H./Herstatt, C. 1991 P. 207）。这项研究结果至今仍具有其现实意义。

创新门户网站

现如今，在线门户网站数量迅速增加，这些所谓的创新门户网站由企业本身或独立的服务提供商运营，目标是在创新过程中纳入客户的认知，既可以是非特定的创意，也可以是完整的草案。 概念

在创意比赛中可以区分为以下三个领域（见 Brem, A. 2012 P. 26）。

企业的创意比赛。通过这种模式，企业为客户提供了通过在线门户网站宣传他们产品创意的机会。这些比赛通常由其他用户或陪审委员会进行评估和奖赏。例如，在 B2C 领域有 TchiboIdeas.de，CrocsIdeas.com 或麦当劳（McDonalds）的"我的汉堡"活动。在 B2B 领域有 IBM 的创新大会（IBM Innovation Jam）或庞巴迪"YouRail"网站（Bombardier YouRail）。这类门户网站要么是长期存在，要么是由市场活动驱动的。

企业社区。对于在线社区，邀请用户在保护区内讨论现有的或新的产品和服务。这些都是长期投资的，并且通过与用户详细的和密集的交互来定义。在这方面，企业社区尽管也有混合形式，但超越了创意比赛的概念。评估提案大多是在企业内部完成，有时也综合其他用户的评论。例如，在 B2C 领域有戴尔 Idea Storm 或宝马的共创实验室；在 B2B 领域有博世电动工具。

服务提供商的市场。服务提供商提供开放式创新门户网站，企业可以通过付费的方式在这些门户网站上设置问题、创意或公开的调查，如果成功，通常以预定的比率购买这些创意。同时，独立自主的开发商还有企业登记注册，处理存在的问题并提供解决方案。这里的供应商包括 Innocentive，Brainfloor 或 Jovoto。

为了从这些门户网站受益，企业不必直接运营自己的门户网站。已经有各种提供这种服务的供应商。此外，对其他创新门户网站的系统化调查研究，可以帮助您自己获得创意。 收益

3.2.2.3 内部的信息和创意来源

员工

原则上，每个员工都可以帮助获得创新的产品构思。这里有相当大的创造潜力，需要在创新管理的背景下激活和开发。然而，企业内部有针对性地和系统性地促进创意显然受到一种阻碍，即许多员工在正常工作时间以外的创造潜力相比工作时间以内更强大。其中一个潜在的原因可能是，除日常工作外，员工几乎没有时间和空间来发展创造力。实证研究在很大程度上也证实了这一点，因为大约 70% 的创意在企业外部产生的，如图 3-34 所示。

地点	绝对的	相对的
在工作场所（办公室、工作台、实验室）	4	
在我受到挑战的会议上	6	
在我觉得无聊的会议上	10	
在去办公室的路上	8	
在工作休息时	3	
在办公室的创意会议上	1	
在公司内		24%
在商务旅行中	11	
在家	20	
在户外	29	
度假或旅行	13	
其他的	14	
在公司外		76%
总共		100%

注意：可以重复统计

图 3-34 创意出现在哪里

（见 Berth, R. 1992 P. 74）

如果有人问道，哪些企业部门可以为生成创造性产品构思提供良好条件？那么应该特别提及**销售、服务和 R&D**。

销售作为创意来源

在**销售组织**中会定期的联系客户，通过与服务的客户不断地讨论可以确保拥有相关客户需求的最新信息，前提是卖家系统地记录和评估消费者的建议。因此，销售部门承担了“翻译员”的职能，他们在市场中诊断客户要求、愿望和批评建议，这些是企业组织中潜在的创新推动力。

服务作为创意的来源

除了销售组织之外，**服务组织**也可以提供创新型产品构思的见解，根据其性质更多的是改善建议。因此，服务不仅仅确保已销售的产品的技术性能。而且，重点在于积极的支持用户，他们的建议、愿望和要求应该被纳入企业的创新过程（见 Sommerlatte, T. 1988 P. 163）。

因此，聚合客户和市场的销售和服务组织，可以为有针对性的制定创新搜索区域作出贡献。从而为以**市场为导向**的产品开发提供了重要的推动力，主要是面向客户的需求。

R&D 作为创意来源

研发部门的员工更倾向于从技术角度进行头脑风暴。随着对产品方案进行新的或者二次开发、技术的基础知识以及主要竞争对手开发活动的持续研究，该领域已经具备了全面的创新潜力。然而，对于有效的开发活动，需要确保以市场为导向来定义搜索区域。这可以通过有效的界面管理或创新管理来完成，其中最重要的是，销售部门要融入进来。此外，让开发人员与企业客户直接联系是有意义的，其目的是获得市场对其开发工作的真实的和直接的反馈。充分地与客户和市场联系可以确保根据客户需求设计产品，从而避免开发或优化产品功能的**过度工程**（Over-Engineering），但客户往往忽视或者低估了这些好处（见 Hanser, P./Schlutter, R./Schmidbauer, R. 1996 P. 46）。

例子　索尼更贴近市场

索尼针对研究人员远离市场的做法是，每一位在企业里工作的研发工程师都要在销售部门待几个月，从而取得与客户的直接联系。研究人员将通过这种方式进行以市场为导向的研究，学会更好地评估新研究成果的经济可用性，并在此基础上更有效地利用资源（Staudt, E. 1989 P. 366）。另一种可能性是内部展览。每个领域或者部门都会有自己的信息展台，与团队一起展示其活动和成果。通过这种方式，各个领域的员工在轻松的环境中相遇，并更多地了解其他兄弟部门。其扩展阶段是企业内部展览会，可以与供应商或客户一起进行。

例子　3M公司的“15/85规则”

非法制造

德国 3M 公司采用所谓的“15/85 规则”，从而有助于创造性地发展员工现有的知识和创意潜力。企业内部规定，每个员工都有权将自己工作时间的 15% 用于自己的项目，而无须证明其合理性。因此，所定义的创新过程之外的现有想法将由员工独立负责进一步发展，因此公司不会蒙受损失。3M 的便利贴就是一个使用这个 15/85 规则非常成功的结果，因为这个创意来自一位开发者的业余时间（见 Deutsch, C. 1996 P. 70）。

3M 所实施的这一规则被归纳为“**非法制造**”，并主要在 R&D（见潜艇项目，章节 2.3.2）。其他企业，如拜耳（开发阿司匹林和西普乐）或惠普（开发显示器）也是使用这种方法。图 3-35 形象地说明了这意味着什么以及它是如何出现的。

定义	出现
• 非法制造项目是由有动机的个人发起的，他们除了日常的工作外，还试图尝试自己的发明或研究科学问题。	• 世界范围内普遍存在的、众所周知的现象，属于企业日常的研究实践。 • 大约 20% 的研发预算被巧妙地用于这种形式的研究，也就是说，有时企业的成本很高。
• 其他同义词有蓝天工作（blue sky work）、潜艇项目（U-bootproject）或星期五下午工作（friday afternoon work）。	• 就创新程度和创新成功而言，非法制造项目往往高于平均水平。
这些项目的特点是：高度保密，自下而上地出现，强大的自我组织，高度不确定性，预期的阻力，稀缺的资源。	• 员工经常利用他们的假期或业余时间来完成这些项目 • 出现冰山现象。 • 高度依赖企业文化。

图 3-35　非法制造的定义和出现

（见Augsdorfer, P. 1996 P. 10, Peters, T. J./Waterman, R. H. 1984 P. 248,Peters, T. J./Austin, N. 1985 P. 151, Michalik, C. 2002 P. 22, Schon, D. A. 1963 P. 77）

据此，非法制造不仅仅是一种非常普遍的现象，尤其是在企业的 R&D 部门，也是内部产生创意的一个非常重要的来源。因此重要的是，积极管理这些创新项目，而不是忽视它们。所以有必要对非法制造进行分类，如图 3-36 所示。

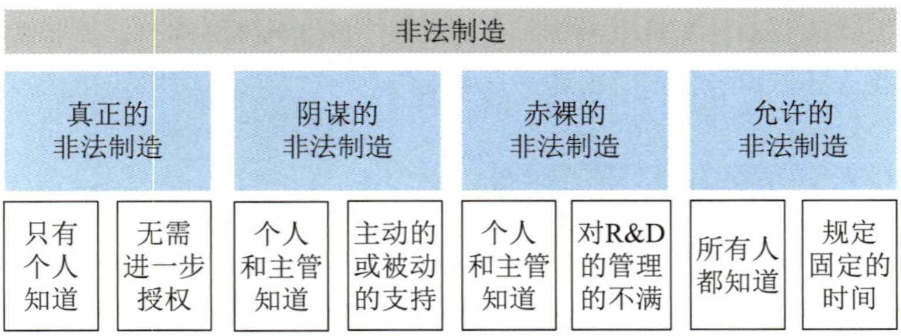

图 3-36　不同类型的非法制造

（见 Augsdorfer, P. 1996 P. 19, Michalik, C. 2002 P. 28）

真正的非法制造是个别开发人员的典型案例，他们根据自己的想法工作，主管并不知道。阴谋的非法制造，至少主管是知道的，他积极支持（active）或者至少不会妨碍（passive）。最“危险的”变体是赤裸的非法制造，它明确禁止员工从事该项目。在这里，非法制造者冒着很高的个人风险，因为如果项目失败或被别人知道的话，员工可能会被解雇。允许非法制造是 3M 所呈现的一种变体，员工可以享有特定的自由。然而，这是颇有争议的，因为这丢掉了非法制造的核心因素。

一个组织良好的企业建议系统，可以为释放企业所有员工的创意和创造潜力作出重要贡献（见章节 3.2.3.3）。员工创意的优缺点列于图 3-37。

	优点	缺点
员工创意	+ 巨大的创意潜力 + 员工对企业具有强烈的认同感 + 创意通常来自于对问题的直接了解	– 很难抓住 – 处理大量的创意很费力 – 需要实施有效的激励制度

结论：尽管系统地使用创意需要付出很大的努力，但不能忽视这种信息和创意的来源。

图 3-37　员工创意的优点和缺点

企业内部的资料

企业现有的资料也可以是创意的来源。但是，只有通过系统地调查研究才能开发相关数据。利用现有信息的费用很大程度上取决于数据管理的类型。结构化的“数据库”需要少量的时间且可以快速地查询和选择，“混乱的”纸质文件需要耗费巨大的精力。

内部来源的例子

获得创意的相关信息可以在以下资料中找到，例如，企业创新规划、开发和研究报告、设计说明书和需求清单、销售和营销计划、竞争分析、销售和市场报告、产品文档、市场研究报告、包含客户投诉和抱怨以及质量报告等的售后报告。各种数据来源表明，对于一家企业而言，系统地和持续地记录所有内部创新有关的事实情况是多么的重要。创新驱动的数据结构有助于使用现有的来源。

例子　在戴姆勒（Daimler）产生创意

在戴姆勒股份公司（Daimler AG）的汽车部门，为了产生创意，一方面收集和评估现有的文件，比如竞争分析、设计手册、技术说明、专利申请等；另一方面，在创造性研讨会上有针对性地产生创意，系统地记录和收集获得的创意（见图 3-38）。

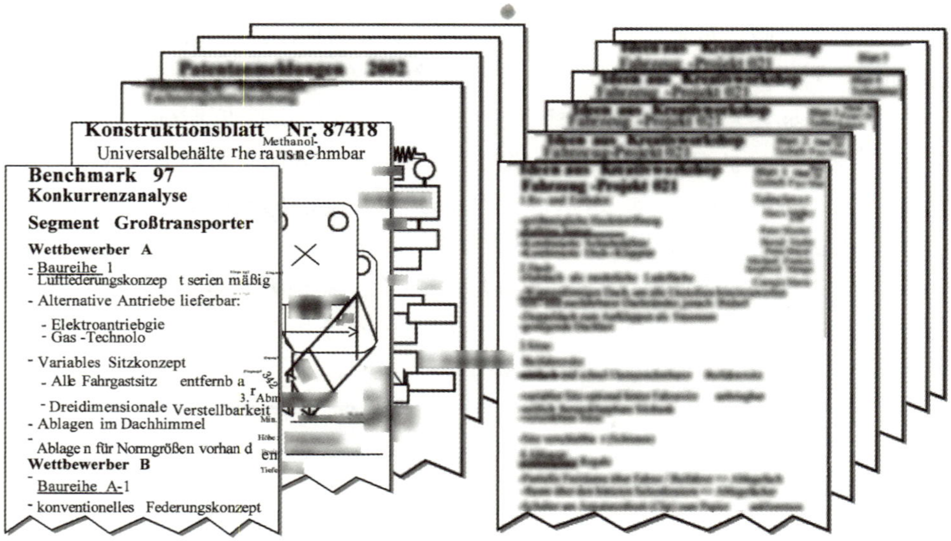

图 3-38　企业内部创意来源的例子

最后，图 3-39 总结了使用企业内部资料的优缺点。

	优点	缺点
企业资料	+ 容易得到 + 确保计划一致性（避免冗余） + 鼓励以创新为主题讨论规划领域 + 长期的文献资料	– 开发费用支出（取决于数据管理的类型） – 更确切地说，是支持产生创意过程的二级资料（例如准备创意会议） – 往往缺乏创新型数据结构

结论：无论如何，在产生创意时都应考虑到企业内部资料，因为它们一方面确保了与先前计划的一致性，另一方面通常只需很少的努力就可以开发出来。

图 3-39　企业内部资料的优缺点

3.2.3　产生创意的方法

3.2.3.1　创造力是产生想法的基础

这本书一再指出，创新是基于寻求新颖的问题解决方案的创造过程。创造力作为创新过程的创造潜力，问题在于如何利用它。

创造力的前提条件

创造力需要**认知能力**，特别是**关联能力**。因此，寻求创新的问题解决方案是一个“正常的”认知过程，涉及许多环节，包括搜索、询问、感知、识别、理解、分析、比较、整理、推理、决定和学习。对于产生新颖的目的－措施连接而言，至关重要的是关联能力，即将先前分离的过程、职能、创意、解释模式和设计模式等关联起来的能力，以便产生新的事物（见 Hauschildt, J. 1997 P. 301）。

“创造力”现象

现在的问题是，**创造力**究竟是一种先天的还是一种后天培养而拥有的特质。当然，学习能力受个人限制，这也限制了创造力的发展，并不是每个人都可以成为有天赋的发明家。然而，通过使用合适的创造力“方法”，可以单独地或者在小组内进行培训和开发创造力。因此，创造力仍然是一个受人约束的现象，其扩张速率很大程度上取决于客观的和主观的条件。除了具体的工作条件和企业文化的影响外，动机、冒险意识和资质等个人因素对创造力的发展也起着决定性的作用。

使用创新技术

创新方法或**创新技术**是基于人类创造力的可发展性，它们的多样性如此之广，以至于难以选择解决特定问题的最佳方法。现在，超过一百种不同的创新技术可以提高直觉，或者通过系统的分析方法来促进创造力。然而，在实践中，只有少数几种方法被有意识地使用并被认定为成功，头脑风暴（brainstorming）和书面头脑风暴（brainwriting）、形态分析和综摄法是最知名的和最被广泛使用的技术。下面将更详细地讨论这些方法。

创新方法有一些共同的**典型的创造力发展模式**。这些包括（见 Schlicksupp, H. 1988 P. 174）：

- 现有元素的变化。
- 将问题情况从一个领域转移到另一个或多个其他的领域（形成所谓的“类比”），分解问题的整个结构。
- 通过与外在因素相结合来解决问题。
- 改变问题情况的思考方法。

此外，各种创新技术几乎都是基于**创意过程的示意图**，创意过程呈现为三个典型阶段（见图 3-40 和 Macharzina, K. 2003 P. 751）。

创意过程

第一阶段创意过程为**逻辑阶段**，理性地分析需要解决的问题。一方面，这种理性分析应该确保从各个可能的角度考虑当前的问题以及潜在的解决方案；另一方面，确保参与创意过程的人放弃他们以前解决问题的习惯和行为习惯，从而无束缚地寻找新颖的解决方案。

第二阶段，狭义的**创意过程**，即从理性到直觉的创意层面的过渡，在此过程中问题被内化。通过这种“自身发展”，在潜意识层面上进行直觉的进一步处理。该过程的第二阶段以创建一个或多个问题解决方案的想法而结束，对其进行更进一步的研究是值当的。

第三阶段，**创意验证**。根据具体的经济、技术、社会和生态标准，对其问题的有效性和可行性进行判断，并在必要时进行排序。

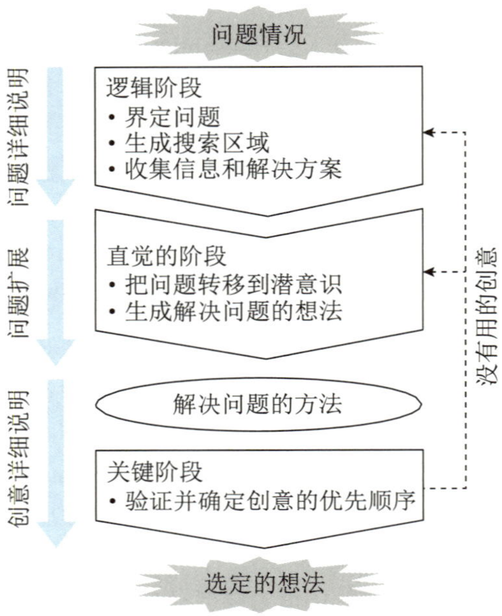

图 3-40 创意过程示意图

（见 Macharzina, K. 2003 P. 751）

无论所用的创新技术的类型和范围如何，通常应考虑一些基本规则以收获可利用的结果，如图 3-41 所示。

- 不断寻找新的信息。
- 考虑替代方案。
- 改变你的思考方式。
- 从问题中寻找。
- 为风险做好准备。
- 跨学科工作。
- 确保有利的创造性环境。
- 设置期限并遵守。
- 首先延迟判断。

图 3-41 设计创意过程的基本规则

（见 Witt, J. 1996 P. 23）

3.2.3.2 创新方法和创新研讨会

使用创新技术从根本上说并不是什么新鲜事，在德语区国家，相应的概念已经出现了将近 50 年，以前曾有人谈论过发现创意的技术或解决问题的技术。自从 20 世纪 30 年代亚历克斯 • 奥斯本（Alex F. Osborn）将头脑风暴推向市场以来，各种方法在全球范围内传播开来，并且现如今常用在经济、政治和教育领域。已知方法的范围不断地扩大，但这些通常是对**现有技术**的修改。在创造力研讨会中结合不同的方法是很有意义的，以便最大化地产生（详细的描述见 Brem, A./Brem, P. 2013）。奥斯本提出了头脑风暴的四个基本规则，目的是使会议更有效并消除抑制创造力的因素。这些规则至今仍然适用，并且可以应用于所有创新技术。

1. 不评论

无须带有评论地记录所有的创意，任何的评论，甚至非语言的表达都必须推迟到后续阶段。因此，头脑风暴法不会扰乱参与者的想法，或者降低他们的创新动机。另外，不会出现冗长的讨论。所谓的“杀手短语”，就像“我们已经知道了”“太贵了！”等都要避免。

2. 让想象力疯狂起来

疯狂的、不同寻常的创意是可取的，因为标准的解决方案通常已经熟知和实施了。为了减少思维受到压抑，在会议开始时可以进行适当的放松练习。

3. 数量在前，质量之后

要求产生尽可能多的创意，无论它们看起来好还是不好，可行还是不可行，都需要自由地表达创意，并出现更多不同寻常的创意。数量越多，包含足够好的或非常好的创意的可能性就越大。

4. 建立在其他参与者的创意之上

应该采纳和进一步开发已经提出的创意。只有这样，才能出现协同作用，并且团队可以开发出解决方案，比每个参与者自己的创意和解决方案都更加优越（Schlicksupp, H. 2004, P. 103）。

原则上，所有的创新技术都遵循相同的原则（见图 3-42）。**类比**被理解为将元素的属性转移到另一个完全不同的物体上。自然界的功能可以应用于技术设备（仿生学），例如，牛蒡和尼龙。此外，关联的结合是最常见的启发式思维技巧，比如，“桌子”这个概念的**关联**可以是笔、电脑、纸张或办公室。通常情况下，创新技术鼓励人们在更大的领域寻找联系，被称为“异化”或者“对抗”，最后用不寻常的想法回归到真正的问题上。这种与原始问题疏离的方法支持了创新技术的核心——**对抗性元素**：创意寻找者应该有意识地在远离最初问题的领域寻找创意。为此，可以使用某些概念、图像或刺激的表达以及可以采取不同的角色寻找创新（见图 3-43）。对于创造性方法的效果来说，特别重要的是参与者彼此之间相互的**灵感**，这就是为什么这些技术通常在（不同种类的）团体中进行，并且很少单独进行的原因。除了上述原则外，大多数方法都有一套精确的**规则手册**，可以指导小组系统地寻找潜在的解决方案。

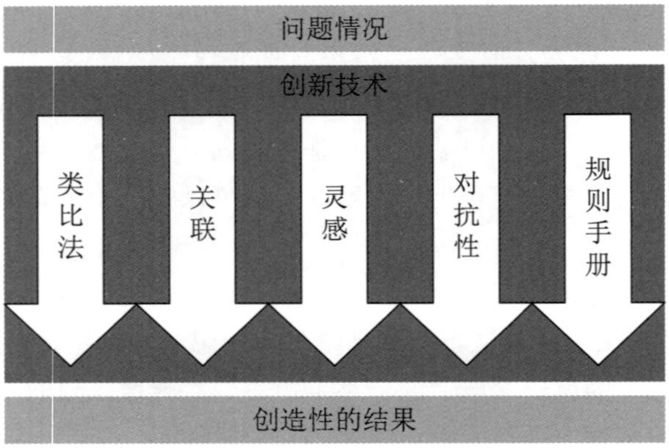

图 3-42　创造性技术的原则

（见 Brem, A./Brem, S. 2013 P. 24）

对抗性元素	方法	例子
参与者深入研究脱离主题的概念	刺激词方法	与概念“铅笔”的关联
参与者深入研究脱离主题的图片	视觉的综摄法	与运货卡车的图片相关联
参与者开始梦幻之旅	实地考察技术	热带丛林的梦幻之旅
在多个阶段寻找某些领域的类比	经典的综摄法	来自历史领域的类比
一个脱离主题的脑风暴	想象的头脑风暴	“冬季的新型黏土”
从另一个角度来观察这个话题	6 顶帽子、沃尔特迪士尼、超级英雄方法	“评论家”对这本书的看法
提出一个刺激的论点	PO 法	PO“冰是热的”

图 3-43　不同创新技术的对抗元素

（见 Brem, A./Brem, S. 2013 P. 26）

创新技术可根据不同的标准进行分类，基本上可以分为**直觉创造**方法和**系统分析**方法。这两种方法有本质的区别，但是也可以完美地相互结合。下面我们简要介绍两种方法，以及最常用的创造性技巧。

直觉创造法是**狭义上的创造性技术**，遵循自由关联、类比和直觉对抗等原则。这些方法应该鼓励创意发明者不具反思性的和自发性的灵感，鼓励创造性的思维方式和避免顺从性思维（见 Traut-Mattausch, E./Kerschreiter, R. 2009 P. 269）。后面介绍一些**系统创造法**，具有更条理和技术性的规定。

以下是在实践中最广泛使用的方法的综述，可以在相应的专业文献中找到更多的描述（见 Schlicksupp, H. 2004, van Aerssen, B. 2009, Brem/Brem 2013）。

头脑风暴（brainstorming）

头脑风暴是一种以问题为导向和有节制的讨论形式，在 5 ～ 8 名来自不同领域组员组成的小组内进行，并遵循自由关联的原则（见 King, N./Anderson, N. 1995 P. 20）。

过程和规则

头脑风暴的过程是固定的，分为**三个阶段**。在**准备阶段**，除了确切地表述问题之外，还需向参与者介绍头脑风暴的基本原则和规则。在接下来的**主要阶段**，产生实际的想法、解决方案、提议及记录。会议将在**后期阶段**讨论生成的解决方案，如果可能的话，由其他参与者以关联链的形式进一步探讨（见图 3-44）。

头脑风暴成功的决定性因素是坚持某些**基本原则**。对此要严格地区分发现想法及其评估。这可以实现一个直觉的关联阶段，其中诸如创意的可行性和可执行性等阻碍创造力的标准没有负面影响。考虑并进一步开发团队中的创意被认为是另一个成功的因素。这里特别注意创意的积极方面，而没有提到负面的方面。由于组员在讨论中不予以评论，所以应该保证不受任何阻碍地持续思考。

为了产生新颖的解决方案，让想象力疯狂起来是很重要的。对于参加讨论的人来说，这个原则提供了心理上的安全感，因为他们的提议不会遭到批评。

讨论的目的是在短时间内找到尽可能多的创意和解决方案。在这样的背景下，创意数量越多，有用的解决方案也可能会更多。另外，原创创意通常是自发的，没有进一步的思考。翻转图、黑板或者便利贴都可以作为媒介工具。同时，像思维导图这样的软件程序可以帮助构建和继续开发这些创意。

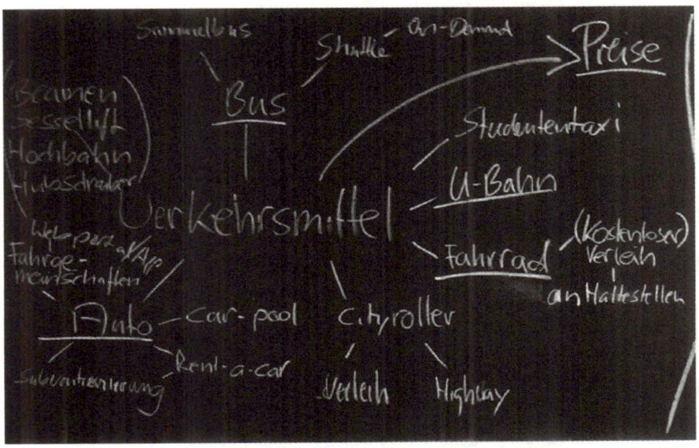

图 3-44　以交通工具为主题的头脑风暴的示例

优点和缺点

除了相对较少的时间和成本支出之外，通过关联、结合和相互刺激而促进大量的创意，是头脑风暴的一个重要优势。另外，该创意可以与其他的创新技术很好地相结合。

头脑风暴的缺点是提议的主观性和解决方法的复杂性低。通常对创意进行后期处理需要很大的精力。

书面头脑风暴（brainwriting）

书面头脑风暴是头脑风暴的一个衍生版，也是针对参与者的相互激励。该方法不再是口头地讨论潜在的解决方案，而是由每个参与者自发地写下来。与头脑风暴一样，书面头脑风暴共同扩展和改进参与者产生的创意。书面头脑风暴适用于**创建自发的材料集合**，特别是对于结构较少的主题（structured topics）（见 van Aerssen, B. 2009 P. 167）。

这种产生创意的优点是，由参与者自己做即时的书面记录，因此不会导致结果的失真（见 Hauschildt, J./Salomo, S. 2011 P. 283 和 Klötzl, G. L. 1989 P. 396）。

过程和规则

"635" 法是最著名的书面头脑风暴形式。该方法的特点在于特殊的过程：在介绍完需要解决的问题之后，6 位参与者中的每一位都会收到一份表格，表格分为 3 列 6 行（见图 3-45）。在第一轮，每位参与者有 5 分钟时间来写完表格的第一行，然后把表格传到下一位参与者，而后者又在下一行写入另外 3 个创意，且是在上一位参与者创意的基础上扩展而来。因此，重复 5 轮后，生成 108 个不同的创意，需注意的是，必须消除重复的创意。

优点和缺点

在一个经典的"635"法小组会议中，所有参与者都很活跃，可以安静地思考潜在的解决方案并受其他创意的启发。因此，在其他参与者批评之前，建议方案尚未公开，并且更多被动的参与者也可以参与到创作过程。除了时间和成本低之外，"635"法的另一个优势是冲突可能性很低，这诱发了产生不同寻常的创意。然而，难以理解的措辞和有限的沟通可能会导致参与者误解其他人的创意。

逆向工程（reverse engineering）

逆向工程也是遵循直觉关联原则的创新技术之一。该方法的基础是颠倒最初的问题情况，把要解决的任务颠倒过来。然后，为相反的问题寻找解决方案，并将生成的创意颠倒过来。最终，从结果中可以推导出具体的解决方案（见 Winkelhofer, G. 2006 P. 141）。

过程和规则

首先，定义一个要在研讨会上探讨的问题。其次，遵循头脑风暴中的基本规则，为颠倒的问题寻找创意。在这里，就像在创造性过程中，应该注意"随意说的"以及许多发散的提议，即使乍看之下无意义的创意也可以在进一步处理中提供有价值的信息。最后，评估和选择产生的创意。

优点和缺点

故意引起**视角转换**常常产生新的和意想不到的创意。参与者可以通过这种方式克服思维障碍。这些创意的改进潜力通常不是由逻辑的逆向启发的，而是由对潜在问题荒谬的和挑衅的观点决定的。此外，这种技术可以与其他方法很好地结合，可以应用到不同的场景，通过改善现有的产品和流程为新产品提供解决方案。由于生成解决方案的方式很独特，逆向技术通常用对技术要求很高的人员。此外，该方法也很有意思，因为它不一定需要团队工作，也可以一人单独完成。

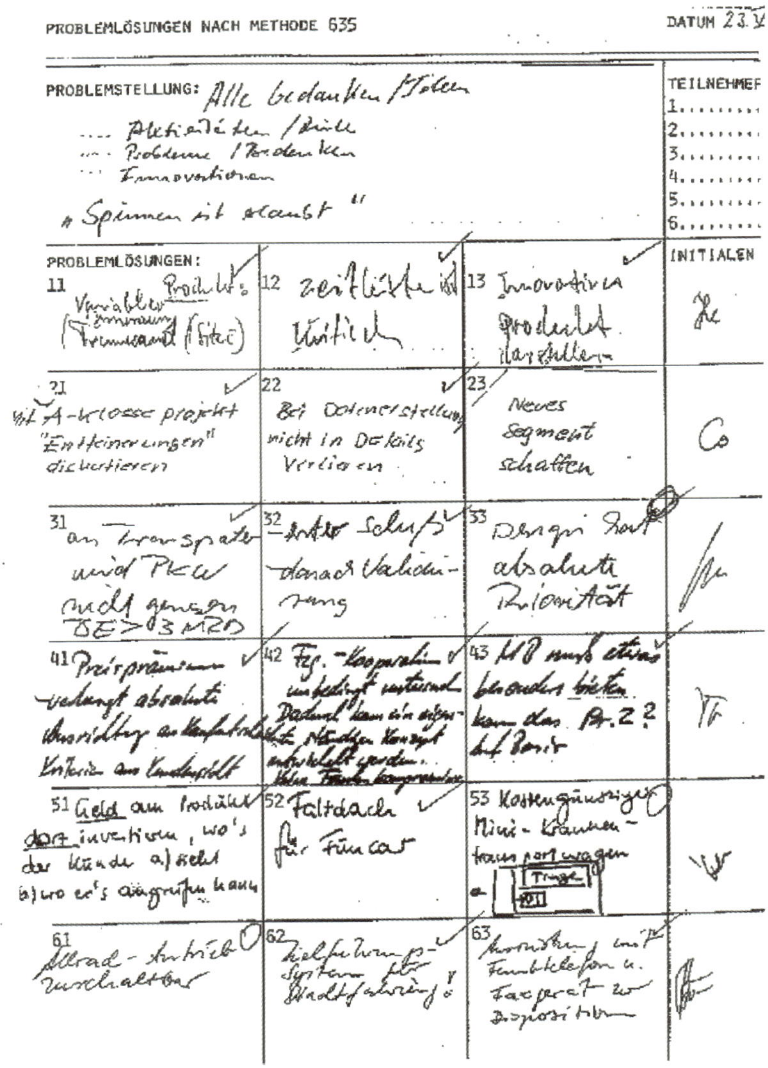
PROBLEMLÖSUNGEN NACH METHODE 635　　DATUM

PROBLEMSTELLUNG:

TEILNEHMER 1. 2. 3. 4. 5. 6.

PROBLEMLÖSUNGEN:

INITIALEN

11	12	13
21	22	23 Neues Segment schaffen
31	32	33
41	42	43
51	52 Faltdach für Funcar	53
61	62	63

图 3-45　“635”方法填满表格的实例

然而，通过逆向工程很少能够获得真正的新发现，因为这些结果常常是参与者不假思索提出的。

例子　客户清洗汽车

例如，当为汽车修理部开发新的服务创意时，将问题改为相反面，即客户可以为汽车修理部提供哪些服务。客户的潜在服务是定期清洗新车。如果将生成的创意颠倒过来——汽车修理部定期帮助客户清洗汽车。回到最初的问题，可以针对初始问题推导出具体的建议方案，例如在汽车经销商或某个客户聚集地区引入完整的洗车服务。

综摄法（synectics method）

综摄法作为直觉对抗的一种方法，旨在提供最初由**没有问题对象和流程的问题**而生成的解决方案，但基于类比，又可以返回到潜在的问题（见 Schlicksupp, H. 2004 P. 130, van Aerssen, B. 2009 P. 256）。

过程和规则

该方法遵循创造性过程的**四个阶段**：准备阶段、阐释阶段、孵化阶段和验证阶段。在**准备阶段**，参与者详细描述问题情况，创意发现者记下突发的建议方案。如果有必要，根据小组的理解重新定义问题情况。

这个问题的目标异化发生在**阐释阶段**，该阶段与其他领域（如自然界）形成直接类比，包括拟人类比，代表“身份”并描述重要的感受；象征性类比，所谓的“矛盾”，为所描述的感受赋予矛盾的标题。异化阶段以形成来自另一个领域的直接类比而结束，例如技术。

为了将最后类比的结构特征转移到初始问题上，需要进行全面的分析。转移分析的结构特征，即“force fit”，代表了综摄法的核心要素，并描述了对原始系统的强制性适应。在**孵化阶段**，问题解决者试图将无问题类比的适合性作为潜在问题的替代解决方案并证明。类比与原始系统相结合来开发具体的方案建议，并在**验证阶段**扩展。

优点和缺点

综摄法使一个完整的、部分物理构造的问题解决方案成为可能，可应用于技术复杂的、高度新奇的问题。同时，**形成类比**也有助于克服既定的思维方式。综摄法的缺点是过程步骤特别复杂且流程太广泛，这意味着需要花费大量的时间。同时，综摄法对创意发明人和主持人具有非常高的挑战。结构转换的启发式系统必须经过培训，并需要大量的实践，直到带来深远的成功。

图 3-46 显示了一个综摄法研讨会的示例性解决方案。

问题情况	来自类比领域的概念	解决方案
设计一个儿童友好型汽车	唱片 （旋转）	旋转的座位，妈妈可以把它转向孩子
开发贴壁纸机	V 型皮带 （推动多个轮子）	两个相对的滚筒：从一卷纸上解开壁纸，第二个滚筒涂上胶水；轮子位于杆的末端，在墙上可以导向
布置未来的办公室	弹簧床垫 （振动）	休息时可自动振动的扶手椅

图 3-46　综摄法研讨会的示例性解决方案

（见 Magdeburg 大学 2004，关键词综摄法）

刺激词分析（analysis of stimulus word）

刺激词分析是基于这样一种观点：大多数创意和创新是偶然产生的，然而这个观点并不被创新者们承认。该方法的首要目标是在我们的环境中识别解决方案，这可能是产生问题解决方案的重要推动力或者重要的核心元素。为了实现这一目标，该方法假设创意发现者有意地**研究**周边**环境**，其原则、过程和结构为特定问题的解决方案提供建议（见 Schlicksupp, H. 2004 P. 126, van Aerssen, B. 2009 P. 227）。

过程和规则

如果仔细分析和定义了问题，那么有必要创建一个随机的刺激词集合。确定刺激词的可能性几乎是无边界的，例如随意翻阅一本书或者宣传册目录并任意指定一词已经被证明是一种成熟的方法，5 ～ 7 个刺激词的集合足以用于问题分析，有时甚至一个刺激词便足已。

作为分析的一部分，各个刺激词被分解为所谓的**刺激词元素**，详细地描述功能、属性过程、布置结构、形状和设计。创意发现者的任务是将刺激词元素衍生到潜在的问题上，并通过两个区域的双激励连接从而产生解决方案的创意。

刺激词分析规则为：首先，收集所选刺激词合适的特征；其次，用真正的搜索区替换刺激词，并且参与者尽可能将所有先前找到的概念转移到问题上。由于完全不同领域的**反向耦合**可能受限，因此建议尽可能多地使用相关单词族。例如，如果潜在的问题是关于技术或者物体形态的问题，那么代表性的刺激词可以更容易地与问题的特征相连接。然而，对于非技术性问题，社会和历史领域的刺激词往往更适合。

优点和缺点

通过随机选择刺激词，该方法为产生全新的创意提供了巨大的潜力；特别是当其他技术的潜力似乎已经耗尽时，刺激词分析为产生创意开辟了新的可能性和方法。

多数情况下，虽然刺激词分析可以快速且无须太多费用便可进行，但它仍然不会产生预期的结果，尤其是在敏感想法的情况下。刺激词分析同样适用于充满激情的团队，通常会产生大量的，但只有部分可以达到目标。

例子　针对新鞋创意的刺激词分析

一个创意工作坊的主题可以是为30至40岁的男性开发新的鞋子模型。通过刺激词分析，可以借用刺激词“鱼”。图3-47显示了此类分析可能的结果。

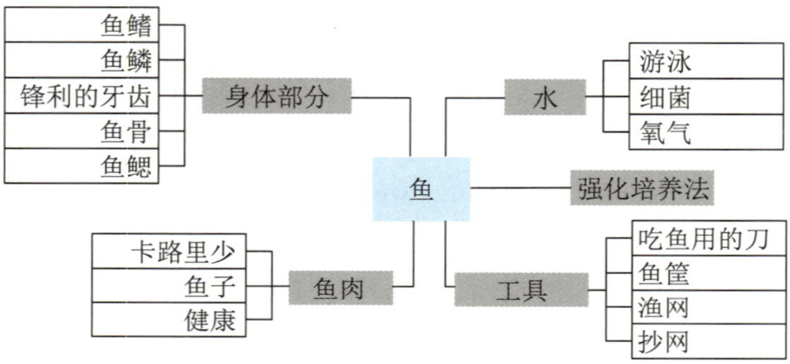

图3-47　刺激词分析示例——鱼

根据刺激词“鱼”的分析结果，人们可以针对上述目标群体提出不同的新鞋概念：篮子图案的鞋、有吸水鳞片的鞋、运动员漂浮在水面上的鞋等。

语义直觉（semantic intuition）

另一种直觉对抗的方法是语义直觉技术，其作用原理基于**我们语言的语义**（语义指关于语言概念含义的原理）。该技术的基础是这样的，即我们语言的一个词通过“听”或“读”可以让人**直观地产生**一个或多或少形象化的构想图像。例如，听到“冰淇淋”这个词可以产生“冰激凌甜筒”这样的图像。语义直觉利用了这样的情况，即所描述的效果也适用于新颖的概念（见Schlicksupp, H. 2004 P. 141, van Aerssen, B. 2009 P. 234）。

过程和规则

一旦所有会议参与者分析并明确定义了问题，就会在头脑风暴中收集与问题相关的创意，并记录下来。收集到的元素随意地相互结合起来，并组合成全新的单词。现在我们必须通过分析新词对应的图像，评估和进一步开发由创意提出者提议的解决方案，努力寻找解决根本问题的办法。语义直觉绝不限制组合概念的数量和类型。原则上，可以组合任意数量的名词、动词和形容词。但是，应该指出的是，太多的概念组合不利于直觉地制作图像。

创造新词的原则赋予发现创意这个过程一个俏皮的特征。除了由此产生的轻松氛围之外，创造新颖的词组开辟了解决问题的新领域。

然而，为了获得有用的结果，创意提出者需要彼此接受认可对方。

例子 语义直觉产生有趣的创意

我们正在寻找一种尚未在市场上销售的新玩具，作为概念可以找到消防车、挖掘机、玩偶、色子、球和飞机等词。在这种情况下产生的新词可以是“色子—球”“玩偶—挖掘机”或“消防车—飞机”。“玩偶—挖掘机”可能为女孩带来一辆建筑工程车，“消防车—飞机”会带来一架消防直升机。

系统分析法

除了直觉创造的创新方法之外，**系统分析法**也是发现创意的工具之一。这些方法针对的不是突发的解决方案，而是**有计划地和系统地**生成解决方案。在这里，问题情况的要素被有条不紊地记录下来，彼此区分并重新组合（见 Traut-Mattausch, E./ Kerschreiter, R. 2009 P. 269）。

形态分析

系统变换的一种方法是形态分析，也称为**形态盒子（morphological box）**，旨在为给定问题提供完整的解决方案（见 Schlicksupp, H. 2004 P. 91, van Aerssen, B. 2009 P. 208）。

过程和规则

在创建这样的盒子之前，必须定义潜在的问题并将其分解为相关参数及其表现形式。

在选择参数时必须注意，客观上它们彼此独立并且对问题情况至关重要。

现在出现有形的解决方案，通过在每个参数行中选择一个可能的特征并记录图形化的路径，通常只需用线条连接这些特征。参数特征的每个可能的组合都代表了一个替代解决方案。

优点和缺点

形态盒子适用于对**每个问题元素**进行**系统地划分**，尤其适用于分析复杂的事务。

问题分解还可以考虑所有可能的解决方案，从而形成一个相对**完整的解决方案模型**。为了提高该方法的有效性，它通常与其他技术相结合，主要是头脑风暴。

形态分析的缺点是组合所有潜在的解决方案进行完整分析的成本很高。另外，针对每个问题元素深入的专业知识以及随之发生的不同专业间跨学科的合作是必不可少的。图 3-48 显示了一个形态盒子的例子。

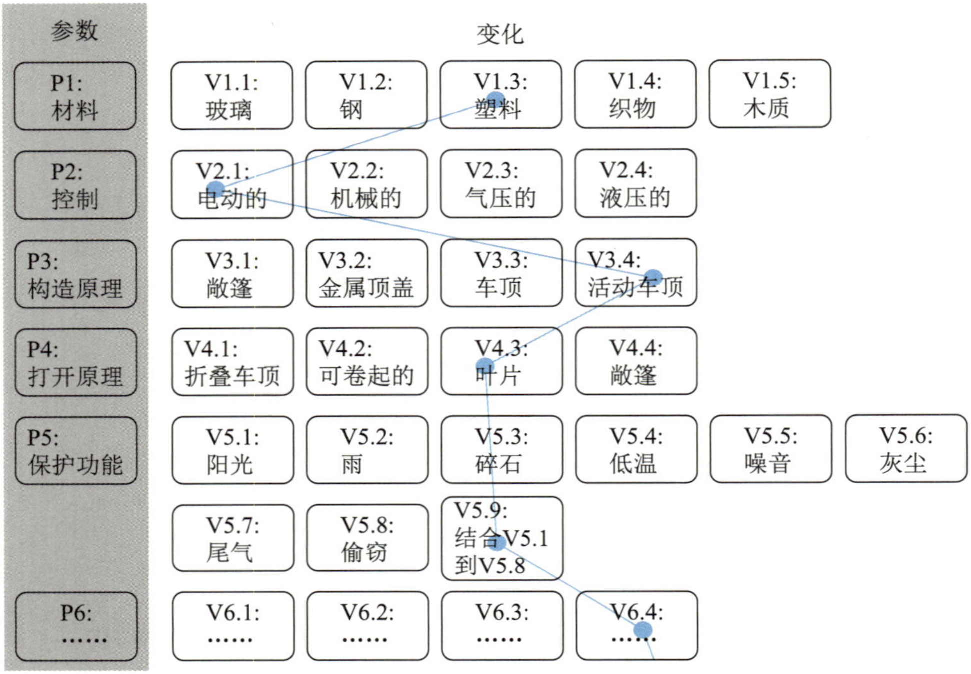

图 3-48 车辆形态图的例子

属性列表（attribute list）

属性列表的特点是与形态图紧密相关，但其应用范围较窄。由于潜在的系统变化的启发式原则，该方法特别适用于阐明**产品和流程的改善**及其进一步开发（见 Schlicksupp, H. 2004 P. 89, van Aerssen, B. 2009 P. 151）。

过程和规则

这通常是通过**重大的创新**来延长产品和流程的生命周期，而不需要进行根本性的新开发。

该方法基于现有的产品或流程，首先将其分解为各自的特征，然后详细描述这些特征的当前状态，以便系统地搜索每个特征在设计时变化的可能性。利用头脑风暴等创造性技术，可以非常有效地搜索各种变化。然后在实现之前选择和评估有意义的替代解决方案。

优点和缺点

与形态图相比，属性列表对创意发现者来说要求低得多。属性列表可以快速简便地应用该技术，既不需要深入的专业知识，也不需要高昂的培训费用。但是，出于这个原因，该方法不适合于复杂的问题情况。

例子 太阳镜的属性列表

图 3-49 显示了一副太阳镜的属性列表示例。

特征	目前形式	其他形式
颜色	黑色	白色、绿色、红色、蓝色
外观	运动的	优雅的、年轻的、个性化的
材质	聚丙烯	聚丙烯酸酯、橡胶、聚氨酯
镜框	无框	薄框、厚框
玻璃性能	透明的	轻度着色、重度着色

图 3-49 一副太阳镜的属性列表示例

可以看出，通过这种技术能相对容易和快速地发现太阳镜变化的可能性。

渐进式抽象（progressive abstraction）

渐进式抽象通过**逐步抽象**的形式消除潜在的问题，以及通过相关观点的变化，来创造新的解决方案。通过变化的视角来看待整个问题区的核心，由此产生了大量不同的解决方案，但结果经常有别于预期。因此，渐进式抽象带来了对正在研究的问题与创意提出者的目标系统之间的关系的深刻见解，并且展示了产生最有效解决方案的**抽象级别**（见 Schlicksupp, H. 2004 P. 64, van Aerssen, B. 2009 P. 224）。

过程和规则

如果初步的问题表述不能产生深远的解决方案，那么渐进式抽象的方法提供了通过考虑更高层次的表述来逼近问题核心的可能性。

渐进式抽象从问题的初步定义开始，在头脑风暴期间为其产生解决方案，然后对这些创意进行批判性评估并制定一个抽象的问题阐述，针对下一个更高抽象级别的问题再次产生解决方案。重复这个循环，直到不能进一步抽象为止。抽象问题“究竟取决于什么？”导致更高级别的抽象。

优点和缺点

渐进式抽象特别适用于**新开发和进一步开发产品和过程**，例如由于长期稳固的定义导致对某些问题的视野非常有限，通过该方法可以扩展和全方位的观察问题情况。

然而，经过多次的抽象可能会偏离原始问题。此外，该方法对创意提出者和主持人具有很高的要求，因为只有他们的经验才能保证正确的抽象和令人满意的结果。

例子 对一个千斤顶渐进式抽象

图 3-50 显示了应用渐进式抽象的一个例子。

特别的表达	抽象级别	输入	输出	可能的解决方案
↓	1	手动的水平旋转	在车轮附近抬起车子	带手柄的普通千斤顶，机械式的
问题：究竟取决于什么？	2	一个人随意地运动		方案1加“来回”和“向上和向下倾斜的”运动，机械式的和液压的（也是脚控的）
↓	3	随意地使用能源，只要马路上可用		方案1和2加电动的、液压的、气动的驱动马达，分离的流体缸体，充气塑料垫
抽象的表达	4		减轻任何一个车轮承载的重量	方案1至3加只给3个液压气动轮胎充气，驶入一个带轮的凹坑
任务的根本原因：为什么会提出这样的问题？ 系统边界扩张	5	防止车轮颠簸，以免发生紧急变化（这使得任务和设备变得不必要）		自密封轮胎、塑料填充轮胎、实心橡胶轮胎

图3-50　对一个千斤顶渐进式抽象的例子

（见 Ehrlenspiel, K. 1995 P. 324）

挑衅技术（provocation techniques）

过程和规则

作为系统对抗的一种方法，挑衅技术通过**挑衅**对现有观点提出质疑，以便提供新的启发（见 Gassmann, O./Sutter, P. 2011 P. 316）。可应用的挑衅方法有：

- **取消**现有的**假设**、抛弃长期建立的假设。
- 将**理想情况**描述为**当前状态**，陈述几乎不可能的正面的问题情境。
- **颠倒**，颠倒事实情况或相互关系。
- **夸张**，改变定量的属性。
- **偶然事件**，其中一个随机概念出现在初始情况旁边。
- **伪造**，改变定性的属性。

为了表明是挑衅方法，始终以“PO”为前缀。

如果制定了合适的挑衅方法，就有必要针对挑衅产生的问题提出解决方案。

可以根据问题情况选择不同的挑衅方法。

优点和缺点

挑衅技术可以打破固定的思维模式，保持创意提出者对问题的距离，并允许出现全新的观点和创意。然而，解决方案本身的发展往往会是一个问题，因为挑衅往往远离现实。

例子　挑衅技术在教育事业中

例如，如果在学校的进一步发展领域寻求创意，那么故意“取消现有的假设”可以与“夸张”结合起来，如下所示：“PO 学校不再有任何教室”，由此产生的创意之一将是通过互联网学习。

“偶然事件”和“夸张”相结合的一个例子是“苹果”这个概念。在学校，挑衅可以是“PO 学校到处都是苹果”。针对此问题的解决方案可以是，为学生提供实惠的苹果，并且可以在休息时购买其他水果。

确定刺激对象（identify stimulus object）

系统对抗的方法还包括确定刺激对象，它结合了分析的和直觉的创新技术。通过**确定刺激对象**来解决问题的基础是，书面理解（例如，通过书面头脑风暴）先前定义的问题的外生影响因素（见 Tsifidaris, M. 1994 P. 78）。

过程和规则

定义的影响因素是系统化的，并且如果可能的话，有意义地进行归类。成功地产生解决方案需要确定具体的要求，此外还需要创建一个目录，用以定义潜在解决方案的期望和理想标准。

在完成所描述的前期工作之后，创意提出者的任务是，系统地选择问题相关的类似领域，并为每个类比生成刺激词。在团队中，解决方案的制定遵循直觉对抗的原则。

确定刺激对象的方法是发现创意中**比较复杂**的一个方法，对主持人有很高的要求，因此主持人要有渊博的知识。

例子　应用确定刺激对象：动物洗发水

图 3-51 展示了动物洗发水的应用实例。

以动物香波的应用为例

表达问题情况	新的动物洗发水
确定关键的影响因素	新的活性物质、包装
解决方案的要求	维生素、无脂肪
选择相应的类似领域	人用洗发水
衍生刺激词	皮屑
新的解决方案	亲肤的

图 3-51　动物洗发水作为确定刺激对象的实例

（见 Bruhn, M. 2010 P. 134）

总结比较

最后，总结列举一下创新技术的主要特点以及优缺点（见图 3-52）。

方法	产生创意的机理	所产生创意的成熟度	创意或问题解决方案的复杂性	应用时间和成本
头脑风暴	通过禁止评论并且自由联想	第一个建议、搜索区域、高度抽象的创意	低	低
书写头脑风暴	自由关联以及形成关联链	第一个建议、更具体的创意链	相对低	低
综摄法	运用类比与分析	完整的、建设性的问题解决方案	适用于技术上高度复杂的问题	高
形态分析	所有的特征组合	相对完整的概念模型	适用于技术上高度复杂的问题	中到高

图 3-52 经常使用的创新技术对比

- 为了取得成功，在整个**头脑风暴**过程中需要有条理的主持人。该方法特别是在产生创意的开始阶段，更多的是关注创意数量而不是创意质量。
- **书面头脑风暴**将头脑风暴的优势与小团队的工作效率结合在一起。书面头脑风暴可以被看作是经典头脑风暴有意义的发展和改善。
- **形态分析**的根本优势在于描述一个问题所有可能的特征。它是一个整体的方法，既不能用于头脑风暴，也不能用于书面头脑风暴。
- 与其他三种方法相比，**综摄法**相对较少见。这主要是由于它是迄今为止最费力和最复杂的创新技术。然而，如果参与者有足够的经验，它会带来意想不到的结果。
- **刺激词分析**是一种娱乐性的和考虑到创意数量的有效技术，很受欢迎。

多种创新技术可以结合起来应用在创新研讨会中。这种会议的经典过程如图 3-53 所示，但可以根据需求、预算和时间来灵活调整。必须注意的是，需要邀请不同的参与者，以及及时地规划空间、预先确定专业的主持人。在研讨会期间，为了取得令人满意的结果，不仅需要研讨会小组掌握相应的专业技术，还研讨会小组掌握团队协作能力。在小组内部创建和维护一个轻松而有效的工作氛围尤为重要。

布雷姆总结了 12 个按先后顺序排列的规则，这对于成功实现创新研讨会是必需的（见图 3-54）。

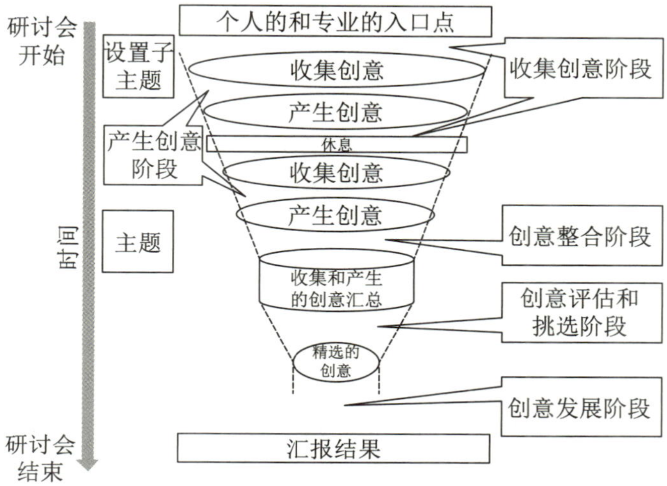

图 3-53　“大型创新研讨会”的经典过程

（见 Brem, A./Brem, S. 2013 P. 128）

规则 1：确定义问题和任务
规则 2：确定小组组成
规则 3：选择研讨会会期
规则 4：选择场所
规则 5：准备资源
规则 6：规划创意评估和选择
规则 7：发展独特的入口点
规则 8：建立切实的预期
规则 9：可视化创意
规则 10：注意好的情绪
规则 11：保护新的创意
规则 12：确保使用结果

图 3-54　规划和举办创新研讨会的规则

（见 Brem, A./Brem, S. 2013 P. 129）

3.2.3.3　收集和产生创意的其他方法

作为收集和产生创意的其他方法，下面简要介绍文献研究、市场调研、专家研讨会和探索性会谈以及企业建议体制等方法。

文献研究

文献研究是一种常常被忽视的产生创意的工具。这种方法的目的是弄清楚现有的知识并有目的地使用它们。针对相关书面文字或数据的系统开发和评估对于成功地搜索信息至关重要。文献获取的方法包括文献检索、在线检索、数据库检索、互联网检索等。由于文献研究依赖于已有的调查结果，因此它被称为市场分析领域的**二级市场研究**。另一个描述互联网上的社区和论坛，并且进行结构化评估的方法是网络志（netnography），这种方法基于人种志学研究方法向互联网转移而产生。

这些资源的开发既可以在企业内也可以在企业外进行。原则上，文献研究法应按如下**有条理的规划**进行：

文档研究步骤

（1）应尽可能精确地定义主题，并用合适的搜索词进行描述。必须注意，搜索的关键字应尽可能全面地覆盖存在的问题，并在必要时涉及周边区域。

（2）为了获得有用的结果，必须考虑所有相关的数据源、数据中介和搜索帮助。

（3）权衡、评估和选择替代搜索方法的好处和所需的努力。

（4）搜索应该在专业搜索工具和专家的帮助下进行，以尽可能降低时间、人力和财力成本。

文献研究基于已有的想法，避免了重复工作和冗余。然而，文献研究不能直接获得创意。相反，文献研究的结果可以用来准备和开展创新活动，从而为开发创新的问题解决方案提供基础。

市场研究

市场研究是收集客户、竞争和商业环境中涉及领域相关数据的最常见方式之一。在大多数随机调查、观察和实验（所谓的**一级市场研究**）的基础上，市场研究通常可以对有关目标群体的整体作出有代表性的陈述。市场研究的结果在创新过程的各个阶段都很重要。

为了规划和实施，市场研究活动基本上可以分为以下**五个阶段**。

市场调研步骤

（1）应尽可能精确地定义和描述**调查对象**和**调查目标**。特别是在第一步中，市场研究需要对与创新相关的技术发展趋势、经济背景、法律框架条件和社会影响等问题有清晰的认识。就这方面来说，不同学科专家的参与是绝对必要的。

（2）定义相关的**目标群体**并选择合适的样本以及主题。采访指南（采访）、问卷（书面调查问卷）或调查问卷应从内容和心理的角度出发，测试其信息价值和可用性，并且定义数据评估的标准。

（3）必须确定采访技巧、采访者、数据收集和数据分析的实际**执行理念**，并就时间、预算和最终报告达成一致意见。

（4）在**数据收集**阶段，必须仔细记录和整理所获得的信息。应尽可能澄清不一致和含糊不清的地方。

（5）根据给定的标准对**数据库**进行评估，并就调查领域预期的发展作出陈述。

特别是在大规模分析的情况下，委托专业的外部市场研究机构对于收集原始数据而言具有优势，因为这些机构具有规划、执行和评估问卷调查所需的专业知识。

专家研讨会

专家研讨会用于对现状进行问题分析和评估，并预测其未来的发展。一般来说，专家是指在相关创新领域具有丰富知识和经验的一群人。有组织的专家讨论的结果是精确地陈述调查对象，从而在小组交流和沟通协调过程中客观化。选择“正确的”专家和目标明确的主持对结果有决定性的影响。

在举办专家研讨会时，常常采取以下步骤：

专家研讨会的步骤

（1）精确定义**讨论的主题**和**目标**。

（2）必须选择决策者接受的权威**专业人士**，只有这样才能确保研讨会结果会被最高管理层采纳，并在决策时予以考虑。

（3）除了在时间和内容方面确定研讨会过程之外，还要选择有经验的**主持人**，并确定媒体的使用。

（4）在研讨会上，必须仔细和完整地记录**讨论的过程**和**结果**。建议与专家一起就完成的文档进行沟通，以避免误会和误解。

有组织地实施专家研讨会可以在发现想法中取得非常好的效果。对专家们而言这种研究方式需要付出的努力相对较少，然而准备和评估活动需要的时间比研讨会本身多很多。

探索性会谈

探索性会谈是指与一些感兴趣的目标群体的代表进行密切对话。这些人是“影响公众舆论者”或“潮流引导者”，其行为会影响目标群体中的其他成员。然而，由于目标人群太大，探索性会谈不一定会带来有代表性的结论。相反，他们更有可能使创新管理团队对目标群体的特点和特殊的问题敏感化。因此，探索性会谈构成了表达因果关系（假设）的基础，然后必须在第二步中进行统计验证（例如，通过全面的口头或书面访谈）。如果采访者对其调查的目标群体的代表具有显著的敏感性，那么探索性会谈可以是一个重要的创意来源。

例子　“场景”中的趋势侦察员

一种更新的探索式获得创意的形式是所谓的“趋势侦查员”，他们代表民意调查机构或大公司的市场研究部门进行市场勘察。他们的任务包括与“场景酒吧”中的潮流引导者交谈，就消费者的价值观和态度的未来发展作出陈述，并识别与创新管理相关的潜在社会趋势。

企业建议体制

企业建议体制（BVW）通过适当的激励措施来系统地开发现有的经验知识和

员工的创造潜力。一个有效的企业建议体制可以理解为一个促进和利用企业全体员工创造力的组织机构（Thom, N. 1987 P. 365），并为改进或重新设计产品以及优化组织结构和流程提供重要建议。

虽然企业建议体制是企业组织的一个组成部分，它提供改进建议和创意，但不会影响企业层级传统的信息关系。建立一个直接的咨询处会缩短信息和决策路径，而这通常是员工提交创意的必经之路。由此企业建议制度确保创意不会在组织结构中“停滞不前”，或者由于太长的处理时间使创意提供者认为他提交的很无趣或者不受欢迎。

但是，在组织中实施企业建议体制并不能保证企业有任何创意和创新提升。错误地运用这种工具的话，效果可能适得其反。因此应该从一开始就消除企业建议体制潜在的**薄弱环节**。首先，常见的问题有（见 Majaro, S. 1993 P. 257）：

- 管理层缺乏促进建议体制。
- 评估机构延迟或完全缺失对提议的反馈。
- 审查和评估系统难以理解、不灵活、不透明。

为了预先减少运转不顺的企业建议体制产生不利的影响，在设计企业建议体制时应考虑图 3-55 中提到的要点。

▸是否明确界定和制定了企业建议体制的角色、职能和目标？
▸员工是否了解这些方面？
▸有没有精心制定一个激励计划，并在企业内部宣布？

▸是否制定了相应的检查和评估方法？
▸是否存在负责收集、测试和反馈机构，是否具备必要的决策权力？
▸最高管理层是否参与了所有活动？

图 3-55 开发一个高效企业建议体制的核对清单

（见 Majaro, S. 1993 P. 274）

创意屋（idea house）的概念远远超出了企业建议体制，其要求所有员工都参与创新想法的开发过程。想法屋既是企业内部创意提供者和创意消费者的对口联系人，又是创新管理的中央处理和协调机构（见 Haller, C. 1997 P. 22, Zetsche, D. 1996 P. 34）。**集成的创意管理**采取了类似的方法，它利用企业建议体制的现有流程将外部的创意有组织地结合起来。根据创意的类型（产品、流程等），相应地遵循不同的过程（见 Brem, A./Voigt, K.-I. 2007 P. 305）。

激励体制

一个有效的企业建议体制的基本前提条件是存在一个有吸引力和透明的**激励体制**。只有持续认可的激励措施，才可以让许多员工拥有持久的主动行动的意愿（见 Brem, A./Ziegler, S. 2009 P. 35）。一个支持创新型激励体制的示意图如图 3-56 所示。

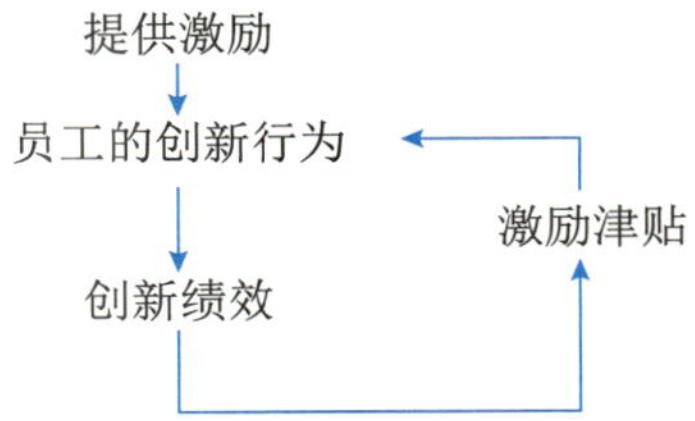

图 3-56　企业激励体制对创新行为的影响

（见 Staudt, E./Bock, J./Mühlemeyer, P. et al. 1990 P. 1184）

这种激励体制可能涉及不同类型的**激励方式**，包括现金支付、礼物等形式的物质激励措施。特别是考虑到创新过程及其背后的人和他们的需求结构，可以考虑与员工社会地位有关的（认可、横向和纵向任务扩展），与人员发展有关的（进一步培训措施、参观展会）和与工作灵活性有关的激励（自由的工作时间、自主研究活动的自由空间）（见 Staudt, E./Bock, J./Mühlemeyer, P. 1990 P. 1188）。

图 3-56 显示了激励和动机理论方面的实证研究结果，这些方面对员工的动机有特殊的影响。图 3-57 显示了影响员工动机的重要因素。

- ▸通过增加与外部的联系来打开“创意漏斗”
- ▸引入一个集中记录创意管理系统
- ▸在员工和各个部门之间交换意见
- ▸定义一名创意管理主管
- ▸定期举行圆桌会议和小组讨论
- ▸在职业培训中引入创意管理
- ▸将创意管理视为促进沟通的机会
- ▸快速地处理创意和反馈
- ▸认可鉴定人的活动
- ▸创建参与创意管理的激励措施
- ▸对创意提供者进行物质或非物质的奖励
- ▸企业管理者的赏识
- ▸在内部和外部利益相关者中做更多的宣传

图 3-57　影响员工动机的重要因素

（见 Brem, A./Ziegler, S. 2009 P. 41）

除了动机方面之外，创意评估者也是一个往往被忽视的、使企业建议体制不能有效运转的因素。由于没有鉴定人专业的和快速的反馈，企业建议体制不能长期成功。在此背景下，了解并重视对鉴定人的要求非常重要。图 3-58 对这些进行了总结。

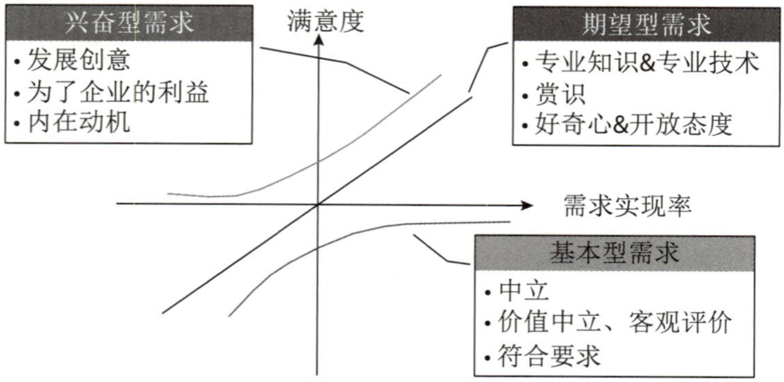

图 3-58　卡诺模型（Kano-Modell）描述了对想法鉴定人的要求

（见 Maier, M./Vollrath, O./Brem, A. 2014 P. 41）

例子　一个成功的企业建议体制的关键

在一家企业里，一个创意可以使核心流程的成本降低数十万欧元。建议提供者也会获益：新闻机构的调查显示，有时建议提供者的奖金的数额在数十万欧元。2011 年，大众汽车集团公司通过其在德国的建议体制收集了近 6 万条建议，从而节省了超过 1 亿欧元成本。例如，员工的许多创意有助于节省生产成本和节约资源。作为奖励，大众汽车总共发了 1900 万欧元。同年，戴姆勒股份公司共收到 77 000 项建议，其中有 44% 得到了实施。这家汽车制造商节省了 6800 多万欧元，并发了 1700 万欧元作为奖励。多达 125 000 欧元的最高奖金被多次颁发给每位创意提供者。自 1995 年以来，提交创意的数量稳步提升。德意志铁路公司的两名员工于 2011 年开发了一种新的火车钢轮磨削工艺。这一发明在全国范围内取得了成功，德意志铁路公司据此每季度节省 80 万欧元。

3.2.3.4　系统地记录和存储创意

如果收集和产生创意这个阶段是成功的，那么接下来必须以适当的方式记录和存储大量的新颖的解决方案。虽然中小型企业可能仍然希望将他们的创意和建议存放在档案中，并在需要时从中寻找适当的解决方案，但对于寻求集成创新流程的大型企业来说，这种方法是行不通的。在这里，使用合适的电子数据处理工具进行数据记录和存储是绝对有必要的。

图 3-59 显示了一个典型的想法创意的扩展版本，它以图形的方式形象地说明了存储和检索数据的必要性。对于推迟考虑的创意必须以结构化的方式进行存储并

相应地重新提交，由于其复杂性和数据的数量，通常需要计算机支持。

记录创意

记录创意至关重要。首先必须系统且完整地记录从各种来源获得的创意。其次，必须使用适当的工具来统一描述所有创意。创意记录阶段的标准化程度越高，就可以更容易和更完整地进行创意调研。

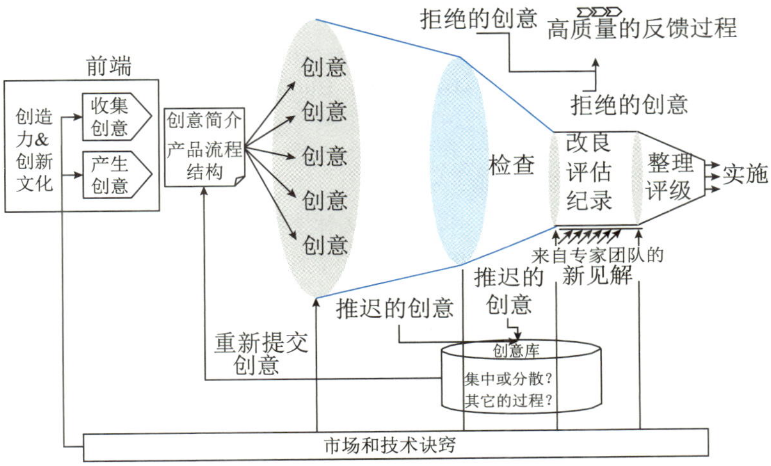

图 3-59 一个扩展的想法漏斗示例

（见 Brem, A./Voigt, K.-I. 2009 P. 365）

表格是记录创意的一个合适的工具，可以作为“硬拷贝”或显示掩码呈现，这取决于不同的企业文化。同时，这些表格应该跨媒体标准化。使用表格记录想法的结构特征包括：

记录想法的特征

- 创意的标题或主题。
- 注册码。
- 提交人或职位以及提交创意的日期。
- 标准化描述（功能原理、应用领域、收益和成本、优缺点、截止日期和里程碑）。
- 根据技术功能进行分类。
- 就客户利益的类型和范围分类。

例如，在戴姆勒股份公司的汽车部门，创建了所谓的**简介表**，以统一的方式正式记录了创意的主要观点（见图 3-60）。然后把已登记的创意存储在创新数据库中。

除了结构化地记录和存储创意之外，在创新过程的进一步发展中，这些表格也是已实现阶段透明的和标准化文件的基础。因此，最初记录该创意时存储的基本数据逐渐被相关的处理信息所补充。在每个阶段结束时，根据统一标准来描述创新状态，随时给出各个创意所处状态的概览。

创新简介表：燃料电池

1. 说明：新的燃烧概念，燃烧氢气或甲烷
2. 客户利益：将废气排放量减少95%，减少总能耗
3. 限制：尺寸、燃料冷却、安全性
4. 可沟通性：很高　USP×☐
5. 与其他组件或项目的相互依存关系：
 剩余动力总成、被动安全、构造、发动机舱内饰
6. 相关的法律法规：AGNB，STVO，BImSchG，GGVS，KraftStG
7. 相关的标准：车辆尺寸、排放标准

对车辆性能的影响：（值：−3～+3）

安全性	−3	舒适	0	人体工程学	+2	运输	−2
生态	+3	运转费用	?	可靠性	?	保养	?
是否易于维修	−2	司机吸引力	+3	接受度	+3		

可能的目标车辆：A ☒　B ☒　C ☒　D ☒　E级车：下一代

开发费用：生产能力(Mj) 500　年/月 10年

大致估计的零件成本：4000欧元

可能的货源：研发部门

部门主管：迈尔先生

外部的开发合作伙伴：Fiktiv团队

量产使用　目标时间　10年

商定的里程碑

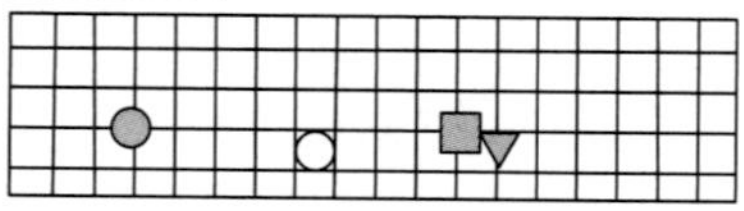

成本曲线：

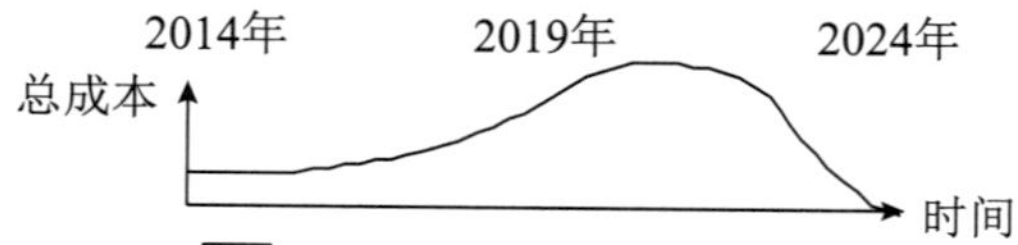

前期开发任务 ☐
量产开发任务 ☐
研究任务 ☒

附件：OK

注意：数据来源不明

图 3-60　创新简介表示例

储存创意

通常，数据集规模较大，只有考虑一个电子数据处理解决方案才可以**存储想法**。这个创意或创新数据库（Idea Pool）是进一步处理所记录的创意的基础。电子数据处理技术实施应基于一个完善的系统分析，在该分析中定义技术规范并考虑到创新管理的要求。创意库是在企业内部或外部所获得的所有创意、建议和激励的存储平台（见 Wagner, M./ Thieler, W. 1994 P. 8）。在创意库中存储创意遵循记录创意时相同的结构特征。

创新数据库的要求

以下基本**要求**可应用于创新数据库：

- 清晰的、简单的结构和表现形式。
- 根据不同的决策和问题相关标准进行评估。
- 透明地记录创意或创新的处理状态，类似于一个“工作流程”。
- 各个创意编辑者可以容易地访问数据库。
- 控制职能作为资源分配和优化创新流程的决策基础。

软件市场上有大量的软件程序可用于实施和管理数据库。数据库管理的核心问题是无冗余地存储创意，以及可以快速和安全地访问相关数据。解决这两个问题是有效地处理数据库的前提条件。在这方面，基于云的程序提供了创意的支持，但由于数据保护的原因这种程序通常并不可行。

关于无冗余**存储**，识别数据结构的多维特征并相应地归档数据是有帮助的。当信息搜索者访问感兴趣的数据时，数据库应该增加分层，以便信息搜索者面对大量数据时仍然可以保持方向。

在创意记录和存储创意后，**筛选**确保高效地进行创新过程的后续阶段。为此，应该检查创意是不是无冗余的，并且要剔除那些没有提及具体问题的创意。因此，作为**搜索区域导向的选择**，筛选确保了在评估阶段只对基本上有成功机会的进行深入的检查和评估。由此，在权宜之计减少了前面阶段想要的“创意流”。

筛选和成熟度

因此，**筛选**创意特别有助于最佳地分配稀缺的人力、财力和物力资源。一方面，针对需要采取的行动或期望的市场地位进行创意的优先排序，可以促进创新过程的积极成果；另一方面，特别是在时间有限的情况下，优先考虑那些成熟度高、方便实施的创意是明智的。**成熟度**表示一个创意的处理状态或预估的达到批量生产的时间周期。这是创意的一个重要特征，因此应该以关键形式记录在创意数据库中。

创意可以通过数据库搜索的方式过滤，以简介表的形式系统地记录并按内容重点分类想法，只有那些实际上有助于解决当前问题的创意才会被“弹出”。

此外，通过相应的成熟度过滤器考虑时间限制，以便最终只考虑那些在可用时间范围内可以实施的创意。

例如，计划在下一年实施一项生命周期措施，旨在改善特定车型的舒适性，根据顾客的利益标准“舒适性”，并考虑所需的高度成熟度，以搜索区域为导向来查询创意库（见图 3-61）。

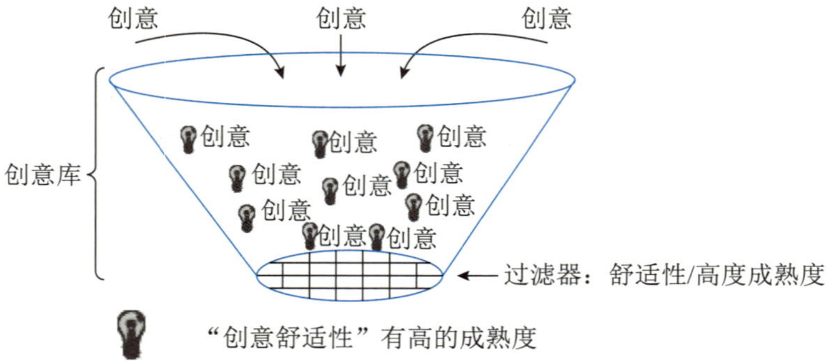

图 3-61 过滤过程受控的标准

总之，图 3-62 中的核对清单包含了获得创意时需要考虑的关键因素。

▸企业内是否清楚创新的外部和内部推动力？

▸是否可以在创新推动力与定义的搜索区域之间建立联系？

▸创新思维和行动是否与市场以及顾客的需求相一致？
▸企业管理层是否知道企业当前解决问题的能力如何，以及哪些解决问题的需求与未来相关？
▸是否使用了可用的内部和外部信息和创意来源，以及是否批判性地细查其效力？

▸搜索区域在多大程度上用于系统地寻找和产生创意，以避免低效地寻找创意（idea mining）？
▸在企业中是否存在阻碍产生创意的机制或框架条件？

▸每个员工都有机会提出他们的建议和创意吗？
▸创意提供者是否会觉得他提交的建议得到快速且专业的处理？
▸创意提供者是否被告知要实现他们的创意，以及他们是否积极参与进一步的过程？
▸企业中是否有专门处理创意的中央机构？

▸是否有一套工具包可以持续而系统地记录所收集的创意，并为进一步处理做好准备？

▸企业建议体制（BVW）是否在企业内制度化？
▸企业中建议体制的存在是否得到了充分的沟通，并被企业管理层和员工所重视？

▸是否系统地应用各种创新技术来发现创意？

▸专家和主持人是否参与了创新研讨会？
▸企业是否采取了措施（例如以培训的形式），以便持续地促进和培训员工的创造力？
▸激励体制在多大程度上表彰创意提供者，并激励他们和组织的其他成员进一步创新？

▸是否使用标准化表格来记录创意？
▸是否借助合适的电子数据处理系统来存储创意，以便灵活地、有目的地搜索创意？
▸在创意评估之前，是否筛选了特定的搜索区域，以减少后续处理工作？

▸报表和报告制度是否与企业特定的创新流程保持一致，以便从一开始就确保一致地收集和处理创意？

图 3-62 获得创意的核对清单

3.2.3.5　QFD 和 FMEA

质量功能展开（QFD）与失效模式和效应分析（FMEA）是两种广泛使用的创新管理方法。另外，还有其他多种多样的方法可以根据具体问题使用。然而，在本书中不能详细地描述所有的方法（更详细的描述见 Lindemann, U. 2009, P. 241）。

质量功能展开

质量功能展开（QFD）的目的是将客户的要求全面地整合到产品和过程开发的任务定义中。

质量不仅意味着产品和过程的可靠性，而且意味着所有从研发或客户角度来看，可能造成重大的客户利益的特征。

标准情况下，质量功能展开过程分四个阶段进行（见 Corsten, H./Gössinger, R./Schneider, H. 2006 P. 490）：

- **产品规划**。客户的需求转化为产品中将要呈现的技术特征。基本上，需求清单的元素应该作为结果呈现。
- **部件、零件规划**。先前定义的产品技术特征被转换成各个部件或组件的特征。
- **过程规划**。在这个阶段，定义了生产过程中最重要的要求和参数。
- **生产规划**。最后阶段是制定生产该产品所必需的流程。为此，制定具体的工作计划和说明。

图 3-63 以图形方式形象地说明了各个阶段规划之间的关系。

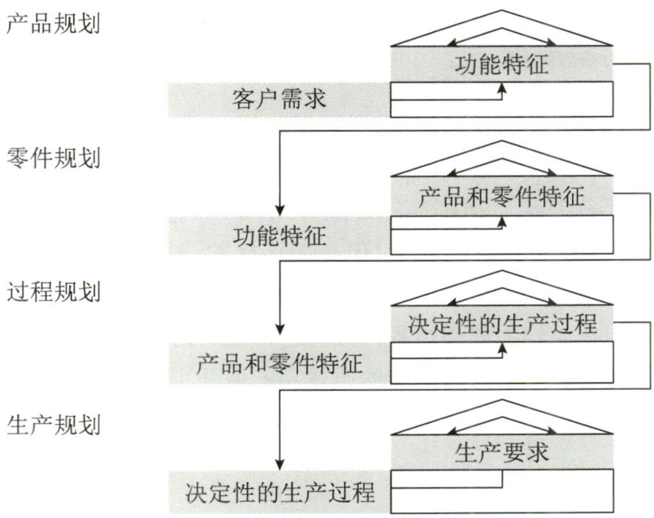

图 3-63　质量功能展开阶段

（见 Specht, G./Beckmann, C./Amelingmeyer, J. 2002 P. 170）

在每个阶段，都可以使用**关系矩阵**来分析哪些技术解决方案可以最好地满足特定的需求。此外，借助屋顶形相关矩阵可以确定技术解决方案对彼此的影响（见 Specht, G./Beckmann, C./Amelingmeyer, J. 2002 P.167）。

图 3-64 显示了通过 QFD 分析的开发人员和顾客视角，其中潜在的问题一目了然。

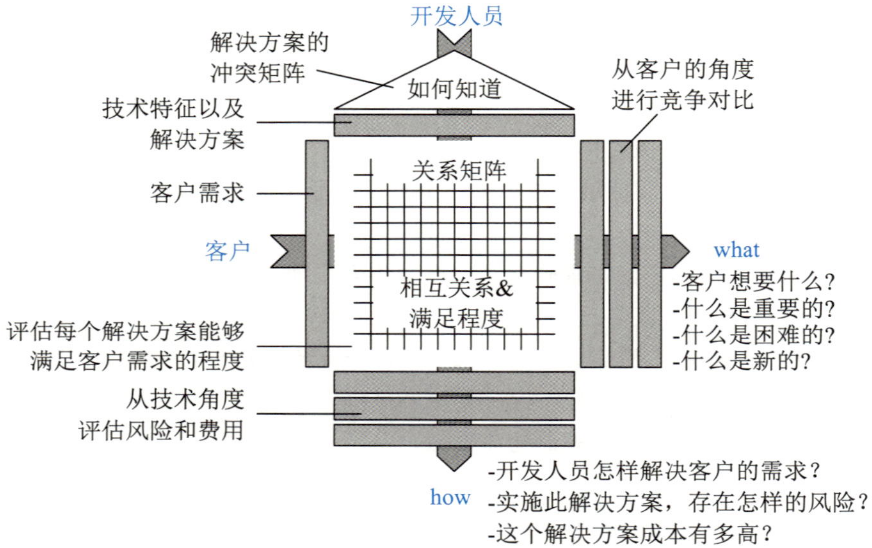

图 3-64　质量功能展开的维度和描述

（见 Streckfuß, G./Gundlach, C. 2007 P. 36）

因此，质量功能展开不仅可以用于开发新产品概念，还可以用于连接产品开发的后续阶段，例如进一步开发现有的产品。该方法通常被认为是相当成功的，可以维持产品质量不变甚至有所提高：开发时间减少 30% 到 50%，启动成本降低多达 60%，所需的产品变更减少 50%。但是，这样的成功非常少见。另外，这个过程通常需要几年的时间才能取得突破性的成功。在任何情况下，质量功能展开可以通过克服职能组织结构的僵硬边界，改善内部的、**跨职能的沟通**。该方法在实践中也存在一些问题，如：引入跨职能的质量功能展开可能导致巨大的内部阻力（见 Schmidt, R./Steffenhagen, H. 2009 P. 706）。

例子　风力涡轮机概念的开发

图 3-65 以风力涡轮机为例，显示了使用质量功能展开的结果：哪种替代概念

最适合客户需求？质量功能展开比较了三种替代的技术概念：H 型转子，达里厄型（Darrieus）转子和横轴型转子。基于绝对和相对分数，横轴的概念被认为是最有利的。

替代技术的粗略概念

更高层次的客户需求（主要需求）			权重	横轴型	H 型转子	达里厄型
H0Q 1	风力涡轮机	经济性	10.0	⦿	○	△
		安装简单	3.9	△	⦿	○
		设计	5.0	⦿	△	○
		良好的可扩展性	0.6	⦿	○	△
		无故障操作	6.2	○	⦿	△
		烦扰少	5.3	△	○	⦿
		高的安全性	6.7	⦿	○	△
		适应风的行为	4.4	⦿	△	△
		环保	5.1	⦿	○	△
相对分数				117	95	66
绝对分数				41%	34%	23%

	矩阵	权重
弱	△	1
中等	○	2
强	⦿	3

图 3-65 风力涡轮机替代概念的评价结果

（见 Schmidt, R./Steffenhagen, H. 2007 P. 711）

失效模式和效应分析

失效模式和效应分析（Failure Mode and Effects Analysis，FMEA）通常用于概念和方案设计阶段。这是为了确保从一开始就尽量减少设计错误的产品和流程：要么及早发现错误并相应地消除，要么意识到潜在的错误并及时预防错误。失效模式和效应分析很受欢迎，因为它使用起来相对简单，且不需要外部的主持人。

选择分析对象并准备失效模式和效应分析研讨会后，进行功能分析。分析对象按其功能和结构（**设计或产品 FMEA**）及其活动和流程结构（**过程 FMEA**）进行描述。

若是在一个系统中几个组件功能上相互影响，还需要进行**系统**失效模式和效应分析。失效模式和效应分析 – **风险分析**通常涉及五个连续阶段（见 Corsten, H./Gössinger, R./Schneider, H. 2006 P. 482）。

- 分析潜在的故障及故障位置。第一步是调查产品和过程组成部分为何会发生故障，使其不能正确履行功能。相应地收集所有可能的故障类型。
- 分析和描述故障的后果。在分析可能的故障之后，须讨论该故障的潜在影响。
- 识别和描述故障的根本原因。根据其根本原因检查识别到的故障，并单独检查每个故障，识别和描述故障的根本原因。另外，须定义检查故障的控制措施。
- 确定风险优先数（RPZ）。系统地评估故障的根本原因后，根据故障发生的频率、故障对顾客的影响程度以及检测到的可能性，确定风险优先数：数值越高，潜在的故障越严重，并且适当的对策越重要。
- 定义措施和职责。在最后一步，定义适当的措施以避免错误，并承担相应的责任。在开发项目过程中，可以再次进行评估，以确定初始状况在多大程度上有所改善。

在实践中，可以引入“故障临界状态指数”概念，它相应地显示已识别的故障。

图 3-66 以汽车为例，显示了失效模式与效应分析的表现形式：系统、设计和过程 FMEA 之间的相互关系。

	部件、过程	功能、目的	故障影响	故障类型	故障根本原因
系统FMEA	点火分配器	电压脉冲分配器	汽车停驶	点火失败	柄断裂
设计FMEA	点火分配器转子	压入凸轮轴上	停火	柄断裂	缩孔
过程FMEA	点火分配器转子注塑成型	确保同质结构	柄断裂	缩孔	保压太少

图 3-66 FMEA 表现形式之间相互关系的示例

（见 Corsten, H./Gössinger, R./Schneider, H. 2006 P. 482）

例子 FMEA用于创新研讨会

图 3-67 以**创新研讨会**为例展示了失效模式和效应分析，识别了风险优先数最

高的潜在故障——“参与者太少”。基于此，企业采取相应对策，并通过相应的措施大大降低了风险优先数（通过礼物和邀请紧急参与者来激励）。

FMEA: Formblatt

Prozess-FMEA ☐　　**Produkt-FMEA X**

Name / Abteilung: Strategie, Tina Muster　　**Prozess- / Produktname:** Innovationsworkshop　　**Erstellt durch:** Michaela Muster　　**Datum:** 01.09.2012　　**Überarbeitet durch / am:** Stefan Huber am 15.09.2012

	Fehlerort / Fehlermerkmal	Potentielle Fehler	Fehlerfolge	Fehlerursache	Kontrollmaßnahmen	A*	B*	E*	RPZ*	Empfohlene Maßnahmen	Verantwortlich	Getroffene Maßnahmen	A*	B*	E*	RPZ*
				Derzeitiger Zustand								Verbesserter Zustand				
1.	Motivation	Fehlende Motivation der Teilnehmer	Schlechte Ergebnisse	schlechte Rahmenb., fehlende Anreize	Vorbereitungsstand abfragen	4	9	3	108							
2.		Zu viele Teilnehmer	Zeitmanagement schwierig	Falsche Planung	Teilnehmerlisten Status prüfen											
		Zu wenige Teilnehmer	Zu wenig Diskussion und Ideen	Krankheit, Commitment	Verbindliche Teilnahme	6	10	9	540	Anreize durch Geschenke, Einführung Bewertung, Backup-Teilnehmer	Michael Muster	Geschenke besorgt, 20 Notfallteilnehmer eingeladen				
	Umfeld	Nicht stimulierendes Umfeld	Keine Ideen werden generiert	Eingeschränkte Möglichkeiten (Räume, Budget)	Vorab Location prüfen, Mietvertrag abschliessen		7	2	140							

A* ... Auftreten

Wahrscheinlichkeit des Auftretens (Fehler kann vorkommen)

unwahrscheinlich = 1
sehr gering = 2 - 3
gering = 4 - 6
mäßig = 7 - 8
hoch = 9 -10

B* ... Bedeutung

Auswirkungen auf den Kunden

kaum wahrnehmbar = 1
unbedeutender Fehler = 2 - 3 mäßig
schwerer Fehler = 4 - 6 schwerer
Fehler = 7 -8
äußerst schwerer Fehler = 9 -10

E* ... Entdeckung

Wahrscheinlichkeit der Entdeckung (vor Auslieferung an Kunden)

hoch = 1
mäßig = 2 - 3
gering = 4 - 6
sehr gering = 7 - 8
unwahrscheinlich = 9 -10

RPZ* ... Risiko-Prioritätszahl

hoch <= 1000
mittel <= 250
gering <= 125
kein = 1

图 3-67　关于创新研讨会主题的 FMEA 示例

（自己的例子，Fritz 的 Excel 模板，P. 2005）

图 3-68 形象地说明了对于给定示例的故障临界状态指数的结果。

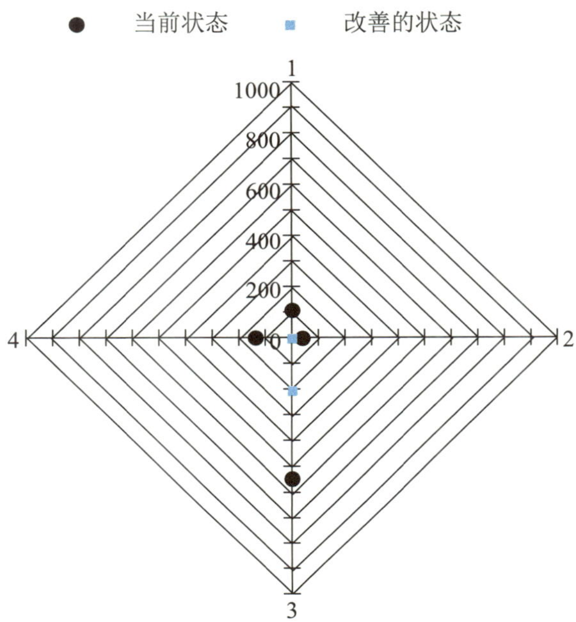

图 3-68　以创新研讨会为主题的故障 - 临界状态指数示例

（自己的例子，Fritz 的 Excel 模板，P. 2005）

3.3 评估创意

3.3.1 评估创意的目标和标准

评估创意意味着，将根据其技术可行性、成功的可能性、对目标的贡献以及与追求的创新战略的战略契合程度来判断这个创意。通过衡量或者评估对象的各个参数，作出相应的假设，特别是可以以现实的方式描述预期的市场情况（例如，假设销售总额、销售价格、竞争对手的行为等）。这需要尽可能客观的评估标准和具体的经验，这些标准和经验可以从以前相似的评估创意中获得。此外，还需要一种系统的、有条理的行动计划，从而确保充分和全面地考虑所有相关的评价标准。

实证研究表明，很多企业在评估创意方面仍然存在重大的行为缺陷，特别是在使用形式化方法或特定的技术时。企业选择决策非常直接，不经过正式论证，且通常不进行系统的市场研究。相比之下，梅弗特指出，通过使用决策模型可以显著降低新产品失败的可能性（见 Meffert, H. 1998 P. 417）。

产品构思的目标贡献

实施创意到创新的问题解决方案，通常与资金投入和相应的企业风险相关联。由于上一阶段获得的产品构思，最初只是以相对抽象的形式存在，在评估阶段必须将其具体化。虽然这对于高度成熟的产品构思来说相对容易，但对于尚处于早期发展阶段的创意往往很难。尽管如此，在评估过程中，必须定量和定性地描述它们，并且根据其目标贡献来表征。定量的标准主要包括与资金、能力和时间相关的变量，而定性参数则不直接以数字表示。最后，对于哪些创意应该被转化为创新产品则有一个具体的决策建议。

最后，“评估”意味着“决定”，因为在评估过程中，会对现有的创意进行优先排序。这些决定总是与人联系在一起，他们权衡想法相关的机会和风险。为了尽可能避免决策者的误判和企业相关的财务风险，可靠的决策依据和方法是非常重要的（见 Schlicksupp, H. 1988 P. 197）。为了获得有意义的评估结果，以下三个方面需要特别注意。

评估要求

- 以明确且不重叠的方式表征各个方案。
- 在实际评估之前确定参考的评估标准。
- 确定与实现想法相关的目标。

在创新过程中满足上述要求尤为重要，因为评估对象及其内部和外部环境具有特定的特征。这些特征包括想法的复杂性、创新的长期定位、对市场和竞争发展预测的模糊性，以及创新过程中的详细说明和更新相关参数的需求（见 Pleschak, F./

Sabisch, H. 1996 P. 170）。

因此，对收集到的创意进行评估是创新管理的一个重要工具，它尤其追求**四个目标**（见 Sabisch, H. 1991 P. 161, Kramer, F. 1987 P. 314）：

评估的目标

- 从各种替代创意中选择有前途的创新方法。
- 对各个创意就其经济性和市场性进行判断且排名，从而有针对性地分配稀缺资源。
- 过滤没有前景或前景不佳的创意，以免浪费更多资源。
- 确保评估的目标最大可能的创新成功。

评估过程如图 3-69 所示，以概述与评估产品构思相关的各项活动。

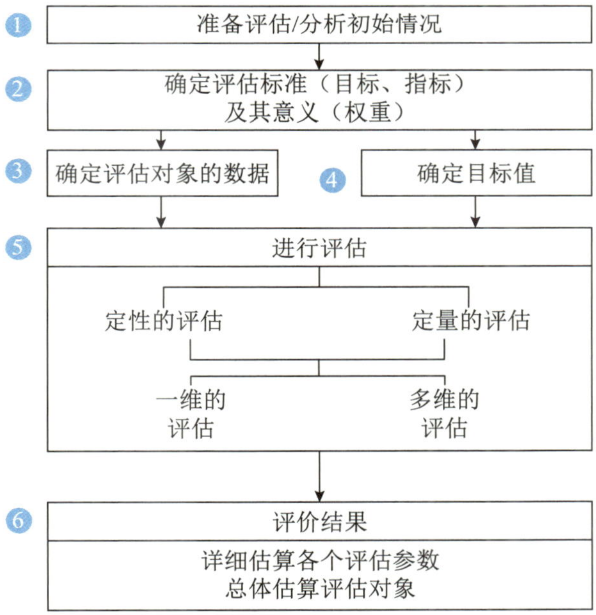

图 3-69 评估过程的示意图

（见 Pleschak, F./Sabisch, H. 1996 P. 175）

均衡的评估有必要考虑不同的观点，因此，在步骤 1 至 4 中，使用不同的**特征类别**来**描述初始情况**，这也构成了确定评估创意标准的基础。这些特征包括：

评估标准

- **经济特征**，包括现金流量、投资回报率、营业额，利润、成本、所用资本等。
- **产品和流程特征**，包括产品质量、性能、灵活性、可靠性、所需资本投资、熟悉生产过程等。
- **技术特征**，包括融入现有创新和产品规划的能力、技术的协同效应等。

- **市场经济的特征**，包括市场容量、市场份额、市场增长、竞争情况、销售组织的适合性、适合现有产品规划等。
- **结构特征**，包括垂直生产范围、生产组织类型、时间、个人和空间能力、分工程度等。
- **人体工程学的特征**，包括对员工的要求和压力、岗位安全、动机、资质、现有的开发技术诀窍等。
- **时间特征**，包括创新过程的持续时间、上市时间、投资回收期、产品生命周期的长度等。
- **其他的特征**，包括创新的生态影响、法律框架的考虑等。

从这些特征得出的评估标准，也可以称为目标或指标，应根据它们对创新成功的重要性进行加权（步骤 2）。只有这样才能确定评估对象的数据，并以具体目标值的形式定义所需的特征（步骤 3 和 4）。在步骤 5 中，在确定的数据与目标值之间，以目标实际比较的形式进行评估。由于创新的高度复杂性和相互依存关系，通常需要进行多维度评估，既考虑定量的特征（例如，预期的现金流金额、预期收益率），也考虑定性的特征（例如，对产品和企业形象的预期影响、企业未来的创新能力）。最后，将各个参数的评价结果汇总到评价对象的总体评结果中。对不同评估对象的总体估算进行比较，可以及时地识别到不切实际的，对实现目标没有贡献或者贡献不足（第 6 步）。

下面用一个例子来描述评估过程的示意图。

例子　理想且典型的评估过程

在**情况分析**过程中，企业确定产品质量存在重大的缺陷，至少在某些特征方面，自己的产品既不符合客户的要求，也不具备超过竞争产品的足够优势，由此影响了销售额，并且近几个月持续下滑。此外，与主要的竞争对手相比，产品成本状况远不如人意，对利润产生负面影响。在一次企业所有重要的职能部门的领导都参加的创新会议上，总共产生了 135 个创意，以改善目前的状况。

为了能够评估这些创意对预期目标的贡献，企业制定了**一系列加权标准**，包含所有相关的评估标准，包含有助于提高质量、营业额和改善成本状况的创意的贡献值的评估标准，对员工动机的影响以及对企业形象的影响的评估标准，同时也包括改善生产流程或培训员工的成本的评估标准。

现在根据这些标准来描述创新会议上产生的各个**创意**。另外，需要确定**目标变量**相应的表现形式（例如，销售额增长 7%，废品率降低 12%），其中定性目标（例如企业形象、员工动机）的描述会引起相当多的问题，因此应尽可能选取合适的、便于实施的标准（比如，员工的动机通过流失率、缺勤率、病假、废品率、返工率和提出改善建议的数量等来描述）。

在接下来的**创意评估**中，确定每个创意的目标达成程度。这是一项非常复杂的任务，因为在评估中，除了“硬性的”量化目标之外，还包括“软性的”定性考虑和论点，这些考虑和论点不可完全操作，并且无法进行客观验证。因此，在这个阶段，企业家敏锐的鉴别力决定了对一个创意的评估。大量的创意及其评估相关的消耗也会带来时间和精力方面的不足，因此，企业可能会丢失“好的”创意。因此，可以把多个“过滤器”串联起来进行评估（见图 3-70）。在第一个粗过滤器和尽可能低的评估消耗的帮助下，首先预选一些替代方案，这样可以清除那些无效的或者不可行的建议。例如，考虑到公司所处的危急情况，花费太多时间的创意或者无法提供资金支持的创意会被首先过滤掉。在我们的例子中，第一轮过滤之后，仍然有 45 个创意被认定是有用的。在接下来的步骤中进行更详细的分析，最终产生 8 个有用的创意，然后在**评估标准的评价**范围内进行排名。

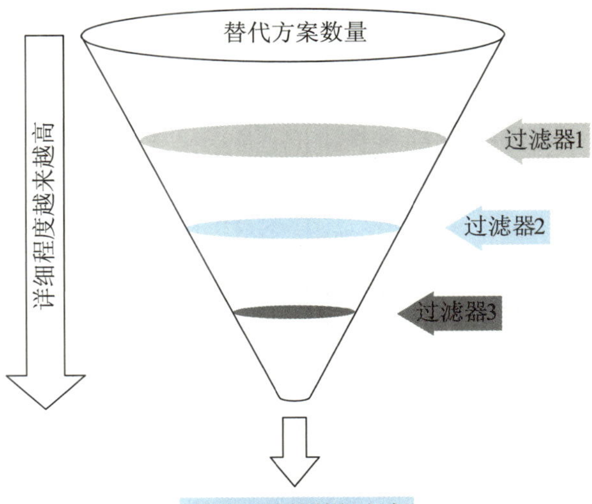

图 3-70　过滤器概念来管理大量的替代方案

（见 Schlicksupp, H. 1988 P. 204）

图 3-71 描述了处理创意和评估创意之间的关系。它揭示了处理创意的细致程

度（粗略的、适中的、细致的）与相应的评价方法之间的密切联系。

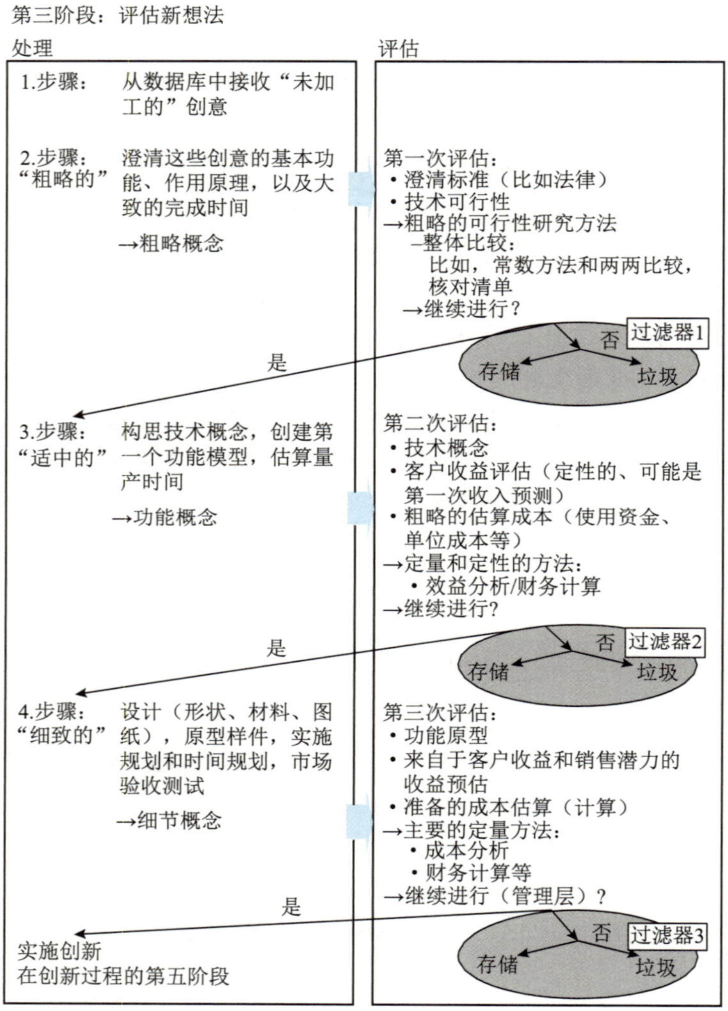

图 3-71　基于过滤器概念，处理和评估之间的相互关系

3.3.2　评估方法和问题

恰当地运用评估方法的目的是尽可能系统地、可行地、可靠地、有远见地评估这些创意，并且切合实际地评估对实现目标的潜在贡献。由于创新过程的特殊性，所使用的评估方法必须符合一定的要求（见 Brockhoff, K. 1994 P. 252）：

- **接近现实性**。基本上，这些评估模型力求逼真地表现实际情况。理想情况下，模型重现所有元素和相互关系中的现实（所谓的“同态模型”）。由于创意的多样性和不断变化的特征以及其相互依赖性，不可能实现同态，所以人们对同形的，即足够接近现实性的，结构相似的模型感到满意。无论如何，评估所使用的方法必须能够充分考虑不同的目标（经济的、技术的、社会的、环境的）以及现有的财务的、物质的和人员的资源限制。由于创新的长期影响，需要采用多周期过程或方法，以便随着时间的推移，可以描述和评估新颖产品构思的机会和风险。
- **经济效率**。此外，使用的评估过程或方法应该需要尽可能少的时间和费用，换句话说：评估过程或方法的成本应该与其结果相关的合理收益相关。
- **易用性**。尽管评估方法论有着同构性，但过程或方法对于用户来说必须是可以理解的，并且可以在结果中解释。评估应该能够毫不费力地查明所需的输入变量，并且不需要额外的解释。此外，它还需要尽可能少的数据作为模型输入，以便随着时间的推移可以进行必要的改变或更新，在不会出现问题的前提下，不需要耗费太多的精力。

对于评估创意，原则上有大量的方法适用于预选。图 3-72 显示了取决于产品构思成熟度的重要评估方法：对于成熟度较低的产品构思，倾向于更多地关注定性的评估标准；对于成熟度较高的产品构思，定量的评估方法更合适。

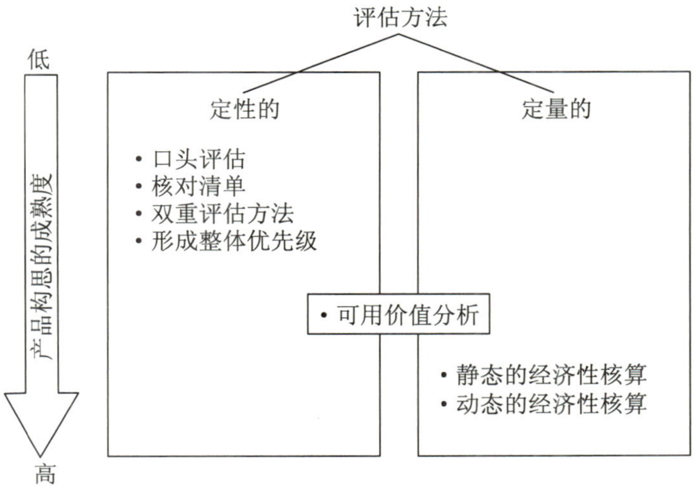

图 3-72 根据产品构思的成熟度使用评估方法

定性地描述各个创意奠定了评估的出发点。基于此，试图找到可**定量**测量的数值。借助测量说明书可以定量地测量或至少估计各个特征值，通过量化标准，大大简化了所需的替代方案比较。

如果仅指定一个目标（例如，最小化产品成本），则评估相对简单。然而，与**一维的**评估相比，大多数创新项目有多个目标且要同时实现，有时它们还会相互排斥。在这种情况下，评估经常使用**多维的**评估方法。它们需要缓和这些目标间的冲突，并且可以全面地整体评估。然而，由于目标量巨大且其复杂性日益增加，多维的评估失去了清晰度和说服力。因此，使用有数量限制的、与决策相关的评估特征，或者将各个标准汇总为特征组是有意义的。

其中，最有意义的是经济指标，如资本增值率或资本价值，这既考虑了收入，也考虑了支出。但是，由于并非所有的特征都可以用货币来描述，所以非货币目标应包含在评估中，其中包括技术的、社会的、生态的和心理目标。

就这点而言，在创意评估阶段，从合适的评估创意中编制一种**混合方法**是合适的，这有助于连续地或者同时使用这些评估方法。重要的是，在每种情况下都要充分地考虑与决策相关的事实情况。在以下章节中将更详细地阐述不同的评估方法。

3.3.2.1 定性的评估方法

估计、核对清单和双重评估

虽然不可以直接测量定性的标准，但通常还必须将它们包括在创意评估中。例如，对于一个新产品，除了技术目标和经济目标之外，还有必要评估其设计、颜色和可管理性。只有这样才能进行整体评估，才能对潜在的市场成功作出合理的说明。

口头评估

口头评估可以说是第一个也是最简单的定性评估方法，即用文字描述要评估的特征。这种描述可以由个人和代表性小组进行（顾客，专家）。需要注意的是，描述应是可以理解和有意义的，应避免不准确或多重含义的陈述。

核对清单

为了从一开始就系统化评估特征，可以使用核对清单。

核对清单也被称为“检查清单”，可以理解为是收集各种不同的、对评估事实情况至关重要的评估标准进行汇编整理。该汇编整理可以采取问题的形式或相关评估标准的列表形式（见图 3-73）。

核对清单是基于过去评估类似对象的经验，因此应该持续地调整更新以适应变化的条件，以尽可能涵盖所有相关标准。图 3-73 显示了一个创新核对清单的例子。

评估创意的核对清单应特别包含所谓的**强制性标准**。这是满足一个创意所必须要求的因素，以便更进一步分析。如果一个创意不符合这些基本要求，则在第一个过滤阶段就将其淘汰。只有当所有强制性标准都得到满足时，才能使用锦上添花的标准来优先考虑这些创意。虽然并非要求创意绝对满足这些锦上添花的标准，但这些标准确实增加了创意的吸引力。

	是	否
1. 市场性		
满足需求	☐	☐
提高客户利益	☐	☐
对购买决策的影响	☐	☐
沟通	☐	☐
独特的销售主张	☐	☐
2. 技术可行性		
技术的可用性	☐	☐
自己开发	☐	☐
委托外部	☐	☐
购买许可证	☐	☐
3. 立法		
法律的限制	☐	☐
未来的发展		
废除	☐	☐
缓解	☐	☐
尖锐化	☐	☐
4. 专利权情况		
专利	☐	☐
造型设计	☐	☐
品牌	☐	☐
国家的	☐	☐
国际的	☐	☐
工艺产品的新样品	☐	☐
购买专利权的可能性	☐	☐
5. 战略一致性		
形象战略		
社会承受力	☐	☐
环境承受力	☐	☐
品牌兼容性	☐	☐
创新战略	☐	☐

图 3-73　创新核对清单的例子

双重评估

在核对清单的帮助下，企业可以以尽可能少的努力来清晰地陈述成功的可能性。对此特别适合的是那些强制性标准，可能通过明确的“是”或“否”来表明其是否满足相应标准，最符合标准的是最合算的。由于只有两种答案选项，这种方法也被称为**双重评估**。该方法易于使用，并可以带来明确的决定。

虽然进一步评估过程中使用的标准会根据公司实际情况不同而有所不同，但对创新有一些基本的要求，不依赖于公司和创新对象。接下来解释四个**淘汰标准**，应该包含在每个核对清单中：

- **创意的可实现性**。原则上创意是否可以实现，取决于多种不同的因素。在后面的评估阶段，会审查是否以及如何在财务和组织方面实现一个创意，但预先选定的创意主要集中在其技术可行性上，评估标准是各公司具体的技术可行性。所以，很有可能某种技术已经为其他公司所知并使用，但在本公司，由于特定的事实情况，这种技术不允许被使用。其中一个原因可能是，只有当生产量足够大时，使用相应的工艺并购置所需的技术才会值得，但在具体情况下无法实现这样的生产量。
- **与企业原则的互补性**。创意必须符合企业原则。例如，如果一家企业的原则是优先考虑环境保护，那么就不会追求具有成本效益但留下高毒性和不可回收废物的新型生产工艺。相对而言，一家企业不太可能放弃自己的原则，而转而采用创新解决方案。
- **与法律框架相一致**。总的来说，企业不值得追求受限于法律法规的创意。除了现有的法律情况之外，企业也必须考虑到预期的法律变化。因此，企业一方面可以预见取消或放宽现行规定的可能性；另一方面，也必须考虑新的法规对企业战略和生产计划产生的持久影响（例如，要考虑高速公路限速的可能性或大幅增加石油税及其对汽车制造商的影响）。
- **保护知识产权**。如果要进一步推行一个创意，企业必须首先明确这个创意是否已经受到其他人或其他企业的法律保护。例如，如果有专利或造型设计，企业就必须检查在多大程度上可以规避这种保护或获得权利。如果企业不能规避或不能取得授权，就必须放弃或者推迟这个创意。专利保护期限是二十年，问题在于这个创意专利保护到期之后在多大程度上是有用的。因此，这些创意通常被排除在进一步的评估过程之外。

原则上，使用上述评估方法的优点和缺点，见图 3-74。

	优点	缺点
口头评估、 核对清单、 双重评估	+ 易于使用和实施 + 相对时间耗费较少 + 必须明确表达（是 / 否） + 多种应用可能性	– 结果依赖于主观评估 – 相对粗糙和笼统的结果 – 只能定性的表达 – 只在评估的较早阶段有用

图 3-74　口头评估、核对清单和双重评估的优点和缺点

形成整体的优先级

另一种评估成熟度低的产品构思或者评估来自基础研究领域创意的多维方法，是形成整体的优先级。这种方法不是根据某些特征和标准进行评估区分，而是借助于两两比较法和总数恒定的方法进行概括的、整体的产品构思评估，这种评估方法既可以由个人，也可以由团体进行，并形成优先顺序（见 Brockhoff, K. 1994 P. 254）。这种评估结果可以用诸如数学逻辑学的微分或极坐标的表示方法来说明。

在两两比较中，要评估的产品创意是成对比较的。这种方法的结果是每个创意相对其他创意的优劣的陈述（见图 3-75）。 两两比较

		产品构思 1	2	3	4	5
产品构思	1	–	1	1	0	0
	2	0	–	1	1	0
	3	0	0	–	0	0
	4	1	0	1	–	1
	5	1	1	1	0	–
总计		2	2	4	1	1
		第 2 名	第 2 名	第 1 名	第 3 名	第 3 名

图 3-75 两两比较的例子

（见 Brockhoff, K. 1994 P. 255）

1. 形成所有产品构思的任意行和列排列的矩阵。

2. 逐列比较产品构思。如果标题行中给出的产品构思比标题列中提到的产品构思更具优势，则评级为 1，否则为 0（例如，在图 3-75 中，产品构思 1 比产品构思 2 和 3 更差，但是比产品构思 4 和 5 更好）。

3. 逐列求和评估结果。

4. 通过比较列总和来排名。

在上面的例子中，产品构思 3 具有最高的优先级，而想法 1 和 2 同样具有中等优先级。与此相比，想法 4 和 5 只具有次要的优先级。

两两比较主要是概括研究替代创意的性质，通过直接对比两个创意，确保了深入地分析，并对这些创意进行全面的评估。该方法简单快捷，降低了评估的复杂程度。其缺点是两两比较会产生误判的风险，同时在大量创意的情况下，该方法会很快变得混乱且难以理解。正如在上面的例子中，创意之间的差异也是存在的（例如，创意 1 和 2 以及 4 和 5），可能需要进一步分析。

总数恒定的方法

在常数恒定的方法中，根据待评估创意的含义将数量固定的利益或分数（例如，100 分）分配给各个创意。根据分配的分数，可以直接读取创意的排名，如图 3-76 所示。

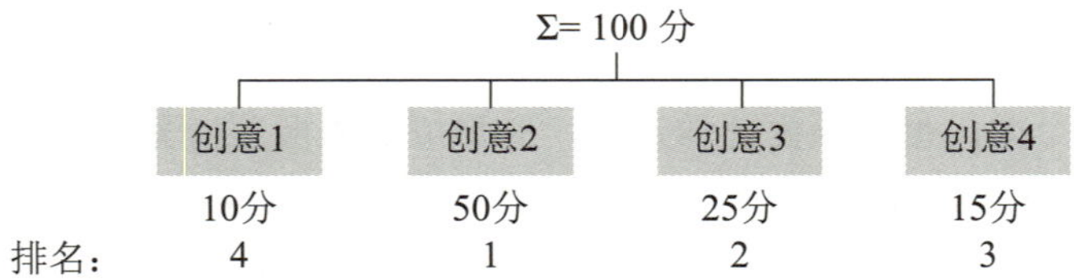

图 3-76　总数恒定的方法示例

常数恒定的方法用起来十分容易和方便，与此相关的花费相对也较低。但是，由于其主观性，可能会出现误判。尽管如此，通常情况下，该方法足以对创意进行初步评估和排出优先顺序。

数学逻辑学的微分和极坐标表示

数学逻辑学的微分和极坐标表示是一种可视化方法，通过这种方法，可以非常清楚并一目了然地说明一个产品构思与另一个产品构思相比较而言的优势（见图 3-77 和图 3-78）。通常选择绝对参数值作为基本的刻度值，可以容易地理解待比较的创新对象之间的差异。因此，这种形式特别适合在小组中讨论不同的产品构思。

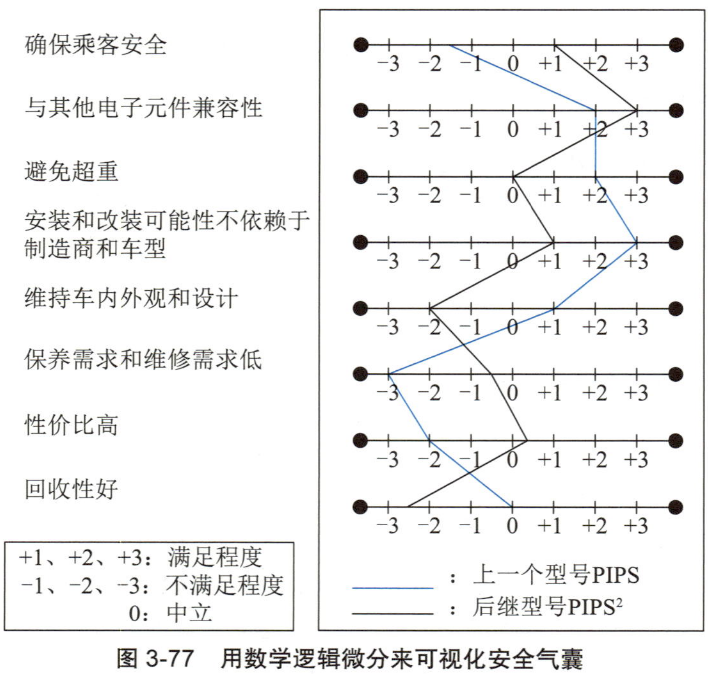

图 3-77　用数学逻辑微分来可视化安全气囊

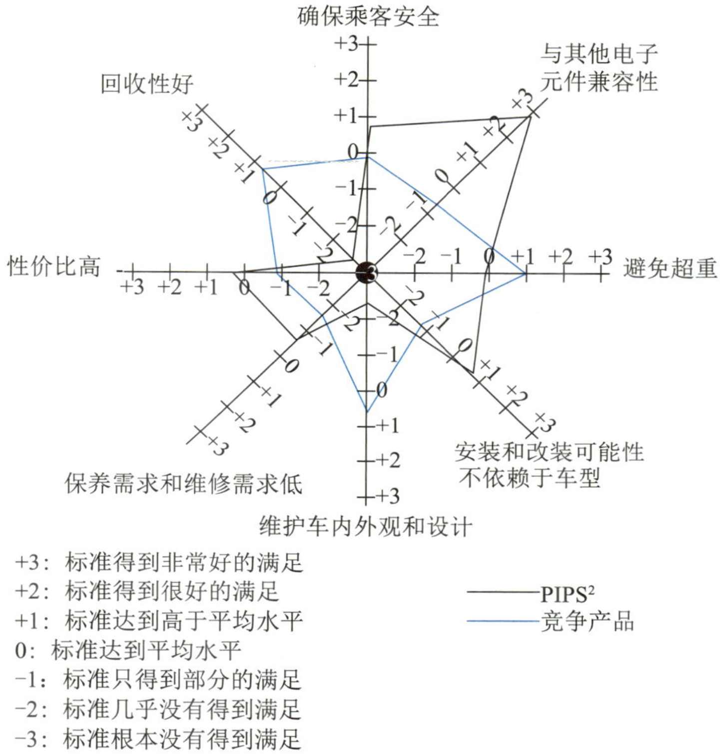

图 3-78　用极坐标表示来可视化安全气囊的创新

接下来介绍一个虚拟案例来研究安全气囊的进一步开发。

总之，形成整体的优先级可以在创新过程的早期阶段对选择创意作出重要贡献，使企业只开发那些总体上最具吸引力的创意。

微观察

进一步开发安全气囊

由于安全系统 PIPS（乘客碰撞保护系统）昂贵且极难维护，Safety First 公司遭遇了失败，现在正试图通过进一步开发后续产品来革新安全气囊系统的市场，将在近期实现新产品构思 PIPS2 并将其推向市场。PIPS2 是一款创新的安全气囊系统，安装在后排座椅的中央控制台中，在发生事故时可以更好地为乘客提供保护。技术难题是，系统的电子装置必须与安装在车辆中的其他安全气囊达到最佳的协调。此外，只有中控台没有被乘客、宠物或行李阻挡时，发生事故时才允许打开气囊。为了以期望的附加价值来描述产品构思，并与竞争对手的传统安全系统进行比较，开发团队确定了八项评估标准。根据这些标准，对PIPS2和之前系统的评估揭示了如图3-77所示的结果。

对相对优势的分析（新产品与其上一代产品相比而言可证明的附加价值）揭示了一些有趣的方面：虽然进一步发展控制电子设备可以改善与其他电子元件的兼容性，但在新产品中，独立于制造商的改装可能性和可回收性明显受到限制。开发团队必须对车内外观和避免超重作出妥协，可以显著改善乘客安全、维修保养、性价比等决定性的方面。

产品构思与现有的直接竞争产品相比较也可以为新的开发提供重要依据（见图 3-78）：与最具吸引力的竞争产品相比，新的 PIPS2 系统仅在可回收性、设计和超重方面差一些。所有的其他方面均已超出评估标准，与上一代产品和竞争产品相比，相关的改善如此明显，以至于确保了 PIPS2 的相对优势。因此，Safety First 提供了很好的机会，以快速实现创意，利用相对优势在市场上实现USP(unique selling proposition，独特的销售主张)。

图 3-79 总结了形成整体优先级的优点和缺点。

	优点	缺点
形成整体优先级	+ 易于使用 + 快速实施 + 清晰地描述 + 耗费少 + 降低复杂性 + 对于第一次优先排序是足够的	– 只适合比较几个创意 – 存在失误的风险 – 可追溯性有限

图 3-79 形成整体优先级的优点和缺点

可用价值分析

可用价值分析，也被称为得分模型或者分数评估模型，其目的是根据若干相互关联的标准来评估大量的决策选择，并根据决策者的偏好进行相应的排序。通过借助为每个替代方案确定的所谓的“使用价值”进行优先排序。可用价值分析的主要优势在于，该系统由具有不同权重的**定性**和**定量目标标准**组成，利用这种方法可以考虑**多维的目标系统**。通过将各种不同的特征转化为统一的无量纲标度（使用价值、点值、分数），可以使各个目标标准具有可比性。因此，可用价值分析特别适合评估具有中高成熟度的产品构思，多用以追求货币和非货币的多重目标。

可用价值分析通过**五个连续的步骤**进行，下面用一个例子来解释说明：

缩小决策域

第一步，尽可能减少创意的数量，不符合既定淘汰标准的创意，从一开始就不需要进一步考虑。这避免了更详细地分析那些无论如何都无法实现的创意。通过这种方式，可以显著减少时间和人员的评估费用。上面描述的定性评估方法可以作为预选的工具。

例子 哪种天窗创意获胜？

一家汽车制造商想要对汽车天窗打开方式的各种创意进行更仔细的评估。基于专家的口头评估，排除了“机械式天窗”和“机械伸缩式天窗”这两种缺乏用户友好性的替代方案。如图 3-80 所示，需要进一步考虑的替代方案还有电动天窗、机械式折叠天窗和自动伸缩式天窗。

		替代方案					
目标标准	权重因子	电动天窗		机械式折叠天窗		自动伸缩式天窗	
	g	x_1	$x_1 \cdot g$	x_2	$x_2 \cdot g$	x_3	$x_3 \cdot g$
生产成本低	0.2	4	0.8	8	1.6	2	0.4
可操作性良好	0.2	8	1.6	2	0.4	8	1.6
可靠性高、维修率低	0.05	6	0.3	10	0.5	6	0.3
车内噪声低	0.05	8	0.4	8	0.4	6	0.3
车辆安全性高	0.2	10	2	4	0.8	8	1.6
油耗低	0.15	10	1.5	8	1.2	10	1.5
令人满意的设计	0.15	10	1.5	4	0.6	10	1.5
总和	1		8.1		5.5		7.2

最有利的选择

图 3-80 可用价值分析示例

选择目标标准并确定目标权重

第二步，选择目标标准并确定目标权重。目标标准可能具备技术的、经济的、社会的或环境的属性。另外，它们可能是定量的，也可能是定性的。标准数量不应该太多，否则评估会变得越来越复杂且混乱。同时，要考虑到所有相关的目标。通过分配目标权重，在目标之间创建一个优先顺序：主要目标具有较高的目标权重，次级目标具有较低的目标权重。权重因子应该总是在 0 和 1 之间，同时它们的总和必须是 1。

例子　目标标准的权重因子

在这个例子中，七个目标标准（生产成本低、可操作性良好等）被认为是决策选择的关键，它们形成了可用价值分析的目标体系。现在为每个目标标准赋予权重，决策者借助已赋权重的标准来表达它们的目标优先级。显然，生产成本、可操作性和车辆安全性被视为是重要的目标（权重各为0.2）；相反，车辆内部的可靠性、低维修率和低噪音被认为是次要的（权重各为0.05）。

确定目标贡献

第三步，确定目标贡献。在将目标标准和替代创意呈现在矩阵中之后，可以确定每个创意的目标贡献。这些既可以是量化的目标贡献（例如生产成本），也可以是定性的目标贡献（例如可操作性）。在定性评估中，应尽可能避免主观评估，专家或者顾客参与评估过程有助于提高评估结果的客观性。

例子　整合外部各方资源

例如，在评汽车天窗打开方式时，评估的目标标准可以是“制造成本”，这是相对容易实施和可理解的。相比之下，“可操作性”这一目标标准则无法直接定量描述。不同的备选方案必须以口头方式表明，例如，通过诸如“易于使用”或“难以使用”等陈述。但是，这种表述在主观上不容易理解，因此应该由专人进行客观化评估。

目标贡献转化为统一的目标值

第四步，将目标贡献转化为统一的目标值。很明显，第三步中确定的目标贡献不容易进行比较，因此每个备选方案的目标贡献必须通过一个效用函数转化为所谓的“目标值”，这些目标值需要统一的基数标度。这种转变的基础通常是一个无量纲分数量表，其尺度的末端标记着极限位置。基于评估者或评估小组的主观评估将相应的目标贡献分配给特定目标值。

例子　按分数量表评估差异

例如，如果汽车制造商选择从0到10的分数量表来评估汽车天窗打开方案，则必须为每个特征分配一个分数。对于“令人满意的设计”这个标准，问题解决方案“电动天窗”和“自动伸缩天窗”因其与车辆轮廓最佳结合而获得最高分数10分。“机械式折叠天窗”则只有4分，因为它对车辆的外观形象造成不利的影响。

第五步，将目标值乘以各自的目标权重，从而转换为使用价值。通过在列中添加每个矩阵分格的使用价值，计算每个备选方案总的使用价值。总使用价值最高的替代方案则是最有益的。

确定使用价值和选择

例子 基于总使用价值计算的结果

在图 3-80 所示的例子中，总使用价值为 8.1 的“电动天窗”明显优于另外两种汽车天窗打开方式的替代方案，特别是与机械式折叠天窗相比，优势十分明显，由于其可操作性差、车辆安全性低，并且设计不令人满意这种方案是没有机会实现的。

可用价值分析是一个系统且简单的方法，非常适合解决复杂的决策问题，其巨大的优势在于既考虑了定量的目标标准，也考虑了定性的目标标准，并且决策过程中可追溯实施和记录。在评估过程中让更多的人或小组参与，能够显著提高结果的客观性。因此，可用价值分析被决策者高度接受。然而，尽管有这些优势，但各个步骤中评估的主观性与仔细实施所产生的相对较大的费用同样也是不可忽视的事实（见图 3-81）。

	优点	缺点
可用价值分析	+ 需要一个严格的系统性方法 + 可以考虑各种定性和定量的或货币和非货币的变量 + 通过专家组判断良好的“客观化” + 高度透明的决策依据，即使非常复杂 + 通过主体间的可验证性高度接受	– 相对较高的支出 – 评价取决于各种主观影响 – 危险的是，会争论已经确定的创意 – 多数情况下权重非常主观

图 3-81 可用价值分析的优点和缺点

3.3.2.2 定量的评估方法

事实上为了确保选择的创意可以为企业的成功作出最大的贡献，还必须评估各个提案对企业成本和收入状况的潜在影响。在这方面，一个重要的工具是经济性核算或投资计算，其基本原则是粗略地比较各种投资选择可能的成本投入和收益（见 Vahs, D./ Schäfer-Kunz, J. 2012 P. 543）。

定量评估方法主要用于高度成熟的产品创意，因为这种评估方法能够对预期的现金流和支付时间作出相对具体的陈述。定量评估方法可以分为两大类：**静态**（计算）方法和**动态**（财务）方法（见图 3-82）。这两类方法之间的主要区别在于，动态方法考虑了投资期限内的实际支付时间（多期投资计算），而静态方法基于平均值，因此称为周期平均值。

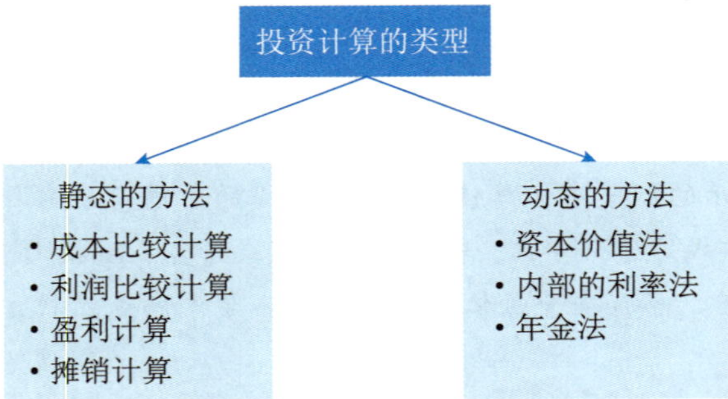

图 3-82　经济性核算方法

静态经济性核算

静态方法只考虑一年的投资使用周期（通常是引入后的第一年），并将这一年的特征视为整个投资周期的特征，没有考虑成本和收益发生的时间差异。一期平均计算的特例是多期的摊销计算。

成本比较计算

成本比较计算比较了每年的创新总成本或两项及更多项创新的平均单位成本（研发成本、项目成本、启动成本等）。成本最低的选择方案是最佳的问题解决方案。

成本比较计算的缺点也是显而易见的：一方面，成本比较计算假定投资期间所有年份的成本是相同的，并且要比较的创新的成本结构是相同的；另一方面，收益方面则完全被忽略，其优化是创新的主要目标。在某些情况下，尽管选择了最具成本效益的替代方案，但这一方法可能无利可图。因此，创新的成本比较计算是不可行的。

利润比较计算

利润比较计算不仅考虑创新的潜在成本，还考虑相关的潜在收益，选择每周期内产生最高平均利润的创新进行投资。

因此，利润比较计算是成本比较计算的进一步衍生。只有当替代产品创意具有相同的持续时间并且相同的实施成本，才会产生决策结果。由于这些前提很少得到满足，所以用于评估创意的利润比较计算仅具有有限的适用性。

盈利计算

如果盈利超出了要求的最低盈利要求，则**盈利计算**将具有最高盈利的决策方案视为最优。最低盈利主要基于资本市场上的其他投资机会，并考虑与创新相关的风险，可能以“风险溢价”的形式表现。资本收益被定义为

$$盈利=\frac{利润}{资本支出}\times 100\%$$

在这种评估方法中，每项创新的预期年平均利润是根据与它相关的平均资本来设定的。这样就确定了投资资本的平均收益率。通过考虑计划的营业额，可计算出**投资回报率**（return on investment，ROI）：

$$ROI = \frac{利润}{营业额} \times \frac{营业额}{投资资本} \times 100\%$$

其中，利润和营业额的商被称为营业率，营业额和投资资本的商被称为资金周转率。

虽然盈利比较计算符合投资者对预期资本收益的要求，但使用这种方法时，静态方法存在的普遍缺点，也会导致错误的决策。

静态的摊销计算

静态的摊销计算回答了这个问题，即多少年后，收益可以支付偿还其投资；换句话说，在多少年后总收入大于总支出？因此它也被称为回报（pay-back, pay-off）计算、资本流计算或现金流计算。具有最短投资回收期（并且可能不超过允许的投资回收期）的投资项目被认为是最佳投资项目。在电子等非常活跃的行业，理想的投资回收期可能少于一年。

$$投资回收期=\frac{资本支出}{持续的收入-持续的支出}$$

静态摊销计算与其他静态方法的主要区别在于：一方面考虑流动性有效变量（收入和支出），另一方面考虑使用周期。摊销计算的应用也存在问题，因为它不能确保具有最短投资回收期的替代方案也能产生最高的整体利润。但是，它可以用来确定关键的使用周期，即新产品的市场周期必须至少包括哪些时间段，以便使相应的产品构思在支出中保持中立。因此，与管理层对创新进行风险评估相比，此方法并不太适宜。

评估方法

静态方法是一个周期的平均计算。这也是它重要的缺点，因为在市场上，新产品项目开发及其实施往往需要一年多的时间，而且各个时期也有不同的特点。此外，这些方法假设所有替代方案的使用年限和资本相同，远离现实情况。

静态方法的优点在于简单适用性和使用时所需的信息量相对较少。在短期创新项目或不确定预测可能性的情况下，它们提供了相当有用的结果，这些结果仍然可以通过不同的经济性核算（例如盈利能力计算和摊销计算）组合来证实。

动态经济性核算

考虑到整个创新生命周期中支付时间和水平的差异，动态经济性核算方法比静态方法更能反映真实情况。各种产品构思的付款流程、付款日期和到期日不同，通过对投资时间进行贴现（折扣）来标准化。以固定利率对一系列付款进行折现，得出投资现值或现金价值，并回答这个问题，即如果所有付款都是在相同的参考时间以现金方式结算，那么将使用多少资金（见 Vahs, D./Schäfer-Kunz, J. 2012 P. 566）。

但是，动态计算基于一些限制其说服力的前提，包括假设一个完美的资本市场（没有资本限制、借贷和信贷利率是相同的、自由进入资本市场），确定计算利率，支付系列对替代创意和可能性有明确的归责性，可以准确预测付款的时间和金额等。

资本价值法

资本价值法，也被称为现金价值法，将一个投资的资本价值 C_0 计算为所有在决策时间 t_0 时周期 t 内的贴现收入 E_t 和支出 A_t 以及初始投资 $-I_0$ 的总和。这确保了创新项目的可比性。因此，资本价值描述的是以定义的利率 r 和投资时间计算的资本的预期增加或支付利息。这意味着所有能够产生大于或等于零的资本价值的投资选择都是有利的。计算投资资本价值的通用公式为

$$C_0=\sum_{t=1}^{n}\frac{E_t-A_t}{(1+r)^t} \text{ 以及 } C_0=-I_0+\sum_{t=1}^{n}\frac{E_t-A_t}{(1+r)^t}$$

正如资本价值公式所示，资本价值的具体数值取决于定期收益的数量和时间分配以及计算的利率。计算的利率是由决策者主观确定的一个值，该值主要针对借贷成本和投资风险。

内部的收益率方法

内部的利率方法确定了收益率，创新项目预期收入和支出的总和为零的。如果计算的内部利率高于计算的收益率，则创新是有意义的。因此内部收益率是衡量盈利能力的指标。在比较多个创新时，最好采用内部利率最高的替代方案，前提是内部收益率大于计算收益率。内部利率公式为

$$-I_0=\sum_{t=1}^{n}\frac{E_t-A_t}{(1+r)^t}$$

年金方法

年金方法是资本价值方法的一种，它将资本价值转换为相同额度的年度支付。考虑到复利，如果摊销是正的，可以确定年利润。年金 A_n 的计算是在所谓的“资本回收因素”的帮助下进行。如果年金是正的，那么投资是有益的。对于多个产品创新而言，年金最高的创新方案比其他方案更可取。计算投资年金的公式为

$$A_n=C_0\frac{r(1+r)^t}{(1+r)^t-1}$$

评估方法

总而言之，经济性核算的动态方法比静态方法更有利，它们更加真实地反映投资项目的情况，并考虑到更多的参数。因此，鉴于预期的成本和利润相关的影响，动态方法可以更好地评估产品创新。

然而，动态方法也存在一些弱点，特别是其不切实际的前提和完美预测的假设。此外，计算利率的选择也是至关重要的，这种计算利率是基于决策者的主观评价，并对评估结果有相当大的影响。动态方法的另一个问题是对未来收入和支出的预测。同时，完全不考虑产品定性方面的情况也是存在很大问题的。在这方面，进行可用

价值分析是有意义的。

图 3-83 总结了经济性核算的优点和缺点。

	优点	缺点
经济性核算	+ 考虑到货币规模 + 信息需求需要合理的分析 + 由于定量表述，对解释的需求很少	– 相对较高的费用，主要是在动态方法中 – 没有考虑质量方面 – 受主观的影响 – 估计货币规模的不确定性

图 3-83　经济性核算的优点和缺点

综合评估方法

在商业实践中，还有许多其他方法可以用于创新的评估问题。在下文中介绍一种综合方法，可以同时考虑定性的和定量的评估标准。

综合评估方法（IB）借助于给他的问题，在多个步骤中系统地评估创新的技术和市场方面。图 3-84 描述了综合评估方法的步骤，分析的结果并没有展示在一个单一的指标中，而是有区别地根据不同的主题明确地描述。例如，全面应对潜在的用户群体和竞争对手。此外，当涉及 R&D 的采购决策时，在“制造或者采购”的概念下也使用这个主题（更详细的描述见 Brem, A. 2007）。 市场和技术相结合

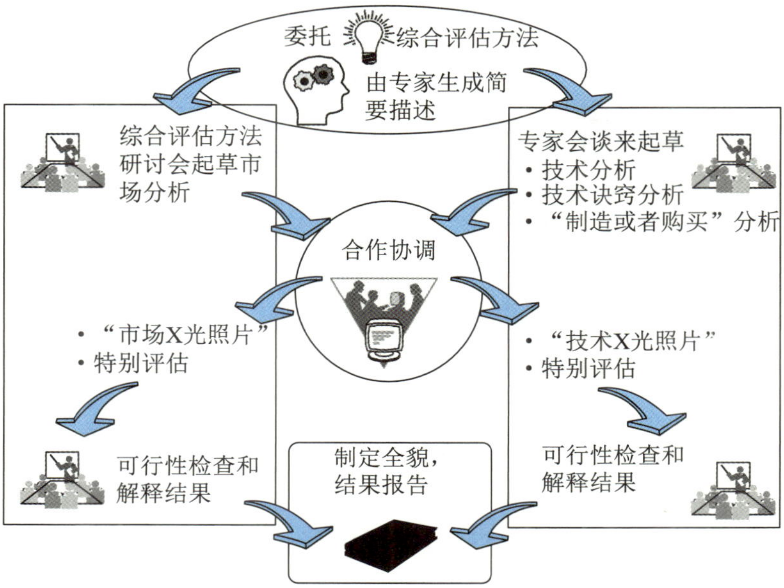

图 3-84　综合评估方法的步骤

步骤

第一步，将不同尽可能清晰、明确地记录在标准化表格上（**项目简介，Project Overview**）。这是为了使所有参与评估过程的人对问题达成共识。对于“技术”（见图 3-85）、“市场”（见图 3-86）、“技术诀窍”（见图 3-87）和“制造或购买”（见图 3-88）的项目简介将由来自市场营销或销售领域、开发或生产领域的专家分两轮进行详细讨论，并在必要时进行更深入的讨论。

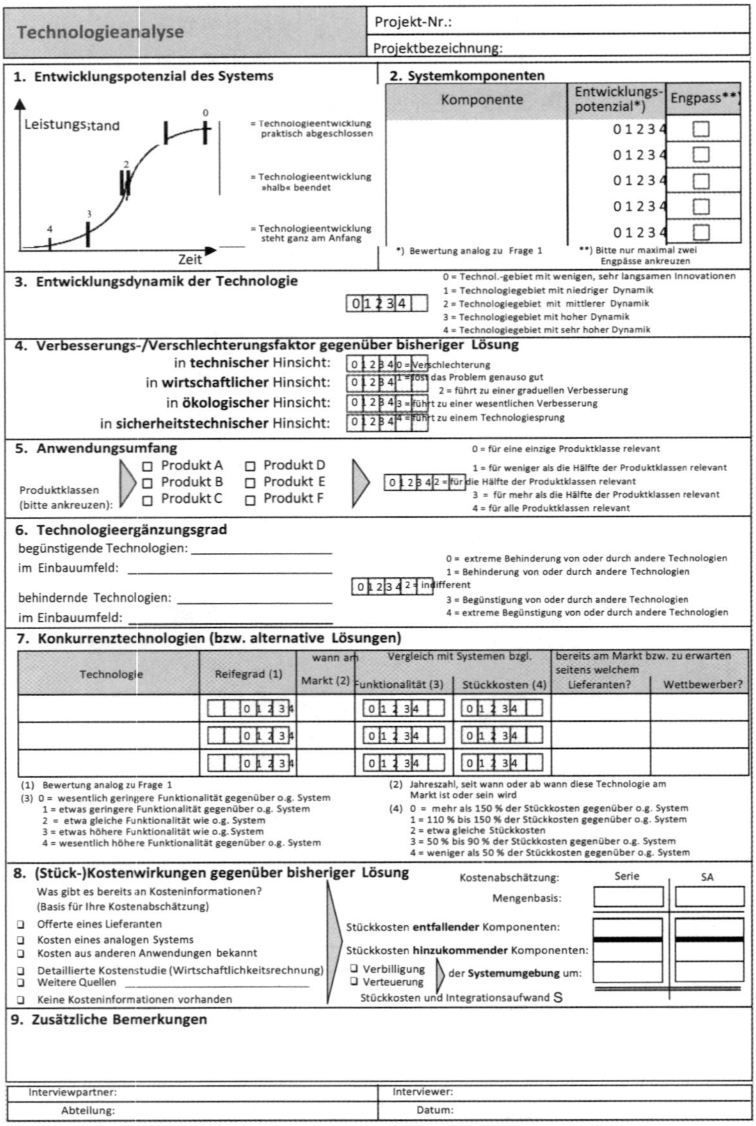

Technologieanalyse

Projekt-Nr.:

Projektbezeichnung:

1. Entwicklungspotenzial des Systems

Leistungsstand

Zeit

0, 1 = Technologieentwicklung praktisch abgeschlossen

2 = Technologieentwicklung »halb« beendet

3, 4 = Technologieentwicklung steht ganz am Anfang

2. Systemkomponenten

Komponente	Entwicklungspotenzial*)	Engpass**)
	0 1 2 3 4	☐
	0 1 2 3 4	☐
	0 1 2 3 4	☐
	0 1 2 3 4	☐
	0 1 2 3 4	☐

*) Bewertung analog zu Frage 1

**) Bitte nur maximal zwei Engpässe ankreuzen

3. Entwicklungsdynamik der Technologie

0 1 2 3 4

0 = Technol.-gebiet mit wenigen, sehr langsamen Innovationen

1 = Technologiegebiet mit niedriger Dynamik

2 = Technologiegebiet mit mittlerer Dynamik

3 = Technologiegebiet mit hoher Dynamik

4 = Technologiegebiet mit sehr hoher Dynamik

4. Verbesserungs-/Verschlechterungsfaktor gegenüber bisheriger Lösung

in **technischer** Hinsicht: 0 1 2 3 4

in **wirtschaftlicher** Hinsicht: 0 1 2 3 4

in **ökologischer** Hinsicht: 0 1 2 3 4

in **sicherheitstechnischer** Hinsicht: 0 1 2 3 4

0 = Verschlechterung

1 = löst das Problem genauso gut

2 = führt zu einer graduellen Verbesserung

3 = führt zu einer wesentlichen Verbesserung

4 = führt zu einem Technologiesprung

5. Anwendungsumfang

Produktklassen (bitte ankreuzen):

☐ Produkt A ☐ Produkt D

☐ Produkt B ☐ Produkt E

☐ Produkt C ☐ Produkt F

0 1 2 3 4

0 = für eine einzige Produktklasse relevant

1 = für weniger als die Hälfte der Produktklassen relevant

2 = für die Hälfte der Produktklassen relevant

3 = für mehr als die Hälfte der Produktklassen relevant

4 = für alle Produktklassen relevant

6. Technologieergänzungsgrad

begünstigende Technologien: ____________

im Einbauumfeld: ____________

behindernde Technologien: ____________

im Einbauumfeld: ____________

0 1 2 3 4

0 = extreme Behinderung von oder durch andere Technologien

1 = Behinderung von oder durch andere Technologien

2 = indifferent

3 = Begünstigung von oder durch andere Technologien

4 = extreme Begünstigung von oder durch andere Technologien

7. Konkurrenztechnologien (bzw. alternative Lösungen)

Technologie	Reifegrad (1)	wann am Markt (2)	Vergleich mit Systemen bzgl. Funktionalität (3)	Stückkosten (4)	bereits am Markt bzw. zu erwarten seitens welchem Lieferanten?	Wettbewerber?
	0 1 2 3 4		0 1 2 3 4	0 1 2 3 4		
	0 1 2 3 4		0 1 2 3 4	0 1 2 3 4		
	0 1 2 3 4		0 1 2 3 4	0 1 2 3 4		

(1) Bewertung analog zu Frage 1

(2) Jahreszahl, seit wann oder ab wann diese Technologie am Markt ist oder sein wird

(3) 0 = wesentlich geringere Funktionalität gegenüber o.g. System
1 = etwas geringere Funktionalität gegenüber o.g. System
2 = etwa gleiche Funktionalität wie o.g. System
3 = etwas höhere Funktionalität wie o.g. System
4 = wesentlich höhere Funktionalität gegenüber o.g. System

(4) 0 = mehr als 150 % der Stückkosten gegenüber o.g. System
1 = 110 % bis 150 % der Stückkosten gegenüber o.g. System
2 = etwa gleiche Stückkosten
3 = 50 % bis 90 % der Stückkosten gegenüber o.g. System
4 = weniger als 50 % der Stückkosten gegenüber o.g. System

8. (Stück-)Kostenwirkungen gegenüber bisheriger Lösung

Was gibt es bereits an Kosteninformationen?
(Basis für Ihre Kostenabschätzung)

❑ Offerte eines Lieferanten

❑ Kosten eines analogen Systems

❑ Kosten aus anderen Anwendungen bekannt

❑ Detaillierte Kostenstudie (Wirtschaftlichkeitsrechnung)

❑ Weitere Quellen ____________

❑ Keine Kosteninformationen vorhanden

Kostenabschätzung:	Serie	SA
Mengenbasis:		
Stückkosten **entfallender** Komponenten:		
Stückkosten **hinzukommender** Komponenten:		
❑ Verbilligung / ❑ Verteuerung der **Systemumgebung** um:		
Stückkosten und Integrationsaufwand S		

9. Zusätzliche Bemerkungen

Interviewpartner:	Interviewer:
Abteilung:	Datum:

图 3-85　综合评估方法的技术分析表

Produkte	Anwendergruppen	entspricht ... % der Kunden
Produkt A		%
Produkt B		%
Produkt C		%

Bezugsgröße für Fragen 2 bis 8 ist der in Frage 1 abgegrenzte Interessentenkreis

Produkte	geschätzte Wirkung auf ... Wirtschaft-lichkeit	Umweltver-träglichkeit	Sicherheit	Image	Komfort
Produkt A	0 1 2 3 4	0 1 2 3 4	0 1 2 3 4	0 1 2 3 4	0 1 2 3 4
Produkt B	0 1 2 3 4	0 1 2 3 4	0 1 2 3 4	0 1 2 3 4	0 1 2 3 4
Produkt C	0 1 2 3 4	0 1 2 3 4	0 1 2 3 4	0 1 2 3 4	0 1 2 3 4

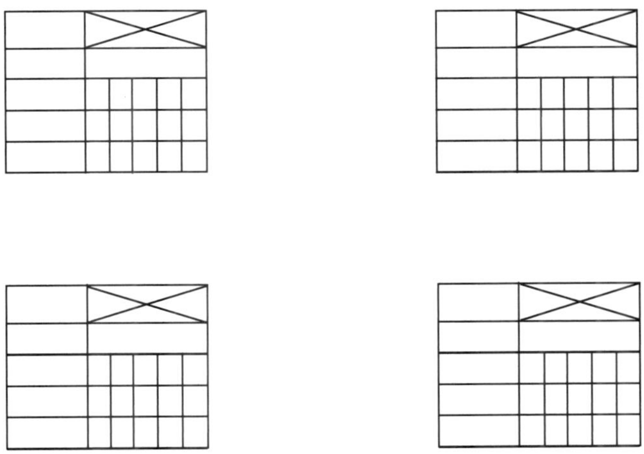

图 3-86 综合评估方法的市场分析表

Marktanalyse	Seite 2 von 2	Projekt-Nr.: Land:
		Produktmaßnahme:

7. Wären die Kunden bereit, für diese Innovation einen Mehrpreis zu akzeptieren? Wenn ja, in welcher Höhe?

8. Welchen zeitlichen Vermarktungsvorsprung/-rückstand werden wir voraussichtlich gegenüber dem Hauptwettbewerber mit dieser Innovation erreichen?

Produkte	100 % der Kunden wären bereit, ... € Mehrpreis zu bezahlen	50 % der Kunden wären bereit, ... € Mehrpreis zu bezahlen	20 % der Kunden wären bereit, ... € Mehrpreis zu bezahlen	5 % der Kunden wären bereit, ... € Mehrpreis zu bezahlen	Hauptwettbewerber	Bewertung
Produkt A	€	€	€	€		0 1 2 3 4
Produkt B	€	€	€	€		0 1 2 3 4
Produkt C	€	€	€	€		0 1 2 3 4

Bemerkungen: 0 = 3 oder mehr Jahre Rückst. 3 = 1–2 Jahre Vorsprung
1 = 1–2 Jahre Rückstand 4 = 3 oder mehr Jahre Vorsprung
2 = ca. Gleichstand

9. Stückzahlchance/- risiko(Bezugsmenge hierzu ist jetzt die **gesamte Planstückzahl** der betreffenden Produktgruppe für Ihr Land)

10. Sollte diese Innovation eher in Serie oder als Sonderausstattung (SA) angeboten werden?

Produkte	Wie viel % der geplanten Stückzahl könnten wir **zusätzlich gewinnen**, wenn wir mit der Innovation **früher** als der Wettbewerb am Markt sind?		Wie viel % der geplanten Stückzahl würden wir **verlieren**, wenn wir mit der Innovation **später** als der Wettbewerb am Markt sind?		Serie	Sonder-ausstattung
	3 oder mehr Jahre früher	1–2 Jahre früher	1–2 Jahre später	3 oder mehr Jahre später		
Produkt A	%	%	%	%		
Produkt B	%	%	%	%		
Produkt C	%	%	%	%	☐	☐

Bemerkungen:

11. Zusätzliche Kommentare (z. B. spezifische Probleme, Chancen, Anregungen)

Per E-Mail senden an:
Interviewpartner:

图 3-86 （续）

Know-how-Analyse	Projekt-Nr.:
	Projektbezeichnung:

1. Welches und wo sind die Know-how-kritischen Technologie- bzw. Systemelemente?

Elemente / Subsysteme	Gewicht in %	Entwicklungs - Know-how
	%	0 1 2 3 4
	%	0 1 2 3 4
	%	0 1 2 3 4
	%	0 1 2 3 4
	%	0 1 2 3 4
System-Know-how	%	0 1 2 3 4
Integrations-Know-how	%	0 1 2 3 4
S	%	

Legende:
Entwicklungs-Know -how ...
0 = ... ausschließlich beim Lieferanten
1 = ... vorwiegend beim Lieferanten
2 = ... beiderseitig vorhanden
3 = ... vorwiegend im Unternehmen
4 = ... ausschließlich im Unternehmen

2. Faktischer zeitlicher Entwicklungsrückstand/-vorsprung
(aktueller Entwicklungsvergleich, korrigiert um die Möglichkeit kurzfristigen Aufholens)

... gegenüber Hauptwettbewerber	Vorsprungs-/Rückstandsposition
______	0 1 2 3 4

Worauf gründet diese Einschätzung?

- ☐ wurde direkt vom Mitbewerber angekündigt
- ☐ in Veröffentlichung beschrieben
- ☐ passt »konsequent« zur Firmenstrategie
- ☐ Sonstiges: ______
- ☐ Prototyp/Modell bei Ausstellung gezeigt
- ☐ Kenntnis aus persönlichem Kontakt
- ☐ wurde im Gespräch mit Lieferanten berichtet

... gegenüber Lieferant	Vorsprungs-/Rückstandsposition
______	0 1 2 3 4
... gegenüber technologisch führendem Mitwettbewerber	**Vorsprungs-/Rückstandsposition**
______	0 1 2 3 4

Legende:
0 = 3 Jahre oder mehr Rückst.
1 = 1–2 Jahr(e) Rückstand
2 = etwa gleich
3 = 1–2 Jahr(e) Vorsprung
4 = 3 oder mehr Jahre Vorspr.

3. Entwicklungsstand/-historie

Status (bitte ankreuzen)	Jahresangaben	Budget in Mannjahren
Idee/Start ☐	Projektbeginn im Jahr: ☐	
Konzept ☐		bisher aufgewendetes Budget: MJ
A-Muster ☐		
B-Muster ☐		
C-Muster ☐		
Serienfreigabe ☐	Serienfreigabe erfolgt voraussichtl. im Jahr: ☐	Gesamtbudget von Idee bis Serienfreigabe: MJ

4. Zusätzliche Bemerkungen

Interviewpartner:	Interviewer:
Abteilung:	Datum:

图 3-87 综合评估方法的技术诀窍分析表

Make-or-buy-Analyse	Projekt-Nr.: Projektbezeichnung:

1. Entwicklungspartner

Hauptentwicklungspartner: ______________________________

Weitere Entwicklungspartner: ______________________________

Fragen 2 bis 8 beziehen sich nur auf den Hauptentwicklungspartner

2. Aufteilung der Entwicklungsarbeiten (realisiert und/oder geplant)

ausschließlich beim Entwicklungspartner ◄──► ausschließlich intern

Idee:	0 1 2 3 4
Konzept:	0 1 2 3 4
A-Muster:	0 1 2 3 4
B-Muster:	0 1 2 3 4
C-Muster:	0 1 2 3 4
Serienfreigabe:	0 1 2 3 4

3. Relative Machtposition des Hauptentwicklungspartners

viele »Kleine« mit geringem Einfluss | 0 1 2 3 4 | ein »Großer« mit hoher Durchsetzungsfähigkeit

4. Patentsituation

Unternehmen ist durch Patentlage extrem behindert | 0 1 2 3 4 | Unternehmen ist durch Patentlage extrem begünstigt

5. Schutzwürdigkeit des entwickelten Know-hows

nicht schutzwürdig | 0 1 2 3 4 | extrem schutzwürdig

6. Systemcharakter des Entwicklungsobjekts

kaum Zusammenhang mit anderen Komponenten | 0 1 2 3 4 | extrem hoher Zusammenhang mit anderen Komponenten

7. Typologische Bewertung des Entwicklungspartners ...

... als Entwickler:
- reiner Komponentenentwickler: ☐
- System- und Komponentenentwickler: ☐
- reiner Systementwickler: ☐
- Integrationsentwickler: ☐
- Sonstiges: ______________________________

... als Fertiger:
- Entwickler und Systemproduzent: ☐
- Entwickler und Teileproduzent: ☐
- Entwickler ohne Fertigungskapazität: ☐
- Sonstiges: ______________________________

8. Bemerkungen

Interviewpartner:	Interviewer:
Abteilung:	Datum:

图 3-88　综合评估方法的“制造或购买”分析表

综合评估方法需要一个中央机构协调整个评估过程，并在必要时提供方法上的支持。评估最终以结果报告的形式呈现每种产品构思的**全貌**，其中包含对明确的评估，并允许决定是否实施该创意。评估运用到的数据不会丢失，而是会存储在数据库中，并且可以随时调用。因此，综合评估方法可以追溯评估过程的各个过程。

评估表格

图 3-85、图 3-86、图 3-87 和图 3-88 是综合评估方法的标准表格。在这些表格的帮助下，企业记录和评估所有重要的、与创新相关的方面。核对清单的特性避免了受访者忽略评估的重要标准或者没有区分地对待创新的各个方面。当然，企业也可以以线上的方式（online）提供这些表格，比如通过企业内部网。

本章节表明，评估创意对创新过程进一步发展而言极为重要。因此，接下来应该注意以下问题，在实施创意评估时需要给予特别的关注（见 Schlicksupp, H. 1988 P. 200）。

问题区

- **创新目标**的表达往往是不完整和不准确的。除此之外，创新过程初期的巨大不确定性导致准确地确定实施创意所需的投资预期的经济效益十分困难。不充分的目标描述可能会导致对现有稀缺资源的不适当使用，从而浪费资源。
- **市场**及其作用机制是一个高度复杂的系统，只能使用简化现实的模型进行说明。然而，通过降低复杂性，某些参数和因果关系难以得到充分的考虑，这种情况也会带来错误判断的风险。
- **未来的发展**往往难以预测。没有普遍有效的公式和因果关系预测未来的发展，因为创新所涉及的个人和机构的行为往往是自发的和非理性的，是不可预测的。此外，必须考虑商业环境中不同寻常的事件，这些是不可预测并且不能被创新者所影响的。与决策时相比，其后果可能会彻底改变创新实施阶段的框架条件。
- 需要分析的替代方案的数量是另一个不确定性因素。如果**创意的数量**非常大，则由于数量问题可能会出现评估错误，因为由于时间成本不可能全面地考虑每个替代方案。由此，可能会忽略重要的、与成功相关的方面。

这些基本问题要求那些要“评定”新想法的人，深入地思考其步骤、使用方法、工具以及对评估结果的解释。只有这样，才能最大程度上排除对创新过程产生严重后果的错误决定。

团体评估

创意评估的另一种形式是**团体评估**。例如，以实名或不实名的方式，通过内部网络论坛对创意进行投票，然后相应地实施获得票数最多的创意。这种民主方法的优点是能够避免上述所提及的众多问题，因为其使用的是“群众智慧”。但同时，这个方法也会引起公众对企业管理的压力。

例子 α错误和β错误作为错误决定的根本原因

下面两个例子旨在澄清在创意评估阶段错误决定的影响（见 Meffert, H. 1998 P. 384）：

- 与 IBM 和伊士曼柯达（Eastman Kodak）误判复印机的成功潜力并且未能追求创新的新理念相比，施乐公司（Xerox）将这一概念转化为非常成功的产品。在新产品构思测试中，IBM 和柯达公司犯的错误被称为拒绝错误（α 错误）。
- 一些企业没有能够剔除一些随后被证明是失败的产品构思。例如，梅弗特提到的由古纳亚尔出版公司（Gruner+Jahr）实施的“公共杂志”的创意，既有新闻又有娱乐。该杂志在上市 9 个月之后，产品构思被证实是“失败的”并被淘汰。在此期间，古纳亚尔出版公司已经付出了非常高的代价。这种错误被称为假设错误（β 错误）。

图 3-89 总结了评估创新型产品构思时要考虑的重要观点。

▸企业管理层是否认识到系统性评估创意的重要性？
▸是否按照具有明确步骤的标准化过程进行评估？

▸是否已知评估过程的基本原则？
▸是否明确规定了评估产品构思的目标和测量变量，并与参与创新过程的所有部门达成一致？
▸在评估时是否区分了定量和定性标准？

▸评估创意是基于现实假设吗？
▸使用的评估方法，是否能够结合现实性、高经济性和用户友好性？
▸客户和供应商是否参与了创意评估？
▸企业使用定性评估方法的程度如何，以及使用这些方法追求的具体目标是什么？

▸在创意评估中是否使用了可用价值分析，并结合了定量和定性的评估标准？

▸是否熟知经济性核算的优缺点，并且是否与定性评估方法相结合使用？

▸是否使用“过滤器”概念，以使创意评估尽可能高效？

▸企业是否有自己的评估方法，以综合的方式尽可能全面地考虑经济和技术因素？

▸是否可以凭借可控的费用来开发综合评估方法或者进行适合自己公司的改进？
▸在评估创意时决策者是否意识到所涉及的基本问题，并且是否得到了充分的考虑？
▸企业管理层如何以及在多大程度上参与了评估过程，并且是否接受所使用的方法？

▸是否评估过程、后续的产品创新的选择决策以及其发布相互分离？

图 3-89 评估想法核对清单

3.4 选择创意

3.4.1 选择阶段的任务

在创意评估之后，企业需要选择一个或多个有利的创意，在创新过程的下一步骤中加以实施，并且随后作为创新的问题解决方案引入销售市场。

在这种情况下，企业即面临要在多大程度上区分**评估**创意和**选择**创意的问题。在文献中，创意的产生、评估和选择经常被概括在创新过程的一个阶段。然而，这种概括方法忽视了每一步骤都包含**大量的活动和选择**的事实情况。由于相关的复杂性和多种多样的相互依赖性，适当给予它们特别的关注是有意义的。此外，企业必须确保获得、评估和选择适当的创意是正在运转的创新管理的核心；因为这里奠定了创新成功或失败的决定性基础。

应该区分评估和选择创意的另一个原因在于，各个阶段通常涉及不同的职位层级，通常中低层管理人员对创意进行评估，而**最高管理层**决定应该进一步开发哪些创意并转化为可销售的产品。然而，选择最合适的替代方案也仅仅意味着遵循了决策建议，因为评估结果清楚地将特定的替代方案标识为特别有利可图的，并且已经可以预见到这个决定。无论是在这种还是另一种情况下，重要的是企业管理层对所选创意明确的承诺，因为只有这样才能保证企业充分地接受这些创意，并且在实施阶段给予必要的资源。

然而，也可以想象出最优替代方案的对立面：在评估中，几种**替代方案**的效力相似。例如，在可用价值分析的情况下，实现了相同的使用价值并且经济性核算也有相似的结果。特别是在这种情况下，最高管理层的任务是区分替代方案的优先次序并作出相关决定。这些决定可以说是“基本裁决”，也就是说，选择那些替代方案，即它们最终并且会明确地被实施；或者应该以设计说明书和需求清单的形式进一步加工，目的是具有更高的细化程度的替代方案。

但是，没有加以实施的解决方案也并不是无关紧要的。

例子 使用燃料电池

例如，如果将汽车使用燃料电池并且规定两年内投放市场，无论在技术上还是经济上都是不明智的。因此，当前不会在选择决定中考虑这种替代方案。然而，在将来使用燃料电池是非常有利的，即当技术更成熟时，并且市场和竞争的压力要求批量实施时。

这个例子清晰地表明，在选择决定时没有被采纳的替代解决方案在以后可能会变得有用。因此，不应从创意数据库中消除这些替代方案，而是将其作为潜在的新产品创意。

3.4.2 发明和创新时机

选择创意最大的挑战是选择正确的**时机**。经验表明，所有的市场研究技术和预测工具都不能够总是规划实施一个创意的最佳时机。

例子　西门子（Siemens）的创新时机

难以选择正确时机的一个很好的例子是西门子手机 S11。在 20 世纪 90 年代末，西门子成为第一家推出彩色显示屏的制造商。从客观的角度来看，制造彩色显示屏的创意是好的、正确的，但在那个时候，这个功能并不会带来额外价值，诸如内置相机或移动互联网等可以用来查看彩色照片和网站的应用还没有上市。所以在当时，彩色显示屏手机只会非常昂贵却不实用。但是，几年后，彩色显示屏已是所有手机不可缺少的标配。

原则上，创新存在不同的时机战略，选择创意更应该基于此。因此，接下来概述**发明时机**和**创新时机**（见 Vahs, D./SchäferKunz, J. 2012 P. 610, 也见章节 2.1.2.3）。

发明时机

在发明时机的框架内确定呈现发明的时间，即何时应该完成开发产品和流程。就发明时机而言，企业可以追求以下角色（见 Gerpott, T. J. 2005 P. 217 和 Specht, G./Beckmann, C./Amelingmeyer, J. 2002 P. 108）。

第一个发明者

第一个发明者和先驱企业通过早期开始 R&D，力争在竞争对手之前研发出可生产、可销售的产品。除了成为第一家进入市场的企业之外，第一个发明者通常可以通过新产品的知识产权来获得超越竞争对手的持久的竞争优势。但相对应的劣势是较高的研发支出，因为有效的解决方案通常与许多迷途相关联，伴随着高昂的支出。

修改的追随者

第一个发明者的研发结果为人所知之后，修改的追随者尝试通过进一步的开发，以更低的研发费来改进工艺和技术，从而避免新产品开发时常常出现的“发展过程中的缺点”。当使用受知识产权保护的工艺和技术时，追随者的战略可能会出现问题。

模仿的追随者

模仿的追随者也在等待，直到第一个发明者的结果为人熟知。然而，与修改的追随者不同，他们并没有进一步开发工艺和技术，而是在很大程度上模仿第一个发明者的产品。因此，模仿的追随者的研究和开发支出甚至低于修改的追随者。

例子 保护胶囊

由于 Nespresso 胶囊系统的多项专利在 2013 年到期，市场上开启了没有约束的竞争。帝怡公司（D.E Master Blenders 1753），以 Senseo 系列产品而闻名，开发了适用于 Nespresso 咖啡机的各种浓缩咖啡和廊构咖啡胶囊。亿滋国际公司（原 Kraft 公司）也提供 Jacobs 和 Carte Noire 品牌的胶囊。雀巢公司（Nestle S.A.）同时尝试用茶胶囊系统 Special.T，来连接 Nespresso 胶囊咖啡机（见 Stühff, A. 2014 P.1）。

创新时机

在创新时机的框架内确定发明应该何时进入市场。在创新时机方面，企业可以扮演以下角色（见 Gerpott, T. J. 2005 P. 218 和 Specht, G./ Beckmann, C./ Amelingmeyer, J. 2002 P. 108）：

市场进入先驱者

市场进入先驱者希望成为第一个销售新产品的企业。这些企业在一开始就拥有的垄断地位使他们能够从第一批购买者或领先用户等买家群体中获取高额利润。并且与后期进入市场的企业相比，市场进入先驱者通过经验曲线效应实现成本优势。然而，市场进入先驱者面临着高度的市场风险，因为还不知道消费者是否会像预期的一样接受新技术。

早期的追随者

早期的追随者在先驱者之后进入市场，从而降低市场风险。由于早期买家的需求往往已经被先驱者满足了，实施早期追随者战略会变得困难。尽管如此，与之后的竞争对手相比，市场在早期阶段仍然可以提供明显的竞争优势。

后期的追随者

后期的追随者，也被称为模仿供应商，只有在市场发展和买方行为已经稳定并且可以相对可靠地估计进一步发展时才进入市场，从而避免了早期进入市场的市场风险。后期追随者通常依赖模仿战略，使他们能够以低廉的价格提供服务，因此具有价格竞争力。然而，后期追随者往往面临市场进入壁垒，一般不会有很高的市场份额。

图 3-90 显示了发明和创新时机之间的相互关系。

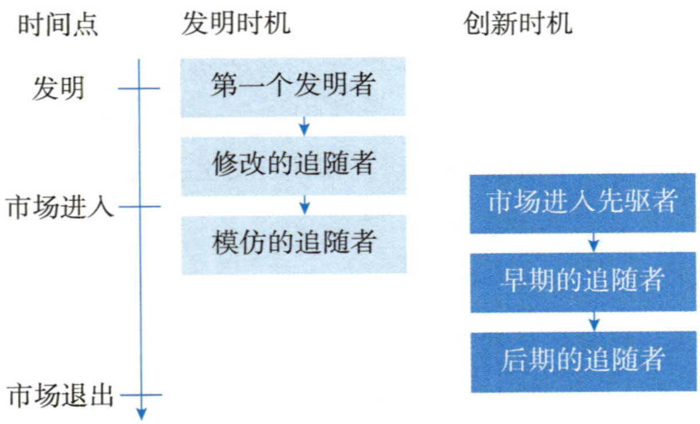

图 3-90　发明时机和创新时机

（见 Vahs, D./Schäfer-Kunz, J. 2012 P. 610）

发明时机和创新时机之间的相互关系

图 3-91 显示了对美国 416 家不同行业的企业进行的一项研究结果，这些研究结果十分有趣：照这么说，成功的企业（“The Best”）主要采取首先进入市场（First-to-Market）的战略，少量奉行快速追随者（Fast-Follower）的战略。利基战略和被动等待的战略是不太可能成功的。然而，需要指出的是，也存在不一致的实证研究结果，因此成功前景不能一概而论（见 Fritz, W./von der Oelsnitz, D. 2007 P. 83）。

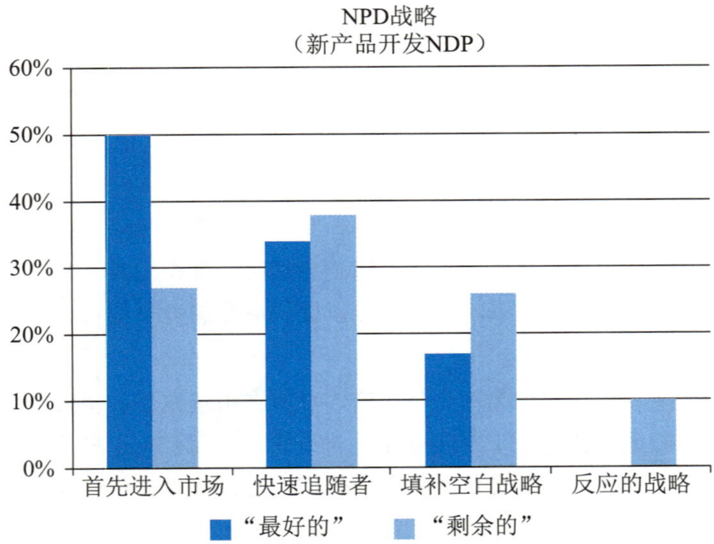

图 3-91　市场投放时间战略相对比

（见 Barczak, G./Griffin, A./Kahn, K. B. 2009 P. 18）

例子　社交网络的兴起与衰落

StudiVZ 于 2005 年在德国成立了社交网络的市场分支。几年后，StudiVZ 成为无可争议的市场领导者，之后霍尔茨布林克出版集团（Georg von Holtzbrinck GmbH）以 8500 万欧元收购了 StudiVZ。与 Facebook 就收购进行的谈判遭到拒绝。但随后 Facebook 指出：按照广告媒体传播信息认证协会（IVW），2010 年 StudiVZ 网站有 4.5 亿次访问，次年仅有 2.25 亿次访问，2012 年 4 月只有 5000 万次访问。与此同时，Facebook 估计有 2300 万德国用户，StudiVZ 至多仍有 500 万德国用户。

在 2013 年 3 月关闭分支 SchülerVZ 之后，网站运营商宣布修订和复兴了 StudiVZ 网站，并因此一度出现了网络成功的生命迹象。

3.4.3　不确定性的意义

最后，“发展创新”一节，指出一种现象，它虽是创新管理的一个基本组成部分却并不受欢迎：**不确定性**（见章节 1.2.2.2）。因此，通过已经阐述的用来收集、产生、评估和选择创意的创新过程和方法，人们试图尽可能降低不确定性因素。当然，创新的一个本质特征是新颖性，没有一定的不确定性就没有新颖性。然而，在缩短产品生命周期的背景下，企业面临着定期推出具有风险的新产品的压力。

这种不确定性是选择创意中的一个关键因素：必须找到接受这种不确定性的人，并且在风险之中继续推进这个创意。规模越大的组织越难以正确定位这些决策者。从这个意义上讲，创新管理被看作是将创新制度化的尝试（见 Pillkahn, U. 2007 P. 323）。当然，这种形式上的方法可以管理创意，但会阻碍或者不能积极促进这些创意，通常情况下，创意管理是以非正式的方式进行的。当风险被认为较低并且利益被认为很高时，将会通过这些过程进一步发展创意。然而，推进激进创意需要一定的企业家主动性，企业必须积极推动。通常情况下，这在企业内部是十分困难甚至是不可能实现的，因为激进的创意总是会导致组织的变化，这显然也会影响工作在其中的人。原则上员工总是会说创新是重要的和好的，但是，一旦他们的个人生活和行为方式受到影响时，评价就会有所不同。

微观察

过时——规划的损耗

Phoebuskartell 作为一个大的灯泡制造商联合，于 1924 年成立，旨在将产品的使用寿命从 2500 小时降低至 1000 小时。至少在 1942 年之前，Phoebuskartell 一直存在，迄今为止，仍然存在灯泡较低的使用寿命。类似的例子比比皆是：打印机生产商爱普生，在机器中放置了一块芯片，在打印一定数量后自动生成错误消息；电脑公司苹果，在 iPod 设备（2003）中显然有目的地使用了寿命更短的电池，且电池不可更换。这些例子表明，一些企业利用研发技能不仅能带来更好的问题解决方案，还能有目的地恶化产品性能。无论如何，人为地延长产品的生命周期从而降低新产品开发的不确定性，并没有十足的把握（见 Wolkerstorfer, H. 2012 P. 25）。

在这种背景下，各家企业已经开始实施所谓的**风险管理**，即从当前的组织中分开实施激进的想法，通过这种组织独立性，给激进的想法提供必要的发展空间。

例子　企业家新兵训练营作为智囊团

阿尔卡特朗讯公司（Alcatel-Lucent S.A.）已经发起了一项名为“企业家新兵训练营”（EBC）的全企业倡议。EBC 是一个创新过程，使创意提供者找到一个团队来实施他们的创意，创建一个合理的商业计划，并将其推销给内部和外部投资者。从 EBC 中发展而来各项商业计划，由所谓的阿尔卡特朗讯风险委员会（ALVC）选择内部或外部实施，ALVC 由公司内外各种潜在的投资者组成。

具有创新思想的个人通过各种活动与通常隶属于其他部门的潜在合作者聚集在一起。当团队找到彼此时，他们可以在工作时间内详细加工这些创意，并将其介绍给投资委员会。同时，这些团队得到专业支持并接受商业管理方面的培训。根据 ALVC 的投票结果，公司决定这些创意是否可以被分立出来，成为阿尔卡特朗讯公司新的业务领域，或者该主题是否应该在适当的业务领域作为新的内部项目进一步处理。该公司在克服这些不确定性问题时拥有非常积极广泛的经验。

3.5　创新控制

3.5.1　理解和任务

3.5.1.1　概念

最后一部分主题是创新控制，基本上被视为一个跨阶段的交叉过程。

基本上，控制可以被理解为针对企业管理的信息、规划、控制和协调任务的执行。多年来，这种控制的基本功能在企业实践中经历了广泛的专业化和分散化（见 Horváth, P. 1995 P. 706）。

例如，在许多企业中既有**分散的控制单元**，例如部门控制者或者区域控制者，也有以**日常事务为导向的控制职能**，例如采购、生产、销售和研发控制。他们的任务是为管理层提供服务，使管理层能够更有效和更高效地管理业务流程。

创新控制是一项具有决定意义的交叉功能，支持创新过程的所有阶段，并将涉及整个价值链的专业领域和产品领域联系起来，所以它比专注于一个职能部门 R&D 控制更加广泛。这确保了企业内所有创新管理以市场和结果为导向（见 Gentner, A. 1993 P. 46, Horváth, P. 1995 P. 721）。

控制和创新控制的中心目标是，及时地、以接收者为导向地、成本低地、以适当的质量和数量向决策者提供掌控创新过程所需的所有业务信息。

3.5.1.2　目标

创新控制既包含**战略性**控制信息也包含**运营性控制信息**，因此，具有战略性创新控制和运营性创新控制。然而，这两种创新控制在操作实践中不能相互分离且不应该分开（见 Brockhoff, K. 1992 P. 326, Specht, G./Beckmann, C. 1996 P. 332）：

- 战略性创新控制服务于具有成功潜力的、长期的企业管理控制，被认为是创新战略发展和实施的一部分，其主要任务是为企业管理层提供和企业及其环境有关的所有战略信息。
- **运营性创新控制**是指中长期以结果为导向地掌控计划的和持续的创新活动。因此，运营性创新控制的重点是使创新过程与既定的里程碑和期限目标保持一致，灵活协调和持续监督财务、人力和物质资源的使用情况。

一般而言，创新需要高额的**资本支出**，特别是对于产品创新。因此，许多企业的研发费用超过了有形资产的投资。此外，对创新的投资往往是一个非常不确定的投资，在许多情况下其成本效益起初是非常值得怀疑的。

就追求的创新目标而言，在一定程度上**控制者**在投资者和创新者之间，正如豪斯切尔和所罗门所说的那样："他们是规划者、批判性审查者，同时也是双方的律师（Hauschildt, J./Salomo, S. 2011 P. 339）。"

控制目标

因此，创新控制必须追求**技术的目标**（以创新者的角色）和**企业管理的目标**（以投资者的角色）。技术方面的典型目标是遵守时间目标和特定的技术目标（例如错误和变化率、产品和过程质量）。除成本之外，这些经济变量还包括诸如销售额、利润、利润率和资本回报率等目标变量。但是，在经济目标方面，投资时间和回报往往会造成问题，特别是诸如缺乏具体产品参考的基础性研究活动。在流程和社会创新方面更成问题。流程创新的成功在于合理化收益，而这往往是不可明确归因的；评估社会创新的目标实现则更加困难。这里不得不满足于一些辅助参数，例如改善工作动机、提高生产质量或提高工作安全性。

格普特确认，**衡量创新成功**原则上可以跟踪三个目标（见 Gerpott, T. J. 2005 P. 68）。

目标跟踪的原因

- 用于**掌控创新活动**的目标跟踪。通过规划和监督在创新过程中使用的人力、财力和物力资源，在结果控制的帮助下，获得创新进展或实施缺陷的迹象，由此可以调整控制活动，例如延续或终止创新项目、改变资源分配、修正计划变量等。
- 说明员工的成绩和成果。这种反馈有助于**影响**参与创新过程的员工**行为**，通过让员工意识到自己的优势和劣势，从而有动力去提高自己的表现。此外，在衡量创新成功时可以商定有形和无形的激励分配，这反过来又有助于掌控过程行为。举例说明，格普特提到在完成 R&D 项目的工作包时衡量以及奖励时间进度准守情况。同时，这种反馈又可以影响员工的工作行为，防止他们忽视经济目标而尽一切努力确保完成时间目标。
- **创新活动**的**价值**应该通过绩效衡量来记录，对于那些对提供资源有重大影响的决策者来说，这一点尤其重要。格普特指出，通过描述已完成的创新过程的直接和间接经济效益，早期的资源分配决策应该再次合法化，从而影响未来的决策以支持计划中的创新项目。

3.5.1.3 创新控制的任务

创新控制的具体**任务**基于企业各自的要求和框架条件，其中一些典型的任务包括：

信息和协调任务

创新控制的一项重要任务是确保创新过程所涉及的领域之间的**数据流**。要做到这一点，决策者需要能够以正确的形式、合理的规模和正确的时间获得所有重要的信息。在大多数情况下，创新控制还负责建立和维护相应的**报告或者管理信息系统（MIS）**。正确的访问和准备与决策相关的信息已经为创新过程的协调过程作出了重大贡献。应该指出，“客户”首先是研究人员、开发人员、项目工程师和技术导向的员工，他们需要熟悉与企业管理相关的业务参数。此外，创新控制必须确保可以最佳地处理过程中的界面和相互依赖性，从而避免重复工作、延误以及时间的、财务的和人员的瓶颈。

信息和协调任务

规划和控制任务

创新控制的另一个任务是规划创新过程，即与其他相关领域的人员（尤其是研发、生产、营销和销售）一起合作来确定技术的、时间的和经济的目标。同时，借助经典的控制手段（例如理想—当前比较）持续监督过程的期限、成本和质量也是控制的职责范围。如果当前值偏离理想值，必须进行偏差分析，必要时应提出对策并实施。

规划和控制

咨询任务

无论对于企业管理层的决策者还是项目经理，创新控制都具有咨询职能。在这里，创新控制的代表者为创新项目的管理层和员工提供**专业的和方法的支持**，是非常重要的。在以技术为导向的产品创新项目中，首先必须考虑到企业管理的能力，在很多情况下，这在研发方面是不够的。创新控制必须确保使用正确的战略和运营的成本核算、规划和控制流程。因此，它对实现过程目标作出了重大贡献。

专业的和有方法的咨询

3.5.1.4 创新控制者的任务

创新控制者

- 以规划师的身份进行创新管理，制定财务要求并确定绩效和时间目标。与投资者相比，他们代表着创新者。
- 作为审计人员，监督财务资源的使用情况，并控制对绩效和时间目标的实施情况。与创新者相比，他们代表着投资者。

例子 创新控制者的任务

在实践中，创新控制者通常不在研发部门，而是在管理部门。一家制造业企业有着非常好的经验，将创新控制者（工厂控制者）直接安排在研发员工之中。刚开始时，人们有各种各样的恐惧，但几周后，该部门的员工开始意识到这位陌生的新同事有着巨大的价值：创新控制者并不是该部门的监督人员，不像传说中的那么可怕，而是价格计算、采购和资料汇编的有力支持者。因此，创新控制者成功克服了“部门思维”的巨大障碍。

3.5.2 控制工具概览

控制工具的范围从经典的成本要素核算、成本中心核算和成本单位核算，到使用可用价值分析和预算方法，直至更新的目标成本核算、过程成本核算和生命周期成本核算等方法（另见4.2节评估方法的描述以及Jórasz, W. 2000 P. 298, Vahs, D./ Schäfer-Kunz, J. 2012 P. 403。在Specht, G./ Beckmann, C. 1996 P. 368中可以找到各种不同的R&D控制工具的详细介绍）。以下简要介绍较新的成本核算方法，作为创新控制的工具。

3.5.2.1 目标成本核算（target costing）

由日本企业，如日本电气公司（NEC）、索尼（Sony）、日产（Nissan）和丰田（Toyota），开发了目标成本核算（target costing）概念，即从市场中获得产品的成本（“一个产品要花费多少？”），可以作为一个**战略的控制工具**（详细描述见Jórasz, W. 2000 P. 304以及Baus, J. 1996 P. 51, Horváth, P. 1996 P. 941）。它专门为新产品和后续产品的成本计算量身定制，并从设计到成本的意义上来说，“从一开始”就实现有针对性的成本管理。目标成本核算基于竞争性市场价格和目标利润率确定产品可能的最大允许成本（allowable costs）。目标成本核算的目标是，产品既包含客户所期望的性能特点，又可以以符合市场状况的成本进行生产。

应该在**产品开发初期**就使用目标成本核算，以便创新过程可以从一开始就面向目标市场，从而能够在竞争加剧时保持甚至提高产品利润。需要核算的成本不仅包括开发成本，还包括生产和服务成本。目标成本核算很有意义，首先是在竞争激烈的市场中，产品生命周期短且价格动态发展。其次，在产品大批量生产时，创新控制也具有很高的控制效果，因为对于这些生产过程类型而言，在产品开发阶段最有可能影响成本。

特别是在市场拉动战略的框架下，目标成本核算概念是一种**控制工具**，它将产品开发与市场和竞争关系相结合，并重视未来的市场优先顺序。然而，革命性的创新主要是技术诱导（技术推动），由于这类创新没有可比较的产品和技术，潜在客户几乎无法预测其未来价值，因此实施目标成本管理存在界限。

3.5.2.2　过程成本核算（process costing）

关于创新项目的成本分析，还必须考虑到不可直接归因的大部分**间接费用**，这部分费用由间接的服务部门产生，例如研发、采购、物流、生产规划和控制、订单处理或管理。然而，传统的成本核算系统不能充分地提供产品和开发过程相关的间接费用，特别是不能足够准确地确定新产品和产品变体的成本。

因此，目标成本核算应与过程成本核算（基于活动的成本核算）相结合。利用这种**战略性和运营性控制工具**，间接费用被分配给以面向活动为导向的过程、子过程、工作步骤和对象（更详细的描述见 Schmeisser, W./Solte, M. 2010 P. 53）。除了更高成本透明度和基于因果关系的准确计算之外，过程成本核算的主要目标是确定（共同）成本中最重要的影响因素，即所谓的成本动因（cost driver）。关于目标成本，必须考察降低成本或避免成本的可能性。因此，创新控制可以为影响成本情况提供具体的设计建议，同时不会忽视过程周期或过程质量（见 Horváth, P. 1995 P. 715, Jórasz, W. 2000 P. 298, Vahs, D./Schäfer-Kunz, J. 2005 P. 538）。

3.5.2.3　生命周期成本核算（life cycle costing）

鉴于市场和竞争态势发生变化（买方市场、竞争加剧、环境保护立法等），越来越有必要在产品开发阶段就规划和掌控整个产品生命周期阶段的所有资源消耗，例如，使用、保养、修理、退役、处理和再循环的成本可能对特定产品在其生命周期内的整体经济效益具有重大的影响。

从全面的创新控制角度来看，**生命周期成本核算**一方面是资源消耗的数字映射，另一方面是产品引入市场后销售收入的数字映射。这一方法不仅包含产品开发流程，还包括新产品的市场周期。这种**全面的和多周期的观点**要求尽可能准确地估计和评估规划的产品生命周期、预测的收入流和支出流以及时间。按照 Bürgel 等人的观点，生命周期成本核算为使用其他方法和工具提供了根据，它使预期的**掌控创新过程**成为可能，例如质量功能展开或同步工程（见 Bürgel, H. D./Haller, C./Binder, M. 1996 P. 335, Horváth, P. 1995 P. 719, Schmeisser, W./Eichhorn, S./Nickel, O. 2010 P. 118）。与生命周期成本类似的概念是**总拥有成本**（total cost of ownership），它在德语区国家企业的采购中已经成功地建立起来了：90% 以上的德国工业企业都将这一概念用于采购。然而，生命周期成本核算在理论上或实践中尚没有普遍有效的模型，由于问题情况不同，众多企业依然依据产品单独进行成本核算（更详细的描述见

Krämer, S., 2007 P. 113）。

微观察

实际应用生命周期成本核算

在理论上听起来如此具有说服力的东西往往不被用于企业实践中。如果寻找生命周期成本核算不被使用的原因，那么经常会发现这样的理由：这个方法太费时间了，而且最终的投资也不值得，因为可能会出现各种因素的变化，例如物料采购价格可能会下降。管理层必须要有反对这些论点的远见。

3.5.2.4 创新控制作为综合工具和控制工具

创新控制作为伴随创新过程的综合工具和控制工具，用于企业内特殊的处于紧张状态的领域中，它的参照系（frame of reference）一方面是技术性的，另一方面是经济性的，经常会因参与人员观点不同而产生冲突。虽然经济学家密切关注成本、营业额和利润等经济变量，但工程师们渴望看到技术上的成功，他们有时会有这样的观点："无论成本多少（whatever the cost）"。同时，创新的参照系特征是，对预期的成功效果存在高度的**不确定性**。特别是在产品创新方面，由于技术上的不确定性，创新所产生的成本往往难以计划。此外，市场和竞争的风险，实际上可以使技术上成功的创新在经济上失败，这个风险远高于技术风险。许多研究表明，新产品项目的失败比率在 25% ～ 95% 之间，例如，在美国化学和石化行业，有 57% 的研发项目在技术上是成功的，但只有约 20% 在经济上是成功的（见 Bürgel, H. D./Haller, C./Binder, M. 1996 P. 280）。

出于这个原因，创新控制成功与否至关重要，即是否有可能将主题维度和价值维度结合起来，使研究人员、开发工程师和设计人员能够像经济学家一样理解和领会这些维度。只有把不同的观点在所追求目标的意义上相结合，才能减少潜在冲突以及将其用于创造性发展创意。因此，创新控制首先需要弥合企业管理与技术之间的界面，这意味着在技术方面实现创造性自由的同时而不忽视经济的必要性（见 Bürgel, H. D./Haller, C./Binder, M. 1996 P. 285）。图 3-92 列示了创新控制的核对清单。

- ▶企业中是否有一个普遍的控制职能？
- ▶企业控制是如何组织的？控制职能有哪些任务、责任和权限？

- ▶企业中是否设立了创新控制机构？
- ▶创新控制的目标是什么？这些目标如何整合到企业的目标系统中？

- ▶创新控制设置在企业管理中还是研发中？
- ▶创新控制具有哪些战略性和运营性任务？

- ▶创新控制有哪些决策权和指导权？

- ▶创新控制是否积极参与战略和运营的研发计划？

- ▶创新控制是否根据经济目标（如成本和经济性）来评估所有的研发提案？
- ▶控制任务是否只与产品创新相关，还是包括流程、结构和社会创新？

- ▶是否使用了适当的控制工具来掌握创新过程？也就是说，选择时是否关注了实用性、说服力、快速的信息可用性、可理解性等？

图 3-92　创新控制核对清单

复习题

创新过程

1. 创新过程的普适特征是什么？
2. 解释创新过程的含义。
3. 如何启动一个创新过程？
4. 为什么创新过程被视为一个整体过程？
5. 如何建立一个创新过程？
6. 在一个流程图中描述理想的创新过程的各个阶段。
7. 获得创意可以区分为哪些阶段？
8. 在创新过程中需要区分哪些不同的需求和组织形式？
9. 创新过程的不同模型有何不同？
10. 为什么建立企业特定的创新过程是有意义的？
11. 为什么在创新过程中需要控制系统？
12. 什么是创新过程模型的典型问题？
13. 解释门径管理过程。

14. 描述“下一代”门径管理过程。
15. 门径管理过程与其他过程模型有何不同？
16. 科恩等人的模型有什么不同之处？ 与其他创新过程相比呢？
17. 什么是封闭式和开放式创新？
18. 开放式创新的三种普遍类型是什么？
19. 谁应该参与开放式创新的创新过程？
20. 在启动阶段，情况和问题分析要完成哪些任务？

创新的推动力

1. 什么是创意？在获得创意时人类的创造力在多大程度上发挥作用？
2. 收集创意和产生创意有什么区别？
3. 解释搜索区域的含义以及确定搜索区域的用途。
4. 为玩具制造商的以下问题定义潜在的搜索区域：木制火车应具有更现代的外观。
5. 什么是创新的一般推动力？
6. 为什么所谓的石川图特别适合具体化和可视化搜索区域？
7. 你知道哪些获得创意的信息来源？
8. 请讨论如何使用出版物作为创意来源。
9. 你知道哪些创新方法来提出创意？
10. 各种创新技术之间有什么相似之处？它们的主要区别是什么？
11. 创新过程原则上看起来是怎么样的？
12. 为设计创新过程你会制定什么样的基本原则？
13. 解释头脑风暴和书写头脑风暴这两种方法，各自有什么共同点和不同点？
14. 形态分析和综摄法有什么特殊特征？
15. 你知道哪些可以用于产生创意的方法？并解释。
16. 以“2025 健身计划”的想法为例，进行刺激词分析。
17. 解释最重要的企业内部的和外部的信息和创意来源，分别有什么优点和缺点？
18. 解释竞争分析的特点。
19. 你认为供应商和客户必须参与到发现创意中吗？如果是的话，那么这两个群体应该以何种形式参与以及参与程度？
20. 客户参与创新过程的特殊问题是什么？
21. 你如何评价员工参与产生新的创意？

22. 与其他产生创意的方法相比，你如何看待企业建议体制？
23. 在设计企业建议体制时应该特别注意什么？
24. 为什么系统地记录和存储创意是创新过程中重要的一步？
25. 有哪些记录和存储创意的方法？你如何看待它们的优点和缺点？
26. 为什么筛选对于获得创意之后的步骤如此重要？
27. 缩写 QFD 和 FMEA 背后隐藏了哪些方法？
28. 请解释 QFD 以及 FMEA 的标准流程。

评估创意

1. 在创意评估阶段追求的目标是什么？
2. 产品构思通常有哪些目标贡献？
3. 原则上存在哪些评估要求？
4. 评估过程的示意图是什么样子？原则上哪些特征组被用做创意评估的基础？
5. 应考虑哪些类别的评估标准？
6. 创新过程中评估方法的特殊要求是什么？
7. 请解释用来创意评估的过滤器概念是什么意思？
8. 对创意评估有哪些要求？
9. 你知道哪些类型的评估方法，什么情况下使用哪种方法？
10. 在创意评估时口头评估、核对清单和双重方法各有什么优点？
11. 你会在实践中使用形成整体优先级这个方法吗？有哪些优点和缺点？
12. 为什么可用价值分析对评估创意而言是特别合适的？
13. 请详细解释可用价值分析的各个步骤。
14. 为什么在创意评估时应该使用定量的方法？
15. 静态的经济性核算的优点和缺点是什么？
16. 请解释为什么使用动态的方法是有利的。
17. 综合的评估方法有什么优点？
18. 在创意评估时可能发生的根本问题是什么？
19. 为什么无论企业规模如何，创意评估是有意义且必要的？
20. 做创意评估时应该包含哪些职能部门？为什么？

选择创意

1. 选择创意的特点是什么？
2. 为什么要将选择创意与评估创意分开考虑？

3. 什么是发明时机和创新时机？这两个领域有什么区别？
4. 针对发明时机而言，存在哪些角色？
5. 发明与创新时机有什么样的相关性？
6. 创新时机有哪些特殊的作用？
7. 是否有一个关于哪个战略选项可以保证成功的普遍性陈述？如果是，哪一个？
8. 为什么不确定性是创新管理的一个重要因素？
9. 组织应该如何应对不确定性？
10. 存在哪些组织可能性，可以用来实施具有高度不确定性的激进创意？

创新控制

1. 什么是控制？
2. 解释创新项目控制的基本任务。
3. 为什么新产品引入市场阶段对创新成功而言扮演着非常重要的角色？
4. 创新控制应在组织的哪一部分？
5. 谁是创新控制的主要参与者？
6. 什么是创新控制？
7. 创新控制和 R&D 控制有什么不同？
8. 你知道哪些类型的创新控制？简要描述各自的特点。
9. 创新控制的目标是什么？
10. 创新控制也会控制 R&D 任务么？
11. 为什么在创新控制范围内衡量创新成功是有意义的？
12. 衡量创新成功的目标是什么？
13. 请解释创新控制的基本任务。
14. 创新控制者的任务是什么？
15. 在创新控制的背景下可以使用哪些成本管理方法？简略地描述这些方法。
16. 你知道哪些控制工具？它们有什么不同？
17. 目标成本核算和生命周期成本核算有什么区别？
18. 你学过哪些类型的生命周期成本核算？
19. 什么是总拥有成本？
20. 创新控制在多大程度上是重要的综合工具和控制工具？

第 4 章

实施创新

本章概览

4.1 从选择创意到实施创意
4.2 创新营销
4.3 市场引入
4.4 知识产权与知识产权战略

学习目标

- 掌握从选择创意到执行都十分重要的关键步骤和工具。
- 了解在创新过程中内部和外部创新沟通的关键要素。
- 了解市场引入中最重要的方法和流程。
- 了解知识产权及其应用领域的基础知识。

4.1 从选择创意到实施创意

4.1.1 背景和概述

当向市场推出一项创新并获得尖叫声——“好哇！”时，这项创新就成功了（见 Bagel-Trah S. 2012 P. 72）。不幸的是，大多数企业只能梦想有这种情况，因为产品的成功受到大量不同因素的影响。将创意转化为成功的创新是一项十分艰巨的任务。

例子 苹果（Apple）的成功和失败

作为是最具创新和成功的企业，苹果在引入创意方面也有成功和失败。iMac，iPhone，iPad——苹果公司的这些创新彻底地“冲击着”市场。成功的不仅仅是计算机与客户需求巧妙的结合，还包括音乐市场与多媒体的革命——iTunes。即便如此，这家公司也不得不接受历史性的失败。2000 年推出了“The Cube”产品，这是一款小巧的台式电脑且采用透明的塑料外壳。虽然苹果公司为此赢得了多项设计奖，但由于其价格昂贵，该产品并未获得成功。2007 年，苹果公司推出了“Apple TV”，是一个小型的机顶盒（set top box），它直接连接到电视机或 Mac。用户可以通过使用遥控器在电视上播放电脑的音乐和电影。该产品售价为 249 美元，价格过高，并且调试也很复杂。2012 年 3 月，该公司推出了第三代“Apple TV”，技术上经过重新设计并以 99 美元出售，价格便宜很多。但迄今为止仍未取得突破。

2014 年夏天，苹果公司发布了 iPhone 6。但是，除了该产品习以为常的成功之外，在社交网络 Facebook 和 Twitter 上也首次出现了投诉风波，并有相应的照片和视频为证。一方面是 iOS 操作系统的问题，另一方面，有人批评在口袋中手机外壳会折弯。对于成功的高端制造商而言，这种拙劣的市场推广是一场失败的公关。然而，该公司声称，只有 0.4% 的手机会受到影响。

创新的产品、巧妙的策划和合适的市场营销活动常常使苹果公司取得巨大的成功。然而，正如实例所示，成功的秘诀并不总是有效的。

许多大型企业已经以最好的方式组织了**创新管理的早期阶段**，即产生、评估和选择创意，但它们无法成功地将创意推向市场。原因众多，除了资源供应和有效的管理等内部挑战之外，还包括产品正确进入市场的时间问题。

内部的创新实施

在选定了有前景的创意之后，企业必须对其实施进行规划。这需要专业的**界面管理**，以便将营销、销售、生产等相关领域汇集到一起，并顾及整个过程。为此，可以使用同步工程和项目管理等工具。

市场进入

市场进入本身必须经过专业的规划和持续的管理。市场进入从根本上取决于正确的时间安排（见章节 3.3.1）以及成功的**创新沟通**（见章节 4.2）。它们的任务是以有针对性和可持续的方式说服内部（特别是不同部门的员工）和外部利益相关者（例如客户和供应商），向其阐述创新的必要性。除了创新营销之外，企业还必须制定有效的**市场进入战略**（见章节 4.3.1）。**创新投资组合管理**（见章节 4.3.2）有助于组织和安排创新项目。

例子　波音公司（Boeing）的创新投资组合管理

在空中客车公司 1996 年宣布建造 A380 后，波音公司也被迫在市场上推出一款新的大型飞机。波音公司内部的目标是，在更短的时间内以更低的成本完成此项任务，并且在空中客车 A380 之前推出波音 787（以前称为 747-X）。在开发过程中，波音公司开发了一个工具，用于分类和描述与 787 开发相关总共约 80 个内部创新项目。最后，利用这一创新投资组合管理工具，波音公司找到了两个问题的答案："如果我们能够为一个项目争取到更多的融资，哪一个最适合投资组合？"以及"如果我们有更多的钱，那么是否会增加我们的投资组合的 NPV？"但最终，空客 A380 于 2007 年上市，波音 787 于 2010 年才上市（见 Dickinson, M. W./ Thronton, A. C./ Graves S. 2001 P. 518）。

此外，在全球化背景下，特别是在研发领域，**国际化**这个话题**变得越来越重要**（见章节 4.3.3）。最终，尽管有最佳的计划，但创新仍无法确保市场成功，因为总是存在外部的、不受决策者影响的因素，就像雀巢公司（Nestlé S.A）的例子所示。

例子　奈斯派索（Nespresso）——从失败到成功

奈斯派索（Nespresso）是瑞士食品公司雀巢（Nestlé S.A.）推出的一款咖啡系统，由瑞士工程师雀巢开发。雀巢第一次尝试建立奈斯派索系统时是失败的：早在 20 世纪 70 年代，雀巢就已经有了这个想法，即开发一款全自动咖啡机，可以制作类似于意大利酒吧里的浓咖啡。克服所有的阻力，雀巢终于于 1976 年注册了专利。直到 20 世纪 80 年代中期，第一台原型机（Prototyp）才完工；80 年代末，奈斯派索首次在瑞士和法国上市。但直到 1991 年，当一个经过精心包装的、具有营销和设计战略的新营销概念被开发出来时，市场状况才慢慢好转，成功才开始占据上风。拥有俱乐部体系以及好莱坞明星乔治·克鲁尼（Georg Clooney）面孔的溢价战略，奈斯派索成为集团内业务增长最快的板块。图 4-1 描述了自 2000 年开始，奈斯派索快速增长的营业额。这样的成功自然吸引了众多竞争对手，自 2013 年专利到期以来，雀巢公司面临着销售额大幅下降的困难，因为新的供应商可以提供同样的产品。

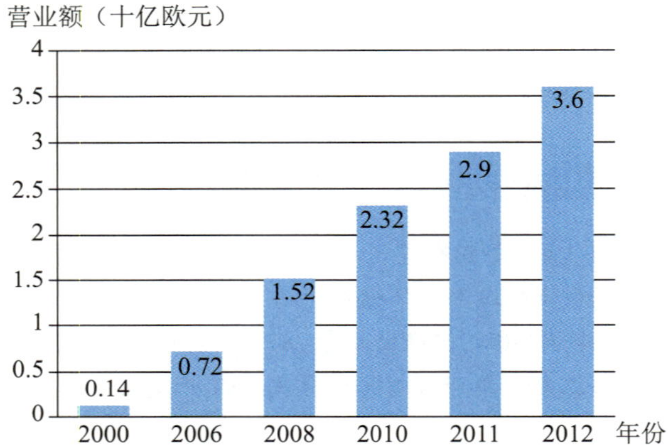

图 4-1　奈斯派索 2000—2012 年的全球销售额

（见 http://de.statista.com）

创新保护

为了从创新中获得可持续的竞争优势，企业必须尽早以及相应地**保护创新**。结构化的**知识产权战略**要求企业从适当的专利权中找到正确的组合（见章节 4.4）。由于全球化，这不仅对企业各自的国内市场意义重大，而且对于企业希望在**国际工业产权**背景下积极参与的各种国际市场也意义重大。

4.1.2　将创意整合到现有创新过程中

4.1.2.1　区分常规过程和创新过程

在实施创意阶段，以前选定的创意应该发展为**卖得出去的、经济上成功的产品或服务**。这就需要对创新项目进行精确的、符合实际情况的、按规定日期的和具有成本效益的规划和实施。然而，由于规划对象的特点各异，创新项目变得更加困难。常规过程重复性相对容易控制，而创新过程具有一些直接影响其执行方式的特征（见

Hauschildt, J./ Salomo, S. 2011 P. 46, Sabisch, H. 1991 P. 10, Thom, N. 1980 P. 23）：

创新过程的特征

- 创新新颖性的根本特征暗示着，与其相关的规划和实施过程基本上都是**第一次且一次性**的。因此，虽然可以借鉴过去类似过程的经验，但事实上目前还没有确切的知识来说明当前正在进行的创新过程的各个步骤之间的性质、范围、效果和联系。因此，有必要将每项创新的实施视为一个独立的项目，并相应地进行规划和掌控。
- 创新特征之一——**规划不确定性**，会随着创新过程的发展而降低。尽管如此，在实施阶段，许多技术和经济影响因素及其效果仍是不确定的。这尤其适用于产品准备投放市场之前的时期，不仅因其自身的创新活动而发挥关键作用，而且竞争对手的产品政策也可能成为关键因素。因此，创新常常需要在相当大的**时间压力**下实施，才能充分利用首先进入市场（First-to-Market）的优势。
- 创新过程的另一个特点是高度的**分工**和显著的跨学科性。大部分过程步骤必须平行或重叠地进行，并且需要各种企业内部和外部参与者参与其中。这导致参与的业务部门之间存在多种多样的**相互依赖关系**，这需要全面的**协调**，以避免出现界面问题、冗余问题和时间上的延误问题。

例子　梅特勒-托利多（Mettler-Toledo）——创新团队而不是部门思维

梅特勒－托利多，一家工业衡器制造商，其创新项目的跨学科性质导致其重新设计了产品创新过程：开发和营销部门被解散并被创新团队所取代，每个创新团队由四到七名员工组成，并且是独自负责的。这些团队涵盖了所有工作领域，如开发、设计、生产工程、质量保证和市场营销。他们分析和评估新产品的市场机会，并伴随创新实施直到产品引入市场。由于重组，创新时间从 2 ～ 3 年缩短为 6 ～ 9 个月（见 Kleinschmidt, E. J./Geschka, H./Cooper, R. G. 1996 P. 105）。

最后，用于在商业实践中开发创意直到市场成熟的概念数量，与创意本身的数量一样多，特别是那些在过去已经实施了大量创新的企业，具有全面的，以实施为导向的知识。这种“丰富的经验”减少了创新过程的根本问题。然而，创新型企业不应该在没有进一步测试的情况下就动用“被证明的概念”，因为尽管“从经验中学习”，但以下内容仍适用：创意的新颖性越高，其实施过程的标准化程度就越低；反之亦然（见 Hauschildt, J. 1997 P. 365）。

基本上，可以把**创意**区分为**两类**，在实施阶段需要不同的处理：

创意的种类

- 对于这类创意，它们虽然是**新**的，但其性质、参考范围和环境对于企业是

已知的，通常也可以在常规过程中实施，只需对各自创意的特殊性进行相对较小的调整。有了确凿的理由，尽管它实际上是一个矛盾的问题，我们也可以在这里谈论**创新惯例**。现有的线型结构和相应委员会制度为这类创意提供工作形式（见章节 2.2.3）。

● 如果这是一个完全**新颖的**创意，迄今为止还**没有可比较的问题解决方法**，并且**没有具体的实施经验**，企业则需要以一种特殊的方式来对待创新对象，通常为**项目管理**（见 Vahs, D. 2012 P. 202）。这种工作形式是特别值得推荐的，虽然这个创意并不包含一个全新的行动领域，但可能需要大量的资源。因此，项目管理是实现想法的最重要工具。

无论工作形式如何，从创意到实施创新都需要所有相关部门相互合作。因此，接下来第一部分首先介绍“同步工程”，它可以随着时间的推移，凭借其效力，带来很好的协调服务（见章节 4.3.1）。

创新的背景已经表明，创新过程与产品的出现和变化是密切相关的。在多数大型企业中，这些过程被系统化为**新产品计划**和**生命周期管理**。因此，通过适当的界面设计将实施创意与这些过程连接起来不仅是有意义的，而且几乎是必要的。另外，即使是新产品，通常也不是完全由新技术或创新组成，而是由“最先进的技术（state of the art）”与创新组合而成（见图 4-2）。

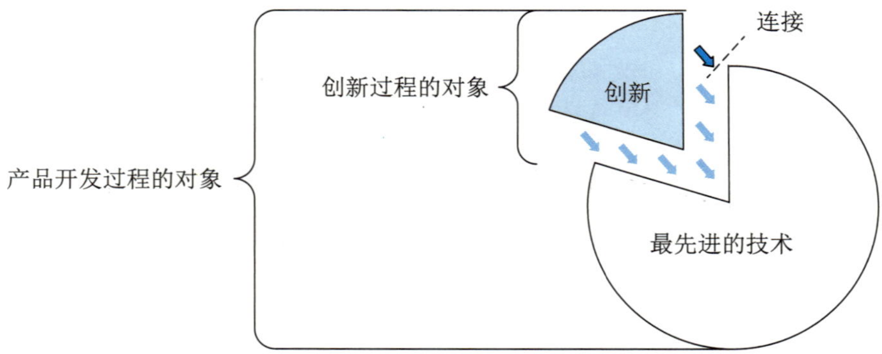

图 4-2　创新作为新产品的组成部分

4.1.2.2　连接到创新过程

为了将创新过程与现有的产品开发和产品变更过程惯例连接起来，下面将详细探讨**时间、组织和技术等三个方面的问题**。

例子 大众汽车高尔夫作为耐力赛跑者

2012 年 8 月，大众开始生产第 7 代大众高尔夫汽车。这一成功车型的新版本对于该公司来说非常重要，因为这个紧凑型车型将帮助大众保持与竞争对手丰田德国有限公司和现代汽车德国有限公司的优势。仅在过去一年里，该集团就生产了约 914 000 台高尔夫 6。该系列自 1974 年生产以来，总销量超过 2600 万辆，是德国最成功的汽车之一。

因此，对于大众汽车集团而言，参照最先进的技术和市场需求，持续地开发高尔夫是非常重要的。然而，将消费者与高尔夫品牌连接起来的基本要素以及之前为汽车的巨大成功起作用的基本要素，不得有任何重大变化。

时间方面

在许多情况下，复杂的创新需要大量的时间来进行基础研究和预开发，直至达到所需的成熟度，才能将它们集成到现有的产品概念中。这段时期通常比新产品项目计划的总时间要长。因此，有必要在逆向规划的帮助下，来协调创新和新产品项目中不同的**准备时期**和**实施时期**。为此，企业必须通过相应的搜索区域（例如舒适性、燃料消耗、乘客安全等），在新产品项目开始之前（例如新车型开发）启动必要的创新过程。此外，检查正在处理的、独立于产品的创新的潜在用途，对于计划中的新产品是非常重要的。创新能否整合到新产品中，关键在于其**成熟度**，它应该大概符合可用的最先进技术，如图 4-3 所示。

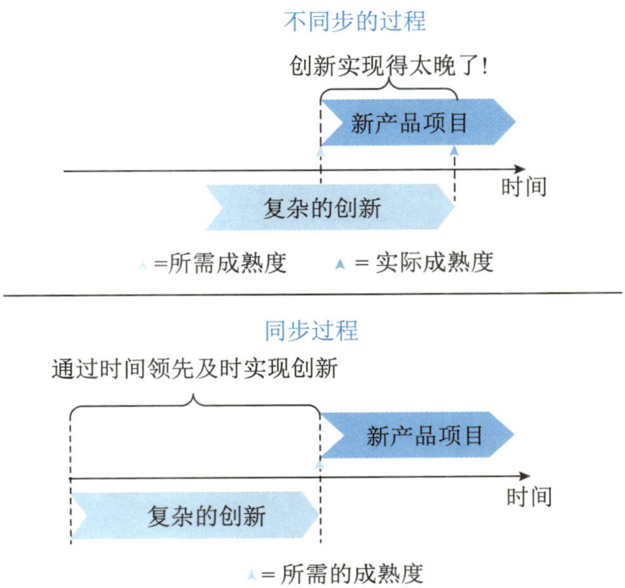

图 4-3 所需的成熟度作为时间参数，用于将创新整合到新产品开发过程中

组织方面

为了能够同步进行并预期地解决潜在的时间问题，需要适当的**结构性规定**。对于大量的新产品项目和复杂的创新项目，企业需要建立更高层次的规划部门。跨产品职能可以通过使用产品战略来实现，该战略借助现有的产品生命周期分析，确定新的、有吸引力的细分市场，并在内容和时间上确定新产品项目以及必要的创新。此外，该职能必须规定“里程碑”，在实践和技术方面把**创新融入**新产品概念中。这可以降低实施风险以及缺乏接受创新取代“最先进技术”的风险。图4-4解释了这种相互关系。

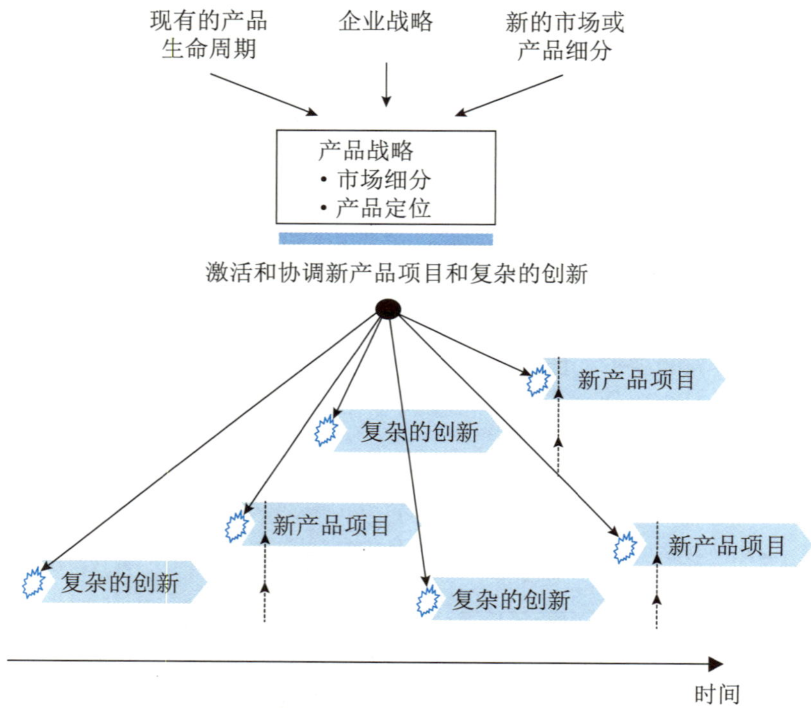

图4-4 连接创新和新产品项目

技术方面

为了使创新的物理集成在技术上完美无瑕，必须在新产品结构中定义和维持相应的**结构空间和界面**（见图4-5）。例如，必须确保新型的导航系统（创新）可以连接到现有的车载电子设备上（“最先进的”）。在这种情况下，重要的是新技术已经达到了集成所必需的成熟度，以便开发专家能够将创新与已知的最先进技术连接起来，从而避免大量的调整工作。

总而言之，可以说只有将创新**系统地整合**到产品开发和改变过程中，才能确保创新过程的有效性和高效性，从而奠定产品成功引入市场的基础。

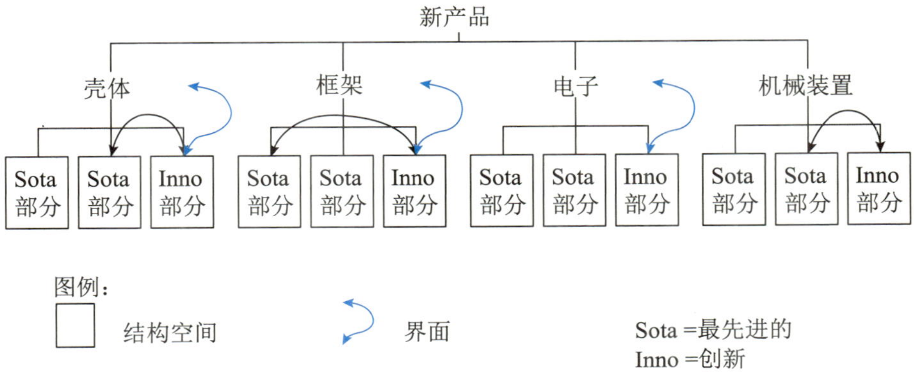

图 4-5 将创新技术整合到新产品项目中

4.1.3 同步工程

实施创意时通常涉及一个企业中许多组织单位。创新过程中存在许多与工作有关的相互依存关系，因此存在众多的**协调需求**，其有效管理是创新成功的关键前提条件。

连续的过程

过去（有时现在仍然是），实施创新时通常是**连续**的，如图 4-6 所示：在选择创意之后，开发部门制定一个建设性的设计概念，在技术上以样本或原型的形式实施。随后该设计概念在实验中进行试验。只有在测试阶段成功之后，才会进行生产规划的准备工作，并在物流、物料管理和固定资产核算等领域启动必要的工作，以准备生产。之后，生产部门开始大批量生产产品。通常情况下，只有在这个阶段才能够具体地说明实际成本，也就是说，控制仅限于事后核算。这种连续的单个活动和子过程，一方面导致相对较长的运作时间；另一方面，由于各个步骤缺乏整合，可用资源使用效率低。在极端情况下可能会发生这样的情况，即企业在使用大量的财力和物质资源之后（或者在实施成本控制之后）才发觉，实施的新产品措施实际上并不经济。

因此，作为一个全面的概念，**同步工程**或者**并行工程（SE）**被开发出来，以避免这些过程组织上的缺陷，所有子过程的并行化可以持续地协调和整合所涉及的措施。根据格言“各管一摊（throw it over the wall）”，连续的工作方法和部分服务的传递将由一个同步整合方法取代（见图 4-6）。同步工程的目标首先是优化“魔术目标三角形”。具体来说，这意味着：

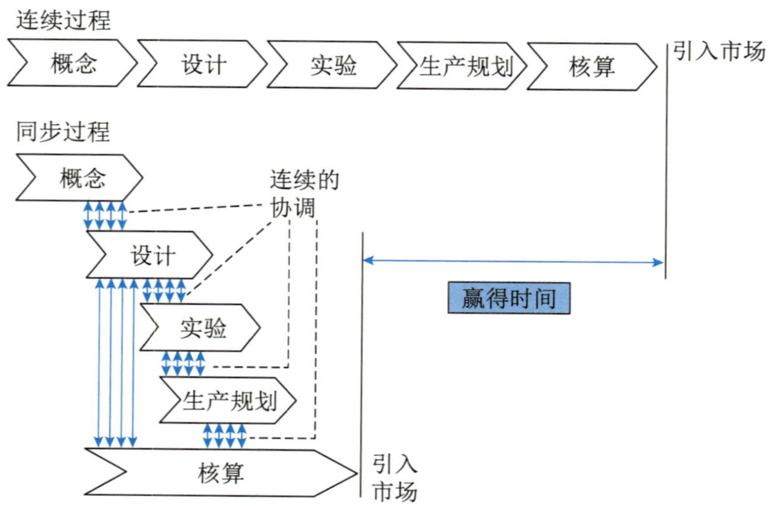

图 4-6 连续过程和同步过程相比较

同步工程（SE）的目标

- 缩短产品开发时间。
- 降低开发成本。
- 根据客户需求不断调整产品质量。

可以通过**并行化**、**标准化**和**集成化**各个子过程和各个活动来实现这些目标。但是，这样做的前提条件是，与这三项措施相关的额外协调工作不能超过使用同步工程所节省的时间和成本（见 Bürgel, H. D./Haller, C./Binder, M. 1996 P. 192, Boutellier, R. 1996 P. 29, Bullinger, H.-J. 1994 P. 222, Eversheim, W. 1989 P. 1, Warschat, J. 1996 a P. 550）。

同步工程原则

- **并行化**：同时处理各个创新步骤，大大缩短了将产品创意转化为有市场的产品所需的时间。关于各个措施，必须区分独立的和相互依赖的子过程和活动：一方面，可以从一开始同时进行**相互独立的**措施，其前提条件是有足够的处理能力；另一方面，**相互依赖的**创新措施必须根据其任务内容和任务范围进行设计，以便使它们尽可能彼此分离，但是又具有尽可能强的相互关系。如果所有协调相关的信息在模块之间可以不断地交换，则通过各个过程步骤的**模块化**可以使协调更容易。
- **标准化**：通过产品和过程组件的标准化产生了一个**模块化**的系统，使最初“不确定的”创新内容具有一定程度的稳定性，从而具有更好的计划性。标准化措施的例子包括产品结构（特定零件、功能模块和系统标准化）、创新过程（各个过程步骤标准化，例如典型的试验装置）以及组织结构（例如监管、职能领域整合、定义转交责任）。在标准化时，必须要确保不能超过**最佳的监管程度**：只监管那些不根据具体情况而变化的措施。同时，依赖于创意的活动可以在个别情况下灵活处理。

- **集成化**：由于同步工程同时进行，子活动的整合尤为重要，它们的目标是尽可能将各个活动与过程目标联系起来。在同步工程过程范围内整合行动领域，首先是各个**产品组件**（整合到所谓的功能模块中，其中封闭的子系统组合在一起，例如汽车中的门或座椅），参与的企业内部和外部**职能部门**（以跨学科同步工程团队的形式整合任务载体）以及产品构思背后的技术的和商业的**数据**（将数据整合到所有相关方都可以访问的数据库中）。对于整合方法而言，信息和沟通渠道至关重要，确保有关各方可以及时和全面地交换数据。

SE- 风险

然而，这三项措施会带来一定的**风险**，因为实施产品创意的活动是基于不确定的计划数据。随着并行和整合度的提高，这些风险也会增加，因为一个模块中错误的规划会不可避免地影响到其他过程模块。在这方面，怀尔德曼（Wildemann）认为创新步骤的并行化会不可避免地带来风险（对此见图 4-7 和 Wildemann, H. 1992 P. 21）。

	优点	缺点
同步工程	+ 跨职能整合提高了工作质量	–“不确定性”下工作需要参与者具有高度的灵活性
	+ 节省大量时间（高达 50%）	– 协调工作量相对较高
	+ 对目标和合作的共同理解加强了企业家的行动	– 错误规划可能会影响整个创新过程
	+ 强烈的问题导向	
	+ 高度的灵活性	

结论：从当今角度来看，同步工程是实施创新的最佳工作形式，可以以较短的创新时间实现高质量的创新成果。

图 4-7 同步工程的优点和缺点

为了在企业内实施同步工程，建议组建**跨职能同步工作团队**。通常情况下，同步工程团队由一个核心团队和一个偶尔为核心团队提供支持的同步工程库组成，其中该团队必须自己独立负责实施产品创意（见 Ehrlenspiel, K. 1992 P. 300, Eversheim, W./Laufenberg, L./Marczinski, G. 1993 P. 6 以及章节 2.2.4.1）：

同步工程组织

- 通常，**同步工程核心团队**由研发、设计、准备工作、生产、质量保证和市场营销领域的员工组成。团队中级别最高的成员承担着团队内部的协调职能，并将其呈现给其他决策者。核心团队的成员从一开始到所有实施阶段，将其特定的知识和经验带入产品创新过程。这确保了任务整合和并行化所需的信息流。

- **同步工程库**由客户服务、控制、采购和其他服务职能组成，根据需要将其集成到创新过程中。在特殊情况下，同步工程库还包括供应商、客户和外部顾问，他们为核心团队提供特定的技术诀窍和经验。在这方面，同步工程库是一个知识库，核心团队可以借助它来厘清待解决的问题。

同步工程措施作为创新过程中一个**典型的例子**，有助于提高目标成果，特别是缩短创新时间（市场投放时间），应着重提及以下活动（见 Heyde, W./Laudel, G./Pleschak, F. 1991 P. 77）：

同步工程措施

- **并行开发**产品以及制造所需的设备和模具。
- 在流程中所涉及的职能部门之间连续地**跨部门合作**。
- 通过及时考虑其他业务领域的所有要求，以最大限度地**减少**产品发布后的**变化**。
- **使供应商参与**并利用他们的专有技术。

图 4-6 中的总结表明，与按次序地执行创新任务相比，同步工程具有许多优点。因此，企业应当多使用同步工程，特别是对于大型创新项目。

4.1.4 通过项目管理实施创意

4.1.4.1 项目

将一个创意付诸实践，就需要**专业的项目管理**。关于项目管理的一个重要问题是定义对象本身：什么是项目以及什么是项目管理（见章节 2.2.3.4）？

基本上，项目是一个一次性的、时间有限的、以目标为导向的、新颖的和复杂的计划，其资源有限并且跨学科合作。

因此，项目管理意味着对项目进行有目的的规划、控制和监督（见 Vahs, D. 2012 P. 98）。

当然，这个定义也适用于创新项目。创新项目展示了一个项目的典型特征，其具体形式取决于创新对象的类型。创新项目的特殊问题源于其可规划性差，而这又源于其新颖程度和不确定性。尽管如此，特别是具有高经济风险的创新项目应该进行合理的规划和定位（见 Maddaus, B.-J. 1995 P. 682）。对此有两种基本的方法：

项目观点

- 创新过程被理解为一个**整体项目**。各个过程阶段被视为子项目或者同步工程意义上的模块。因此，要实施的产品创新在企业中获得组织的“特殊地位”，即创新项目是对现有主要组织的补充。这种方法与创新管理是连续的商业活动的观点相矛盾，但是，这种观点适合于对企业很重要的大型创新项目（对于项目管理的组织形式，见章节 2.2.3.4）。
- 项目管理也可应用于创新过程中那些对创新成功尤为重要的**各个阶段**。例如，在产生创意阶段、实施创意阶段或引入市场阶段均可以以项目形式进行。

图 4-8 使用阶段模型说明了创新项目的阶段管理和跨过程管理之间的区别，这是本章节的基础。

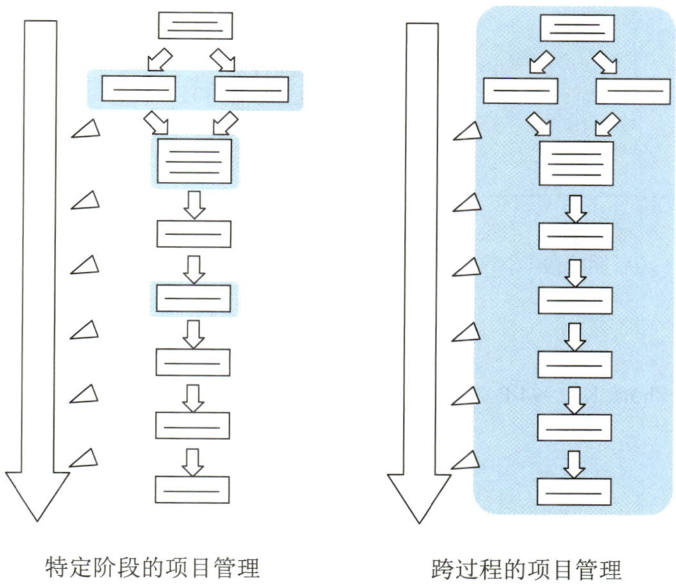

图 4-8　产品创新过程中项目管理替代方案的示意图

创新项目管理阶段

无论是特定阶段项目管理还是跨过程的项目管理，每个**创新项目**都涉及项目准备、项目规划和项目实现这三个阶段，通过项目控制进行协调、监督和掌管。项目准备阶段被定义为前期阶段，而随后的两个阶段在狭义上构成发展阶段（见 Boutellier, R./Völker, R. 1997 P. 85）。项目控制涵盖了项目过程的所有阶段，如图 4-9 所示。

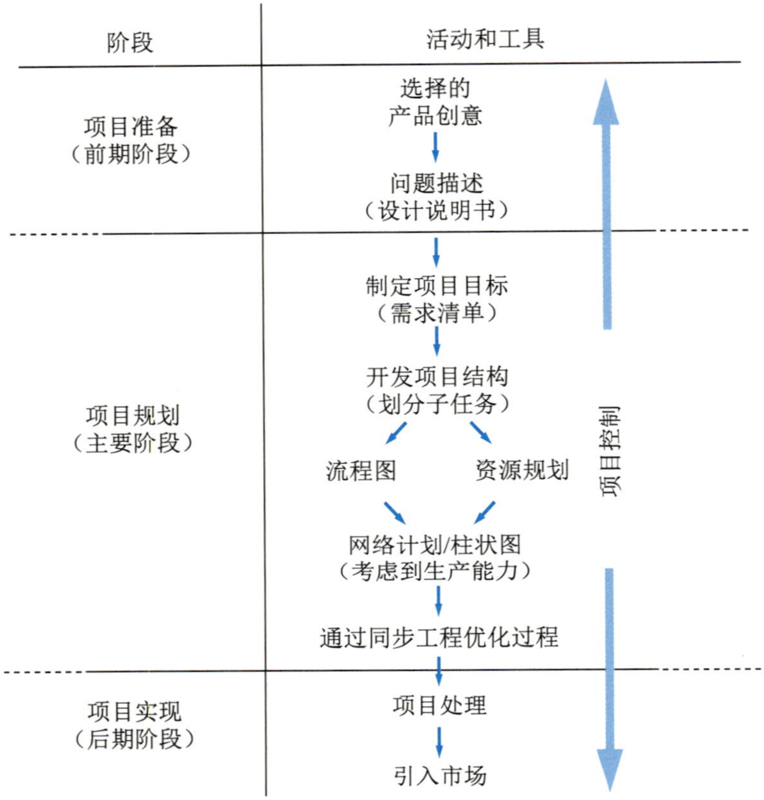

图 4-9　创新项目的阶段

（见 Brockhoff, K. 1994 P. 282）

4.1.4.2　项目准备

在**项目准备**阶段，应尽可能全面地描述决策者选择的产品创意。在本章节开头部分，尽管已经就创新过程进行了具体化，但对于如何把这个创意在所有细节中最终表现为可销售的产品，仍不够清晰明确。

设计说明书的内容

在这一阶段，**设计说明书**用以描述新产品的客户要求、主要的性能参数、市场的和企业内部的框架条件以及预期的成本。通常情况下，已经在设计说明书中将项目目标分解为粗略的子目标，这些子目标即所谓的“里程碑”（milestones），标志着必须完成主要任务的时间点。因此，设计说明书主要是进行问题描述，因为它尚未包含解决问题的任何详细的步骤（对此见图 4-10 和 Wagner, M./Thieler, W. 1994 P. 28）。

市场细分
客户要求
主要的性能参数
时间目标（引入市场、产品生命周期）
考虑到标准和其他外部的要求
估算产品和项目成本

就现有风险和替代方案对新产品项目进行初步和粗略的总体评估

图 4-10 设计说明书的内容

例子 汽车行业的设计说明书

例如，在汽车行业中，企业最晚会在大批量生产开始的前五年制作设计说明书，其中包含产品在技术上和经济上基本的预先规定，对预期产品环境的描述，市场上可能的产品定位描述（市场份额、销售量、价格）和一个里程碑计划，大致规定了开发和生产准备的主要任务。

4.1.4.3 项目规划

在**项目规划**阶段，必须在时间和生产能力上规划目标、任务内容、任务结构和项目进度。为了优化项目进度并尽可能缩短从产品到市场成熟的时间，应使用适当的辅助工具，例如上述的**同步工程**。在这个阶段结束时，应该形成一个令人信服的产品概念，并可以成功引入销售市场。

目标规划和任务规划

成功实施项目的一个基本前提条件是要实现的目标的明确性。因此，应尽可能全面和详细地描述技术上的和经济上的**项目目标**及其**实现方式**。规划原理适用于此，即规定了一个从粗略到详细的处理方法。以项目建议书或者需求清单的形式书面记录这些考虑的结果，而且进一步具体化和补充设计说明书。

需求清单的内容

需求清单应在技术上描述产品概念适当情况下应细化至组件级别和可能的单个部件（例如尺寸、重量、功能、不同的产品设计和质量要求）。同时，应当澄清销售目标（特别是价格定位、销售量预期、市场份额预期），并辅以具体的目标成本和经济可行性说明。通过设备技术、机器应用和供应商来确定制造概念。作为与供应商会谈的基础，可以使用模块需求清单，其中详细描述了各个组件和零部件。为了不损害整个创新过程，必须强制制定技术上的和经济上的内容，通过具体的最后期限要求和最终定义里程碑，直至得出特定的工作结果。需求清单的主要内容如图 4-11 所示。

- 对功能和结构的要求
- 详细的性能参数（尺寸、设计）
- 生产和质量保证的公差范围
- 工期目标、里程碑和具体的工作规范
- 关于要采购零件的要求
- 标准和测试规范的预先规定
- 把产品划分成组件和单个零件
- 竞争产品的详细数据、价格定位、可能的销售量、目标成本、服务报价等

➡基于可量化数据的新产品项目的总体评估

图 4-11　需求清单的内容

制作需求清单的困境

在为新产品制作需求清单时，所参与的人群往往处于**进退两难**的境地：只对各方面粗略地定义会在实施阶段产生负面影响，因为需求清单不再可以作为实现的具体指南。同时，即使是很小的细节调整也会导致相当大的费用，也可能会限制变更的灵活性。因此，需求清单应尽可能全面地和详细地描述相关技术的和市场的要求。由此留下足够的余地和空间，可以根据需求逐步地准确表达需求清单，而不必根本性改变所有后续步骤及其相关的影响。

动态的需求清单

然后企业在特定时间最终“冻结”这个**动态的需求清单**，最终确定的内容通常与用于所需的机器设备和工具的投入资金相关。当创新产品的生产技术的实施涉及大量投资费用时，这一点特别有意义（见 Boutellier, R./Völker, R. 1997 P. 95）。

除了项目目标和内容之外，还必须系统且尽可能完整地规划项目结构、项目日期和项目进度。

结构图

合适的项目结构是精确的进度规划的前提条件。在大多数以功能为导向的、创新对象分解的流程分析中，会产生具体的子项目和工作包的分层结构。该**项目结构图**将由相关部门在项目实现阶段进行处理（见 Hauschildt, J. 1997 P. 365, Hubka, V. 1976 P. 84, Kern, W./Schröder, H.-H. 1977 P. 277）。

工期表

首先，必须创建一个**工期表（schedule）**，包含各个处理步骤预估的开始和结束时间，并考虑到它们的相互依赖关系。随着创新周期越来越短，工期表有两项重要任务需要完成（见 Bürgel, H. D./ Haller, C./Binder, M. 1996 P. 129）：

- 定义每个子项目和每个工作包的开始时间和执行时间。
- 在时间规划框架内，确定工作瓶颈和对维持最后期限具有重要意义的工作过程（“关键事件”或“关键路径”）。

流程图

其次，将项目结构图（分层项目结构）和工期表（按时间顺序的项目结构）集成到**流程图**中，以显示各个过程步骤及其工作内容的适当的逻辑时间顺序。特别是

在规划阶段，在同步工程意义上考虑各个处理步骤的并行化和集成，发挥着重要的作用（见章节 4.7.2）。

资源规划

最后，流程图必须辅以**资源规划**，该规划为子项目和工作包分配执行时所需的物力、财力和人力资源。对资源使用进行经济评估可以用来预测项目成本。

规划工具

柱状图和**网络计划**已被证明是广泛用作整合子规划的工具，它们存在不同的变体（图 4-12 各显示了一个例子）。在这些工具的帮助下，即使是复杂的流程，也可以系统地规划，以相对清晰和易于理解的方式进行呈现。此外，这种规划和掌控工具的使用与需求相关，即深入研究预期的流程、内容及其相互作用。

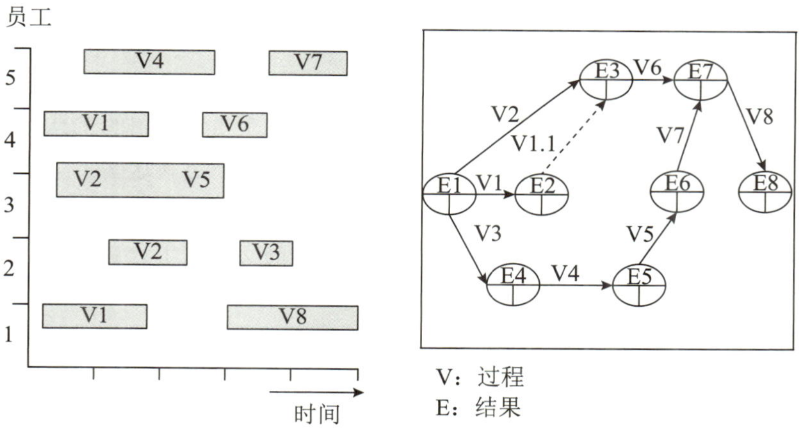

图 4-12 柱状图和网络计划作为规划工具

柱状图

柱状图是随着时间的推移规划活动的最古老的工具之一。在它的帮助下，可以再现子项目和工作包的时间顺序以及对生产设施的要求。例如，图 4-12 显示哪些员工在哪些时间段内从事于此项目。然而，当涉及大量流程和员工时，这种描述形式很快就会变得混乱。

网络计划技术

相比之下，德国标准化学会描述的**网络计划技术**的优点是，从网络中更容易看到各个子过程之间的依赖关系以及它们的时间顺序。此外，网络计划技术显示开始事件和结束事件之间的关键路径。它指出，哪个过程逾期对总完成时间会产生哪些负面影响。在操作实践中，常常使用所谓的“面向过程（箭头）的网络计划”，其中，事件（子项目，工作包）被表示为节点，从初始事件到结束事件的过程被表示成边或箭头（见图 4-12）。因此，网络计划技术是一种特别适用于高度复杂的和相互依赖的项目的工具，这些项目在分工基础上进行，而且耗费大量资源。使用合适的计算机软件（例如 MS-Project）可以大大简化计划和变更工作。

企业规划中一个被多次引用的原则是："没有控制的规划是没有意义的，没有规划的控制是不可能的。"在这方面，必须通过适当的监控措施来配合创新项目的规划和实现过程，只有这样才能确保达到最初确定的或可能已经多次改变的项目目标。"控制"的意义远远超过简单地进行当前情况与目标的比较，它是偏差分析和有针对性地开始补救措施的基础。就此而言，将在下面讨论"控制"这个概念。

项目控制应被理解为执行信息、规划、控制和协调任务以有目的地掌控项目。与此相应的，产品创新项目控制（PIPC）不是狭义上的阶段，而是代表了全面的过程，它支持产品创新过程中所有的子过程，并确保其系统化的和面向目标的实施（见 Lange, J. H. 1994 P. 102）。

PIPC 的组织

原则上，产品创新项目控制应由创新项目的相关负责人执行，且作为其管理职责的一部分。对他而言，是其**管理活动**的基础。相关负责人使用的工具可以是项目结构、工期表、生产设施计划和成本工具，并且必须不断更新这些工具。如果项目出现偏差，必须立即采取措施以确保项目的进一步进行。在大型企业中，项目经理在执行其控制任务时得到中央机构在技术和方法上的支持是十分普遍的。中央项目控制承担服务功能，如编制成本报告或者为客户准备正在进行的项目报告等。

创新项目的**项目相关的控制**是一个更全面的创新控制的组成部分，包括分析和控制项目效率、支持选择特别有前景的创新项目以及相关专业部门的网络化（对此见章节 3.4）。

规划阶段完成后，**原型**的构建（通常手工完成）和**与生产的协调**代表了项目实现的下一步，对此将在下一节进行详细解释。

微观察

项目管理在实践中

项目管理技术不可能通过本书的一个章节完全地论述。在德语区有两个大型组织，可以提供专业的项目管理认证：德国项目管理协会（GPM）和项目管理协会（PMI）。这两个组织都有区域合作伙伴，运行企业特定的认证项目，以帮助所有企业按照相同的项目管理标准进行运营。与此同时，许多高校也提供学习课程和继续教育课程。还有一个欧盟的网站，该网站不仅可以在德国，而且可以在整个欧洲范围内对各个大学进行比较：http://www. u-multirank.eu。

4.1.4.4　项目实现

创新项目失败的重要原因在于没有尽早整合**技术实现**。通常，这些典型的问题通常被忽略，例如：新产品是否能以合适的成本在旧设备上实现？新工具的实际投资有多高？

这些问题越早得到解决，对项目和成本趋势的**影响**就越大（对此见章节 1.2.3.3，图 1-16）。

原型

技术实施的第一步通常是创建原型。**原型**应该被理解为第一次生产的新产品，它为实际测试和进一步开发提供服务。原型构造采用迭代过程的形式。在完成第一个原型后，产品将进行适当的试验和测试，并将其结果立即反馈给相关部门（例如设计部门）或负责的团队（例如项目或 SE 团队）。

测试结果是进一步开发产品技术、功能和美学特性的基础，并且整合到改进的原型设计和实施中（见 Clark, K. B./Fujimoto, T. 1992 P. 122）。这种“反复试验”过程相对耗时且成本高昂，但是它为公司提供了获得产品改进的额外信息的良机。使用**原型**具有以下优点（见 Boutellier, R./Völker, R. 1997 P. 139）：

使用原型的优点

- **风险最小化**。在构建原型期间出现的问题，也可能出现在后续批量生产中，例如由于产品过程复杂而需要太多的处理步骤。通过逐步开发原型可以降低这些风险。
- **最佳适应客户需求**。一个完整的功能原型（例如，作为设计原型或作为技术原型，见图 4-12）提供了潜在客户面对产品创新的真实对象的机会。企业通过调查和客户测试，可以获得客户对新产品要求的进一步信息，并获得改善的具体建议。此外，可以鉴于联合分析，通过特征的不同组合来验证大量的产品特征，分析它们各自对客户的利益贡献。
- **改善沟通**。使用“有形的”原型，非技术人员也可以传达他们对新产品的观点，并在必要时提出具体的改善建议。通过这种方式可以避免理论上的抽象和大多数毫无结果的讨论。

使用原型的好处是带来更好的产品质量和更低的开发成本，同时可以显著降低失败的可能性。

例子　汽车诊所（Car-Clinic）作为原型的一种形式

汽车行业长期以来以“汽车诊所”的形式，利用**原型**的优点，作为测试产品来验证新产品在生产和上市之前的外观和使用特性。

企业内部每年对选定的关键客户进行多次广泛的调查，这些客户由于产品的战略定位而被确定为目标群体的成员，对新产品有一定程度的了解。虽然为期多日的汽车诊所需要相当大的工作量，但人们希望能够深入了解产品开发。由于测试人员可以直接与新产品接触以及与竞争产品相比较，因此相对于研究性能参数和技术数据而言，可以作出更具体的描述。因此，常常在汽车诊所使用具有完整功能的原型，由测试人员鉴于其客户利益来评估那些典型特征，例如外观、驾驶行为、舒适性、设计、颜色方案、内饰的变化等。“联合分析”要求产品特征的组合能够从客户的角度带来最大的收益。

用户诊所方法起源于所介绍的“汽车诊所”，现在是广泛使用的市场研究方法，其总体目标是，研究获得有关未来新产品接受情况的有用信息，目的是专注于开发工作并减少市场失败的可能性（更详细的描述见 Breuer, H./ Steinhoff, F./Wogatzky, M. 2010 P. 3）。

微观察

开源软件的替代品

根据应用领域的不同，现在有各种完全免费的在线软件，例如用于机械制造和产品设计的“FreeCAD”，或者用于建筑行业的“CADEMIA”。例如，这些程序可通过 SourceForge 门户网站进行搜索和下载，这是一个基于社区的网站，每天下载量超过 400 万次。除 CAD 程序之外，用户还有机会获得任何领域的开源产品。

对于专业的 CAD 软件包，还有一些有趣的云版本，不需要在本地计算机上安装软件。用户使用简单的 PC 就足够了，无论在何处都可以直接访问最新的程序版本。

原型制造领域正在越来越多地**使用数据处理**：借助相应的 CAD 软件，可以模拟不同的需求情况和技术产品特征。当必须对原型进行小的设计更改以补救潜在的或实际存在的功能缺陷时，此方法特别有用。

快速成型

此外，使用数据处理还支持所谓的**快速成型**，这是指能够实现快速且经济高效的原型制造的加工方法。在没有模具和制模的情况下，借助加成工艺（additive process）直接使用几何和拓扑数据制造工业原型。布林格（Bullinger）甚至定义了一种快速原型方法，除了要求技术条件，还要求特定的组织和社会条件（见 Bullinger, H.-J. 1995 P. 185）。

例子　模拟作为替代方案

一个典型的例子是风洞的电子数据处理技术模拟，以确定最佳空气阻力。这种方式比直接在车身上进行试验更容易、更便宜、更快速。未来，使用虚拟现实（virtual reality）还将有助于在早期阶段为潜在客户提供新产品的具体的和可以感知的形象。

图 4-13 显示了不同类型的原型及其具体应用。

原型类型	特征	应用
设计原型	• 数量：1 • 通常是造型材料 • 首要是视觉和触觉要求	• 设计研究 • 人体工程学研究 • 市场分析
几何原型	• 数量：1 • 通常是造型材料 • 主要是几何要求	• 制造可行性测试 • 装配可行性测试 • 生产规划
功能原型	• 数量：2 ～ 5 • 接近量产的材料 • 主要是功能要求	• 功能测试或优化 • 设备规划 • 生产调度
技术原型	• 数量：3 ～ 30 • 接近量产的材料 • 接近量产的制造工艺 • 预量产模具	• 验证持续负载和客户接受度
预量产	• 数量：最多 500 • 量产材料 • 量产制造工艺 • 量产模具	• 市场测试 • 引入市场 • 过程优化

图 4-13　原型类型及其应用

（见 König, W./Eversheim, W./Celi, I. 等 1993 P. 93）

例子　原型制造的成本

随着许多新材料的出现，有更多的差异化方法可以用来快速且经济高效地创建原型。例如对于第一个功能原型而言，不需要用昂贵的金属来加工，而是用塑料来替代。许多专业的、地域的原型制造商以小公司的形式存在，可以快速提供原型。

生产引进

作为新产品上市前的最后阶段，**新产品向生产过渡**是创新过程中的一个重要步骤。特别是对于那些由于广泛使用全自动制造系统而需要大额投资的产品而言，及时和适当地提供所需的生产设施是新产品取得市场成功重要的前提条件。新的生产技术和不断增加的系统技术份额正在扩大行动选择范围，从而扩大生产设施设计的决策自由度。

由此可见，生产建设阶段是一个长期而复杂的过程，受到创新过程上游阶段的显著影响。在实践中，通常需要优化已经投入运营且有效率的生产设施。

在生产引进阶段，应特别考虑以下事实：

生产引进的要求

- 必须确保产品的**高效**生产和**高生产力**水平，以便不会超过在规划过程中确定的新产品目标成本。
- 在制造过程中必须确保需求清单中规定的**产品质量**。
- 生产产能必须尽可能接近计划的销售数字，并避免产能过剩及相关的固定成本。

CIM 概念

许多企业通过使用**计算机集成制造（CIM）概念**使生产引进变得更加容易。计算机集成式生产的优势，尤其体现在各个模块在数据技术方面联系在一起，并实现产品创新的集成计划和实施。理想情况下，从开发到市场引入的创意实施步骤可以彼此最优地相互协调（见 Scheer, A.W. 1990, Wildemann, H. 1990）。图 4-14 概述了各种 CIM 模块。

▸计算机辅助设计（CAD）
开发、拟订方案和设计
▸计算机辅助计划（CAP）
生产准备和指挥
▸计算机辅助制造（CAM）
制造
▸计算机辅助装配（CAA）
安装
▸计算机辅助测试（CAT）、计算机辅助质量（CAQ）
测试、质量保证
▸生产计划和管理（PPS）
▸计算机辅助销售（CAS）
销售

图 4-14　计算机集成制造（CIM）模块

当然，在生产引进方面还需要考虑许多**其他的要求**，在这方面无法详细讨论（见 Kiener, S. et. al. 2009 P. 27）。

图 4-15 列示了实施创意的核对清单。

- 您是否意识到实施产品创新的特点？
- 是否熟悉开展产品创新过程中不同的工作形式？
- 是否可以找到同步工程（SE）的应用？
- 在多大程度上有针对性地使用了子过程？各个活动并行化、标准化和集成化的可能性多大？

- 参与者是否意识到，可以通过产品开发过程中子过程的一致并行的潜力？
- 同步工程概念是否也牢固在企业组织中，例如通过成立同步工程核心团队和同步工程库？

- 同步工程核心团队的成员是否总是基于特定的模式，或者是根据具体情况决定哪些组织单位应该代表他们？

- 最高层次的管理人员是否积极参与同步工程核心团队？
- 管理层是否有意识地选择一种（或多种）工作形式（例如制度化的委员会工作、项目工作）来实施创新？
- 是否有同步工程创新团队，在定期会议上决定实施？
- 结构的框架条件是否符合集成的委员会工作的要求（例如建立一个秘书处、维护一个创新数据库、包含所有参与创新过程的机构）？

- 在企业中项目管理是否被作为一个工具，用于开展产品创新过程？

- 项目管理的应用形式是创新项目跨阶段的还是跨过程的管理？您选择的依据是什么？

- 通常情况下，在企业内产品创新项目的流程是什么样的？是否存在对实现目标有积极或消极影响的特征？

- 项目管理的各个阶段是否有清晰的界限？
- 是否就客户对新产品及其技术和经济数据的主要要求以设计说明书的形式进行了汇总？
- 是否有一个具体的产品概念，严格基于设计说明书中确定的客户要求，并且在后续过程中被视为具有约束力的基础（需求清单）？
- 需求清单是否考虑到企业未来可能的发展（产品规划、技术、结构等）及其环境（市场、客户、国家等），如果这些在规划阶段可以预见？
- 在企业内是否使用了用于项目规划的工具（例如条形图、网络计划技术）？
- 形成跨学科的工作团队来超越部门的界限，是企业“日常创新”的一部分吗？

- 企业是否使用原型？客户参与原型设计的程度如何？
- 通过使用特殊软件，可以在多大程度上免除生产原型？

- 从之前的产品创新项目中吸取的经验教训是否积极地被用于设计和实施新项目，并且是否有系统地从经验中学习？
- 在企业中是否使用了计算机集成制造（CIM）模块？
- 计算机集成制造模块 CAD（计算机辅助设计）和 CAP（计算机辅助设计）是否可用于支持项目计划阶段？

图 4-15　实施创意核对清单

- 产品项目是否有系统的项目控制？

- 项目控制是否是每个项目经理的约束任务？
- 在企业内是否有一个专门负责产品创新控制（PIPC）的机构？

- 是否为控制机构配备了必要的能力，特别是信息权利的、专业的和有计划的自由处理权？
- 项目控制是否负责整个产品创新过程？
- 是否有一个用于实施创意的书面的、固定的概念？
- 同步工程或者它的修改版是否适合该企业？
- 创新项目是否融入了创新过程？
- 是否有一个数据库，存储那些在执行过程中被中止的创意？
- 对于创新项目管理是否有一个项目管理手册或正式的标准？
- 是否为创新项目定义了中止标准？有没有遵守？
- 项目管理中是否使用了统一的术语，例如功能说明？
- 是否制作并要求当前的项目报告？
- 是否有人定期制作一个可以显示所有创新项目状态的项目概览？
- 在研发时是否定义了对于生产的界面？会定期举行会议吗？
- 产品经理是否知道生产的基本原理？

图 4-15 （续）

4.2 创新营销

4.2.1 背景和概念理解

4.2.1.1 创新沟通

根据经验，市场引入这个话题是企业创新管理中最困难的话题，特别是在成功引入时。在此背景下，本节首先讨论**创新沟通**，即**内部和外部的创新营销**。复杂创新的高度抽象性使得难以确定目标群体，并常常导致他们对创新保持沉默甚至拒绝。此外，企业在沟通创意、产品和技术方面往往缺乏专业性。采尔法斯（Zerfass）给出的原因是，企业一方面缺乏对技术型管理人员沟通过程的了解，另一方面缺少针对沟通对创新过程影响的研究。图 4-16 显示了与“创新沟通”这个术语相关的问题的研究结果（见 Zerfaß et al. 2004 P. 56, Zerfaß, A. 2009 P. 36, Zerfaß / Mast 2005 P. 1）。

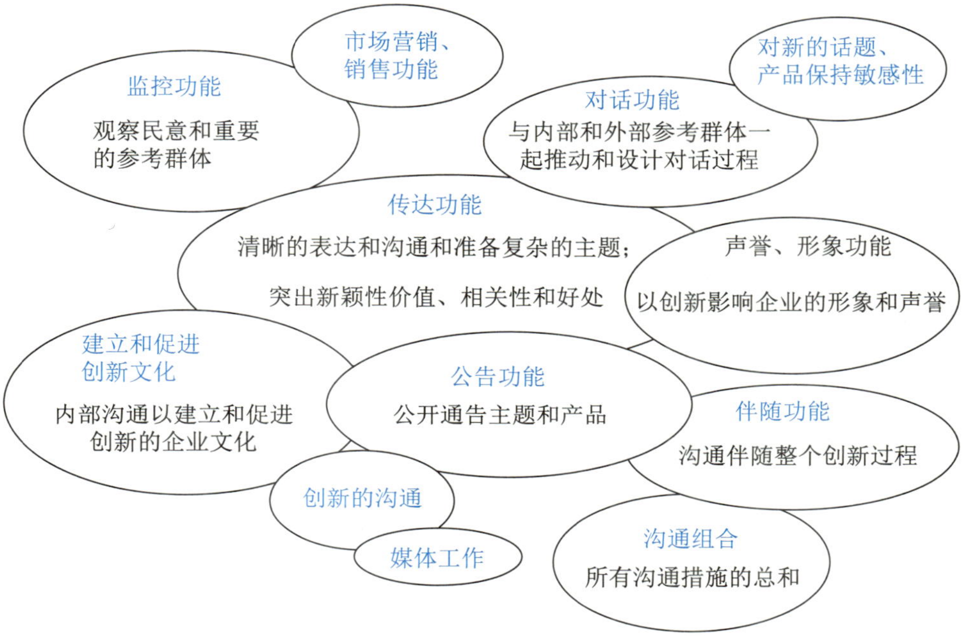

图 4-16　与创新沟通相关的联想

问题：您如何理解创新沟通？给出一些您本能想到的关键词。

(n = 70; 见 Zerfaß, A./Ernst, N. 2008 P. 36)

各种各样的概念表明了首先描述基本概念的必要性。

概念理解

基本上，创新沟通被理解为"系统地计划、实施和评估创新，旨在理解和信任创新，并将组织定位为创新者"（Zerfaß et al. 2004 P. 56）。

马斯特等（2005 P. 3）强调组织与外部利益相关者在沟通创新方面的互动特性。Trommsdorff、Steinhoff 认为，在创新营销时，活动的重点是在现有市场和新兴市场创建和实施新服务（见 Trommsdorff, V./Steinhoff, F. 2007 P. 44）。但是，"创新营销"这个概念非常广泛，本书中，我们使用以下概念来理解：**创新营销**是指企业与其具有交换和竞争关系的市场参与者而进行的沟通，因而等同于**外部的创新沟通**（见 Zerfaß, A./Sandhu, S./Huck, S. 2004 P. 56）。根据采尔法斯的观点，创新沟通作为营销组合的一部分，超越了沟通组合的传统工具，还包括其他营销元素。

除了供应商和研发合作伙伴之外，企业与投资者、经销商、客户以及竞争对手的沟通也相当重要。创新营销包括针对客户和经销商的方法，例如试点客户广告和经销商促销，也包括针对竞争的手段，比如通过宣布新技术标准来有针对性地影响竞争对手（见章节 4.2.3）。

内部的创新沟通协调参与设计和与实现企业目标相关的活动和利益。除了所有者和管理者之外，管理层和员工尤其要参与沟通过程，以设定创新目标，发展共同的愿景，从而激励所有相关人员（见章节 4.2.2）。

创新沟通的对象也包括利益相关者，其与企业没有直接的组织或市场关系，但在成功的创新营销中发挥着作用。这个沟通领域的任务是在科学家、评论家、政府和当局之间建立信任。

创新沟通常常被作为市场营销的一部分，但也日益发展到创新管理和研发领域。不管组织结构如何，企业至少应该提供具体的创新沟通资源，并在内部进行连接。在 2008 年的一项研究中，只有 1/10 的企业有这样系统的联系（见 Zerfaß, A./Sandhu, S./Huck, S. 2004 P. 56, Zerfaß, A./Ernst, N. 2008 P. 42）。

由于需要聚焦于主题，接下来我们将详细介绍创新沟通的基本方面。如图 4-17 所示，其他领域（尤其是“4P”）更符合传统的市场营销，因此在本书中不详细讨论（详细的描述见 Hofbauer et al. 2009 P. 241, Herrmann, A./Huber, F. 2009 P. 84, Griese, K.-M./Bröring S. 2011 P. 167）。

机会	障碍
出版物： 作为新闻价值的创新新颖特性 定位机会： 创新被视为有希望摆脱危机的途径 沟通机会： 创新是使自己出名的很好的机会	害怕新事物： 广大群众对新事物保持沉默甚至害怕 缺乏连接性： 没有参照系，缺乏与关键主题的靠近 高度抽象： 复杂性，常常缺少可以理解的例子和图片

图 4-17　创新沟通的机会和风险

（见 Zerfaß, A./Sandhu, S./Huck, S. 2004 P. 1）

信息传达

信息沟通是任何沟通的基本要素。除了选择合适的创新渠道之外，创新沟通的首要任务是创造潜在成功的**信息传达**。创新沟通的成功因素主要与其内容组成有关，并可根据需要应用于不同的沟通渠道。这样做有助于从创新沟通的挑战入手，指出消费者缺乏创新的原因，并为各企业厘清由此带来的机遇。

每个创新定义的特点均包含新颖性，它会给消费者带来不确定性和一定的风险。创新产品通常不能基于熟悉的模式和经验，因此对潜在客户具有高度的抽象特征，客户可获得的具体的好处最初都是抽象的和假设的。创新的高度复杂性会加剧不确定感。对普通人而言，来自生物技术、纳米技术或信息技术的高度技术性话题难以理解，因此企业的沟通会变得困难。此外，新颖性、抽象性和复杂性也使当前背景下的创新分类变得困难。缺乏语境相关的基本知识是创新传播的一项特殊挑战，因为必须识别和沟通与当前话题的关系，以便可靠地传达创新的机会和优势。

因此，沟通信息的任务主要是尽量减少消费者的不确定性，除了描述创新的具体附加价值之外，还需要通过简单的和立体的例子来解释其潜在的应用选项。另外，创新成本对消费者而言具有重要的影响，新产品的透明成本和相对价格降低了人们对投资的感知风险。

除**具体产品**之外，还应考虑创新沟通的具体介绍。首先，是有针对性的创新沟通。与发明人或其他沟通人的关系可以给用户带来对新型商品的信任。其次，还可以使用传统的广告方法，例如包装在令人兴奋的故事中、引用当前话题、参考相关记录、使用迷人的图像或者惊喜效果。最后，恰当的广告信息格式是必不可少的，有关语言风格、可视化方式和格式的内容应该适应于沟通媒介的特定条件（见 Brem, A. et al. 2011 P. 7）。

例子 少许成功的传达信息

药店 Schlecker 从 2011 年 5 月的宣传口号是：“FOR YOU. VOR ORT.”根据客户的要求，Schlecker 公司发言人解释了这个不同寻常的广告口号：当寻找新的口号时，有人提出了“FOR YOU. ON Site.”，其指向“普通的 Schlecker 客户”，他们处于“中低等的教育水平”。这就是为什么“FOR YOU. ON Site.”这个“老掉牙的英德语”是一个恰当的说法，它可以留在脑海中，并且可以提供“有争议的话题”。这个新的口号所拥有的惊喜效果是成功的，尽管它并不是一个积极的沟通信息。

4.2.1.2 采用过程的角色

无论是内部还是外部的创新沟通，都应考虑图 4-18 所示的通用采用过程。

默认情况下，从开始到采用会经历五个阶段。首先，**产品感知**是重点，在这个阶段，潜在客户认识到该产品，但关于它的信息依然很少或者根本没有。在**兴趣**阶段，潜在客户收集更多的信息以达到更准确的认识。接下来是潜在客户根据目前可用的信息**评价**该产品。除了潜在客户自己收集的信息外，决策辅助的客观信息也可以被用来形成判断。根据决策的重要性，人们更加深入地研究这个产品，必要时采取一些单独的标准作为决策启发。

在积极情况下，潜在客户将**尝试**购买样品来测试产品的功能，在这一阶段，最终的和永久的消费尚未形成，该产品只能得到充分评估。当评估成功时，人们选择**接受**并定期消费该产品。

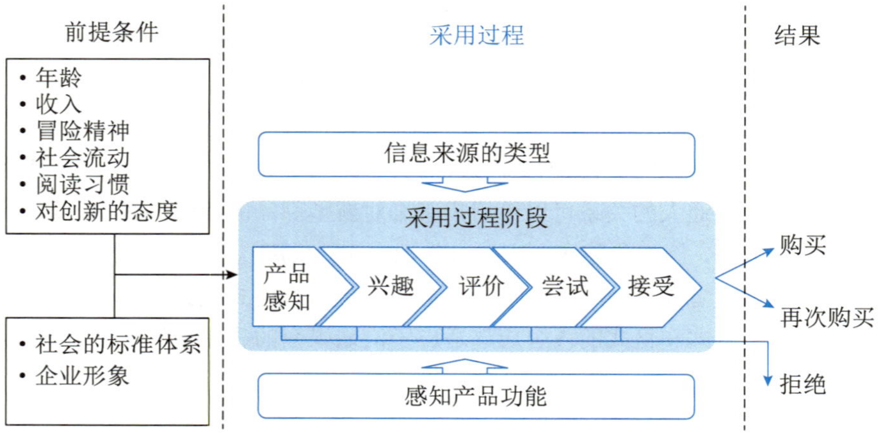

图 4-18　具有前提条件和结果的通用采用过程

（见 Meffert, H./Burmann, C./Kirchgeorg, M. 2008 P. 449）

这些采用过程阶段受到各种前提条件的影响：一方面，**潜在客户可能具有个性化特征**（如年龄或收入）；另一方面，他们具有**普遍的特性**（如标准或价值）。此外，过程也受个人感知特性的强有力的影响，即使它们客观上没有给定或者只是部分给定。最后，信息的类型也会显著影响采用过程本身（见 Meffert, H./Burmann, C./Kirchgeorg, M. 2008 P. 445）。

这种通用的采用过程既是内部创新沟通的基础，也是外部创新沟通的基础。

4.2.1.3　创新沟通融入企业战略

战略定位的必要性

成功的创新沟通的前提条件是设计有效的战略定位，即面向创新沟通的最重要目标：形象塑造、开拓新市场、增加销售数字、客户忠诚度、员工参与和建立信任（见 Zerfaß, A. 2005 b）。

这样定位的基础是沟通的战略规划，它并不把沟通看作是研发部门的分散任务，而是作为企业沟通的一部分，来源于企业更高级的目标系统。

管理层的任务是将创新沟通融入企业战略中，这使得所有利益相关者能够在内容、形式和时间方面进行协调沟通，从而在很大程度上避免了矛盾。

战略工具：企业沟通记分卡

通过新的沟通控制方法，将创新沟通纳入一般性企业战略尤其容易，像泽法（Zerfaß）发布的**企业沟通计分卡**（CCS）所示，它是一种平衡计分卡的延伸。这种新的沟通方法将社会政治观点作为一个新的维度，因此可以建立企业和沟通目标之间的直接联系。作为一个整体控制工具，企业沟通记分卡特别简化了在定量的关键数据基础上识别沟通和其他企业职能的相互关系，并考虑到质量要求。正因为如此，该方法特别适用于需要持续调整战略的新颖的产品和服务。

图 4-19 显示了经典的平衡计分卡模型（更详细的描述见 Kaplan, R.S./Norton, D.P. 1992 P. 71）。

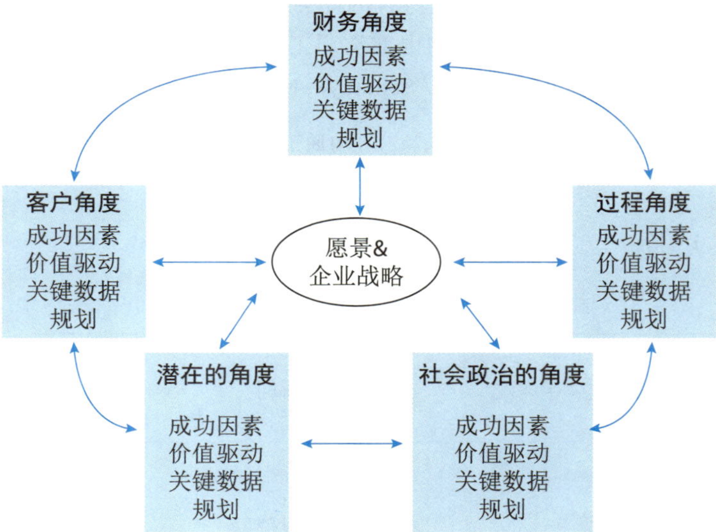

图 4-19　根据 Zerfaß，延伸的平衡记分卡描述

（见 Zerfaß, A. 2004 P. 4）

4.2.2　内部创新沟通

4.2.2.1　内部创新沟通的基础

除了广为人知的外部创新沟通之外，创新过程中的内部沟通也是一个重要的成功因素（见 Zerfaß 2005 a P. 17）。

内部创新沟通包括在企业与其内部利益相关者之间所有的互动，直接或间接影响创新营销的成功与否（基于 Brem, A. et al. 2011 P. 5）。

内部的创新沟通主要是企业内交换技术和市场方面的知识，其中包括组织结构的有效塑造，例如涉及有关部门的协调和企业文化，这些应尽可能具有创造性（见章节 2.3）。信息技术的使用还增加了公司的创新能力：办公室沟通和项目管理工具支持内部沟通，产品原型等方法帮助创新团队内部的共同理解。内部的创新沟通针对企业的**股东**、**企业高层**、**经理**和**员工**，以便在内部协调创新过程并确定和实施共同的创新目标。

成功开发企业特定的创新潜力，需要经理和员工的早期参与，尤其是将他们的能力系统地融入创新过程中。如果观察一个创新过程，从产生想法到引入市场，那么可以发现各个阶段不同的功能和特点，因此会对内部的沟通工具产生不同的要求。

沟通工具

图 4-20 总结了典型的、可用的内部沟通工具，这些沟通工具与内部创新沟通尤其相关（见 Dörner, N./Gurtner, S./ Schefzyk, M., 2009 P. 199）。

沟通类型	沟通工具
个人沟通	个人对话 报告 团队沟通 研讨会 员工活动
书面沟通	员工杂志 员工新闻 公告栏、公告板
电子通信	电话 邮件 企业内部网
视听沟通	商务电视 会议 视频会议

图 4-20　沟通类型和相关的沟通工具

（见 Dörner, N./Gurtner, S./Schefzyk, M., 2009 P. 199）

此外，当然还有其他沟通工具可以用于内部创新沟通（更详细的描述见 Hofbauer et al. 2009 P. 257）。根据泽法的一项研究，员工杂志、企业内部网和会议是内部创新沟通最普遍的形式（见图 4-21）。

为了确定合适的**创新沟通工具**，首先必须将创新过程的各个阶段与创新沟通的挑战进行简单比较。通过这种方式，可以基于通用的创新过程，有条不紊地记录各个阶段特定的特征、涉及的人员及其活动，以及创新的障碍。

1	员工杂志	69.6%
1	企业内部网	69.6%
3	团队、部门会议	60.6%
4	产品演示	37.7%
5	企业员工大会	24.6%
5	进修	24.6%

图 4-21　内部创新沟通的渠道

（见 Zerfaß, A./Ernst, N. 2008 S. 49）

在下文中，相应的创新过程阶段与内部创新沟通要素相结合（见 Dörner, N./ Gurtner, S./ Schefzyk, M. 2009 P. 202）。

获得创意和内容创新沟通

第一个阶段是**获得创意**，描述了积极寻找可用的创意和解决方案，从而系统地捕获和存储创意以及主动进行筛选。在大多数情况下，这一时期收集了大量的创意，然后根据机会和风险进行评估。因此，获得创意通常被描述为“创造性混乱”的阶段。这一阶段的典型特征是缺乏创新特定的信息和不确定性，这关系到市场和技术状况，以及所需的资源和战略。

微观察

选择正确的沟通渠道

无论研究结果如何，对一家 IT 公司来说效果良好的沟通渠道对于制造公司来说可能完全不合适。沟通是否成功取决于个性化的企业文化，但也取决于现有的技术基础设施。假如生产员工无法访问电子邮件和企业内部网，那么从一开始就失去了多个沟通渠道。

不仅解决方案的数量多，而且许多创意的复杂性要求创新过程从一开始就要有**不同业务部门的合作**，除了产生创意之外，其主要任务是对创意进行评估和选择。创新沟通不足会从一开始就导致严重的创新障碍。由于追求创新可能被一些参与者看作是对现状的批评，对稳定和坚持现状的期望抑制了企业的创新努力（见章节 3.3.2）。除了许多员工对创意的复杂性缺乏理解之外，还存在阻碍合作的组织障碍。

因此，在创新的第一阶段，一些沟通职能是至关重要的。除了信息和说服功能外，沟通还应确保所参与的员工之间的对话，并通过有针对性的动机刺激他们的创造力，从而带来新的创意。这个阶段最大的挑战是创造一个“相同的语言”和开放的氛围。

创意评估和选择以及内部的创新沟通

第二个阶段是**创意评估和选择**。这一阶段的总体目标是进一步开发最初的概念，其中包含关于核心产品及其潜在市场的信息、定位战略以及一份理想的商业计划。基于此，企业可以组织跨部门的创意评估和选择。尽管这一阶段的特点是高度的不确定性和复杂性，然而产生创意“创造性混乱”偏离了以目标为导向的工作方式。除了研发之外，**市场营销**和**控制**也开始参与其中，虽然他们在很大程度上独立于彼此而作出决定，但他们依赖于相互交换信息和明确的任务分配。

此外，在这个阶段，由于解决方案的复杂性和难度使其愈加难以理解，以及组织障碍的存在，创新过程更加困难。这便出现了创新沟通，一方面使提供的内容易于理解，另一方面及时和直接地进行沟通。此外，必须确保对所形成的观点不产生任何偏见以及传言。

实施创意和内部创新沟通

第三个阶段是**实施创意**，除了创新产品的技术实现之外，市场引入的准备工作也很重要。这是第一次定义生产特定的期限，从而降低不确定性。在这个阶段工作方式的特点是强调结构和细节，因此工作重点在于对各个创意的技术实施。在这一阶段，必须把涉及的员工引入创新的工作模式，必须规划生产流程和资源，同时准备即将来临的市场引入。这一阶段尤其需要研发、营销、采购和生产的配合，不仅需要他们的技术能力，还需要他们相互协调职责的能力。

在这个阶段，员工的不确定性阻碍了创新成功，这关系到创新对工作场所和活动领域的潜在影响。因此，这里的重点是向参与者提供特定产品的详细信息，同时沟通的情感方面也是至关重要的。

市场引入和内部创新沟通

第四个阶段是**市场引入**，将生产的启动阶段与引入销售市场结合起来。这个阶段的特点是对潜在消费者的反应不确定，除了确保稳定的生产和扩展技术诀窍之外，尤其需要市场营销。员工不仅需要充分了解其创新产品的功能和特点，还需要了解销售动机。除了现阶段所需的资源数量之外，潜在的组织障碍也妨碍了创新过程。

对创新功能的关注通常会导致相关管理人员和员工无知的态度，并说明在这一阶段中，所有参与者都了解产品的信息是非常重要的。沟通不只用来说服别人，而且关乎所有参与者的情感方面。

例子 即兴的内部沟通

在许多企业，内部的沟通工具比外部的工具耗费更少。有的内部沟通工具很简单，可以被认为是**脚踏实地的**，但也**很少被欣赏**。根据独特的企业文化，应该适当设计沟通。在创新过程的所有阶段中，必须建立和实施**可持续发展的战略**，这种战略必须是跨部门的。

4.2.2.2 阶段特定的沟通工具

在创新沟通的背景下各个过程阶段的特点已被描述之后，那么就必须尽可能广泛地评估与阶段特点相关的工具。

兼容标准

根据以下 6 项标准来评估各个工具的兼容性（vgl. Dörner, N./Gurtner, S./Schefzyk, M. 2009 P. 205）：

- **激励创造力**描述了沟通的自由度。激励创造力越高，交换想法就越活跃。
- **影响的可能性**说明了各个工具对创新态度的影响程度。这一标准包括消息的方向、内容和范围。
- **制度化的可能性**阐明了在多大程度上可以重复沟通过程。特别是，高度正规化和标准化的工具允许相对简单的模仿。
- **减少不确定性**，一方面描述了降低由于缺乏客观信息而导致的不确定性，另一方面描述了由情感方面引起的拒绝。特别是非言语交流、信任和可靠度在这里发挥着重要作用。
- **克服阻力**的标准是指沟通的不同功能。这包括通知，以避免员工的无知；说服，以抵制他们的不情愿；对话，以便可持续地减少组织障碍。
- 通过研究沟通方向及其范围来观察**参与者**。例如，这些问题包括：有多少员工参与了沟通过程？这在等级上有何种程度的限制？在不同层级之间有沟通吗？

图 4-22 显示了各个标准与所提供的沟通工具之间的相互关系。

4×3 方法

由德尔纳、古特尼尔、舍夫茨基（2009）开发的 **4×3 方法**，如图 4-23 所示，将各个阶段的要求和各个沟通工具的特性统一为一个抉择矩阵，可以在企业范围内单独使用。

沟通工具	激励创造力	影响的可能性	制度化的可能性	减少不确定性		克服阻力			参与者	
				客观信息	情感方面	能力	不愿意	组织	沟通方向	范围
个人对话	○	●	◎	●	●	◎	●	●	◎	○
报告	○	◎	◎	●	◎	●	◎	○	●	●
团队沟通	●	●	◎	●	●	●	●	●	○	○
研讨会	●	◎	○	●	◎	●	◎	●	●	○
员工活动	●	●	○	◎	●	◎	●	●	●	●
员工杂志	○	○	●	●	○	◎	○	○	●	●
员工新闻	○	○	●	●	○	●	○	○	◎	◎
公告栏、公告板	○	○	●	◎	○	◎	○	○	◎	●
电话	◎	◎	◎	○	○	◎	◎	●	●	○
邮件	○	◎	●	●	○	●	◎	◎	●	◎
企业内部网	●	◎	●	●	◎	◎	◎	◎	●	●
商务电视	○	◎	○	◎	◎	◎	◎	○	◎	●
会议	◎	◎	◎	○	○	◎	◎	◎	○	◎
视频会议	◎	◎	○	◎	◎	◎	●	◎	○	◎

说明：

○不太合适。另外，在“沟通方向”一栏中有如下含义：在同一等级的人之间沟通。

◎合适。另外，在“沟通方向”一栏中有如下含义：在不同等级的员工之间沟通。

●非常合适。另外，在“沟通方向”一栏中有如下含义：在同一等级和不同等级的人之间沟通。

图 4-22　企业内评估沟通工具

（见 Dörner, N./Gurtner, S./Schefzyk, M. 2009 P. 207）

在**获得创意**阶段，“促进创造力”、“减少不确定性”和“克服阻力”起着至关重要的作用，因此，团队沟通、研讨会和企业内部网非常适合，因为它们不仅可以促进个人创造力，而且还可以促进参与者之间的互动，从而确保一致的信息流。

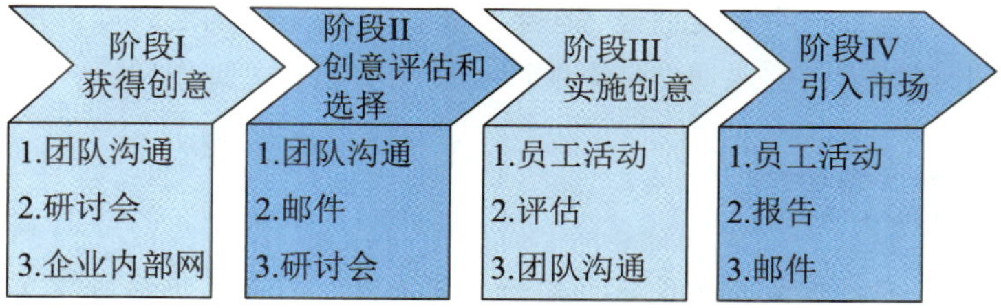

图 4-23　内部创新沟通的 4×3 矩阵

（依据 Dörner, N./Gurtner, S./Schefzyk, M. 2009 P. 214）

在**创意评估和选择**范围内，"制度化的可能性"的重要性在增加，因此也有必要克服组织或个人的阻力，可以再次使用促进不同职能部门合作的团队沟通和研讨会。此外，企业内部电子邮件可以更容易地定期通知员工，研讨会服务于传授知识，并且对于"无知问题"是一个重要的解决方案。

在**实施创意**中，情感方面的沟通变得更加重要，因为，特别是从情感角度来看"影响的可能性""减少不确定性"和"克服阻力"是非常重要的。到这个阶段，个人评价非常重要，因为没有其他的沟通形式会比个人层面创造更多的信任。在产品开发即将结束时，引入市场的准备工作越来越重要。由于引入市场不仅需要大量的员工沟通，而且需要尽可能以个人化的方式来沟通，因此建议组织专业的员工活动。活动通常以项目启动会的形式发生，在此期间对产品进行详细介绍，并且促进职工对新产品的共同认同。

市场引入是四个过程阶段的最后一个，主要是关于"影响的可能性"和"参与者"。除了员工活动之外，建议在此阶段做报告和发送电子邮件。由于员工活动是时间和成本密集型事件，因而无法定期举办，但应定期举行额外的报告。此外，可以以个人方式联系大量的员工。为了向所有参与者提供有关各个创新的必要信息，还建议使用电子邮件新闻的形式。需要指出的是，这样的新闻一定要在开始时就定期提供，否则可能会产生相反的效果。

4.2.3　外部创新沟通

4.2.3.1　外部创新沟通的基础

外部创新沟通包括企业与外部利益相关者之间的所有互动，直接或间接影响创新的成功营销。

（Brem, A. et al. 2011 P. 5）

创新沟通的第二个重要支柱是在创新扩散和实施中的沟通，即外部创新沟通。毕竟，市场营销环境下的沟通在创新的商业成功中起着关键作用。

例子 酸奶的创新沟通

新的酸梅和肉桂味酸奶是圣诞节的一个创意吗？只要您想到通常五米长的超大超市货架时，您自然会否认这一点。因为在这样的大众市场中，创新产品想要成功，只有以精心制作的电视广告或大规模的印刷活动的方式进行，而这又非常昂贵。另一种方案可以是**游击营销**活动。这是不寻常的营销活动，可以用很少的投入产生巨大的影响。例如，酸奶戴着一顶红色的尖顶帽子，将成为第一个由酸奶代替巧克力制成的圣诞老人。所以这个产品有自己的创意，也是沟通的创意。

采用理论

如果消费者决定购买创新产品，这就是所谓的采用。依据创新扩散理论（对此特别推荐 Rogers, E.1983），消费者采用创新产品发生在多阶段过程中，如图 4-24 所示。在这种情况下，重要的是在一段时间内分别处理相应的群体。

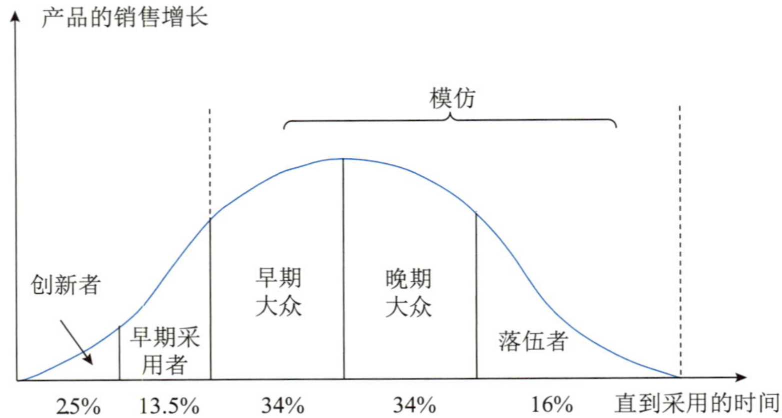

图 4-24 扩散过程中的采用群体

（见 Rogers, E. M. 1983 P. 247）

理想化的采用群体可以分为四种类型（见 Rogers, E.M. 1983 P. 248）：

- **创新者**：他们形成了“市场门户”，因为他们在很早阶段就有目的地将信息传递给周边的环境，从而对潜在的购买者产生影响。他们担任意见领袖的角色，因此是创新沟通的重要联络人。
- **早期采用者**：他们仍然很早就决定购买某种产品，在这期间产品的知名度已经提高了。

- **早期、晚期大众**：后来的买家是模仿者，他们取决于创新者和早期采用者的意见和经验。
- **落伍者**：这一群体属于怀疑论者，只有当产品在市场上被广泛引入时，落伍者才有动力购买。

这些采用群体作为外部创新营销整合的一部分，被相应地分配到创新过程中（见章节 3.1）。

例子 采用理论在手机行业

手机行业展示了不同的采用类型。在上市之前，移动电话的开发包括早期的实验和许多现场测试。在这一阶段，有针对性地让**创新者**参与其中。当第一批手机推向市场时，只有商业客户能够并且想要购买，可以带来很高的利益优势（**早期采用者**）。随着设备变得越来越小并且价格越来越低，尤其是那些对移动电话有着浓厚兴趣的人是最大的消费者（**早期大众**）。随着手机逐渐成为大众商品，大多数人开始购买（晚期大众）。此外，这里还有**落伍者**，即原则上否认手机并最终诉诸手机的人。在使用互联网及其各种应用程序（电子邮件、易趣、社交网络等）时，也可以观察到类似的行为。

因此，外部沟通的任务是在潜在的销售市场上宣传新产品，并建立消费者对创新产品的信心。在创新营销的背景下，外部沟通针对所有外部利益相关者——**供应商、业务合作伙伴、经销商、现有和潜在的客户以及竞争对手**，企业与他们处于合作或竞争关系。创新公共关系是指与那些与企业或市场没有直接关系的利益相关者沟通，仍有助于成功引入市场（见 Zerfaß, A. 2005 a P. 18）。

首先，选择合适的**沟通渠道**，通过这些渠道可以传达有助于新产品或服务成功的特征。除了媒体沟通外，人际沟通也越来越重。虽然媒体传播领域的公关部门尤其依赖**新闻稿**、**客户杂志**、**专业媒体**和**互联网**，但创新越来越多地在**展会**和**事件**中直接和个人沟通（见 Zerfaß, A./Ernst,2008 P. 50）。当然，还有其他沟通工具也可以用于外部创新沟通（更详细的描述见 Hofbauer et al. 2009 P. 257）。 沟通渠道

近年来，除了传统工具之外，事件营销成为越来越多人关注的话题。

事件营销，是指在特殊的企业内部或外部的内容丰富或有趣的事件中，为产品、服务或企业提供面向体验的沟通基础。

（Esch, F.-R./Kirchgeorg, M. 2012）

事件营销的目标是提供有关公司及其产品的知识，提高品牌知名度，获得感兴趣的新客户，以及加强现有客户关系。事件营销通过各自产品和服务的真实情感的持续影响来达到目标。

每个沟通渠道都具有各自的特点，为各自的企业带来优势和劣势，从而有助于区分媒体沟通和**人际沟通**（见 Chigona, W./Licker, P. 2008 P. 57）。例如，凭借大众媒体可以在很短的时间内接触一个大的目标群体，同时确保企业给出的沟通信息相一致。然而，对于大众媒体来说，选择收件人几乎是不可能的，企业只能部分调整信息，却不会收到任何直接的反馈。因此，媒体沟通的功能主要是向大量消费者宣传创新。相比之下，影响力是人际沟通的焦点（见 Lin, N./Burt, R. 1975 P. 257）。

为了能得到最重要的目标群体，这两个**沟通领域**都应该被涵盖，目标群体包括客户、管理层、员工、专业媒体和发展伙伴。

总的来说，焦点通常不应局限于单一的渠道，而是建议组合不同的沟通渠道。因此，持续和一致地使用不同的沟通渠道，可作为成功传播新产品和服务的保证，并使潜在消费者认识到企业具有的**创新性**。

把外部沟通工具分类到创新过程中特定的阶段，是十分困难的。在内部沟通的背景下，沟通只涉及直接参与创新的各方，主要是内部员工；而外部创新沟通除了包括普通大众之外，还包括外部的供应商和分销合作伙伴。

为了分类到创新过程中，**普遍的创新过程**原理图将以类似于章节 3.1 的方式使用，在图 4-23 中已经做过描述。

4.2.3.2 阶段特定的沟通工具

获得创意和外部创新沟通

在**获得创意**阶段，还没有可以用来做宣传的产品。这段时间的沟通主要服务于与产品无关的、各自企业的图像展示。这一阶段的目标是，以先前制定的愿景和从中衍生出来的使命的形式，借助于传统的广告措施来进行宣传，来创造一家创新型企业的形象。

除了说明特殊技术和创新潜力的声明和口号之外，一个特别具有创新精神的企业化身强化了这种形象效应。在产品准备好引入市场之前，企业有机会在现阶段提高潜在消费者的期望，但在将来必须相应地满足这些期望（见 Hofbauer et al. 2009 P. 259）。

公共关系（PR）在这个时候起着特殊的作用。公共关系包括特殊的措施，企业向公众报告其多元化的活动，并促进选定的目标群体对其理解和信任。公共关系不涉及促销，而是通过网站、形象宣传册、新闻发布会或新闻稿在公众中获得有利的定位。赞助是另一种常见的形象建设的方式，赞助可以理解为对所有活动的分析、计划、组织、执行和控制，与企业提供资金、设备、服务或技术诀窍相关联，以资助体育、艺术、社会事务、环境或媒体领域的个人或组织，同时支持他们自己的沟通目标（见 Bruhn, M. 2003 P. 311）。根据定义，赞助绝不是追求利他主义的动机，而是提供另一种沟通可能性，无论是直接通过赞助对象还是只在各自措施的边缘。

不同的**品牌战略**通过不同的品牌组合，来发挥形象协同作用，这对于公众眼中单一品牌的感知具有积极影响（例如洗衣机和洗涤剂）。例如，联合品牌描述了两个品牌的临时合并，应当指出的是，联合品牌涉及的品牌继续独立存在。**成分品牌**与联合品牌密切相关，但这种品牌形式是为持久的品牌组合而设计的（见 Hofbauer et al. 2009 P. 275）。

因此，这个阶段关系到将公司以创新、技术、设计等方式进行自我定位的问题，其重点是媒体和人际沟通，而不是产品层面。最终，这也会引起潜在的创意提供者或合作伙伴的兴趣。

关于采用群体，在这个阶段应该只有创新者和个别的早期采用者参与进来，例如采用**领先用户研讨会**（lead user workshops）的形式（见章节 3.2.1）。

例子　获得创意阶段

奥迪股份有限公司的口号是“科技领导创新（Vorsprung durch Technik）”。与此相反，苹果公司的创新潜力总是与联合创始人史蒂夫乔布斯联系在一起，他对功能和设计的高要求已经多次被媒体讨论。此外，仅仅在企业愿景中包含“创新”一词，就会在外部利益相关者之间产生一定的期望，企业也必须相应地实现这些期望；否则的话，会适得其反。

创意评估和选择以及外部创新沟通

创意评估和选择方面的沟通，不是针对普通大众，而是针对企业外部的创新参与者。在创新过程的这个阶段，沟通对象应是战略上重要的合作伙伴，如供应商和大客户，特别是在技术创新产品的情况下，在早期阶段获得可靠的供应商非常重要，这将有助于在后续阶段进行高效生产。

因此，这个阶段的重点是人际沟通，因为各个企业和个人都是针对外部的。同时，从获得创意阶段继续维护定位也很重要。

在此阶段，应该有选择地扩大采用群体的范围，以便评估和选择不局限于太小的目标群体。例如，对于市场研究活动，除了要融合“早期采用者”还要融合“大众”（更详细的描述见 Trommsdorff, V./ Steinhoff, F. 2007 P. 209）。

例子　创意评估和选择阶段

2012 年底，奥迪宣布推出首款电动车系列产品——R8 e-tron。然而，这个举措被推迟了，因为车辆的行驶里程太短了。随后，奥迪董事会成员、负责技术开发的乌尔里希 • 哈肯伯格（Ulrich Hackenberg）教授，在 2014 年年度新闻发布会上宣布恢复生产："我们把续航里程从 215 公里增加到了约 450 公里。这是朝日常适用性迈出的重要一步。这一重大飞跃是基于电池技术的进步以及功率密度显著提高的改良封装。"

此外，为这些创新产品寻找合适的供应商非常重要。在位于英戈尔施塔特附近的盖默斯海姆的"高压电池项目屋"中，奥迪员工正在与外部公司合作开发用于特殊电池包的原型，以满足未来汽车领域的电气化要求。这个领域的重要合作伙伴是日本的松下公司。除了设计功能强劲的电动马达之外，工程师的任务还包括进一步推进轻型结构。例如，意大利供应商索格非公司在新型 R8 中提供技术先进的减震器，该减震器由玻璃纤维增强塑料制成，重量比传统减震器低 40%。同样的案例也包括苹果公司开发的创新型视网膜显示器，显示器由三星电子有限公司供应，因为只有三星拥有必要的资源和相应的技术诀窍。特别是苹果和三星的例子表明，同行业的公司是如何交织在一起的，因为三星电子有限公司不仅是苹果公司的主要供应商，而且目前也是智能手机市场中最大的竞争对手，在各种知识产权案件中也是苹果公司激烈的对手。

实施创意和外部创新沟通

在**实施创意**过程中，再次涉及外部参与者和公众。由于存在产品概念，因此沟通重要的目标是，通知和引起潜在消费者的初始兴趣。在此阶段，企业应持续告知创新合作伙伴最近状况和进展情况。因为该阶段正处于关于创新产品的技术实现阶段，所以创新公司和供应商之间不断的交流是必不可少的，目的是使生产可以适应创新进程并避免交付瓶颈。此外，随着实现的进展和需求新的知识，有必要寻求并获得新的合作伙伴，因为不仅在大客户方面，而且在广大公众方面，都即将获得利益。除了广告这种经典的信息工具之外，利用噱头以吸引注意力的方式已被证明是合适的。在计划引入市场前的几个月，奥迪最新款车型，已经出现在当地街头，大多数情况下会用黑色薄膜"保护"起来。同样，苹果公司的测试者也不会偶然地把最新的 iPhone 丢在咖啡馆里。相反，这些都是巧妙的创新沟通的手段，让用户始终保持对各个产品的兴趣和期望。

在这个阶段，事件营销也属于经典广告的信息来源之一。除了员工和股东之外，事件营销特别针对潜在的客户、经销商和供应商。直销在这个领域变得越来越重要，因此新媒体近年来创造了大量的广告机会，通过信函、电话、传真、电子邮件、短信或其他通信手段，以有针对性的、适合大众的方式向感兴趣的客户传达某些产品的知识，以及其性能特征，以吸引感兴趣的和新的客户。

因此，这个阶段的重点既是媒体沟通，也是人际沟通。

采用群体在支持实施方面发挥着重要的作用。例如，在活动时可以通知并邀请各个采用群体的意见领袖。

例子 实施创意阶段

现如今，苹果公司的产品展示已经成为传奇故事，苹果产品展示因其既紧张又轻松而闻名，并且苹果公司在发布之前巧妙地故弄玄虚。此外，三星电子有限公司在发布新产品 Galaxy S Ⅲ时，也受到苹果产品发布的启发。在 iPhone 6 在德国上市当天，三星电子有限公司在其 Facebook 主页上推出一个视频宣布：三星 Galaxy S5 自从五个月前在德国发布以来，已销售了一百万台。然而有的时候，当苹果用户认为即将发布新版 iPhone 时，大多数用户都会等待新机型，旧产品的销售会大幅降低。

另一个成功的方法是通过专业媒体进行有针对性的沟通，如行业特定的专业杂志，这样可以很容易而广泛地将消息传达给潜在的客户和合作伙伴。但是，必须考虑到，竞争对手也会通过这个渠道获得消息。

市场引入和外部创新沟通

在**市场引入**阶段，将充分利用营销组合的所有可能性。在这一阶段，通过尽可能多的渠道来推广产品至关重要，从而增加其销售额（见 Hofbauer et al. 2009 P. 265），可以以报纸、杂志和其他印刷产品等经典的印刷广告形式，它们可以覆盖到几乎所有人群；也可以通过媒体电视、广播、电影、电脑或网络上不同形式的广告。虽然这种形式的广告需要较高的投资和规划费用，但消息可以迅速传播，保持具有高时效性，并且覆盖范围特别广。**促销**是指销售点的措施，例如超市品尝活动、特殊包装尺寸和赠送品或抽奖活动。其他行之有效的促销活动还包括户外广告，指在公共场所所有的广告活动，以招贴广告或电子广告媒体形式的固定的户外广告，或者在公共汽车和公司车辆上作为移动的户外广告。越来越多的广告新形式正慢慢出现，例如**植入式广告**。在这种情况下，在线和印刷媒体以及在广播、电视和电影中都会有效地展示新产品，而接收者无法清晰地识别广告意图。潜在的广告信息通常在以娱乐为导向的环境中传播，因此较少遭受拒绝。原则上，建议在这一阶段尽可能多地使用沟通渠道，以便以不同的方式覆盖广泛的受众群体，当然，这需要很高的成本。

因此，这个阶段的重点是媒体沟通，而人际沟通的个别措施起辅助作用。

在引入市场阶段，可以通过为各个群体选择个性化的方式来有针对性地使用采用群体。例如，可以通过上述的植入式广告来完成这一点，一方面，针对早期采用者使用专业媒体；另一方面，针对大多数群体可以通过电视媒体。图 4-25 列示了营销创新的核对清单。

▸是否理解和掌握了创新沟通？是否制定了目标和全面的战略？

▸企业的参与者是否意识到，每个人都有属于自己的创新成功？

▸是否考虑了内部创新沟通所有可能的要素？目前使用了哪些要素，哪些还没有？

▸行业中各个企业新产品的关键成功因素是什么？
▸沟通是系统的还是混乱的？
▸是否根据创新阶段使用不同的沟通工具？

▸外部创新沟通是否依具体产品而规划？谁为此负责？

▸各种情况下是否考虑了外部沟通工具并采用阶段特定的方式？
▸是否以结构化的方式跟踪各个沟通工具的成功？
▸是否要求和制作各个不同产品沟通工具的状态报告？

▸是否明确规定了研发、营销、产品管理和销售之间的责任？

图 4-25 营销创新核对清单

例子 市场引入阶段

植入式广告并不新鲜，并且近年来大幅增长，几乎没有哪个电影、体育节目或电视剧在开始时不显示“由植入式广告赞助”这个微妙的提示，特别是电子公司，如苹果公司、索尼欧洲公司，或者汽车制造商，如宝马公司和奥迪公司，大量引入植入式广告。像麦当劳公司或麦克菲特公司这样的公司也越来越依赖这种广告和节目。

总结

前面的阐述清楚地表明，内部和外部的创新沟通在创新管理中扮演着**复杂而艰巨的角色**。一方面，它为企业创造必要的前提条件和支持，以便能够在内部推动创意；另一方面，与外部利益相关者互动而创造一个基础，即通过市场接受能力和经济成功把这些创意确立为市场上的创新（见 Brem et al. 2011）。此外，技术和商务之间的跨部门合作也是必不可少的。

除了传统渠道之外，企业在创新沟通中总有机会采取其他途径，使自己与竞争对手区别开来，如以下例子所示。

例子 TOP 倡议

法兰克福 F.A.Z. 研究所的“TOP 倡议”为创新公司提供了一个邀请其他公司加入的平台。在为期一天的活动中，具体介绍并讨论创新、交流成果和经验，从而达成新的合作。特别是对于小企业来说，这提供了一个非常好的机会来吸引注意力，并了解潜在的客户和供应商。

4.3 市场引入

4.3.1 市场引入战略

各种研究表明，在所有引入的新产品中，有 40% ～ 90% 在市场引入之后会立即失败，具体比例取决于行业（见 Gourville, J.T. 2006 P. 100）。厄恩斯特估计在实施和市场引入创新产品时，失败率为 50% ～ 80%（见 Ernst, 2001 P. 2）。对此，德国每年损失约 400 亿欧元（见 Schewe, G./Nienaber, A. 2009 P. 227）。

这些研究的结果表明，企业需要识别并克服在实施创意时面临相关的障碍。在这种情况下，这种创新障碍可以理解为，阻碍市场引入创新产品及其传播的阻力（见 Schewe, G./Nienaber, A. 2009 P. 227）。

克服这些障碍通常需要相当高的投资。成功的企业在市场引入阶段的投资远远超过那些失败的企业，根据克莱因施密特、格施卡、库珀的研究，成功的企业平均投资金额是失败企业的六倍（见 Kleinschmidt, E. J./Geschka, H./Cooper, R. G. 1996 P. 136）。

市场决定一个创意是否可以成为成功的产品，即使一个企业创新管理活动如此成熟和专业，如果市场引入失败，它也不会取得成功。

成功的市场引入需要一个经过深思熟虑的市场进入战略，其定义如下：

市场引入战略是一系列战略决策的集合，选择企业进入的市场，以及进入市场的制度形式、时间点、顺序和速度。

市场引入战略可以细分为以下几个重要的部分（见 Fritz, W./von der Oelsnitz, D. 2007 P. 73）。

4.3.1.1 进入市场的选择

进入市场的选择首先包括目标市场的确切内容，然后决定借助哪些产品和技术来满足哪些客户需求。除了划分细分市场之外，企业面临的问题还有处理哪一个或多少个细分市场（并行的）以及将采用哪些措施来实施。还有一个问题是，作为国际市场引入的一部分，应该在地理位置上单独处理，还是作为一个整体来处理。最终，这一决定取决于许多因素，例如已经推出的产品、产品之间可能存在的相关性等。

战略选择

有三种战略选择：**瀑布型战略**、**洒水器型战略**和**组合战略**（见 Herrmann, A./Huber, F. 2009 P. 255）。

瀑布型战略侧重于顺序方法，也就是说，每个目标市场都有时间的先后次序。该战略可以更好地限制风险并估计收益。因此，这种战略被认为是保守的，对于财力较弱的企业以及人力资源有限的企业尤其有意义。

洒水器型战略即将所有产品同时引入市场。如此可以确保快速渗透市场，但通常需要非常高的费用。这种战略降低了竞争对手模仿的风险，这对于方便且快速复制产品，特别是服务尤其重要。

组合战略结合了以上两种方法，并经常在企业实践中发挥作用。毕竟，特定的产品其市场往往也不尽相同，这也直接影响了战略选择。

图 4-26 比较了两种战略选择。企业可以借助以下标准来选择合适的战略：

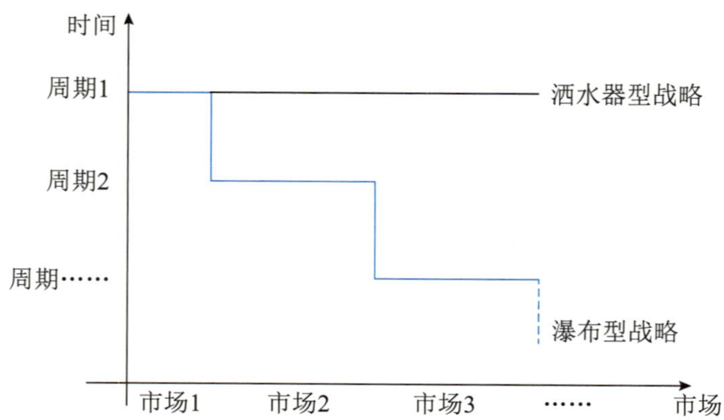

图 4-26 瀑布战略和洒水战略相对比

（见 Herrmann, A./Huber F. 2009 P. 255）

- 竞争优惠的**吸引力**。
- 需求者的**特点**和**复杂性**。
- **贸易结构**的形态。

细分市场选择

首先，开辟的细分市场是非常重要的，因为它决定了要挑选的群体（见章节 4.2.1.2）。另外，在产品或服务实际上市之前应该使用测试市场，通过测试市场的反馈可以在实际销售市场中避免代价巨大的错误（更详细的描述见 Trommsdorff, V./ Steinhoff, F. 2007 P. 405）。

4.3.1.2 市场进入方式的选择

企业要做的一个重要的决定是市场进入方式的具体选择：**单独**完成还是需要外部**合作伙伴**？

进入方式的选择

企业应根据不同的标准来系统化地制定市场进入方式的选择。图 4-27 根据**可控程度**和预期的**资源需求**提供了市场进入方式，接下来会详细介绍。

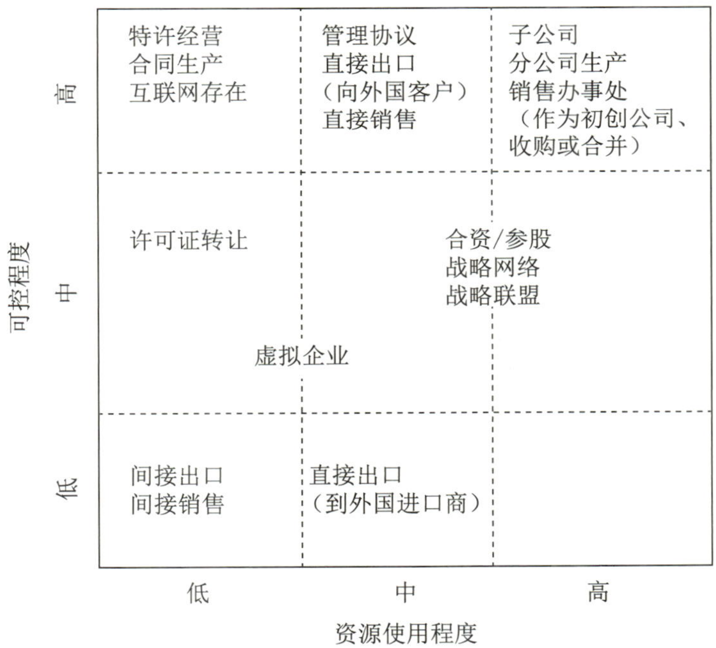

图 4-27 市场进入方式的选择

（见 Fritz, W./von der Oelsnitz, D. 2007 P. 76）

最常见的方式是间接销售、直接出口、许可证转让、参股和子公司（更详细的描述见 Fritz, W./von der Oelsnitz, D. 2007 P. 76）。

市场进入方式的“最高法则”是建立自己的**子公司**或者典型的**创业公司**（start-ups）。此战略是有风险的，但如果成功的话则回报很高。另外，通过这种方式，企业可以最大限度地保护自己的技术诀窍，并且可以维持长久的竞争优势。通常情况下，这些企业有一个非常专业的内部组织，特别是以“新风险管理”的形式（见章节 2.2.2.4）。

与之相反，通过**间接销售**或**直接出口**到外国进口商的方式是外部合作风险最小的一个变体，企业不必建立自己的销售组织，也不需要进行资本投资。然而，缺点是，这些合作伙伴通常不专门为企业工作，有时甚至是直接的竞争对手。此外，工作人员的频繁更换表明连接并不特别好。

如果它是一个全新的产品，那么最好不要使用传统的市场进入形式的选择规避预料之中的创新阻力，特别是对于针对相同目标群体的产品或将通过同一分销合作伙伴投放市场的产品。为了选择适当的战略，可以考虑基于三个决策维度的选择模型，如图 4-28 所示。

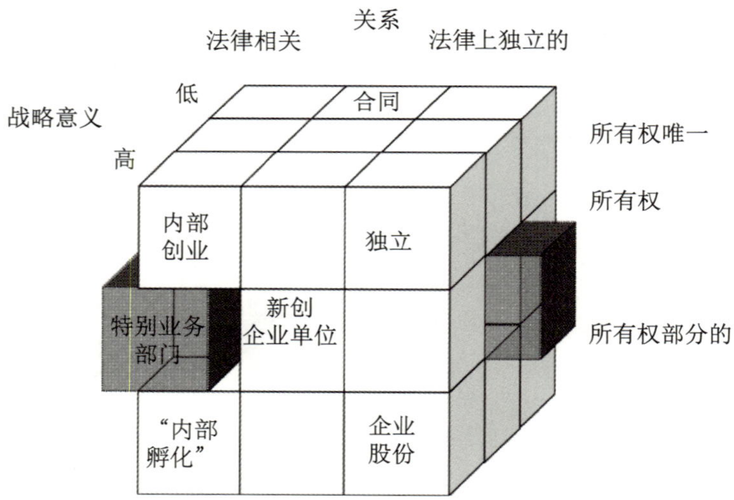

图 4-28 市场进入方式的选择

（见 Brem, A. 2011 P. 24）

决策标准

以下这些维度给出了**决定市场进入方式**的标准。

- **关系**。对于某些市场而言法律允许相关和独立的（子）公司的程度是有具体规定的。此外，在分散的企业结构下，让子公司尽可能独立运作是有道理的。因此，针对法律情况，应该在决定时考虑这个因素。
- **战略意义**。这里关注的焦点在于它是一个潜在核心市场还是边缘市场。战略重要性越低，与市场进入形式相关的费用应该越少。
- **所有权**。如果市场进入时需要合作伙伴，通常必须授予其公司所有权。

由此产生的进入方式，可以帮助将高度创新的产品或服务引入市场，并且不会“激怒”自己的组织。

4.3.1.3 市场进入时间的选择

对正确的时间战略而言，市场进入时间的选择是一个典型问题（见章节 2.1.2.3 和章节 3.4.2）。时间决策永远不能一概而论，必须始终在具体的条件下进行具体分析评估。对于这种选择，各式各样的情况变量被证明是有用的。图 4-29 显示了哪种时间选择在这些因素背景下是特别有效的。

情况变量	有利于创新领导者	有利于创新模仿者
（1）企业		
• 战略态度	积极的	被动的
• 风险倾向	高	高
• 资源实力	高	高
（2）企业		
• 与目前的生产计划一致	高	低
• 使用现有的生产设施	可能的	不可能或几乎不可能
• 制造技术经验	高	低
• 制造技术的竞争重要性	高	低
（3）产品		
• 复杂性	不明确	低
• 创新程度	高	低
• 产品变更成本	高	低
• 标准化适用性	高	低
（4）客户		
• 新客户比例	高	低
• 冒险	高	低
• 提供商偏好	强	弱
• 有类似的服务经验	多	没有或很少
（5）市场		
• 市场人员	不明确	多
• 市场增长	高	低
• 建立市场进入壁垒	容易实现	难以实现
• 国家规定	少	多

图 4-29 影响市场进入时间的因素

（见 Fritz W./von der Oelsnitz, D. 2007 P. 84）

因此，正确的时间进入选择取决于许多特殊因素，其中一些因素本身是有**积极影响**的（比如企业和产品变量），也有部分因素是**受外界支配**的（比如变量客户和市场）。

4.3.1.4 克服市场进入壁垒

竞争限制

世界上许多市场仍然受到各种竞争限制，比如保护性关税和出口补贴，尤其是在危机时期，行业特定的保护机制再次被提到政治议程。

例子 俄罗斯停止进口生猪

为了规避征收保护性关税，许多国家采用替代措施来保护自己的产品免受外国竞争。其中一个例子是 2012 年春，俄罗斯要求**停止**从欧盟**进口生猪**。进口禁令的理由是因为两种动物疾病，尽管它们对猪没有危险，并且没有达到上述水平。

这种限制经常发生，通常是以**国家进口配额**或国家**保护关税**的形式出现，但也可能在企业内引起，例如由于缺乏专业知识。无论如何，这些准入壁垒都会影响企业的市场进入战略。通常所有类型的壁垒通常会随着时间的推移而发生变化，很少会保持不变的。

根据波特的观点，**市场进入壁垒**可以区分为下列**类型**或**根本原因**（见 Porter, M. 1995 P. 29）：

壁垒的根本原因

- 通过规模经济的成本优势。
- 不依赖于范围的优势。
- 产品的差异化优势。
- 资本要求。
- 客户的转换成本。
- 访问重要的分销渠道。
- 国家政策。

克服壁垒

通常通过各个进入战略可以部分地规避这些壁垒，例如，**合作的进入形式**不仅降低了资本要求，而且还通过更有经验的合作伙伴带来了市场技术诀窍和业内知识。此外，合适的市场进入时机可以规避这些壁垒，例如，早期追随者就容易克服先驱设置的障碍，因为他们经验相关的成本劣势往往并不那么严重，特别是因为先驱者没有多少时间来塑造形象优势。最终，由科特勒开发的**大营销**概念也可能有所帮助。这对经典的 4P 补充了两个元素：政治影响（“政治”）和公共关系管理（“公共关系”）（见 Kotler, P. 1986 P. 33）。

4.3.2　管理创新组合

企业规模越大，在创新过程中必须要管理的创意就越多。通过标准化流程和结构化过程，企业特定的创新流程可以给予其支持（见章节3.1）。随着企业规模的扩大，将战略创新管理与运营创新管理相结合的必要性日益增强（见章节 2.2.3.2）。

其中一种方法是将**投资组合管理**整合到**产品开发过程**中，并将单个创新项目整合到**项目投资组合**中。

所有项目投资组合管理主题的定义都有一个共同之处，即它是一个动态的决策过程，需根据各种不同的标准对当前和未来项目进行评估、选择和优先排序（见 Brem, A./Maier, M./Storch, V. 2011 P. 4）。投资组合的标准构成了再分配和重新分配现有资源的基础，并对个别项目优先顺序进行调整，并在必要时将其完全从组合中移除。决策过程具有以下特征：不确定性、信息变化（有时是不对称的）、机遇和风险的动态发展以及众多相互竞争的目标。

在创新投资组合中，各个项目相互影响，但投资组合之间的相互关系通常不能一眼识别出来，因此对现有相互依存关系的分析是项目投资组合管理的主要目标之一。

创新投资组合管理被理解为，在先前定义的创新领域和企业战略框架下，在结构化和透明的评估过程中收集、评估和把控各个创新项目之间的相互依存关系（见 Brem, A./Maier, M./Storch, V. 2011 P. 6）。

4.3.2.1　创新投资组合管理的概念

把创新投资组合管理分类到创新过程有以下两个基本方向。分类到创新过程

第一个方向是将创新投资组合管理等同于**产品开发过程中的创新投资组合管理**。在这个方向上，项目投资组合的目标是根据企业战略评估项目（见 Cooper, R. G./Edgett, S.J./Kleinschmidt, E.J. 2002 P. 43）。

第二个的方向是在新产品开发过程之前的创新投资组合管理。创新投资组合管理的目标是将创新活动集中在特定的预定义的创新领域。相关创新项目被分配到特定的创新领域，以实现与现有资源的协同效应。因此，战略发展和创新项目潜力的评估处于这一分类的最前沿，监督和指挥其实施是后续新产品开发的一部分。

在 20 世纪 60 年代，除了第一个商业和产品投资组合概念之外，还开发了第一个支持研发领域决策者的企业管理模型，其目标是通过**企业管理指标**基于个人经验来支持业务决策。借助数学编程工具，使用定量方法来生成现有项目和新项目的组 创新投资组合管理的成功因素

合，并通过目标函数对其进行优化。然而，近年来的大量研究证明，纯粹的财务指标不足以对项目进行合理的评估。尽管没有现存的实证研究，可以深入了解它们在实践中的应用和优势，但是存在多种理论模型和方法，来寻找问题的答案，在项目投资组合管理过程中包括哪些变量和指标，以确保项目评估有意义（见 Brem, A./ Maier, M./Storch, V. 2011 P. 6）。

这些模型使用不同的**关键成功因素**来制定评估决策，这些成功因素可以分为财务、战略、质量、环境、市场和技术等类别（见章节 1.3.2.2 至 1.3.2.5）。然而，每个企业都必须单独识别各自特有的关键成功因素，因为它们依赖于企业和技术，必须考虑企业各自的产业结构和竞争情况。

尽管人们已经知道投资组合技术可以成为企业内部创新管理成功的一个重要工具，但其应用并不常见。虽然过去十年，投资组合技术在企业实践中使用量有所增加，但仍有 41% 的企业未采用创新投资组合管理（见 Brem, A./ Maier, M./Storch, V. 2011 P. 15）。

在创新项目中使用投资组合管理的情况下，应用多个尽可能正式的、透明的和动态的创新项目评估模型和方法是有助于成功的。除了净现值（NPV）或投资回报率（ROI）等**财务指标**外，还应考虑其他领域的标准并进行主观评估。在缺乏投资组合管理方法的情况下，建议采用混合方法，将不同的方法结合起来，既考虑**定量的成功因素**，又考虑**定性的成功因素**。

在选择和优先考虑创新项目时，企业的创新投资组合管理应始终注意与**各自企业战略的一致性**。创新管理符合企业战略的企业，往往具有更高的创新能力，因此通常会获得更大的经济成功。

创新投资组合管理的另一个重要目标是识别和分析投资组合中各个项目之间的**相互依赖关系**。每个项目都以各自的方式影响其他项目，创造协同效应，这是企业内部创新管理重要的成功因素，问题在于如何确定合适的标准来评估这种协同效应。在项目评估中，复杂的计算机辅助计算和优化方法只是部分成功的。在这两个领域，建议采用简单的、易于理解的和透明的方法，比如以图形方式显示。

特别是在资金有限的情况下，需要在先前确定的创新领域对各个创新项目进行分类，因为这样的分类能够最佳地利用现有资源的协同作用。

模型方法

图 4-30 以表格形式描述了创新投资组合管理潜在的方法，近年来逐渐被接受。企业根据自身的规模、创新流程的设计和创新投资组合管理的目标，可以根据需要随意组合这些方法。

财务指标	概率模型	期权定价理论	战略方针
NPV、IRR、生产率指数	Monte-Carlo 模拟、决策树	不适用	战略桶
评分模型、核对清单	分析层次方法	行为方式	映射和气泡图
创新计分卡	专家选择	Delphi 方法，Q 选择	BCG 投资组合矩阵、GE/ 麦肯锡矩阵

图 4-30　投资组合管理的方法

（见 Brem, A./Maier, M./Storch, V. 2011 P. 8, Cooper et al. 1999 P. 335）

4.3.2.2　实施创新投资组合管理

在熟知投资组合管理的方法之后，企业下一步就是实施创新投资组合管理。要实施创新投资组合管理，首先必须确定**标准**，并据此进行**选择和优先次序**。这些标准包括（按相关性排序，见 VDMA P. 81）：

- 营销机会；
- 技术可行性；
- 可保护性；
- 摊销；
- 风险和成功机会；
- 战略匹配；
- 协同效应。

需要指出的是，根据企业和行业的不同，标准可能会有所不同。

前提条件

除了**预测**个别创新项目的**市场机会**之外，创新投资组合管理的动态决策过程首先需要对**技术可行性进行评估**，同时考虑到企业现有的技术诀窍和经济资源（见 VDMA P. 85）。

此外，必须评估个别项目**结果的可保护性**和由此产生的专业领域的新发现。从企业管理角度来看，**摊销**是一个关键标准，特别是在创新项目中，通常没有比较材料，其结果根据定义是创新的，因此对创新的摊销期进行有根据的预测是不可或缺的。

德国机械设备制造业联合会（VDMA）研究表明，并非所有企业都意识到将创新项目与其**企业战略联系**起来的重要性（见 VDMA P. 81）。在评估各个项目时，**协同效应**并不总是在考虑范围内，然而它是创新投资组合成功的一个重要因素，应该在每个标准目录中发挥作用。

评估标准

用于评估的标准应该不依赖于行业来反映投资组合项目的**市场相关的**（外部的）

视角和**技术相关的**（内部的）**视角**，并始终包括从投资组合管理的目标中得出的标准（见 VDMA P. 85 以及章节 4.1.4.1 和 4.1.4.2 的 S 曲线概念）。

在**基于轮次的评估过程**中应用选择的标准特别有效。为了获得含有尽可能多因素的集中投资组合清单，应通过连续的评估轮次，其中各个标准的加权不同。

第一轮评估主要用于**识别**不太有前景的**项目**这些项目深入评估的成本很高，因此，反映投资组合更高层次目标的标准更加重要。成功商业化的最佳前景是符合总体企业战略的项目，因此，在投资组合评估开始时就应当特别强调这一标准。此外，还要特别注意与市场有关的因素，因此外部考虑主要是对市场机会和风险进行评估，而内部考虑在很大程度上可以忽略。

第二轮评估考虑那些最开始被**忽略**的标准。因此，对选定项目的考察主要是针对内部因素进行的，重点更多地放在市场技术可行性上。此外，第二轮评估可能会发现协同效应，例如与其他产品类别产生协同作用。

第三轮评估侧重于对创新**商业成功**至关重要的因素，但在实际实施创意方面发挥的作用相对较小。除了可保护性之外，在这个阶段特别考虑摊销，创新导致的费用可以通过收入来补偿。

评估方法

原则上建议至少进行三轮评估。

在解释完项目评估标准及其权重之后，就会出现企业如何评估所选因素的问题。接下来对用以详细评估的关键数字、目录、方法进行进一步说明（见 VDMA P. 99 和章节 3.2.3）。

实物期权方法是一种鲜为人知的方法，它将投资选项（例如延迟、终止）与金融期权的支付概况（例如卖出、看涨期权）进行比较。为了进行比较，通常使用诸如二项期权定价模型和 Black-Scholes 期权定价模型等计算方法，实物期权方法由于其复杂性而很少使用。

点值方法是更容易实施的一种方法，该方法将主观选择的标准加权，从而进行简单的排名。由于考虑到定性和定量方面的因素，点值方法及其类似的计分模型应被视为对更加标准化方法的补充。

评估项目投资组合的另一个比较简单的方法是创建**核对清单**和**需求目录**。这种方法并没有建立一个优先次序，而是一系列“是否决定”，并且这些决定特别是在定性标准的基础上制定的。这样一系列决定不应被视为一个单独的评估方法，而是提前过滤一些创意的过程。此外，还应使用更为标准化的方法，例如**投资回报率**（ROI），几乎在所有评估过程中都可以发挥作用。

利润率比较用于计算单个项目的利润和资本的比率，以回答使用的资金能够实现哪些投资回报的问题。此外，投资回报率可以对创新项目进行排名，但由于其静态数据和数量标准的限制，应将其作为评估基础来使用。定量评估领域还包括价值导向指标，例如**经济附加值**（EVA），通过对创新项目的资本收益和相关成本进行简单比较，开发易于理解和可传达的关键数据。

与使用简单的计算方法来评估投资组合的**静态投资方法**相比，**动态投资方法**考虑了资金的时间价值，通过计算最低利息或现金价值来建立项目的优先次序。

为了丰富评估方法，动态投资方法使用大多数考虑到不确定性的方法。虽然**校正方法**和**决策树方法**以及**灵敏度**和**风险分析**比其他方法处理起来更麻烦且更复杂，但它们提供了产生更详细方案的可能性。

在复杂的投资组合决策中，还应该使用**投资组合可视化**方法。如波士顿咨询公司的**市场吸引力 / 市场增长投资组合**，通过对决策领域的分析，可以快速获得项目概述，并且考虑到战略和质量方面。

尽管在企业的创新过程中不存在对成功执行投资组合概念的通用的描述，但是接下来介绍的例子旨在描述作为模型的创新投资组合的设计。

4.3.2.3 创新投资组合管理的含义

与许多其他创新管理领域一样，创新投资组合的管理需要**企业特定的方法**。但是，必须注意以下行动原则（见 Brem, A./Maier, M./Storch, V. 2011 P. 19）：

- 引入创新投资组合管理的企业应该在项目选择和考虑项目优先级的**每个阶段**都考虑**企业战略**。
- 应该使用**不同的参数和方法**来评估项目，而且它们不应该纯粹属于财务性质。同时，最好将几种定量和定性决策方法结合起来。
- 应该**发现**和**利用**创新项目之间的**协同作用**。
- 应该强调**透明**和**易于理解的决策过程**的重要性。

基于此，如果没有找到最终的投资组合管理方法，而应该混合模型方法。

例子 贝尔实验室的创新投资组合管理

对于研发项目的分析、优先级和选择，美国贝尔实验室公司开发了一种方法，可以将多个标准纳入决策过程。在**数据包络分析**（DEA）的帮助下，根据每个项目的效率，将一个部门共计 469 个项目的投资分为三个类别：“接受”“进一步考虑”和“拒绝”。其目的是，一方面使第一类项目进入自动化过程，另一方面详细地分析处于“进一步考虑”的项目。这大大减少了主观决定的范围，由此可以使用不同权重的定量和定性标准。但是，这些标准必须根据企业和项目组合的具体要求进行调整或适应。在根据输入和输出数据对项目进行分类后，高级技术部门采用了**价值创造模型**（VCM）。价值创造模型由多种工具组成并且支持图形决策，贝尔实验室限于两种方法：**“Parabox”**方法，使基于九个不同变量的分析或描述成为可能；**“Nichework”工具**确定了各种变量之间的关系，以便将不同的项目分配给负责部门。

总而言之，贝尔的例子表明，客观和主观方法相结合可以帮助企业作出选择研发项目的决策。在这里，作者提醒，这些项目的排名应与企业战略相一致，因为只有这样才能确保企业的长期成功（见 Linton J. D./Walsh S. T./Morabito J. 2002 P. 139）。

4.3.3 国际化

4.3.3.1 主题相关性

经济上成功的企业已经设法在德国、欧洲甚至全球范围内提供附加值了。如今的通信设施、基础设施等全球各国之间的经济合作使企业能够接触全球的，尤其是最新出现的目标群体、资源和创造价值的机会。因此，欧洲企业在国际上，尤其是在中国或印度等新兴工业化国家中拓展业务，一方面为新的目标群体提供合适的产品，另一方面利用这些国家较低的生产成本。

例子 大众汽车的成功故事

大众汽车公司提供了一个国际化的正面例子，该公司正在继续它在欧洲的成功传奇。近年来大众汽车的国际化特别好，因为该公司早已在亚洲和美国这些新市场上占有一席之地，而其他制造商错过了国际化。奥贝尔汽车股份公司、雪铁龙德国有限公司和菲亚特汽车集团强烈地感受到欧洲经济低迷，因为汽车行业在西欧的销售数字大幅下降。尽管欧洲的销售危机不断升级，但汽车制造商大众由于有强大的亚洲和北美业务，能够弥补欧洲销售的下滑，甚至进一步提高了利润。

成为**国际公司**的道路是艰难的，并且在走向全球化的道路上存在很多可以使企业垮掉的绊脚石。在自己的国家获得巨大成功并不意味着可以在国际上获得成功，对此沃尔玛集团深有体会。

例子 沃尔玛（一）——失败的年表

在 1997—1998 年度，美国零售巨头沃尔玛百货公司（WalMart Stores Inc.）收购了 21 家沃特考夫（Wertkauf）分店，以大规模的价格战推动该公司进入德国市场。根据美国模式，沃尔玛通过凝聚力和工作乐趣来培训员工，但收效甚微——客户更多的是感到不便而不是欢迎，美国概念不适应德国文化，沃尔玛销售崩溃，价格战造成重大的经济损失，在三年内发生了三次领导层变动。直到 2006 年 7 月，沃尔玛才将业务卖给麦德龙公司。此前，沃尔玛公司还因为严重亏损而在韩国出售其市场业务。

沃尔玛百货公司的例子表明，在国内市场成功不保证在海外业务也能取得成功。开启国际化之前，企业应详细分析目标市场和企业，以建立（创新）产品、服务和商业模式。

4.3.3.2 国际化的成功因素

企业国际化主要有**四个成功因素**（见 Berger, M./Nones, B. 2008 P. 6, Bielinski, J. 2010 P. 40, Stüngmann, J. 2008）：

- 所有权优势；
- 内在化优势；
- 地理优势；
- 多元化。

在企业国际化运营之前，必须了解和使用既定的**所有权优势**。与竞争对手相比，所有权优势是企业特定的并且独立于地理位置的优势。所有权优势可以是技术优势（基于知识的），也可以是组织优势（更好的营销、更容易获得稀有原材料），并且这些优势已经获得了市场的认可，消费者愿意为了这些优势而购买产品。

在利用**内在化优势**时，企业通过内部化其他国家的资源，将其支配权扩大到其他国家。这意味交易（增值、生产）可能以比在国内环境更有利的方式在内部进行。

此外，企业通过利用一个国家或当地行业的某些**地理优势**从国际化中受益，企业可获得的更有利的因素包括低的报酬、资源可用性、市场规模等。

国际化提供了不同的优势，一方面可以减少企业对国内市场的依赖，另一方面降低企业风险和成本。中型企业在国际化过程中有一个特点，因为它们规模小，规模经济使用不足，因此难以使用利基战略。在此过程中，他们将其附加价值集中在特殊产品或服务上。由于国内市场规模较小且饱和度很高，因此企业在国际上寻找合适的利基市场是有意义的，以免限制企业的增长（更详细的描述见 Strüngmann, J. 2008）。

例子 沃尔玛（二）——国际化的失败因素

由于奥乐齐和历德等零售商在德国的强劲竞争，沃尔玛百货公司无法再以其美国商业模式开发独特的卖点，物流或产品组合等增值服务无法说服德国客户，导致价格竞争激烈。此外，沃尔玛还缺少适合本国人口的产品系列。沃尔玛百货公司在美国取得如此成功的地理优势在德国尚未形成，尽管德国基础设施良好，人口密度高，但鉴于零售店的强烈竞争，沃尔玛的优势不复存在。另外，这些产品对国内市场的适应性太小。因此，管理层无法借用美国“特色”（见 http://www.spiegel.de/wirtschaft/wal-mart-in-deutschland-chronologie-eines-scheiterns-a-429049.html）。

创新管理 & 国际化

在**国际化进程**中，**创新管理**，尤其是企业的 R&D，正面临着新的挑战，下面简要介绍。

由于创新对未来商业成功有积极或消极的影响，因此创新具有**战略意义**。由此，创新相关决定应在企业管理层面进行。此外，创新是通过各部门的具体参与而形成的。这就是为什么创新管理在国际化背景下面临着艰巨的任务，创新管理不仅在组织内部协调创新过程，而且需要跨越国界。

相应地，企业的内部组织职能和外国的驻地之间有多个**界面**，这些界面促进实体之间的沟通和交互。

由于地区的差距，企业需要跨组织的**控制**和**掌控机制**，否则各个驻地都有可能追求不同的目标、方法、流程等（见 Nippa, M./ Rosenberger, B. 2007 P. 169）。

企业面临的另一个危险是企业内部固有的知识传递，**知识管理**在这方面起着特殊的作用。从技术和技能角度看，在发展过程中，要求相关人员具有高度专业化知识。知识越专业，复杂性越高，知识发展的时间越长，知识的要求越高。因此，高度专业化的知识通常是很直观的，难以表达或交流。由于驻地的空间分离，这反过来又会导致重大问题，如时间延迟，语言障碍、文化障碍等（见 Nippa, M./ Rosenberger, B. 2007 P. 168, Hasler-Roumois, U. 2007 P. 47）。

4.3.3.3 R&D 的国际化

在公司的国际化过程中，可以使用两种不同的跨国公司的极端情况。在第一种情况下，公司所有的**业务流程**都是**全球化的**，执行特定业务流程的决策完全取决于企业管理，并且根据战略、市场环境等因素的变化而变化。这些经常重复而且很少参考知识的任务在竞争中主要由成本控制，因此除了节省成本之外，这些业务没有地点限制，并且一旦成本增加，就会迅速地重新转移。

微观察

R&D 的知识管理

在 R&D 方面，知识管理对其成功至关重要。毕竟，从战略上分享现有的技术诀窍并将其进一步扩展是基础的一步。2013 年的一项研究致力于这一现象。研发经理将知识的使用和传播作为主要因素，用于知识管理，其次是防止重要知识流失。到目前为止，知识管理最重要的工具是“Lessons Learned”等相对普遍的方法，被称为“实践共同体”和“知识网络”。研发中知识管理最流行的方法是企业内部网，但很少使用衡量成功的关键数字，尽管将近 90% 的参与者都认为知识管理在研发中的重要性会增加。

（见 Brem, A. 2013 P. 51）

第二种情况恰恰相反，通过各个国家或地区建立并扩大其创造**商业价值**的吸引力。驻地公司与其所在地区相关联，因为他们参与了知识密集型任务和流程，以实现超越价格的性能差异化。总的来说，企业管理以及价值创造的重要部分都建立在这里（见 Gerybadze, A. 1999 P. 13）。知识密集型任务首先是 R&D。许多公司在开发新产品和新技术时看到了自己的比较竞争优势，以至于在过去研发几乎没有国际化，以避免知识传播到国外的风险。

如果比较所有企业职能的**国际化程度**，那么研发活动的意义不大（见 Berger, M./Nones, B. 2008 P. 4; UNCTAD 2005 P. 111）。然而，自从 20 世纪 90 年代以来，稳定的转型正在发生，其促进了研发全球化，结果是现如今大部分领先的公司都在进行全球 R&D。 国际化程度

例子　诺基亚搬迁

2009 年，诺基亚工厂搬到罗马尼亚，并且关闭了波鸿工厂，影响了 3000 多个工作岗位，在德国引发了激烈的批评和抗议。诺基亚股份有限公司宣布这一决定的原因是，在不到 10 亿美元的利润背后有太高的生产成本。在 2011 年，迁移再次上演，罗马尼亚对于芬兰手机制造商来说仍然太贵了。最终诺基亚关闭了罗马尼亚工厂，因为据诺基亚股份有限责任公司声称，手机市场和供应链已经转移到了亚洲。

欧洲和德国是诺基亚股份有限公司 R&D 的重要地点。但是，作为企业危机的一部分，大多数德国研发中心在 2012 年被关闭。除了乌尔姆之外，加拿大本

那比的研发中心也被放弃了。除了波士顿和芝加哥之外，位于柏林的另一个研发中心也没有受到影响，该研发中心负责“地理位置和商务”服务部的研究。成立于1986年的诺基亚研究中心，还与班加罗尔、剑桥、伯克利、埃斯波、桑尼维尔和坦佩雷等大学合作开展业务，这确保了公司能够面向全球和贴近新技术。

2014年4月，诺基亚股份有限公司以72亿美元的价格将大部分业务出售给微软公司。在此过程中，公司大约取消了13 000个工作岗位，包括研发岗位，比如在奥卢将取消约500个工作岗位。剩余的业务领域中，诺基亚网络、诺基亚技术和地图服务，拥有大约57 000名员工，旨在确保这家老牌公司的未来。据报道，随着地图业务的发展，诺基亚公司将保留柏林研发中心。

诺基亚公司在德国仍有约4400名员工，从事于诺基亚网络和地图服务。微软德国约有2700名员工。

R&D国际化的动机

各个企业R&D国际化的动机不尽相同（见 Berger, M./Nones, B. 2008 P. 9），但主要动机是在特定国家或地区不断增长的**市场**中服务于当地**客户**。产品直接适应当地要求是最重要的，当地的**领先用户**（见章节3.2.1）可以对产品和服务的调整和新开发作出重大贡献。

企业R&D国际化的另一个动机是支持**国外工厂**，这些工厂得到了R&D部门对生产技术和工艺的进一步开发和优化的支持。建设和运营研发费用在不同地点之间存在差异，因此国外R&D可以拥有一个更好的往来项目决算表，因为当地**成本**低于本国成本。

如果一家公司的目标是扩大一项**技术**的特定**知识**，那么收购和转让通常会带来巨大的成本通过收购国外R&D单位或完全新建国外R&D单位可以减少成本投入（见 Berger, M./ Nones, B. 2008 P. 8）。

企业R&D国际化动机包括教育，以及基于科学的网络、在特定技术方面高度专业化的专业知识等。获得**高技能人才**也是企业R&D国际化的动机，因为它增加了可用的人力资本。

此外，政府还为企业提供**支持性的框架计划**，比如减税、资金赞助等，鼓励他们建立R&D机构，或将进入市场的可能性与这些条件联系起来。

传统的R&D国际化类型是**在工业化国家内**的R&D活动，迄今为止仍是国际R&D最大的份额。但近年来，**新兴工业化国家**也出现增长趋势（图4-31中的第2点），新兴工业化国家公司的R&D活动向其他新兴工业化国家扩张，虽然该类型战略比例还非常小，但已经可以说是一种趋势。

		东道国	
		发达经济	发展经济
母国	发达经济	1.“传统的”，份额最大	2.“现代的”，比如欧盟向印度扩张，份额正在增长
	发展经济	3.“追赶”，比如中国向欧盟扩张，份额较小	4.“扩张”，比如中国向印度扩张，份额较小

图 4-31 国际化战略类型

（见 Karlsson, M. 2006 P. 75）

例子 大陆集团——技术中心在巴西

2012年，德国大陆集团在巴西开设了一个技术中心。德国大陆集团将新中心视为未来业务的平台，旨在推动该集团成为发动机管理系统的本地全方位服务提供商。该中心占地2400平方米，共有500名员工，希望可以对市场情况迅速作出反应并提供完整的服务。

R&D 类型

国际 R&D 和相关活动的进一步限制可能基于 **R&D 的目的，从而区分为自适应的 R&D** 和**创新的 R&D**。

自适应 R&D 的重点在于支持国外工厂，使产品适应当地客户、市场准入等。这更符合传统的 R&D 国际化观点。因此，技术和创新主要是在企业母国的 R&D 中开发的，而国外地区只负责系列的调整。

创新的 R&D 倾向于寻找先进的关键技术，为公司未来的创新提供所需的技术优势。这种 R&D 类型，市场起着次要作用，国家的“创新体系”，包括科学技术人才的临界质量、研究机构与行业之间的相互作用以及相应的法律框架条件，被纳入国际化决策基础的关键因素（见 Maftei, V. 2007 P. 140）。

近年来关于创新的 R&D 方面，技术中心正在向新兴工业化国家（尤其是金砖四国）转移。这种变化的一个原因是新兴工业化国家人口的教育水平不断提高，例如，中华人民共和国在1999年至2008年期间将教育总支出增加了2.5倍，高科技出口增加了近15倍，特别是加入 WTO 之后，高科技产品出口额超过3500亿美元，几乎是德国的两倍（见 von Zedwitz, M./ Gassmann O./Boutellier, R. 2004）。

例子 埃克森美孚（ExxonMobil）——技术中心在中国

埃克森美孚化工公司于2011年在上海紫竹科学工业园区建立了上海技术中心，成为世界第三大技术中心。价值9000万美元的设施是开发可在全球制造和分销的新产品的关键接口。埃克森美孚董事会表示："随着上海技术中心的启用，我们达到了一个重要的里程碑，这体现了我们对中国的长期承诺。我们预计精品产品将大幅增长，而该中心将帮助我们提供创新的客户解决方案。"

根据公司声明，该技术中心占地面积达27 000平方米，约有200人就业。此外，该技术中心还配备了最先进的分析和测试实验室以及商业产品处理系统。

4.3.3.4 节俭和逆向创新

新兴工业化国家的经济增长强劲，除了外国投资者之外，许多国内公司也成立了技术中心，甚至投资西方国家，包括专利输出和设立海外公司，例如中国汽车品牌吉利收购汽车品牌沃尔沃。

世界范围内，特别是在西方公司，关于R&D战略发展的新兴理念正在兴起。这一趋势使许多公司能够推动R&D变革，通过适应新兴国家的概念或改变新兴国家理念来推动变革。这些概念显示了R&D的变化，从强烈的封闭式变为更加开放的企业职能，这种企业职能使用外部推动并伴随着市场趋势。

技术转让过程

通常，为了向各国提供必要的基本技术诀窍，国际化的**技术转让过程**是必要的。这个过程可以分为四个维度（见 Brem, A., Moitra, D. 2011 P. 28）：

- **发展创新愿景**。在这个阶段，创新愿景与公司的战略保持一致，并对其R&D资源技术转让过程进行评估。在此基础上，从战略角度识别确定可能出现的技术差距。
- **识别和选择技术**。确定潜在的技术和合适的供应商。经过评估和分类后，需要对技术进行详细分析。
- **获得选定的技术**。一旦确定了技术和供应商，就要确定技术获得方式（购买、合资等）。必须在书面协议中确保有效的技术转让，尤其是知识转让。这一方面包括参与者实际参与的动机和意愿，另一方面包括公司吸收新技术的能力。
- **技术商业化**。在最后阶段，技术转让主要侧重于在产品概念中实施、调整和采取新技术。当然，合适的市场营销和销售战略也必须成为其中的一部分，否则这些项目往往会失败。

新兴工业化国家R&D的两个最重要的概念描述是：节俭创新"和"逆向创新（对此更详细的描述见 Agarwal, N./Brem, A. 2012）。

节俭创新

“简单”或“节俭创新”是西方 R&D 环境引起广泛兴趣的原因之一，可以用“**Frugal Innovation**”这个概念来总结。节俭创新的概念最初起源于印度的“Jugaad”，一种在印度由现有零部件组装而成的车辆，后来成为一种用垃圾制造珍贵物品理念的象征。节俭创新的概念由印度的小型企业家和大型企业所创建，目标是为低收入人群提供价格合适的产品。

为了确保能提供价值合适的产品，产品应当按照自下而上的原则进行设计，绕过产品中的昂贵技术，仅仅为其分配必要的功能，但以足够的质量满足这些基本功能。因此，在国内市场上也应该对国内市场进行 R&D。

通过这种方式，特别是在印度产生的产品正在引起全球轰动，一个众所周知的例子是印度公司塔塔集团（Tata Sons Ltd.）。

例子 塔塔Nano——印度的汽车革命?

2008 年，印度汽车制造商塔塔集团在新德里展示了世界上最便宜的汽车。该车价格为 100 000 卢比约合（1700 欧元）。集团首席执行官拉坦 • 塔塔（Ratan Tata）希望为印度民众提供一款“人民的车”，认为这是一个里程碑。根据塔塔集团声明，该车符合欧 IV 标准和印度安全标准。该车具有四门，采用后置 33 马力 0.6 升双缸发动机。“我们为那些甚至做梦都想不到会购买汽车的顾客提供汽车。”目前负责该汽车部门的卡尔 - 皮特 • 福斯特（Carl-Peter Forster）如是说。

印度是继中国之后全球发展最快的汽车市场。专家估计，印度的汽车销量将从 2007 年的 120 万辆增加到 2018 年的 300 万到 400 万辆。塔塔汽车的目标群体应该是日益增长的印度中产阶级家庭，但该公司高估了低成本汽车的业务模式，结果自然是失败的。失败的主要原因是车辆形象不佳，即使在新兴工业化国家，汽车也是地位的象征。相反，2008 年从福特汽车公司以 23 亿美元收购的高档品牌捷豹和路虎为塔塔集团提供最高的一部分盈利。

塔塔集团计划于 2015 年重新推出塔塔 Nano，新产品在配置和造型方面有重大改进，塔塔集团希望将新车型定位为智慧城市汽车。

逆向创新

逆向创新描述了西方公司对节俭创新的进一步开发，逆向创新首先是在新兴工业化国家为当地的、潜在客户开发简单的产品和服务，其次是看产品（通过适当的调整）是否也可以在富裕的工业化国家找到市场。与节俭创新不同的是，逆向创新的目标是在新兴工业化国家为西方市场（欧洲和美国）开发产品。

对此，企业进行不同的市场细分。图 4-32 显示了西门子倡议的“SMART”概念。

市场份额	功能、价值、标准
顶端市场	• 必要的最高可能的功能 • 最大的转换速度 • 必须持续满足严格的国际标准或认证
高端市场	• 先进的，但标准化的质量，部分客户定制 • 高转换速度 • 必须持续满足国际和地方的标准或认证
中端市场	• 只有必要的基本功能 • 正常的转换速度 • 国家标准或认证
低端市场	• 只有基础的基本功能 • 转换速度慢 • 国家标准或认证

图 4-32　西门子 SMART 市场细分

（见 Agarwal, N./Brem, A. 2012 P. 6）

例子　通用电气（General Electric）逆向创新

自 20 世纪 80 年代以来，通用电气医疗公司（GE Healthcare GmbH）的产品一直在中国市场上销售。当时，他遵循“全球本土化”的经典方法，旨在当地销售全球产品。因此，通用电气医疗公司在中国建立了销售和物流中心。十年来，该公司试图销售这些产品，并同时遵循中国的发展趋势，但由于无法满足中国市场的具体需求，因此无法获得成功。这就是为什么通用电气医疗公司从根本上改变其战略为“逆向创新”。2002 年，该公司推出了一款适合中国市场需求的超声波设备。该设备便携、易于使用和价格低廉，现如今已经是公司在全球的增长动力（2002 年销售额：500 万美元；2011 年销售额：2.8 亿美元；平均增长率：50%）。

因此，在西方高科技公司开发产品，然后通过市场特定的调整在新兴工业化国家甚至发展中国家销售产品的经典的全球本地化方法被完全颠覆。

对此，企业承担着副作用，比如在西方市场蚕食自有企业的高价产品，因为与来自新兴市场廉价的产品相比，价格高得多，因此失去了市场。

除了节俭创新和逆向创新这两个较为熟知的概念之外，还有一些其他术语存在于新兴工业化国家，图 4-33 给出了一个结构化概述。

图 3-34 列示了市场引入的核对清单。

创新	概念与解释
Jugaad	一种即兴的方法，以创造性的方式、低成本在短时间内解决自己或他人的问题。由于贫困和紧急情况，金字塔底部（Bottom of the Pyramid, BoP）的人们没有严格的分类法或纪律。
节俭创新	基于 Jugaad 创新衍生的管理方法，该方法专注于为 BoP 人员提供资源节约型产品和服务的开发、生产和产品管理，实现足够的分类和避免不必要的成本。
节俭工程、基于约束的创新	一种面向过程的方法，通过融合当地社会以使现有技术适应当地的挑战，以减少固有的开发成本和时间。
甘地创新	这种方法利用现有技术的适应性，将其融入当地情况或利用合作溢出效应建立本地专业知识库，以增加 BoP 人员的社会财富。
催化创新	一种侧重于社会变革的方法，通过打破现有的社会和经济结构并创造新的市场结构，其中涉及系统化、可持续和系统转换类型的新发展方法。
草根创新	一种自下而上的发展方式，包括当地平民作为发明家，通过社会或技术网络连接民众，以开发生态和社会可接受的产品和服务。
本土创新	考虑从发达国家到新兴国家的技术转移，主要是技术流入，以及它们对当地 BoP 企业家的影响。
逆向创新	DMF 或 EMF 在新兴国家开发新产品，如果发达市场的需求得到确认，将在发达市场平等地推出。逆向创新的极端情况是在新兴国家开发新产品，但引入发达市场。

图 4-33 创新概念

（见 Brem, A./Wolfram, P. 2014 P. 19）

- 是否有适用于整个公司或者单个产品细分市场的市场引入战略？
- 是否计划以及专业实施具体的进入市场、进入形式和时间点？
- 不同领域是否有明确的职责？
- 是否有人负责记录各自的市场进入壁垒并在此基础上制定必要的措施？
- 产品在所有市场上市之前，是否已经在第一个测试市场上获得了经验？
- 是否追踪和控制新的发布，特别是经济上的成功？
- 是否有定期更新的创新组合？
- 是否以结构化的方式进行记录和跟踪创新项目？
- 是否为创新组合管理制定并整合了标准？
- 是否为创新组合管理应用了定性和定量的方法？
- 是否有正式的 R&D 国际化战略？
- 是否战略性计划和实施了技术转移？
- 是否规范了内部的国际信息交流？
- 是否为公司分析了节俭创新和逆向创新的相关性及其后果？

图 4-34 市场引入核对清单

4.4 知识产权与知识产权战略

4.4.1 背景和术语理解

最近，工业产权保护越来越引起专业领域以外的专家的关注。移动通信行业知名电子设备制造商之间所谓的“专利战争”以及关于《反仿冒贸易协议》（ACTA）的讨论导致公众对**工业产权**和**版权**的意义和目的进行公开的讨论。

工业产权的相关性

工业产权往往受到不好的影响。在讨论中，一再声称保护工业产权，特别是**专利保护**，会阻碍自由经济的发展甚至是阻碍创新。

然而，迟迟不处理工业产权的制造企业会面临这样的情况，即竞争对手正在复制公司一直以巨大成本研发的创新产品，从而争夺公司的市场份额，或者竞争对手根据自己掌握的知识产权对公司提出索赔，因为公司可能会在不知情的情况下侵害竞争对手的知识产权。

如果在第一种情况下，公司没有保护其创新，那么几乎没有任何机会来阻止竞争对手复制、模仿公司产品。如果竞争对手以较低的价格销售相同的产品，因为它可以节省高昂的开发成本（产品已经被开发），那么该公司几乎没有机会来维持其市场份额，并且将不得不放弃相应的利润。在最糟糕的情况下，这可能导致该公司无法偿还先前为将产品推向市场而进行的贷款并且只能破产。

对于创新型公司而言，无论它们是否积极参与制造业或服务行业，**保护其知识产权**是确保公司生存的一项不可忽视的任务。如果创新公司未能保护推动创新的知识产权，就很容易错过其商业上的成功。

为什么知识产权想单成一章?

每一位参与创新管理的员工都应该至少对知识产权有一些**基本的了解**，而不仅仅是从事 R&D、市场营销、产品管理或生产的员工。

就创新而言，通常只考虑专利权。而且，有一个基本概念常常被混淆：服务不能被申请为专利。这个概念基本上是不被熟知的，对高层管理人员而言也是如此。

然而，除了专利之外，还有其他**保护权利的类型**可以帮助企业取得持久的成功。虽然创新本身已经可以提高企业的市场价值，但公司通过巧妙设计的知识产权组合可以确保其市场份额，并且可以合法地获得“垄断地位”。

以下内容对工业产权内容和基本方向作简要介绍。但是，为了清楚地表达如此复杂的话题，这里不详细提及保护工业产权或者相关判例法的法律（更详细的描述见 Bingener, S. 2007; Bühring, M. 2007; DPMA 2012; Eichmann, E./von Falckenstein, R. 2005; Hacker, F. 2007; Ruhl, O. 2007; Schulte, R. 2008, Ströbele, P./Hacker F. 2006; Van Hees, A./ Braitmayer, S. 2007）。

对于具体的应用案例，大多数情况下建议从外部获得**专业支持**。作者也做了同样的事情：本章节创作由来自斯图加特律师事务所的专利律师卡尔·菲利普·巴克莱巴赫（Carl Philipp Clarenbach）所支持。

版权和工业产权保护

现在，人们可能会认为**版权**已经可以足够确保公司独立控制其创新。然而，版权最初仅适用于艺术作品，其具有的缺点是，在法律纠纷中，必须证明出版物的创作日期和被控侵权人抄袭了创作。

就**工业产权**而言，产品是否是模仿的结果通常无关紧要。至少在知识产权未经授权的情况下，产权所有人不享有该权利。通过首先登记**创新权**，公司可以轻松验证时间优先权，并且有权制止尾随的竞争对手。

此外，在提交工业产权时要求明确定义要保护的内容。因此，企业在后来的法律纠纷中，不必再澄清这项创新究竟意味着什么。

一个创新的公司不应该完全依赖版权。

工业产权包括多种类型保护，可以使企业在德国获得或维护有利的市场地位。通常，企业还会使用多种保护法来保护同一项创新。

图 4-35 总结了知识产权最重要的领域。具体而言，下面将详细讨论工业产权，例如专利、实用新型专利、设计和商标。

知识产权

工业产权					版权
	专利	实用新型专利	商标	设计	
保护对象	技术发明	技术发明（除了方法、流程）	商品和服务的商标	产品的视觉设计	文化成就
保护要求	• 新的 • 超越现有技术的创造活动 • 商业适用的 • 可实行的	• 新的 • 非现有技术的创造性步骤 • 商业适用的 • 可实行的	• 以图形方式显示 • 没有完全描述该服务或产品 • 独特性	• 新的 • 产品的二维或三维的外表形态 • 特性	文学、科学、艺术、软件或数据库领域的知识创造工作
保护开始	自在专利杂志中公布开始	在相应的登记簿中登记开始			随着作品的创作产生于无形
最长持续时间	20 年	10 年	可无限延长（每次可延长 10 年）	25 年	从创作到创作者去世后的 70 年

图 4-35 相关保护领域概述

（见 DPMA 2010 P. 5）

技术的和非技术的专利权

原则上，工业产权可以分为两种类型：**技术专利权**和**非技术专利权**。技术专利权通常以抽象形式来保护技术创意，不论其实际实施方式如何，非技术专利权基本上不允许这样概括的方式。非技术专利权通常**比较容易**获得。图4-36以图形方式显示了两者的基本区别。

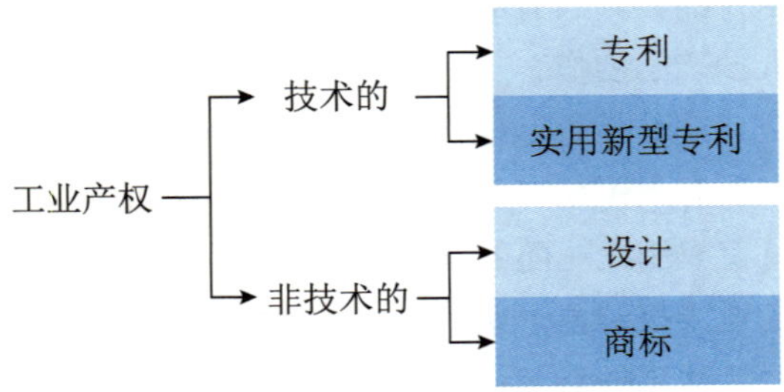

图4-36 工业产权概述

专利代表着最著名的技术专利权，公司的专利申请数量往往也被视为其创新实力的一个指标。另一种技术专利权是**实用新型专利**，除德国以外，只有中国等个别国家拥有这样的专利。非技术专利权包括在2014年初取代之前外观设计的设计，以及旨在将产品与特定来源或公司联系起来的商标。

为了能够为产品或服务创造最佳的**知识产权组合**，企业必须知道各种专利权的基本特征，下面将详细介绍。

4.4.2 技术性和非技术性的专利

4.4.2.1 专利

作为最知名的知识产权，专利在所有面向市场经济的国家都非常重要。通过专利，创新型公司可以保护自己开发的技术解决方案免受被竞争对手**复制**，特别是独立于设计的技术解决方案。

专利的保护对象

专利可以保护**发明**或**技术理论**，它提供了具体的指导，具有实用性、可重复性，并且通过技术思考来提供问题的技术解决方案。

德国专利法和欧洲专利公约（EPUE）都没有对**发明**这个术语给出明确的定义，但是他们列出了根据定义不被视为发明并因此明确排除在专利保护之外的例子，比如发现、科学理论和数学方法、审美创造、计划、精神活动的规则和处理方法以及数据处理设备的程序。

专利要求

专利授予所有技术领域的发明，只要它们是**新的**、基于**创造性活动**的，并且**商**

业适用。虽然发明的工业适用性很少引起任何困难，但**新颖性**和创**造性**常常导致授予专利时出现问题或者延迟。另外，发明的**技术性**问题并不总是容易澄清的。

技术常常被认为，一个使用可控自然力量计划行动的理论，以实现可见的成功。授予专利所需的技术要求导致软件本身或商业模式被排除在专利保护之外。在美国情况有所不同，技术性不是专利的先决条件。

在评估新颖性和创造性时，会拿正在申请专利的发明与现有技术进行比较。**现有技术**不仅包括以前的专利申请，还包括在申请日期之前由书面或口头描述，通过使用或以任何其他方式向公众提供的所有知识。因此，当竞争对手可以证明他已经把正在申请的专利应用到产品上时，那么将不会被授予专利或者撤销已经授予的专利。为了满足新颖性的要求，所登记的发明必须至少有一个特征与现有技术有明显的不同，通常可以通过客观比较登记的发明与现有技术来进行简单评估。

在评估**发明活动**时，经常会讨论一个问题，即本发明是否可以很容易地从现有技术转变而来。虽然在评估新颖性时，本发明总是与现有技术中的一个文件或一个出版物进行比较，但是可以将现有技术中已知的几个要素组合起来对本发明活动进行评估。例如，当一个汽油发动机有凸轮轴调整机构，而另外一个柴油发动机没有这样的机构，那么就会引起这样的问题，即申请专利的具有凸轮轴调整机构的柴油发动机是不是真正的发明活动，因为其他发明已经具有这样的机构。最终发明是否被授予或认可专利通常取决于申请人或代表申请人的专利律师的巧妙论证。

申请专利要满足的另一个前提条件是要清楚地描述本发明，以致本领域的专家可以对其进行**处理**。开发必须足够“成熟”，以使本领域的专家能够在专利申请的基础上“再现”本发明，因为只有那样它才算作发明。

专利授权程序

授权程序从向德国专利和商标局（DPMA）提交注册文件开始。除非申请者行使初始申请的优先权，DPMA 收到注册表格的日期被认为是**申报日期**，它决定了注册的优先次序。

注册文件必须包括本发明的技术描述、至少一个定义本发明的专利权利要求，以及在必要情况下解释发明而添加的图片。注册登记时必须指出本发明所有的重要特征，本发明的总结概要和命名则可以在申请日期当天或者之后的 15 个月内提交。

专利权利申请书是每项专利申请中最重要组成部分，因为它们定义了专利的保护范围，也就是说要保护本发明的技术特征。在授权程序中，由专利权限定义的发明也构成与现有技术的比较，以判断其新颖性和创造性。因此，专利权限的表述特别重要，只有在提交注册文件之后的某些特殊情况下，才能纠正不准确或者限制的表述。

例子　企业家A——专利申请

以下示例旨在说明这一点。企业家A开发了一款新产品。它是一个气泵，带有一个泵缸和一个活塞，它可以借助柄在缸内移动，从而通过自行车轮胎中的气阀来吹入压缩空气。气泵的特点在于其中的线性发动机，该线性发动机由设置在气缸中的两个线圈和活塞上的永磁体构成，同时配备将气泵变成手电筒或自行车灯的发光二极管。通过控制气泵，线性发动机可以为发光二极管产生电能。企业家A打算为这个气泵申请专利保护，并根据专利权限1进行了以下注册。

手动气泵，特别是自行车气泵，气缸中的活塞至少可以在缸体中轴向移动，其特征在于，活塞和气缸之间因相对运动而产生电能。

事实证明，保护范围覆盖了所有的气泵，这些气泵具有一个由泵活塞运动而驱动的发动机。由此，发明不取决于发动机是线性发动机或者是为气泵装置的发光二极管。因此，竞争对手不可能以旋转衔铁的发动机代替线性发动机，或者以简单的白炽灯代替发光二极管，来避开专利的保护。企业家A保护的不仅是由他开发且用于销售的、有线性发动机和发光二极管的气泵，而是具有发电可能性的气泵。例如，该气泵可以通过USB端口来为手机充电，这使其他竞争对手难以开发和销售替代的解决方案或者替代的应用可能性。

如果A在他的申请中只描述线性发动机，那么他以后就很难扩大其保护范围或推广受保护的解决方案。

注册文件的准备为申请专利奠定了基础。因此，建议寻求经验丰富的专利律师来帮助完成第一步。如果提交的文件是不正确或不恰当的，那么以后可能无法更改或优化申请。

注册文件提交给DPMA之后，DPMA将会发出确认函，并在必要时发布有关正式缺陷的第一条信息。应申请人的要求，DPMA进行现有技术搜索，其结果以搜索中确定的文件形式传达给申请人。如果申请人提出**审查要求**，则必须最迟在申报日期起七年内提交申请（否则该申请被视为撤回），DPMA主管审查部门除了给予申请人搜索结果外，还将给予申请人可专利性评估，其中考虑到搜索中发现的最新技术状况。

由于DPRA的第一条信息很少承认该项发明的可专利性，因此可以预见，其首先会发布一项否定决定，这将导致必须申请者在原始披露中更改专利申请，以便与现有技术区分开来。这通常会通过发明具体化的方式来实现，但常常又会限制发明的保护范围。申请人或其代理一旦在发明具体化之后，说服了审查委员会（且所有手续均已完成），即可被授予该发明专利。根据发明的复杂性和与现有技术的相关性，从注册到授权的过程可能需要几年时间。

随着专利的授予，第三方可以对授权进行**申诉**，即使在授予后也可以撤销专利。如果申诉抗议没有成功，则只能在宣告无效诉讼的情况下撤销该专利。由于**宣告无效诉讼**可以在申诉期限满后或者异议程序最终终止之后的任何时候提交给联邦专利法院，即使在专利授予后以及（如果适用的话）不成功的异议程序后，专利的可执行性仍存在残余风险。

图 4-37 再次概述了申请专利的路径。

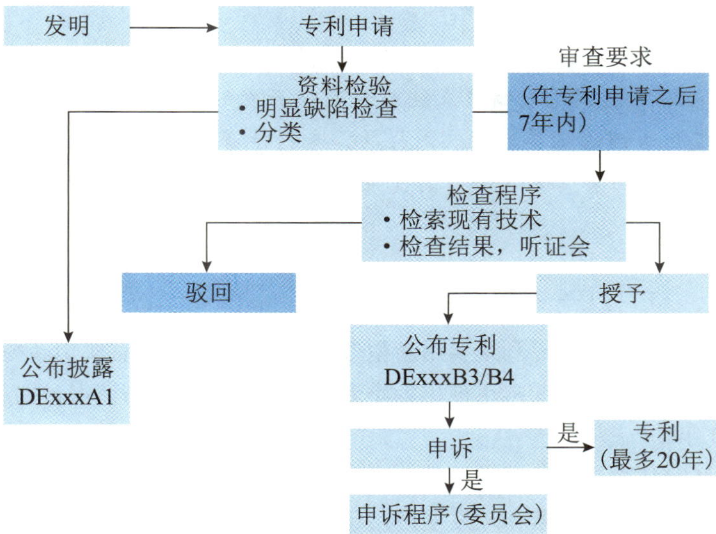

图 4-37 从发明到专利的正式途径

（见 DPMA 2010 P. 22）

专利的效果

通过授予专利，专利展现了**全面的保护效果**，允许专利权人在专利范围内禁止任何第三方使用受保护的专利。专利持有人可以在专利范围内禁止任何制造、提供、投放市场、使用等行为。

因此，申请人处于垄断地位，但是时间上限制在申报日期起 20 年内，空间上限制在德意志联邦共和国内。作为“奖励”，发明人获得垄断地位，使他的发明或创新对公众开放。DPMA 将在申报日期之后的 18 个月内公布专利申请，除非事先被撤回。

但是，授予专利不应与使用其中所描述的发明许可相混淆。假如产品有专利权，若将在产品上使用本发明，那么未经产品所有人的许可，本发明不能用于该产品中。

必须区分专利权和可“自由实施”使用的发明。图 4-38 列示了发明的核对清单。

- 是否属于专利法意义上的发明？
- 是否符合技术性要求？
- 这项发明是否新颖以及是否基于创造性活动？
- 注册文件是否完整（要求、描述以及图纸）？
- 是否存在“自由实施”？

图 4-38　发明核对清单

例子　企业家A——从属专利

可以借助之前给出的例子来阐明：假如专利持有人B的有效专利用来保护气泵，那么企业家 A 不可能制造或销售未经 B 许可而开发的带有发动机的气泵。企业家 A 的专利将成为所谓的从属专利。同样的，专利持有人 B 不可能将受 A 保护的专利转移到由他开发而未获得 A 许可的气泵。

4.4.2.2　实用新型

德国的另一项技术型专利是**实用新型专利**。只有部分国家有实用新型专利制度，比如中国。实用新型专利通常也被称为**小专利**，因为它更容易获得，并且保护期更短，只有 10 年。

与专利的共同点和不同点

实用新型专利与专利的要求一致，即技术性、新颖性、创造性和商业适用性，这被称为创造的步骤。倘若一项发明适用于专利，只要不涉及方法发明，也可以注册为实用新型专利；反过来也是如此。图 4-39 列示了实用新型的核对清单。

- 从实用新型专利法的意义上说有没有发明？
- 是否符合技术性要求？
- 方法是否受到保护？
- 实用新型专利是否受发明的客观保护？

图 4-39　实用新型核对清单

首先，实用新型专利与专利的不同之处在于**保护范围**，因为只有具有一定形状的产品可用于实用新型专利保护，而专利也可以保护方法，比如制造方法。

此外，由于**新颖性宽限期**，在评判实用新型新颖性时不考虑那些在实用新型申报日期之前 6 个月之内公布于众的归属于发明人或其所有权继承人发布。专利则没有这样的宽限期。

实用新型专利另外一个与专利的重要区别在于实用新型的**申请过程**。与专利申请不同的是，实用新型不需要与现有技术相比较，专利局不检查其新颖性和创造活动。实用新型只是检查手续，如果没有发现毛病，通常会在几周内登记注册实用新型专利并公布。随着登记的公布，实用新型专利开始发挥其保护作用。因此，在实用新型中，人们也会谈到所谓的**注册法**。

如果企业必须迅速保护发明，并且为了防止第三方使用或者可执行性受到威胁时，可以申请实用新型专利。因此，在专利申请的同时，企业常常提交实用新型专利申请，以使持有人有机会在确定专利申请期间主张其发明的权利。

但是，申请实用新型专利时不做相应检查也有一个很大的缺点。如果在**侵权诉讼**期间发出基于实用新型的**警告**或**临时禁令**，意识到登记注册的实用新型发明不具备保护的条件，比如它在申报日期已经用于现有技术，潜在的违规者一方面可以删除实用新型，另一方面可以对实用新型持有人提起损害赔偿，因为该实用新型持有人基于非永久性实用新型阻碍了被指控的侵权人执行其业务。为了避免这种情况，实用新型持有人只有在确定其所要求保护的发明具有实用新型性时才应寻求实施其实用新型。

此外，任何第三方都可以独立于侵权诉讼，提交撤销实用新型的**申请**，该第三方必须提供文件资料，来质疑该实用新型的新颖性或创造活动。

4.4.2.3　外观设计

许多企业经常通过对其产品进行特殊设计将自己的产品与竞争对手的产品区分开来。不止一家企业认为，设计是确保企业市场成功的关键，技术则不是。

截止到 2013 年底，在德国，企业可以通过外观设计来保护其设计（design）。然而，自 2014 年 1 月 1 日起，外观设计法被设计法所取代。对申请人而言，虽然申请过程发生了一些变化，但基本结构保持不变。其中最显著的差异之一是概念的变动，从“外观设计”转变为“设计”，这简化了外行人对专利权的处理，并调整为常见的语言习惯。

设计是一种非技术性的专利，它不保护基本的技术理念，而是保护以二维或三维**形式表现**的产品或物体的**实际可见**的**设计**。因此设计是专利和实用新型的有力补充。

设计保护产品或者产品部分的表现形式，特别是产品本身或者其装饰物的线条、轮廓、颜色、表面结构及材料外观的排列。　设计的保护对象

所有仅用于技术功能的外观特征都不包含在设计保护范围内。此外，在正常使用产品时设计的特征不再可见的话，也不被保护。

例子　企业家A：设计（Design）

在上述例子中，企业家 A 的气泵除了技术特征之外，产品外观也具有特殊的颜色。由于产品的特殊颜色而具有外部特征，是纯粹的设计性质，所以由企业家 A 开发的产品也可用于设计保护。

设计的要求

为了获得保护，设计必须是**新的**且具有**独特性**。如果在申报日期之前，至少有关公众没有披露相同的设计，则设计被认为是新的。对于知情用户而言，当设计的总体印象与预先发布的模型的总体印象不同时，则具有独特性。同时，还要考虑设计人员的设计自由度。

设计法也有**新颖性宽限期**。由设计人员或第三方在申报日期前 12 个月内因设计人员的信息提供或其他行为而公布的设计，在评估新颖性时不予考虑。这意味着设计申请人不会被他自己的预发布所反驳。然而，由第三方预先发布的且不是设计人员行为的结果，在评估新颖性时必须考虑。

外观设计的注册手续

与实用新型一样，设计也涉及**注册法**，在申请过程中不实质审查其新颖性和独特性，只有在民事法庭上发生争议时，才会对实用新型进行审查。随着设计法的生效，现在德国专利和商标局可以使用无效程序，来检查注册设计的可保护性。它具有以下显著的优势：无效程序比在民事法庭诉讼便宜很多，而诉讼费用取决于争议金额。因此可以想象，未来将会有大量的设计以审查其可保护性。除此之外，设计法的生效很大程度上也会提高审查质量，因为专门为无效程序设立的 DPMA 部门将参与审查。

当注册设计时，申请人必须提交要保护的设计图样。设计必须以适合披露的格式进行提交。如果一个特定的颜色方案对于设计很重要，那么也必须提交这个颜色方案。如果要保护的设计不取决于颜色方案，建议仅提交黑白线条图。如果仅保护复杂设计中的某些部分，那么不需要保护的部件可以用虚线标识以示不属于该申请保护范围。虽然也可以在设计中添加描述以进行解释，但是这种描述通常对保护范围没有影响，最多只是帮助理解。

设计审查部门审查这项申请是否基本符合官方的注册要求，然后将申请登记在外观设计注册簿中。随着注册登记的**公布**，开始发挥本设计的**保护效果**。

设计的效果

与上述保护性专利一样，设计赋予其所有者在未经他许可的情况下禁止任何第三方使用该设计的专有权利。设计的保护范围仅限于在**注册申请时提交的可见的特征**。如果一个产品特征仅仅稍许偏离受保护的设计，并且不会给知悉的专业人员留下不同的整体印象，那么它也属于该设计的保护范围。图 4-40 列示了设计的核对清单。

- 设计是否具有技术特征？
- 产品是否具有纯粹的创新特征？
- 这些特征在使用时是否可见？
- 是否可以很容易地描述该设计？
- 注册申请是否详细且整洁？
- 是否涉及新颖性？
- 专利权有多重要？

图 4-40　设计核对清单

由于设计如同实用新型一样，不需要**审查**其新颖性和独特性，因此在使用该设计时必须小心谨慎，以免承担赔偿的风险。如果在注册时，设计不符合新颖性要求，那么即使注册也没有任何保护作用。

自申报日期起，外观设计保护期限为 25 年。申请人通过支付相应的维护费用，可以实现其完整的保护期限。

例子　雷森特尔公司的“Carrybag”

2007 年，所谓的“鬣狗奖”揭晓，这是一个令人怀疑的荣誉，因为它“表彰”了十种剽窃品，这些产品都剽窃了皮特·雷森特尔公司的“Carrybag”。这十种剽窃产品的特色设计被精确地模仿。但是，皮特·雷森特尔已经认识到，可以通过相对简单和便宜的外观设计保护（现在是设计保护）来应对更大的竞争对手。因此，该公司总是尽可能将其产品注册为外观设计或者设计，并且不被“大名”所吓唬。

4.4.2.4　商标

商标用于识别一件产品或服务，以便可以将一家企业贴有商标的产品与其他企业的产品区分开来。因此商标被认为是具有**独特功能**的**原产地说明**。凭借良好的商标品牌，公司可以永久性地给客户留下良好的企业形象。

原则上，也可以将商标构建为所谓的**使用标记**，而不必到机关部门注册。然而，与通过广告、目录册、活动或者类似的方式使商标知名且具有保护效果的费用相比，商标注册的成本相对较低。如果公司决定使用商标，则必须要小心，特别是在准备可能的侵权诉讼时，要收集持续性的和早期的有关使用商标的文件，并记录商标的发展过程。

商标对象的第一个组成部分就是所谓的**商标标识**，可以以不同的形式呈现。受欢迎的商标标识包括：著名的公司名称之类的**文字标记**，汽车品牌之类的具有象征 商标对象意义的图形标记，以特殊方式设计的**文字与图形结合标记**。除此之外，原则上，三**维标志**、**颜色标志**、**声音标志**、**气味标志**、**触觉标志**或**运动标志**也可以是商标注册的主题。

例子 颜色和声音标志

颜色或声音标志通常不被公众当作标志。尽管如此，当它们已经有一定的知名度时，可以自动地通过它们定位到某家特定的公司。到目前为止，只有少数公司成功地为其商品、服务实施特定的颜色。已知的颜色标志包括：用于巧克力产品的淡紫色，来自于电信领域的商品、服务的绛红色。声音标志，是指音乐旋律已经为人熟知，通过简单且常常很短的旋律便能指向特定的公司。

商标对象的另外一个组成部分是所谓的商品和服务清单，其中提及了所有商品或服务，注册的商标为其发挥保护作用。申请人在商标注册时必须提交**商品和服务清单**，并且以后只能在此基础上进行限制而不能扩展。由于商标与服务或商品紧密相连，不应低估商品和服务清单对品牌的保护性和品牌成功的重要性。

商标的要求

如果商标不是由于**绝对的保护障碍**而未被注册，则该商标就有资格获得保护。绝对的保护障碍之一是注册标志的品牌能力，即该标志原则上是否可以用作商标，以及所选标志是技术还是商品本身。基本的排除标准是所申请商标的**独特性**。因为商标是对所声称的商品或服务的描述，如果商标不能用于区分所述商品或服务与另一供应商的商品或服务，则商标被排除在商品专利保护之外。例如，“苹果”这个文字标记描述的是水果产品，但它可能注册为电脑产品。

例子 企业家A：商标

参照上述例子，由于绝对的保护障碍，对于产品气泵而言，企业家A不能保护“气泵”这个商标标识。企业家A通过商标标识“气泵”的图案设计，比如以图标的形式且满足商标保护所要求的原产地功能，则可以实现商标注册。

此外，商标不得被**相对的保护障碍**所阻挠。相对的保护障碍包括与注册商标相似的、具有资历的注册商标、企业标识和未注册的社区商标。例如，只有与早期商标没有**混淆风险**时，商标才能注册。为了检查混淆风险，需检查商品或服务与其他商品或服务的相似性、先前的注册商标的特殊性以及商标标识的相似性。这三个因素相互影响，因此只能根据这三个因素进行评估。例如，如果商标标识相同，则较早商标微小的独特性足以阻止新的商标注册。如果商标和较早注册的商标在商品或服务上仅相似但不完全相同，则较早注册商标的独特性被赋予更大的重要性。是否存在混淆的可能性，在实践中经常借助已经通过的判例法来评估。

商标的注册程序

商标的注册程序从**提交申请文件**开始，其中包括商标标识以及商品和服务清单。除了按照规定的要求外，DPMA 还检查商标申请是否存在绝对的保护障碍。如果没有，DPMA 则把商标登记到商标注册簿中。

只有将商标登记到商标注册簿之后，DPMA 才检查相对的保护障碍，并且只有在先前权利持有人在规定期限内反对商标注册的情况下才能进行。

如果商标在异议诉讼程序中通过了相对保护障碍的审查，第三方可以在稍后阶段仅通过**取消请求**或者**取消索赔**的方式来撤销该商标。图 4-41 列示了商标的核对清单。

- 商标标识是否描述了将要使用它的商品或服务？
- 商品和服务清单是否包含了所有在预期和将来可能有的应用？
- 这个商标会在未来五年内使用吗？
- 有没有可能造成混淆的较旧的司法？

图 4-41 商标核对清单

商标的效果

与其他专利权一样，商标赋予持有人一些权利，商标持有人有权禁止任何第三方的商品或服务与该商标的商品或服务重叠或者类似，禁止任何第三方的商品或服务有相同的或者相类似的商标标识。

但是，与前面描述的专利权不同，商标的保护期限不限于特定的时间。持有人只要支付相应的维持费用，就可以每 10 年延长一次商标保护期限。

但是，商标持有人必须要注意的是，实际上他也在使用该商标。只有当商标持有人证明在国内严肃认真且在业务上**使用该商标**时，他才能在法庭上强制执行其商标。否则，被控侵权人可以在法庭诉讼期间主张所谓的**不使用异议**。然而，在申请后的前五年内不使用该商标是允许的，所以这五年也被称为所谓的**使用宽限期**。

4.4.3 国际工业产权

欧洲和非欧洲国家都有相应的专利权，大多数国家都提供国内的保护可能性，**从专利、商标**到**设计**。然而，各个国家之间，保护要求可能存在差异，例如，在美国可以授予软件和商业模式专利。

经验表明，不同国家的专利局往往会以不同的方式处理和评估相同的事实。由此，一件发明可能在一个国家被授予专利，但是在另一个国家创造性活动则不被承认。

通常，对于国外申请，必须在希望得到保护的国家以律师或专利律师的形式来寻找代理。由于每个国家的翻译、代理当局部门都有相应的费用，因此在国外的申请可能很快就会导致很高的成本。为了使这个复杂且成本高的系统可以在国外的注册申请中便于用户使用，建立了基于多边协议的区域专利权和申请流程，接下来将介绍。

4.4.3.1 欧洲的专利权

欧洲一直致力于建立区域适用的专利权，从而使申请人通过单一申请就可以在多个欧洲国家获得保护。

欧洲的专利申请

于 1977 年生效的**欧洲专利公约（EPC）**允许申请人向欧洲专利局提交一份专利申请，就可以在**欧洲专利公约**的每个**成员国**发挥专利保护作用。专利申请的集中审查极大地减少了申请人的工作量。如果申请的专利要在欧洲专利公约三个以上成员国中发挥保护作用，那么欧洲专利申请在费用上也是值得的。

但是，应该指出的是，这只是一个集中的申请和授予流程。授予欧洲专利之后，申请人必须首先在其全部生效的每个成员国单独验证。因此，欧洲专利申请在被授予后被划分为单独的国家专利权（欧洲专利的国家部分）。在一些成员国，支付年费即可进行验证；在其他成员国，申请人除支付年费之外，还必须任命本国代理，并在必要时提交专利权限和描述的翻译件。随着伦敦协议于 2008 年 5 月 1 日生效，经济上较为重要的成员国已经不再要求申请人将专利申请完整地翻译成本国语言。由于翻译是一个不容忽视的成本因素，因此这是朝着正确方向迈出的可喜的一步，这使得欧洲专利申请对申请人更有吸引力。

然而，在所期望的成员国中**验证**授予的欧洲专利会出现独立的国家法。因此，欧洲专利是**不集中**的。如果企业家希望确保，EPC 的所有成员国都不会反对其业务的某项欧洲专利，则他必须在欧洲专利发挥作用的每个成员国中执行无效诉讼，以推翻整个欧洲专利。这样会相应地导致特别高的成本，并且成本取决于所涉及的成员国数量。

共同体专利

此外，自 1975 年以来，所谓的共同体专利，即**具有统一效力的欧洲专利**一直在讨论之中。与欧洲专利申请相比，共同体专利应该对欧盟所有成员国都有效（即不需要单独的验证过程），并且具有统一的翻译要求，对用户更加友好。共同体专利与欧洲专利申请的另一个特别重要的区别是**无效诉讼的集中化**，以便潜在的受害者可以集中诉讼，当专利被撤销时，在所有成员国同时失去其保护效果，这将显著减轻无效诉讼的负担。

为此，应该建立一个统一的专利法院。

2013年1月20日，《统一专利保护条例》开始生效。但是，这只能在《统一专利法院协议》生效之日起生效。这必须得到德国、法国、英国和至少10个其他国家的批准。但迄今为止，只有4个国家批准了该公约。由于存在许多讨论、各成员国对协议的抱怨以及一些未解决的问题，具有统一作用的共同体专利将晚于2015年生效。

共同体商标

在商标领域，已经有一种可用于在欧洲获得**统一商标保护**的构造：位于西班牙阿利坎特市的欧洲内部市场协调局（OHIM）可以为所有欧盟成员国注册商标，其中对品牌能力的要求和登记过程与德国相似。

应当指出的是，如果一个较早的国家商标仅在一个成员国注册，且它可以作为相对的保护障碍来反驳某一个共同体商标，则共同体商标整体不可注册，从而在任何成员国都无法获得保护。因此，例如，当使用**梦幻名称**作为商标标识时，应该记住它可能在成员国的当地语言中有特殊意义，并且在最坏的情况下可能会描述所要求的商品或服务。

共同体外观设计

设计也可以在OHIM作为共同体外观设计而注册，然后对欧盟成员国具有保护作用。特别是在德国，外观设计被设计概念所取代，但是在国际层面上"外观设计"一词仍然被使用。与德国设计一样，从申报日期起，**共同体外观设计**的总持续时间为25年。基本上，共同体外观设计专利的要求与德国设计相同。

此外，在欧盟境内发布一个样本会自动创建一个**未注册的共同体外观设计**，该外观设计只能防止复制，并且只能保护三年。

4.4.3.2 国际的专利权

除有限区域的区域专利权之外，比如已经介绍的欧洲专利权，还有一些国际公约，至少提供一个集中的申请流程，主要以基于《保护工业产权巴黎公约（巴黎公约）》为主。

专利

对于专利制度而言，所谓的专利合作条约（PCT）**程序**已经到位，为所有缔约国或地区提供了集中申报流程。有146个国家加入了这项协议，不仅欧洲国家，美国和亚洲国家都可以获得PCT申请。成员国的完整名单可在世界知识产权局（WIPO）的主页（www.wipo.int）上找到。

尽管PCT申请并不能被授予国际专利，但PCT申请在所谓的**国际阶段**结束时分解为若干个国家和地区的专利申请，为申请人提供了**只用一种语言进行国际检索**并且必要时进行国际初步审查的可能，以便评估专利成功申请的前景。

申报日期后的30个月（如果PCT申请是第一次申请，否则在优先日期之后），申报人必须决定他希望在哪个国家继续申请该项专利。这使申请人有时间来决定接下来的申请。在 30 个月之后（某些国家或地区是 20、21 或 31 个月），PCT 申请必须被国有化以及区域化，即转换为国家的或地区的专利申请。随后，在国家或地区开始实际的授予程序，国家或地区有关部门通常会参考国际初步审查的结果，因此很快会作出是否授予专利的决定。

国际的 PCT 申请可以作为**首次注册**或者作为国家的或地区的首次注册的**后续申请**来提交。图 4-42 显示了申请人在 PCT 申请的国家或地区阶段可以使用的各种可能性。

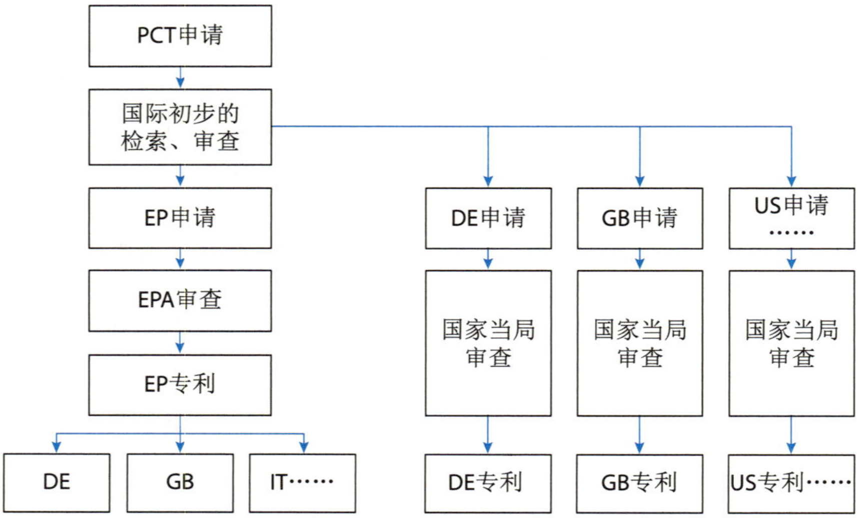

图 4-42　国际阶段之后 PCT 申请的可能性

在国际阶段结束后，申请人可以自行决定，是否继续申请一项或多项国家专利，或者另选其他类型的专利保护，比如共同体专利。申请人应按照上面阐述的方案行事，进一步的行动方案主要取决于希望获得保护的国家数量。比如，如果申请人想要同时在德国、英国、法国、意大利、西班牙、美国和中国寻求保护时，可以将 PCT 申请转换为共同体专利申请以及在美国和中国的国家申请。

国际注册的商标

根据《商标国际注册马德里协定》（MMA）和《商标国际注册马德里协定有关议定书》（PMMA），成员国的国家商标也可以在其他成员国享有**国际注册商标**的保护（**IR 商标**），前提条件是成功登记或者注册一个国家商标。WIPO 将把申请转发给申请中所列的国家商标局，以便审查相对的或者绝对的保护阻碍。如果没有发现任何障碍并且没有初步拒绝，IR 商标在各个国家享有与国家注册商标相同的保护。

IR 商标的保护期也是十年，通过支付相应的费用可以每次延长十年。

对于**设计**也有一项国际协定，即所谓的《工业品外观设计国际保存海牙协定》（海牙示范公约）。该协定也由 WIPO 管理，迄今为止共有 58 个签署方。

外观设计 / 设计

通过**海牙示范公约**，一项设计可以通过国际备案而获得成员国的保护。

图 4-43 列示了国际工业产权的核对清单。

- 在哪些国家相关的权利会受到保护？

- 提交国际或欧洲的申请有意义吗？
- 提交个别国家的申请是否够用还是会更好？
- 是否有可能要求提前申请的优先权？

图 4-43 国际工业产权的核对清单

4.4.4 知识产权战略和知识产权辩护

由于有多种可用的保护类型以及地理范围不同的保护权，申请人必须尽早决定他该如何行动，以便将专利权的费用和成本降至最低。

为此，建议制定全面的知识产权战略，将其归入总体的企业保护战略中。在将大量资金用于特定的技术或非技术知识产权之前，这些考虑至关重要。除了成本因素之外，保护的范围和深度也起到一定的作用企业必须准确确定哪些类型的知识产权有成功的前景。

知识产权战略

本部分明确提到**知识产权战略**，而不是**专利战略**，在许多其他出版物中这两个概念经常混淆。“专利战略”首先会限制为技术专利，而并不适用于知识产权的其他可能性。

知识产权战略可分为三种类型（Jahnke, H. 2009 P. 5）：**防御性、攻击性和中立性**。中立性知识产权战略应该是不被喜爱的，因为没有知识产权战略可以导致生产和销售停止、名称变更、许可证付款甚至损害赔偿和信息索赔。**防御性知识产权战略**基于避免侵犯知识产权、严格保密以及公布现有技术，以防止竞争对手登记注册自己的工业产权。攻击性知识产权战略包括：

- 及时规划和登记注册专利权。
- 在企业联系中使用专利权。
- 定期监督和执行专利权。
- 战略的交叉许可。
- 通过专利权许可获得额外的收入。
- 有针对性地将重点产品的专利权组合起来。

- 促进资本的获取。

一个最佳的知识产权战略是**个性化**地适应企业的需要和被保护的对象，无论是产品还是服务。企业应将知识产权作为一个具有均衡成本收益比的战略性竞争工具，构成企业战略的一部分。

以下部分讲述如何在**产品层面**实施此类知识产权战略。

决定知识产权和保护区

企业首先要考虑的是如何保护一个**创意**（从发明、设计或商标的角度来看），或者创意适用于哪种保护类型。原则上，一项发明也可以受到严格保密的保护，但是这种方式很少被推荐。然而，需要注意的是，一项发明至少在知识产权注册之前应该进行保密，因为过早的公布不具有保护能力。在技术发明中，技术的知识产权是非常重要的，因为它们可以独立于实际的实施方式保护基本的想法。设计和商标作为辅助的知识产权可以进一步加强企业的地位。

图4-44显示了德国申请人或德国企业应该考虑的基本因素。在确定了哪些知识产权适合创新之后，申请人还需要澄清应该在哪些**国家**获得保护，因为它决定是否要提出一项或多项国家申请，或者是否需要地区以及国际的专利申请。出于成本原因，国家数量及其与多边协议的关系通常是知识产权申请战略重要因素。

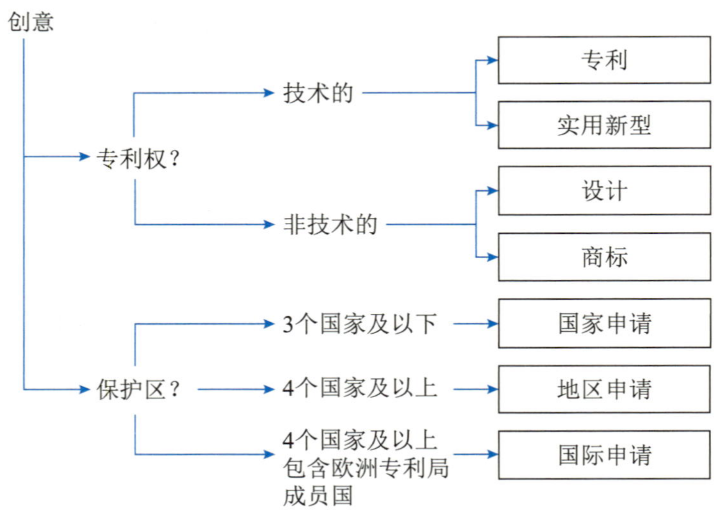

图4-44 保护战略的决策树

原则上，如果一个创意最多需要在三个国家得到保护，那么多数情况下提交国家申请更有利。但是，这也取决于所产生的翻译费用和外国代理的费用。如果要在地区或者国际公约的三个以上成员国中寻求保护，通常提交地区或国际申请更有利。

优先权

对于所有类型的知识产权，申请人原则上可以在申报日期之后的特定期限内，在其他国家继续注册他的发明、设计或商标比如，在德国，专利首次注册后，即可在其他国家继续注册。为此，申请人必须考虑**首次注册的优先权**。对于专利，申请人可以使用的首次注册的优先期是一年，外观设计和商标的优先期是六个月。如果申请人没有按规定的期限提交后续申请或者优先权声明，作为现有技术在某些情况下可以拒绝其申请。

专利登记注册战略

如上所述，设计和商标是不受任何实质性审查的知识产权，就专利而言，则需要考虑现有技术来审查可专利性。**注册一个商标**或一个**设计**基本上是可预测的，但很难说**专利申请**是否会被**授予专利**。因此，如果将提交 PCT 或 EP 申请作为第一份申请而不是通常便宜得多的国家专利申请，则存在一定的成本风险。

对于注重成本的德国企业，应当首先向德国专利局提交德国专利申请，同时提交审查申请并等待第一份审查通知。如果企业在提交专利申请时就提交了审查申请，DPMA 会在九个月内，即优先权截止日期之前宣布第一份**审查通知**，也即发明专利性的官方声明。根据该审查通知以及其中可能提及的现有技术，申请人可以更容易地决定，是否应该在国外提交一个或者多个国家的**后续申请**，或者地区或国际的后续申请。如果审查通知是负面的，申请人通常可以基于被查明的现有技术，重新提交申请，并提交一份调整的发明定义。如果申请人进行了以上调整，发明可能局限于较小的保护范围但有可能被授予专利。图 4-45 显示了德国典型的登记注册战略。

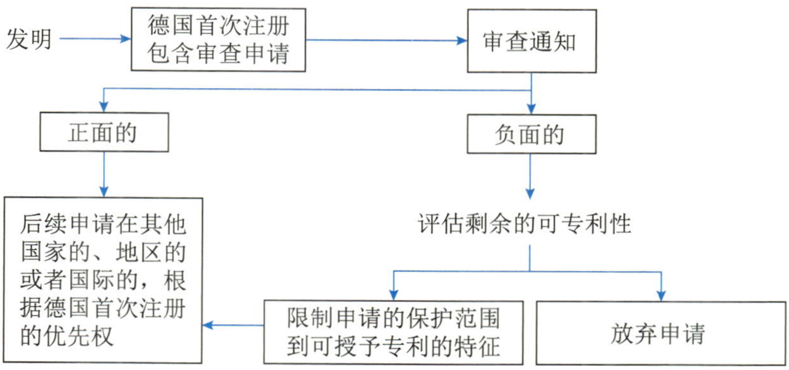

图 4-45　德国典型的登记注册战略

通过上述方式申请人首先可以节省 EP 申请或者 PCT 申请的费用，并且，如果 DPMA 发现了关键的现有技术，则可以完全放弃在国外的后续申请。但是必须指出的是，一个部门正面的审查通知并不意味着，另一个部门和 DPMA 会有相同的评估结果。比如，欧洲专利局可能会查出 DPMA 未发现或认为不相关的现有技术。

例子 企业家A：实施知识产权战略

在前面提及的例子中，如果企业家 A 希望在欧洲专利组织三个以上的成员国保护他的气泵，则提交欧洲专利申请是合适的。这一战略同样适用于潜在的设计和商标。此外，如果企业家 A 在其他国家（如美国、中国或日本）寻求保护的情况下，那么根据《海牙协定》应该提交一个国际的 PCT 专利申请、一个 IR 商标申请或设计申请。

处理知识产权

如果已被授予或注册一个或多个知识产权，则会产生如何处理这些知识产权的问题。工业产权通过允许知识产权所有人禁止第三方**使用受保护的知识产权**，即技术原理、商标或设计，来确保企业的市场份额。因此，产权持有人可以有多种方式来处理他的产权。同时，企业有多种选择来防止“来自知识产权第三方的攻击”。因此，**捍卫**知识产权和防卫来自知识产权的攻击是知识产权战略的另一个重要组成部分。图 4-46 总结了知识产权持有人和被指控的侵权者处理知识产权的关键选择。下面将详细讨论各个组成部分。

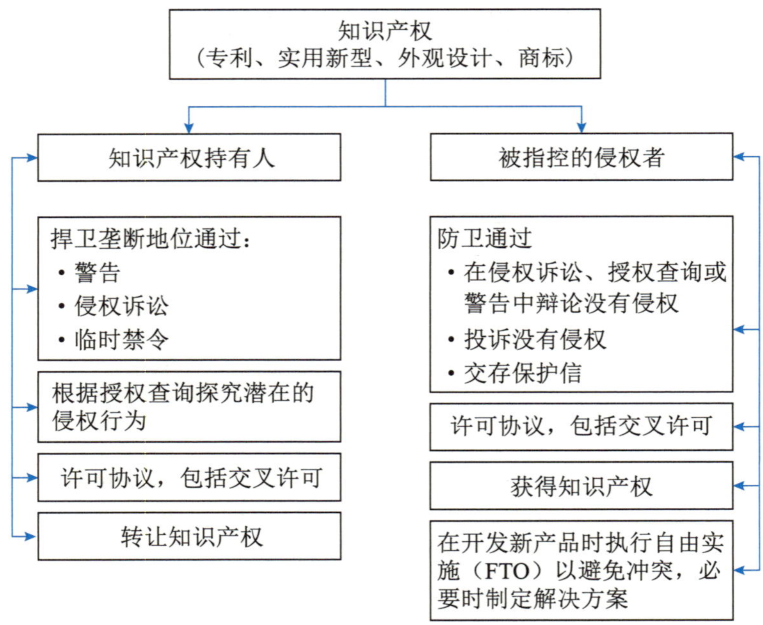

图 4-46 处理知识产权

4.4.4.1　执行知识产权权限

为了捍卫自己的垄断地位，知识产权持有人必须调查他所知道的侵权行为。如果他不这样做的话，他可能会被认为容忍侵权行为，结果是他以后不能再对侵权人提出索赔。因此，不仅在短期内，而且在长期看来，知识产权持有人应该既在法庭内又在法庭外执行他获得的知识产权权限。

在德国，针对不成功的诉讼当事人必须支付所有审判费用，包括原告的费用。这条规则有一个重要的例外：如果知识产权持有人在没有首先警告侵权者侵权的情况下就起诉侵权者，并且被指控的侵权者在法庭上承认侵权，那么对原告将不得不承担**整个流程的费用**（律师费、诉讼费用等）。

警告

因此，通常情况下，在司法诉讼侵权之前，知识产权持有人会对所指控的侵权者发出警告。

该警告描述了侵权情况并发出了由被指控的侵权者签署的惩罚性的**中止声明**。知识产权所有人在警告中必须澄清，如果被控侵权人未能签署中止声明，则知识产权持有人将提起诉讼。如果被控侵权人拒绝签署中止声明，或者忽视警告，那么如果他在法庭上承认这些诉讼，他将不得不自己承担诉讼费用。

应该指出的是，如果没有侵权证据，**不合理的警告**可能导致被控侵权者对专利持有人提出索赔。为了避免这种情况发生，建议在发出警告之前向潜在的侵权者发出所谓的授权查询。

授权查询

有了**授权查询**，知识产权持有人可以就此开展庭外讨论，讨论被指控的侵权者有权侵犯知识产权的原因，比如使用受保护的技术原理、注册商标或注册设计。通过这种方式，知识产权所有人往往可以避免法庭诉讼，而且可以很快并且毫不费力地解决问题。如果授权查询未生效，例如因为被指控的侵权者没有对此作出反应或者出于不明确的原因认为自己是合法的，那么知识产权所有人下一步就是发出警告，特别是如果从一开始就可以认为侵权行为是难以否认的时候。

诉讼

最后，知识产权持有人可以在法院的**民事法庭**提起**诉讼**。在德国，国家法院负责处理所有专利纠纷，无论涉案价值如何。

通过诉讼，知识产权持有人可以提出**禁止**被指控的侵权者进一步**使用**受保护的对象（专利），并且被指控的侵权者必须在侵权案件中支付违约罚款。

在诉讼的情况下，专利持有人可以**披露**销售出去的伪造产品，要求销毁伪造产品或者由侵权者召回这些伪造产品。

除此之外，知识产权持有人可以要求侵权者赔偿因侵权而蒙受的损失。这里有**三个**主要的**计算方法**来量化蒙受的损失：

- **许可类比法**。专利权人和侵权者被视为许可人和被许可人，侵权者随后必须向专利持有人支付使用费用，作为双方在正常情况下按预期达成的协议进行损失赔偿。
- **侵权利润**。知识产权持有人遭受的损害是根据侵权者的利润计算而来的。通常情况下，侵权利润超过许可类比的损失，特别是如果它们是高利润率的产品。
- 根据**知识产权持有人损失的利润**来计算赔偿。该方法考虑到知识产权持有人可能获得的利润，基于侵权者生产侵权产品而带来的销量降低。该方法也顾及由侵权者的产品而导致的知识产权持有人产品价格的降低，目的是能够在市场上竞争。但是，要使用这种方法的话，知识产权持有人必须披露自己的财务状况，这就是这种方法很少被使用的原因。

临时禁令

假如情况迫切需要的话，比如担心侵权者出现在展会上，从而导致知识产权持有人可能会遭受不可弥补的损失，知识产权持有人有机会获得针对被指控的侵权者的**临时禁令**。为此，知识产权持有人必须向主管法院提出申请，明确阐述侵权情况，以便法院可以在很短时间内作出决定，通常在 24 至 48 小时内。如果法院确定知识产权受到侵犯，就会发布禁令，然后知识产权持有人可以对侵权者实施强制令。该禁令授予知识产权持有人停止侵权的权利，但无权要求**赔偿**等。这种要求只能在临时禁令之后通过诉讼来提出。

4.4.4.2 防卫知识产权的攻击

否定性宣告行动

被指控的侵权者只能通过辩论来为自己侵权行为辩护，阐述他不认为侵犯知识产权的原因，或者攻击知识产权持有人的知识产权。对于后者，基于知识产权，被指控的侵权者不得不提起无效或撤销诉讼或提交取消请求，并以此来去除知识产权的有效性。通常情况下，直至对有关知识产权的有效性作出裁决，**侵权诉讼**才会停止。

此外，被指控的侵权者可以在专利持有人提出诉讼之前自由地采取行动。在德国，可以提起所谓的**否定性宣告行动**，被指控的侵权者可以依法确定他没有侵犯具体的知识产权。

保护信

如果一方担心临时禁止令可能会被无理地采取，例如他最近收到了知识产权持有人相应的授权查询或警告，而这严重干扰了其执行活动，他可以选择在法院备份所谓的**保护信**，预计将提交临时禁令的申请。如果保护信中提出的论据生效，法院拒绝申请临时禁令，或者确定一个紧急的听证会日期，以与双方讨论具体的情况。

自由实施分析

为了避免潜在的知识产权纠纷，通常建议在将新产品投放市场之前进行**自由实施分析（FTO）**，检索可能的反对使用该产品的知识产权并进行评估。如果 FTO 证明自己的产品可能侵犯知识产权，则必须制定避免侵权的规避解决方案，或者在必要时联系专利持有人以获得许可。然而，企业往往出于成本原因而不进行完整的FTO，因为侵犯知识产权可能被判赔偿损失的风险常常低于完整的FTO费用。但是，如果一家企业知道其最重要的，特别是最积极的竞争对手，那么至少可以查看其知识产权组合并且执行与竞争对手相关的“小型”FTO，其成本可以保持在一个可接受的范围内。

许可协议

许可协议的对象常常是知识产权，知识产权持有人作为许可签发人与被许可人共同签订许可协议。只要被许可人支付约定的许可费，被许可人就可以使用**受保护的技术原理**。

许可协议准备就绪也可以给专利持有人带来好处，如果专利持有人在专利登记处公开宣布他的许可协议准备就绪，专利年费会减半。

如果一家企业通过授权查询得知自己侵犯了知识产权，那么通过签订许可协议也可以避免耗费双方时间和费用的司法程序。

假如双方涉及彼此知识产权的情况下，而又为了在市场上销售自己的产品，每方都需要另一方的一项或多项知识产权，那么可以协商**交叉许可**，即允许在没有支付使用费的情况下使用另一方的知识产权。

转让

当然，知识产权也可以成为交易的对象。在这种情况下，知识产权可以整体或者部分转让给新的持有人。

4.4.5　雇员发明法

企业有时候忽略了一个重要的问题，那就是一项发明属于谁以及谁可以用这项发明做些事情。

例子　雇员发明法的事实情况

雇员通过发明一种完美的解决方案来解决技术问题，该解决方案可以为其公司在市场上带来明显的优势。由此出现的问题是，发明人是否被允许为此发明申请专利，毕竟这是他自己的发明；抑或是只有雇主才有权为此发明申请专利，因为发明是来自他的一名雇员，其职责包括解决相应的问题。

利益冲突体现在两方面：一方面，从就业角度看，雇主有权获得雇员发明的成果；另一方面，专利法只授予发明人发明权，在这种情况下雇员是发明人。

雇员发明法案最终解决了这一冲突，当雇主向发明人支付足够的发明费用时，雇主有机会占有专利。

应用范围

雇员发明法案（ArbEG）适用于所有**发明**和**技术性改进建议**，针对所有的私人和公共服务人员、公务员和士兵。发明涵盖了所有可获得专利或实用新型的**技术创新**，然而雇员发明法案只包含所谓的服务发明，不同于所谓的自由发明。**服务发明**的特征在于，它产生于雇佣关系期间，并且源于公司雇员的活动，或者基本上基于企业的经验或工作。因此，只要雇员在他的日常活动领域获得了一项发明，它就有资格成为服务发明。其他发明通常被称为**自由的发明**。为了避免后续的问题，为安全起见雇员应向雇主报告任何发明。

雇员发明法案，不能通过合同约定而损害雇员利益，雇员和雇主都应遵守相关规定。

申报义务

首先，雇员有责任在他完成发明之后立即向雇主申报自己的服务发明。雇主自行决定是否使用本服务发明，这可能取决于这项发明是否与企业有关系，或者与企业其他业务有没有任何共同之处。

服务发明的报告具有描述其解决方案和实现服务发明的技术任务。如果适用，还应包含图纸。雇员充分披露本发明的内容是十分重要的，以便雇主可以使用该报告来评估本发明的实用性。

未按规定的报告不应被雇主斥责。如果雇员没有申报他的发明，雇主也可以在雇佣关系终止后起诉前雇员。

权利要求

在雇员通知雇主其服务发明四个月后，并且如果雇主没有通知雇员，服务发明将自动地被视为已被雇主使用。根据**权利要求**，发明的权利归雇主所有。

如果雇员不想将本发明用于他的公司，他可以将其转让给一个发明人，以便发明人自己可以自由地处置该发明，并在必要时自费登记专利或实用新型。

登记注册的义务

依据权利要求，雇主有义务且单独享有权利，在德国登记注册该申报的服务发明，以授予知识产权。除此之外，雇主还有权在国外登记注册该服务发明。对于雇主不希望登记注册知识产权的国家，他必须对雇员开放此服务发明，以便雇员可以在这些国家登记注册他自己的发明。如果雇主在此发明登记注册达到最长使用期限之前放弃该登记注册，如果有必要的话，雇主可以将这项发明提供给雇员进行接管。

报酬

另外，通过服务发明的权利要求，雇员有权从雇主那里得到合理的报酬。报酬的性质和数额应按照服务发明的权利要求在合理时间内，由雇主和雇员之间的协议确定。报酬由薪酬准则来确定，它为确定适当的报酬提供了一个复杂的计算系统。

图4-47列示了雇员发明法的核对清单。

- 这是否涉及一项服务发明？
- 是否按规定申报了服务发明？
- 服务发明是否被使用？
- 该服务发明是否在德国登记注册了知识产权？

图 4-47　雇员发明法核对清单

复习题

从选择创意到实施创意

1. 创新产品的特点是什么？
2. 你知道哪些类型的创意？
3. 实施创意时必须考虑哪些特殊特性？
4. 同步工程（SE）这个概念是什么意思？这个概念的优点和缺点是什么？
5. 同步工程的基本原则和措施是什么？
6. 同步工程概念的步骤和目标是什么？
7. 在企业内如何有组织地实施同步工程？
8. 创新如何与新产品项目相联系？
9. 项目和项目管理的含义是什么？
10. 创新项目管理有哪些阶段？
11. 设计说明书和需求清单的不同之处是什么？
12. 在产品创新过程中是否有替代项目管理的方法？
13. 创新项目管理经历了哪些阶段？请解释每个阶段。
14. 怎么理解项目结构计划？
15. 资源规划和流程图有何不同？
16. 柱状图和网络计划技术的用途是什么？
17. 如何看待使用原型的好处？
18. 什么是“汽车诊所”？
19. 快速原型和普通原型有何不同？
20. 在生产引进阶段应该特别注意什么？
21. 生产引进的要求是什么
22. 如何定义计算机集成制造（CIM）？

创新沟通

1. 为什么需要创新营销？
2. 创新营销与创新沟通的区别是什么？
3. 哪些联想通常与创新沟通这个概念相关联？
4. 创新营销的目标是什么？
5. 创新沟通的机遇和障碍是什么？
6. 传达信息包含哪些元素？
7. 为什么需要创新沟通的战略整合？
8. 什么是“企业沟通记分卡”？
9. 在创新过程中，创新营销为新产品引入提供了哪些设计方案？
10. 内部和外部创新沟通工具有何不同？
11. 在内部创新沟通中，什么样的沟通类型包含什么样的沟通工具？
12. 如何在创新过程中更好地使用内部创新沟通？哪些工具适合哪些阶段以及什么时候？
13. 对于内部创新沟通需要注意哪些兼容性标准？
14. 在内部创新沟通中，如何理解 4×3 方法？
15. 市场上新产品典型的采用过程是什么样的？必须经过哪些阶段？
16. 采用过程中存在哪些客户类型？
17. 外部创新沟通常常有哪些沟通渠道？
18. 什么是事件营销？ 为什么这个概念越来越流行？
19. 你知道哪些特定的阶段创新沟通元素？在哪个阶段应该使用哪些工具？

市场引入

1. 在市场引入过程中存在哪些问题？
2. 市场引入战略中最重要的要素是什么？
3. 如何选择相关的进入市场？
4. 最佳市场进入时间视哪个标准而定？
5. 瀑布型战略和洒水器型战略有何不同？
6. 有哪些可替代的市场进入形式？
7. 根据哪些标准来决定市场进入形式？
8. 在市场引入的背景下，有哪些时间战略？
9. 影响时间决定的因素有哪些？它们如何影响创新追随者和创新领导者？

10. 什么是市场进入壁垒？其根本原因是什么？

11. 如何克服市场进入壁垒？

12. 如何理解“大营销”？

13. 如何理解“创新投资组合管理”？

14. 创新投资组合管理包含哪些关键的成功因素？您知道哪些定性的和定量的成功因素？

15. 创新投资组合管理的基本方法是什么？这些方法的优点和缺点是什么？

16. 应该考虑哪些选择和优先次序？

17. 如何以及用什么方法来评估这些投资组合？

18. 国际化战略的成功因素是什么？

19. 创新管理和国际化如何相关？

20. R&D 国际化意味着什么？国际化程度如何？

21. R&D 国际化的动机是什么？

22. 在市场选择中有哪些战略类型可用？

23. 什么是适应的和创新的 R&D？

24. 典型的国际技术转让过程是什么样的？

25. “节俭”和“逆向创新”是什么意思？这两个概念之间有什么区别？

26. 市场在功能、价值和标准方面可以区分为哪些细分市场？

知识产权与知识产权战略

1. 原则上可以把工业产权细分为哪两类？

2. 你的国家有哪些工业产权？

3. 专利可以保护什么？

4. 为了获得专利，发明必须满足哪些要求？

5. 什么是“技术性”？

6. 软件可以受专利保护吗？

7. 注册文件必须包含哪些要素？

8. 专利权限定义了什么？

9. 与专利相比，什么不能被实用新型保护？

10. 专利和实用新型在申请流程中有何不同？

11. 什么被外观设计所保护？对外观设计而言，技术特征有什么意义？

12. 如何保护外观设计，不管特定的颜色选择？

13. 什么是商标的功能？商标保护可以使用哪些标志？

14. 商标的绝对和相对保护障碍有什么区别？
15. 商标的使用宽限期是什么意思？
16. 商标、外观设计和实用新型与专利相比有何不同？
17. 如何在几个国家保护一项发明？
18. 使用早期登记注册优先权意味着什么？
19. 欧洲的专利申请与共同体商标和共同体外观设计有何根本的区别？
20. 国际专利申请的优势是什么？
21. 如果首次注册是作为国家申请提交给 DPMA，那么它有什么优势？
22. 为什么在提交专利申请时尽可能同时向 DPMA 提交审查申请？
23. PCT 专利申请的国家 / 地区会发生什么？
24. IR 商标和共同体商标有什么区别？
25. 什么是未注册的共同体外观设计？
26. 专利权所有人有什么选择来处理他的专利权？
27. 知识产权持有人如何正确防御被指控的侵权者？
28. 当时间紧迫的时候，知识产权持有人有什么方式？
29. 对于实用新型而言，针对被指控的侵权者的风险是什么？
30. 潜在的侵权者如何保护自己免受禁令？
31. 为了确定赔偿，基本上有三种不同类型的计算，它们分别是什么？
32. 谁拥有发明的基本权利？
33. 雇员发明法案解决了什么冲突？
34. 什么是服务发明？
35. 为什么雇员必须向雇主申报他的发明？
36. 发明权如何从雇员传递给雇主？
37. 雇主有多少时间来决定是否使用某项发明？
38. 雇主在使用服务发明时承担什么义务？

参考文献

3M Company (Hrsg.): A Culture of Innovation, St. Paul 2010

3M Deutschland GmbH (Hrsg.): Ideen verändern die Welt–3M Innovationen, Neuss 1997

3M Deutschland GmbH (Hrsg.): Geschäftsbericht 2011, Neuss 2012

A. D. Little (Hrsg.): Innovation als Führungsaufgabe, Frankfurt 1988

A. D. Little (Hrsg.): Management erfolgreicher Produkte, Wiesbaden 1994

A. D. Little (Hrsg.): Management von Innovation und Wachstum, Wiesbaden 1997 adidas AG (Hrsg.): adidas Group Geschäftsbericht 2013, Herzogenaurach 2014

Agarwal, N./Brem, A.: Frugal and Reverse Innovation–Literature Overview and Case Study Insights from a German MNC in India and China, IEEE xplore, 2012

Albach, H.: Innovationsstrategien zur Verbesserung der Wettbewerbsfähigkeit, in:ZfB 1989, S. 1338–1352

Albach, H.: Innovationszeitmanagement, in: Aspekte des Innovationsmanagements, hrsg. v. Schüler, W., Wiesbaden 1991, S. 43–69

Albach, H./de Pay, D./Rojas, R.: Quellen, Zeiten und Kosten von Innovationen, in: ZfB 1991, S. 309–324

Albers, S./Eggers, S.: Organisatorische Gestaltung von Produktinnovations-Pro-zessen–Führt der Wechsel des Organisationsgrades zu Innovationserfolg?, in: zfbf 1991, S. 44–65

Albers, S./Gassmann, O. (Hrsg): Handbuch Technologie-und Innovationsmanage-ment, 2. Auflage, Wiesbaden 2011

Amstad, M./Arvanitis, S./Hollenstein, H.: Wie innovativ ist die Schweizer Industrie im internationalen Vergleich?, in: Internationales Innovationsmanagement, hrsg. v. Gassmann, O./Zedtwitz, M. v., München 1996, S. 231–257

Ansoff, H. I.: Managing Surprise and Discontinuity–Strategic Response to Weak Signals, in: zfbf 1976, S. 129–152

Antoni, C./Hofmann, K./Bungard, W.: Gruppenarbeit, in: Neue Organisationsformen im Unternehmen, hrsg. v. Bullinger, H.-J./Warnecke, H.-J., Berlin 1996, S. 489–498

Arndt, H.: Schöpferischer Wettbewerb und klassenlose Gesellschaft, Berlin 1952 Arthur D. Little (Hrsg): Getting a Better Return on Your Innovation Investment, o. O. 2013

AT&S AG (Hrsg.): Geschäftsbericht 2012/13, Leoben 2013

Augsdorfer, P.: Forbidden Fruit–An Analysis of Bootlegging und Uncertainty in Learning in Corporate R&D, Brookfield 1996

Backhaus, K./Voeth, M.: Innovations-und Technologiemarketing, in: Handbuch Technologiemanagement, hrsg. v. Zahn, E., Stuttgart 1995, S. 395–408

Backhaus, K.: Industriegütermarketing, 5. Auflage, München 1997

Bagel-Trah, S., Wenn der Markt Hurra schreit–Gastkommentar in der Handelsblatt Wochenendausgabe 3./4./5. August 2012, Nr. 149

Baker, N. R./Green, S. G./Bean, A. S.: How Management can Influence the Gene-ration of Ideas, in: Research Management 28/1985, S. 35–42

Barczak, G./Griffin, A./Kahn, K.B.: Perspective: Trends and Drivers of Success in NPD Practices: Results of the 2003 PDMA Best Practices Study, in: Journal of Product Innovation Management, 26/2009, S. 3–23

Barske, H. et al.: Das innovative Unternehmen, Produkte, Prozesse, Dienstleistun-gen, Wiesbaden 2000

BASF AG (Hrsg.): Daten und Fakten, Ludwigshafen 1996 a

BASF AG (Hrsg.): Forschung und Entwicklung in der BASF-Gruppe, in: Forschung (Beilage), Ludwigshafen 1996 b

BASF AG (Hrsg.): BASF-Brief Nr. 28, Ludwigshafen 1997 Baus, J.: Controlling, Berlin 1996

Bayer AG (Hrsg.): Innovationsperspektive '97, Leverkusen 1997

Bayer AG (Hrsg.): Leitlinien für die strategische Ausrichtung des Konzerns, Lever-kusen 1998 a

Bayer AG (Hrsg.): Bayer–Kompetenz und Verantwortung, Leverkusen 1998 b Bayer AG (Hrsg.): Geschäftsbericht 2011, Leverkusen 2012

Bayer AG (Hrsg.): Geschäftsbericht 2013, Leverkusen 2014

Bayer Innovation Beteiligungsgesellschaft mbH (Hrsg.): Unternehmenspräsenta-tion, www.bayer.com/innovation/content/wir_d.htm, 1998

BDI/DIHK (Hrsg.): Technologiestandort Deutschland stärken, o. O. 2003

Bea, F. X./Dichtl, E./Schweitzer, M.: Allgemeine Betriebswirtschaftslehre, Band 1: Grundfragen, 6. Auflage, Stuttgart 1992

Bea, F. X./Haas, J.: Strategisches Management, 2. Auflage, Stuttgart 1997

Becker, M.: Personalentwicklung, Bildung, Förderung und Organisationsentwicklung in Theorie und Praxis, 5. Auflage, Stuttgart 2009

Beiersdorf AG (Hrsg.): Geschäftsbericht 2013, Hamburg 2014

Benkenstein, M.: Der goldene Weg zum neuen Produkt, in: Harvard Manager 2/1988, S. 14–18

Benkenstein, M.: Integriertes Innovationsmanagement–Ansatzpunkte zum "lean innovation", in: Marktforschung und Management 1/1993 a, S. 21–25

Benkenstein, M.: Freiräume für Pioniere, in: absatzwirtschaft 6/1993 b, S. 102–107

Berger, J./Piper, N. (Hrsg.): Innovationen, Mehr Wert für Deutschland, Heidelberg 2006

Berger, M./Nones, B.: Der Sprung über die große Mauer, Die Internationalisierung von F&E und das chinesische Innovationssystem, hrsg. von Steiner, M., Graz 2008

Berth, R.: Welche Idee siegt, in: Gablers Magazin 11–12/1992, S. 72–78 Berth, R.: Der große Innovationstest, Bd. 1, Düsseldorf 1997

Berthel, J.: Ziele, in: Lexikon der Betriebswirtschaftslehre, hrsg. v. Corsten, H., 3. Auflage, München 1995, S. 1072–1078

Betzl, K.: Entwicklungsansätze in der Arbeitsorganisation und aktuelle Unterneh-menskonzepte–Visionen und Leitbilder, in: Neue Organisationsformen im Un-ternehmen, hrsg. v. Bullinger, H.-J./Warnecke, H.-J., Berlin 1996, S. 29–64

Beyer, H./Fehr, U./Nutzinger, H. G.: Unternehmenskultur und innerbetriebliche Kooperation, Wiesbaden 1995

Bielinski, J.: Forschungs-und Entwicklungstätigkeiten von multinationalen Un-ternehmen in China, Eine empirische Analyse der deutschen Automobil-, Chemie-und Elektronikindustrie, Hannover 2010

Bierfelder, W. H.: Innovationsmanagement, Prozessorientierte Einführung, 3. Auf-lage, München 1994

Biermann, T./Dehr, G. (Hrsg.): Innovation mit System, Berlin 1997

Bilgram, V./Brem, A./Voigt, K.-I.: User-Centric Innovations in New Product Devel-opment–Systematic Identification of Lead Users Harnessing Interactive and Collaborative Online-Tools, in: International Journal of Innovation Management, Vol. 12, Issue 3, 2008, S. 419–458

Bingener, S.: Markenrecht–Ein Leitfaden für die Praxis, München 2007 Bleicher, K.: Organisation, 2. Auflage, Wiesbaden 1991

Bleicher, K.: Das Konzept Integriertes Management, 4. Auflage, Frankfurt, New York 1996

Bleicher, K.: Das Konzept Integriertes Management, 8. Auflage, Frankfurt, New York 2011

Bloech, J.: Total Quality Management, in: Lexikon der Betriebswirtschaftslehre, hrsg. v. Lück, W., 5. Auflage, Landsberg/Lech 1993, S. 1207

Blois, K. J., Quasi-integration as a mechanism for controlling external dependencies, in: Management Decision, Vol. 18, Issue (1), 1980, S. 55–63

BMBF (Hrsg.): Bundesbericht Forschung und Innovation 2012, Berlin 2012 BMBF (Hrsg.): Wohlstand durch Forschung, Berlin 2013

BMBF (Hrsg.): Horizont 2020 im Blick, Bonn 2014a

Bundesbericht Forschung und Innovation 2014b, Bonn, Berlin 2014

BMW AG 2014: VIA–die virtuelle Innovations-Agentur, online verfügbar unter: http://www.bmwgroup.com/d/0_0_www_bmwgroup_com/forschung_entwick-lung/ein_blicke_in_die_entwicklung/via/via.html, Abruf am 24.09.2014

BMW Group (Hrsg.): Forschungs-und Entwicklungsnetzwerk, Von der Idee zur Innovation in einer vernetzten Arbeitswelt, München 2010

BMWi (Hrsg.): Technologie-und Innovationspolitik, Berlin 2012

Böhny, R.: Innovationen muss man provozieren, in: io management 5/1989, S. 31-34

Bonsen, M. zur: Mehr Tempo durch Vision, in: Speed-Management, hrsg. v. Hirzel, Leder & Partner, Wiesbaden 1992, S. 133-146

Booz & Company Inc.: The Global Innovation 1000, Why Culture is Key, New York 2011

Booz & Company Inc. (Hrsg): The 2013 Global Innovation 1000 Study, Navigating the Digital Future, www.booz.com/innovation1000

Boutellier, R.: Parallelisieren im Innovationsprozess: Simultaneous Engineering reduziert die Risiken, in: io management 7-8 /1996, S. 29-33

Boutellier, R./Völker, R.: Erfolg durch innovative Produkte-Bausteine des Inno-vationsmanagements, München 1997

Braun, C. C.: Innovationsstrategien multinationaler Unternehmungen, Frankfurt 1995

Braun, J.: Aufgaben und Ziele der Organisationsgestaltung, in: Neue Organisa-tionsformen im Unternehmen, hrsg. v. Bullinger, H.-J./Warnecke, H.-J., Berlin 1996 a, S. 7-27

Braun, J.: Dimensionen der Organisationsgestaltung, in: Neue Organisationsformen im Unternehmen, hrsg. v. Bullinger, H.-J./Warnecke, H.-J., Berlin 1996 b, S. 65-86

Brem, A.: Make-or-Buy-Entscheidungen im strategischen Technologiemanagement-Kriterien, Modelle und Entscheidungsfindung, Saarbrücken, 2007

Brem, A.: Linking Innovation and Entrepreneurship-Literature Overview and the Introduction of a process-oriented Framework, International Journal of Entre-preneurship and Innovation Management, Vol. 14, Issue 1, 2011, S. 6-35

Brem, A.: Marktplatz der innovativen Unternehmen, in: SalesBusiness, Ausgabe 03-2012, S. 26-28

Brem, A./Büttner, M./Neubauer, L./Olschewski, A./Roth, N.: B2B Produkt-Dienst-leistungskombinationen: Kriterien einer erfolgreichen Einführung produktbe-gleitender Dienstleistungen bei Industriegütern, München: Grin, 2013. (Reihe Innovationsmanagement & Entrepreneurship)

Brem, A./Gerhard, D./Gudd, C./Lettl, C.: Innovationskommunikation-Theorie und empirische Untersuchung der externen Kommunikation von Innovationen über das Internet und soziale Medien, Reihe Innovationsmanagement & Entrepreneurship, Bd. 2, München, 2011

Brem, A./Katzenstein, L./Sherif, M.H./Voigt, K.-I.: Special Issue on R&D, Innova-tion and Marketing, in: International Journal of Technology Marketing, 2009, Vol. 4, Issue 2/3

Brem, A./Maier, M./Storch, V.: Innovationsportfolio-Management-Theorie und Praxis des Managements von Innovationsportfolios, Reihe Innovationsmanage-ment & Entrepreneurship, Bd. 1, München, 2011

Brem, A./Moitra, D.: Technology Transfer from Europe to Asia: Insights from an Indian MNC, Technology Transfer Society (T2S) Proceedings, Augsburg 2011

Brem, A./Schuster, G.: Open Innovation and the Integration of Suppliers-Literature Review and Discussion on Supplier Innovation, in: Brem, A./Tidd, J. (Hrsg.): Perspectives on Supplier Innovation-Theories, Concepts and Empirical Insights on Open Innovation and the Integration of Suppliers, London, 2012, S. 67-94

Brem, A./Sherif, H./Katzenstein, L./Voigt, K.-I./Lammer, D.: R&D, Innovation and Marketing-Strategies for Internal and External Communication of Technological Innovations, in: Hülsmann, M.; Pfeffermann, N. (Hrsg.): Strategies and Com-munications for Innovations, Heidelberg 2011, S. 193-208

Brem, A./Tidd, J. (Hrsg.): Perspectives on Supplier Innovation-Theories, Concepts and Empirical Insights on Open Innovation and the Integration of Suppliers, London, 2012.

Brem, A./Voigt, K.-I.: Integration of market pull and technology push in the corporate front end and innovation management-Insights from the German Software industry, in: Technovation, Vol. 29, Issue 5, 2009, S. 351-367

Brem, A./Voigt, K.-I.: Innovation Management in Emerging Technology Ventures-The Concept of an Integrated Idea Management, in: International Journal of Technology, Policy and Management, Vol. 7, Issue 3, 2007, S. 304-321

Brem, A./Wolfram, P.: Research and Development from the bottom up-Introduction of Terminologies for New Product Development in Emerging Markets, in: Journal of Innovation and Entrepreneurship, Bd. 3, No. 1, 2014, S. 1-22

Brem, A.: Wissensmanagement in der F&E-Ergebnisse einer Benchmarking-Studie, in: Business + Innovation, Bd. 4, No. 1, 2013, S. 50-57

Brem, A./Ziegler, S.: Implementierung eines Integrierten Ideenmanagements unter besonderer Berücksichtigung anreiz- und motivationstheoretischer Aspekte-Eine explorative Studie, in: Ideenmanagement-Zeitschrift für Vorschlagswesen und Verbesserungsprozesse, Vol. 35, Issue 2, 2009, S. 35-45

Breuer, H./Steinhoff, F./Wogatzky, M.: User Clinic Formate und ihr Beitrag zur Innovationserfolgsrechnung, in: Schmeisser, W. (Hrsg.): Technologiemanage-ment und Innovationserfolgsrechnung, München 2010

Brockhaus: Der Brockhaus in fünf Bänden, 8. Auflage, Mannheim 1994

Brockhoff, K.: Forschung und Entwicklung, 3. Auflage, München 1992

Brockhoff, K.: Forschung und Entwicklung, 4. Auflage, München 1994

Brockhoff, K.: Forschung und Entwicklung, 5. Auflage, München 1998

Bromann, P./Piwinger, M.: Gestaltung der Unternehmenskultur, Stuttgart 1992

Brown, J. S./Oetinger, B. V. (Hrsg.): Ergebnis Innovation, Die Welt mit anderen Augen sehen, München 1998

Bruhn, M.: Kommunikationspolitik, 2. Auflage, München 2003

Bruhn, M.: Marketing-Grundlagen für Studium und Praxis, 10. Auflage, Wiesbaden 2010

Brunner, F. J.: Produktplanung mit Quality Function Deployment QFD, in: io ma-nagement 6/1992, S. 42-46

Buchholz, W.: Timingstrategien-Zeitoptimale Ausgestaltung von Produktent-wicklungsbeginn und Markteintritt, in: zfbf 1998, S. 21-40

Buck, M.: Gestaltungsmöglichkeiten für ein mitarbeiterorientiertes Innovations-management: empirische Analyse der Bedingungen freiwilliger Neuerungsbei-träge in Industriebetrieben mit mehr als tausend Mitarbeitern, Frankfurt am Main 1992

Bühring, M.: Gebrauchsmustergesetz-Kommentar, 7. Auflage, Köln 2007

Bürgel, H. D./Haller, C./Binder, M.: Die japanische Konkurrenz, Anstöße für Über-legungen zur Effektivitäts-und Effizienzsteigerung des westlichen F+E-Prozes-ses, in: ZfB-Ergänzungsheft 1/1995, S. 1-26

Bürgel, H. D./Haller, C./Binder, M.: F+E-Management, München 1996

Bürgel, H. D.: Controlling von Forschung und Entwicklung, Stuttgart 1989

Bullinger, H.-J.: Einführung in das Technologiemanagement, Stuttgart 1994

Bullinger, H.-J.: Rapid Prototyping-Methodische Unterstützung zur kreativen Produktentwicklung, in: Kreative Unternehmen-Spitzenleistungen durch Pro-dukt-und Prozessinnovationen, hrsg. v. Reichwald, R. et al., Stuttgart 1995, S. 183-197

Bullinger, H.-J./Fröschle, H.-P./Brettreich-Teichmann, W.: Informations-und Kommunikationsstrukturen für innovative Unternehmen, in: zfo 4/1993, S. 225-234

Bullinger, H.-J./ Warschat, J./Berndes, S. et al.: Simultaneous Engineering, in: Handbuch Technologiemanagement, hrsg. v. Zahn, E., Stuttgart 1995, S. 375-394

Bullinger, H.-J./Engel, K.: Best Innovator, Erfolgsstrategien von Innovationsfüh-rern, 2. Auflage, München 2006

Buro, H. F.: Produktmanagement im Gebrauchsgüterbereich, in: Handbuch des Marketing, hrsg. v. Bruhn, M., München 1989, S. 343-374

Burr, W.: Innovationen in Organisationen, Stuttgart 2004

Capgemini Consulting (Hrsg.): Innovation leadership study, London 2012

Chandler, A. D. Jr.: Strategy and structure, Chapters in the History of Industrial Enterprise, Cambridge (Mass.) 1962

Chesbrough, H.: Open Innovation: The New Imperative for Creating and Profiting from Technology, Boston 2006

Chesbrough, H./Bogers, M.: 2014. Explicating open innovation: Clarifying an emerging paradigm for understanding innovation, in H. Chesbrough/W. Vanha-verbeke/J. West (Hrsg.), New Frontiers in Open Innovation (S. 3-28), Oxford: Oxford University Press

Chigona, W./Licker, P.: Using Diffusion of Innovations Framework to Explain Com-munal Computing Facilities Adoption Among the Urban Poor, in: Information Technologies & International Development, Vol. 4, 2008, Issue 3, S. 57-73

Christensen, C. M./Raynor, M. E.: Marktorientierte Innovation, Geniale Produkt-ideen für mehr Wachstum, Frankfurt 2004

Clariant International AG (Hrsg.): Geschäftsbericht 2010, Muttenz 2011

Clariant International AG (Hrsg.): Geschäftsbericht 2013, Muttenz 2014

Clark, K. B./Fujimoto, T.: Automobilentwicklung mit System, Frankfurt 1992

Comelli, G./Rosenstiel, L. v.: Führung durch Motivation, München 1995

Commes, M. T./Lienert, R.: Controlling im F&E-Bereich, in: zfo (52) 1983, S. 347-354

Continental AG (Hrsg.): Geschäftsbericht 2013, Hannover 2013

Cooper, P.G./Edgett, S.J./Kleinschmitt, E.J.: New Product Portfolio Management: Practices and Performance, in: The Journal of Product Innovation Management, Vol. 16, 1999, S. 333-351

Cooper, R. G.: New product strategies: What Distinguishes the Top Performers?, in: Journal of Product Innovation Management, Vol. 1, Issue 3, 1984, S. 151-164

Cooper, R.G./Edgett, S.J./Kleinschmidt, E.J.: Optimizing the Stage-Gate Process: What Best-Practice Companies Do-II, in: Research Technology Management, Jg. 45, Vol. 6, 2002, S. 43-49

Cooper, R.G.: How companies are reinventing their idea-to-launch methodologies, in: Research Technology Management, Vol. 52, Nr. 2, 2009, S. 47-57

Corsten, H./Gössinger, R./Schneider, H.: Grundlagen des Innovationsmanagements, München 2006

Corsten, H./Meier, B.: Organisationsstruktur und Innovationsprozesse (I), in: WISU 6/1983, S. 251-256

Corsten, H.: Überlegungen zu einem Innovationsmanagement-organisationale und personale Aspekte, in: Die Gestaltung von Innovationsprozessen, hrsg. v. Cors-ten, H., Berlin 1989, S. 1-56

Dahrendorf, R.: Homo Sociologicus, 15. Auflage, Köln 1977

Daimler AG (Hrsg.): Geschäftsbericht 2008, Stuttgart 2009

Day, J. D./Wendler, J. C.: The new economics of organization, in: The McKinsey Quarterly 1/1998, S. 4-32

Deloitte & Touche GmbH (Hrsg.): Ideenschmiede Mittelstand, Berlin 2011

Deutsch, C.: Gute Kontakte, in: Wirtschaftswoche 6/1996, S. 68-72

Deutsche Bank AG (Hrsg.): Jahresbericht 2013, Frankfurt 2014

Deutsche Lufthansa AG (Hrsg.): Geschäftsbericht 2013, Köln 2014

Deutsche Telekom AG (Hrsg.): Verhaltenskultur der Deutschen Telekom, Bonn 2002 Deutsche Telekom AG (Hrsg.): Das Geschäftsjahr 2013, Bonn 2014

Deutsche Telekom AG (Hrsg.): Code of Conduct, So arbeiten wir, Bonn 2014

Deutsche Telekom Stiftung (Hrsg.): Innovationsindikator 2013, Bonn 2013

Deutsches Patent-und Markenamt (Hrsg.): Jahresbericht 2000, München 2001

Dickinson, M. W./Thronton, A. C./Graves, S.: Technology Portfolio Management: Optimizing Interdependent Projects over Multiple Time Periods, in: IEEE Trans-action on Engineering Management, Jg. 48, Vol. 4, 2001, S. 518-527

Dierkes, M./Hähner, K.: Sozioökonomischer Wandel und Unternehmensleitbilder, Forschungsbericht FS II 91-108 des WZB, Berlin 1991

DIHK (Hrsg.): DIHK-Innovationsreport 2010, Berlin 2010

Dill, P./Hügler, G.: Unternehmenkultur und Führung betriebswirtschaftlicher Orga-nisationen-Ansatzpunkte für ein kulturbewußtes Management, in: Unterneh-menskultur, hrsg. v. Heinen, E., München, Wien 1987, S. 141-209

DIN Deutsches Institut für Normung e. V.: Qualitätsmanagement (DIN EN ISO 8402), Berlin 1995

Dörner, N./Gurtner, S./Schefzyk, M.: Overcoming resistance to innovations: an approach for the use of communication tools within the innovation process, in: International Journal of Technology Marketing, Vol. 4, Nos. 2/3, 2009, S. 199-216

DPMA 2013 (Hrsg.): Jahresbericht 2013, online verfügbar unter: http://www.dpma. de/docs/service/veroeffentlichungen/jahresberichte/dpma_jb_2013.pdf, Abruf am 24.09.2014

DPMA 2014 (Hrsg.): Alles auf einen Blick 2014, online verfügbar unter: http:// presse.dpma.de/presseservice/datenzahlenfakten/statistiken/patente/index. html, Abruf am 24.09.2014

DPMA (Hrsg.): Patente-eine Informationsbroschüre zum Patent, München 2010, online im Internet: http://dpma.de/docs/service/veroeffentlichungen/bro-schueren/patente_dt.pdf

DPMA (Hrsg.): (Nationale und internationale Gesetze): Taschenbuch des Gewerbli-chen Rechtsschutzes, Stand April 2012

DPMA a (Hrsg.): Auf einen Blick-wichtigste Zahlen zu Patente, Marken und Muster, online verfügbar unter http://presse. dpma.de/presseservice/datenzahlenfak-ten/statistiken/aufeinenblick/index.html, Abruf am 31. Juli 2012

Droege/BDI (Hrsg.): Weltweite Studie Innovationsmanagement, Vol. II, o. O. 1998

Drucker, P. F.: The Age of Discontinuity: Guidelines to our Changing Society, New York 1969

DuPont (Hrsg.): 2014 Annual Meeting and Proxy Statement, Wilmington 2014 Dürand, D.: Mit sanftem Druck, in:

Wirtschaftswoche 30/1998, S. 62-64

Dziatzko, N./Steinwandt, A.: To be or not to be an innovation manager, in: zifp 2/ 2011, S. 32-43

E.ON AG (Hrsg.): Geschäftsbericht 2011, Düsseldorf 2012

Edler, J./Meyer-Krahmer, F./Reger, G.: Managing Technology in the Top R&D Spen-ding Companies Worldwide-Results of a Global Survey. Special Issue of the Engineering Management Journal, Vol. 11, Issue 1, März 2001, S. 5-11

Ehrlenspiel, K.: Produktkosten-Controlling und Simultaneous Engineering, in: Ef-fektives und schlankes Controlling, hrsg. v. Horváth, P., Stuttgart 1992, S. 289-308

Ehrlenspiel, K.: Integrierte Produktentwicklung, München 1995 Ehrmann, H.: Marketing-Controlling, 2. Auflage, Ludwigshafen 1995

Eichmann, E./von Falckenstein, R.: Geschmacksmustergesetz, 3. Auflage, München 2005

Endruweit, G.: Wechselwirkungen zwischen Gesellschaft und Technologie, in: Handbuch Technologiemanagement, hrsg. von Zahn, E., Stuttgart 1995, S. 1053-1069

Englmann, F.: Innovation als "Jobkiller"?, in: Innovation, hrsg. v. der Landes-zentrale für politische Bildung Baden-Württemberg, Stuttgart 1989, S. 114-128

Ernst, H.: Erfolgsfaktoren neuer Produkte: Grundlagen für eine valide empirische Forschung, Wiesbaden 2001

Esch, F.-R./Kirchgeorg, M.: Event-Marketing, in: Gabler Verlag (Hrsg.), Gabler Wirtschaftslexikon, Stichwort: Event Marketing, online im Internet: http:// wirtschaftslexikon.gabler.de/Archiv/57718/event-marketing-v5.html

Euringer, C.: Marktorientierte Produktentwicklung, Wiesbaden 1994

Eversheim, W./Laufenberg, L./Marczinski, G.: Integrierte Produktentwicklung mit einem zeitparallelen Ansatz, in: CIM Management 9/1993, S. 4-9

Eversheim, W.: Simultaneous Engineering-eine organisatorische Chance, in: VDI-Berichte, Nr. 758, 1989, S. 1-26

Flik, H./Rosatzin, C.: Innovationskultur: "It don't mean a thing if it ain't got that swing", in: Praxiswissen Innovationsmanagement, Von der Idee zum Markterfolg, hrsg. von Gassmann, O./Sutter, P., 2. Auflage, München 2011, S. 253-269

Fohler-Norek, C./Strunz, H.: Umweltmanagement-Status und Entwicklungsper-spektiven, in: Neue Entwicklungen im Management, hrsg. v. Hofmann, M./Al-Ani, A., Heidelberg 1994, S. 325-359

Fourastié, J.: Gesetze der Wirtschaft von morgen, Düsseldorf 1967

Franken, R./Franken, S.: Integriertes Wissens-und Innovationsmanagement, Wiesbaden 2011

Fraunhofer Gesellschaft zur Förderung der angewandten Forschung e. V. (Hrsg.): Erfolg durch Kooperation, Innovationscluster mit Fraunhofer, München 2008

Fraunhofer IIS (Hrsg.): MP3-Forschung, Entwicklung und Vermarktung in Deutschland, Erlangen 2012

Frese, E.: Unternehmensführung, Landsberg am Lech 1987

Frese, E.: Grundlagen der Organisation, 5. Auflage, Wiesbaden 1993

Frey, D./Kleinmann, M./Barth, S.: Intrapreneuring und Führung, in: Handwörter-buch der Führung, hrsg. v. Kieser, A. et al., 2. Auflage, Stuttgart 1995, Sp. 1272-1284

Friedrich, R.: Der Centeransatz zur Führung und Steuerung dezentraler Einheiten, in: Neue Organisationsformen im Unternehmen, hrsg. v. Bullinger, H.-J./War-necke, H.-J., Berlin 1996, S. 984-1014

Frietsch, R.: Entwicklung des internationalen Patentaufkommens, Studien zum deutschen Innovationssystem Nr. 12-2004, Karlsruhe 2003

Fritz, P.: FMEA, 2005, online im Internet: http://www.hochleistungsorganisation. com/fmea.html

Fritz, W.: Determinanten der Produktinnovation, in: Die Unternehmung, 2/1986, S. 134-147

Fritz, W./von der Oelsnitz, D., Markteintrittstrategien, in: Albers, S./Herrmann, A. (Hrsg): Handbuch Produktmanagement, 3. Auflage, Wiesbaden 2007

Fritz, W./Vahs, D.: Erfolgsfaktoren eines ganzheitlichen Innovationsmanagements-Das Beispiel der Firma Junghans Uhren GmbH, in: ASU/BJU News, Unterneh-merzeitschrift Baden-Württemberg, Nr. 1/1995, S. 68-70

Gaitanides, M./Scholz, R./Vrohlings, A.: Prozessmanagement, Grundlagen und Zielsetzungen, in: Prozessmanagement, Konzepte, Umsetzungen und Erfahrun-gen des Reengineering, hrsg. v. Gaitanides, M. et al., München 1994, S. 1-19

Gaitanides, M./Wicher, H.: Strategien und Strukturen innovationsfähiger Organi-sationen, in: ZfB 4/5/1986, S. 385-403

Garn, M./Schleidt, D. (Hrsg.): Jahrbuch Innovation 2013, Frankfurt 2013 Gassmann, O.: Internationales F+E-

Management, München 1997

Gassmann, O./Enkel, E.: Towards a theory of open innovation: three core process archetypes, Proceedings of the R&D Management Conference, Lisbon, Portugal, July 6-9, 2004.

Gassmann, O./Kausch, C./Enkel, E.: Einbeziehung des Kunden in einer frühen Phase des Innovationsprozesses, Artikel Thexis, 2005, online im Internet: http://www. alexandria.unisg.ch/Publikationen/8569

Gassmann, O./Kobe, C. (Hrsg.): Management von Innovation und Risiko, 2. Auflage, Berlin, Heidelberg 2006

Gassmann, O./Sutter, P.: Praxiswissen Innovationsmanagement, Von der Idee zum Markterfolg, 2. Auflage, München 2011

Geiger, W.: Qualitätslehre, 2. Auflage, Braunschweig 1994

Geiselhart, H.: Wie Unternehmen sich selbst erneuern, Wiesbaden 1995

Gemünden, H. G./Hölzle, K.: Promotoren: Schlüsselpersonen im Innovationsprozess, in: Innovationskultur und Ideenmanagement, hrsg. von Sommerlatte, T. et al., Düsseldorf 2006

Gentner, A.: Vom F+E-zum Innovationscontrolling, in: Controlling 1/1993, S. 46-47

Georg Fischer AG (Hrsg.): Geschäftsbericht 2013, Schaffhausen 2014

Gerpott, T. J./Wittkemper, G.: Verkürzung von Produktentwicklungszeiten, Vorge-hensweise und Ansatzpunkte zum Erreichen technologischer Sprintfähigkeit, in: Integriertes Technologie-und Innovationsmanagement, hrsg. v. Booz, Allen & Hamilton, Berlin 1991, S. 119-145

Gerpott, T. J.: Organisation der Forschung und Entwicklung (F+E) industrieller Unternehmen, in: RKW-Handbuch Führungstechnik und Organisation, hrsg. v. Franz, O., Berlin 1995, S. 464-489

Gerpott, T. J.: Strategisches Technologie-und Innovationsmanagement, 2. Auflage, Stuttgart 2005

Gerybadze, A.: Kritische Thesen zu integrierten Technologie-und Marktstrategien, in: Thexis 1/1993, S. 40-45

Gerybadze, A.: Internationales Innovationsmanagement, Märkte und nationale Innovationssysteme des Globalisierungsprozesses, in: Innovationsmanagement, hrsg. v. Tintelnot, C., Meißner, D., Steinmeier, I., Berlin 1999

Gerybadze, A.: Technologie-und Innovationsmanagement, München 2004

Gerybadze, A. et al.: Innovation and International Corporate Growth, Berlin, Hei-delberg 2010

Geschka, H.: Kreativitätstechniken, in: Das Management von Innovationen, hrsg, v. Staudt, E., Frankfurt 1986, S. 147-160

Geschka, H.: Voraussetzungen für erfolgreiche Innovationen-Beachtung von Hindernissen und Erfolgsfaktoren bei der Innovationsplanung, in: Corsten, H. (Hrsg.): Die Gestaltung von Innovationsprozessen-Hindernisse und Erfolgs-faktoren im Organisations-, Finanz-und Informationsbereich, Berlin 1989

Geschka, H.: Wettbewerbsfaktor Zeit, Landsberg/Lech 1993

Geschka, H./Hammer, R.: Szenario-Technik in der strategischen Unternehmenspla-nung, in: Strategische Unternehmensführung, 7. Auflage, hrsg. v. Hahn, D./ Taylor, B., Heidelberg 1997, S. 464-489

Geschka, H./Herstatt, C.: Kundennahe Produktinnovation, in: Die Unternehmung 3/ 1991, S. 207-220

Goffin, K./Herstatt, C./Mitchell, R.: Innovationsmanagement, München 2009 Goldberg, W. H.: Die Pflege innovativer Ideen-Empirische Beobachtungen syste-matisiert, in: DBW 1984, S. 565-577

Goldhar, J. D.: Some modest Conclusions, in: Management of Research and Inno-vation, hrsg. v. Dean, B. V./Goldhar, J. D., Amsterdam 1980, S. 283-284.

Gongla, P./Rizzuto, C., Evolving communities of practice: IBM Global Services experience, in: IBM Systems Journal, Vol. 40, Issue 4, 2001, S. 21

Gourville, J.T.: Eager sellers and stony buyers: understanding the psychology of new-product adoption, in: Harvard Business Review, Vol. 84, Issue 6, 2006, S. 98-106

Grant, R. M./Nippa, M.: Strategisches Management, 5. Auflage, München 2006 Greiner, O./Wolf, T.: In Marktveränderungen die Chancen packen, in: io manage-ment, 5/2011, S. 38-42

Griese, K.-M./Bröring, S.: Marketing-Grundlagen: Eine fallstudienbasierte Einfüh-rung, Wiesbaden 2011

Grochla, E.: Unternehmensorganisation, 9. Auflage, Opladen 1983

Grün, O.: Projektorganisation, in: HWO, hrsg. v. Frese, E., 3. Auflage, Stuttgart 1992, Sp. 2102-2116

Grüning, R./Kühn, R.: Methodik der strategischen Planung, 6. Auflage, Bern 2011 Hacker, F.: Markenrecht, Köln 2007

Häfelfinger, K.: Intrapreneurship: Innovationskraft steigern, in: io management 12/ 1990, S. 31-34

Hagemeier, W./Holst, A./Altenkirch, G. F.: Eine Frage des Schwerpunkts, in: Accenture Outlook Ausgabe 1/2010, S. 2–7

Hahn, D.: US-amerikanische Konzepte strategischer Unternehmensführung, in: Strategische Unternehmensführung, 7. Auflage, hrsg. v. Hahn, D./Taylor, B., Heidelberg 1997, S. 144–164

Haller, C.: Wie Ideen gedeihen, in: io management 5/1997, S. 20–26 Hamel, G./Prahalad, C. K.: Wettlauf um die Zukunft, Wien 1995

Hammonds, K. H.: How a $ 4 Razor Ends up Costing $ 300 Million, in: Business Week v. 29.01.1990, S. 39–40

Hanser, P./Schlutter, R./Schmidbauer, R. et al.: Lust auf Innovation? in: Absatz-wirtschaft 5/1996, S. 38–47

Hasler-Roumois, U.: Studienbuch Wissensmanagement: Grundlagen der Wissensar-beit in Wirtschafts, Non-Profit-und Public-Organisationen, Zürich 2007

Hauptmann, G./Hohmann, R.: Innovationsfördernde Organisations-und Arbeits-strukturen in High-Tech-Unternehmen, in: Personal 1989, S. 388–394

Hauschildt, J.: Zur Messung des Innovationserfolgs, in: Zeitschrift für Betriebs-wirtschaft 1991, S. 451–476

Hauschildt, J.: Innovationsmanagement, 2. Auflage, München 1997

Hauschildt, J.: Innovationsmanagement, 3. Auflage, München 2004

Hauschildt, J./Chakrabarti, A. K.: Arbeitsteilung im Innovationsmanagement, in: zfo 6/1988, S. 378–388

Hauschildt, J./Kirchmann, E.: Arbeitsteilung im Innovationsmanagement, in: zfo 2/ 1997, S. 68–73

Hauschildt, J./Salomo, S.: Innovationsmanagement, 5. Auflage, München 2011

Hauser, E.: So erfassen wir Innovationspotenziale, in: io management 5/1990, S. 34–36

Hein, C.: Daimler baut Patentabteilung um, in: Die Welt, 11.08.1997, S. 12

Heinen, E.: Unternehmenskultur, Perspektiven für Wissenschaft und Praxis, Mün-chen, Wien 1987

Henkel AG & Co. KGaA (Hrsg.): Geschäftsbericht 2013, Düsseldorf 2014

Henzler, H. A.: Vision und Führung, in: Strategische Unternehmensführung, 7. Auflage, hrsg. v. Hahn, D./Taylor, B., Heidelberg 1997, S. 289–302

Herrmann, A./Huber, F.: Produktmanagement, 2. Auflage, Wiesbaden 2009

Herstatt, C./Lettl, C.: Management von technologiegetriebenen Entwicklungspro-jekten, Arbeitspapier Nr. 5, 2000, online im Internet: http://www.tu-harburg. de/tim/publikationen/arbeitspapiere.html

Herstatt, C./Lüthje, C./Lettl, C.: Fortschrittliche Kunden zu breakthrough-innova-tionen stimulieren, Arbeitspapier Nr. 9, 2001, online im Internet: http://www. tu-harburg.de/tim/publikationen/arbeitspapiere.html

Herstatt, C./Verworn, B. (Hrsg.): Management der frühen Innovationsphasen, Wiesbaden 2003

Herstatt, C./Verworn, B. (Hrsg.): Management der frühen Innovationsphasen, 2. Auflage, München 2007

Herzog, R.: Aufbruch ins 21. Jahrhundert–Ansprache im Hotel Adlon am 26.04.1997, Berlin 1997

Hewlett-Packard GmbH (Hrsg.): Die Unternehmenskultur von Hewlett-Packard, Böblingen 1995

Hewlett-Packard (Hrsg).: HP 2012 Global Citizenship Report, o. O. 2013

Heyde, W./Laudel, G./Pleschak, F. et al.: Innovationen in Industrieunternehmen, Wiesbaden 1991

Higgins, J. M./Wiese, G. G.: Innovationsmanagement–Kreativitätstechniken für den unternehmerischen Erfolg, Berlin 1996

Hill, W./Fehlbaum, R./Ulrich, P.: Organisationslehre 2, 4. Auflage, Bern 1992

Hill, W./Fehlbaum, R./Ulrich, P.: Organisationslehre 1, 5. Auflage, Bern 1994

Hinterhuber, H. H.: Strategische Unternehmensführung–I. Strategisches Denken, 6. Auflage, Berlin 1996

Hinterhuber, H. H.: Strategische Unternehmensführung–II. Strategisches Handeln, 6. Auflage, Berlin 1997

Hofbauer, G./Körner, R./Nikolaus, U./Poost, A.: Marketing von Innovationen–Strategien und Mechanismen zur Durchsetzung von Innovationen, Stuttgart 2009

Hoffritz, J.: Arme Schlucker, in: Wirtschaftswoche 18/1996, S. 128–131 Hörschgen, H./Kirsch, J./Käßer-Pawelka, G. et al.: Marketing-Strategien, 2. Auf-lage, Ludwigsburg 1993

Horváth, P./Lamla, J./Höfig, M.: Rapid Prototyping–der schnelle Weg zum Produkt, in: Harvard Business Manager 3/1994, S. 42–53

Horváth, P.: Erneuerung des Controlling, in: Neue Organisationsformen im Unter-nehmen, hrsg. v. Bullinger, H.-J./ Warnecke, H.-J., Berlin 1996, S. 937–945

Horváth, P.: Instrumente des F + E-Controlling, in: Handbuch Technologiemanage-ment, hrsg. v. Zahn, E., Stuttgart 1995, S. 705-723

Howell, J. M./Higgins, C. A.: Champions of Technological Innovation, in: ASQ 35/ 1990, S. 317-341

Hubka, V.: Theorie der Konstruktionsprozesse-Analyse der Konstruktionstätigkeit, Berlin 1976

Hübner, H.: Integratives Innovationsmanagement, Berlin 2002

IBM Deutschland GmbH (Hrsg.): Das Unternehmen der Zukunft, Global CEO-Study, Stuttgart 2008

Imai, M.: Kaizen, Der Schlüssel zum Erfolg der Japaner im Wettbewerb, 12. Auflage, München 1994

Iwersen, S.: Verpasste Chancen: Die Nöte deutscher Forscher, in: StZ Nr. 163 v. 17.07.04, S. 16

Jahnke, H.: Chefsache Schutzrechtsstrategie, Präsentation zum Tag der gewerbli-chen Schutzrechte am 8.7.2009, Informationszentrum Patente, Stuttgart 2009, online im Internet: http://www.patente-stuttgart.de/downloads/tgs/2009/tgs09_jahnke.pdf

Jakobi, H.-F.: Neuorientierung indirekter Funktionen, in: Neue Organisationsformen im Unternehmen, hrsg. v. Bullinger, H.-J./Warnecke, H.-J., Berlin 1996, S. 499-516

Jaworski, J./Zurlino, F.: Innovationskultur: Vom Leidensdruck zur Leidenschaft, Frankfurt, New York 2007

Jeschke, S. et al.: Enabling Innovation, Innovationsfähigkeit-deutsche und in-ternationale Perspektiven, Berlin, Heidelberg 2011

Jórasz, W.: Kosten-und Leistungsrechnung, 2. Auflage, Stuttgart 2000

Jugendwerk der Deutschen Shell [Hrsg.]: Jugend '97, Opladen 1997

Kamiske, G. F./Brauer, J.-P.: Qualitätsmanagement von A bis Z, 2. Auflage, München 1995

Kaplan, R.S./Norton, D.P.: The Balanced Scorecard-Measures that drive Perfor-mance, Harvard Business Review, Vol. 70, Issue 2, 1992, S. 71-79

Karlsson, M.: International R&D Trends and Drivers. The Internationalization of Corporate R Karlsson, M. (Editor). 2006, S. 55-88

Kelley, T.: Das IDEO Innovationsbuch, Wie Unternehmen auf neue Ideen kommen, München 2002

Kern, W./Schröder, H.-H.: Forschung und Entwicklung in der Unternehmung, Reinbek 1977

Kiechl, R.: Intrapreneurship bringt neuen Elan, in: io management 12/1990, S. 27-30

Kiener, S./Maier-Scheubeck, N./Obermaier, R./Weiß, M.: Produktions-Management: Grundlagen der Produktionsplanung und-steuerung, München, 2009

Kieser, A./Kubicek, H.: Organisation, 3. Auflage, Berlin 1992

Kieser, A.: Innovation und Organisationskultur, in: gdi impuls 4/1984, S. 3-11

Kieser, A.: Unternehmenskultur und Innovation, in: Das Management von Innova-tionen, hrsg. v. Staudt, E., Frankfurt 1986, S. 42-50

Kim, C. W./Mauborgne, R.: Der blaue Ozean als Strategie, München 2005

King, N./Anderson, N.: Innovation and Change in Organizations, London/New York 1995.

Kirchgeorg, M.: Stichwort: Lead User, in: Gabler Wirtschaftslexikon, online verfügbar unter http://wirtschaftslexikon.gabler.de/Archiv/10681/lead-user-v5.html

Kleinschmidt, E.J./Geschka, H./Cooper, R.G.: Erfolgsfaktor Markt-Kundenorien-tierte Produktinnovation, Berlin 1996

Klötzl, G. L.: Methoden der Ideenfindung, in: Personal 1989, S. 395-396

Kneerich, O.: F+E: Abstimmung von Strategie und Organisation, Berlin 1995

Koch, W.: Deutschland überrundet USA bei Umwelttechnologie, in: Stuttgarter Zeitung Nr. 7 v. 10.01.1998, S. 1

Koen, P./Ajamian, G./Boys, S./Clamen, A./Fisher, E./Fountoulakis, S./Johnson, A./ Puri, P./Seibert, R.: Fuzzy Front End: Effective Methods, Tools and Techniques, in: Belliveau, P./Griffin, A./Somermeyer, S. (Hrsg.): The PDMA ToolBook for New Product Development, New York 2002

Kohn, L.: Das Innovationsmanagement muß aufgeweckt werden, in: io management 11/1988, S. 491-494

Kondratieff, N. D.: The Long Wave Cycle, New York 1984

König, W./Eversheim, W./Celi, I. et al.: Rapid Prototyping-Bedarf und Potentiale, in: VDI-Zeitung 8/1993, S. 92-97

Kosiol, E.: Aufbauorganisation, in: Handwörterbuch der Organisation, hrsg. v. Grochla, E., 2. Auflage, Stuttgart 1980, Sp. 179-187

Kosiol, E.: Organisation der Unternehmung, 2. Auflage, Wiesbaden 1976

Kotler, P., Megamarketing, Harvard Business Review, Ausgabe März 1986, S. 32–39 Kramer, F.: Innovative Produktpolitik, Berlin 1987

Krämer, S.: Total cost of ownership: Konzept, Anwendung und Bedeutung im Be-schaffungsmanagement deutscher Industrieunternehmen, Saarbrücken, 2007.

Krawczyk, O. et al.: Deutschlands forschungsintensive Industrien und wissensin-tensive Dienstleistungen: Außenhandel, Produktion und Beschäftigung, Studien zum deutschen Innovationssystem Nr. 17–2004, Hannover, Berlin 2003

Kreikebaum, H.: Strategische Unternehmensplanung, 5. Auflage, Stuttgart 1993

Kroy, W.: Technologiemanagement für grundlegende Innovationen, in: Handbuch Technologiemanagement, hrsg. v. Zahn, E., Stuttgart 1995, S. 57–79

Krystek, U./Müller-Stewens, G.: Strategische Frühaufklärung als Element strategi-scher Führung, in: Strategische Unternehmensführung, 7. Auflage, hrsg. v. Hahn, D./Taylor, B., Heidelberg 1997, S. 913–933

Küttenbaum, V.: Fortschritt durch Basisanalyse, in: io management 9/1992, S. 92–95

Kuhn, L.: Schnell gewaschen, in: Wirtschaftswoche 43/1997, S. 108–112

Kurz, R.: Was ist Innovation?, in: Innovation, hrsg. v. der Landeszentrale für politische Bildung Baden-Württemberg, Stuttgart 1989, S. 9–29

Lange, J. H.: Produktinnovations-Controlling, Münster 1994

Leder, M.: Innovationsmanagement, in: ZfB-Ergänzungsheft 1/1989, S. 1–55

Liebeherr, J.: Innovationsförderliche Organisationskultur, Eine konzeptionelle und empirische Untersuchung radikaler Innovationsprojekte, Berlin 2009

Lin, N./Burt, R. S.: Differential Effects of Information Channels in the Process of Innovation Diffusion, Social Forces, Vol. 54, Issue 1, 1975, S. 256–274

Linde Group (Hrsg.): Well positioned. Annual 2013, München 2014

Lindemann, U.: Methodische Entwicklung technischer Produkte: Methoden flexibel und situationsgerecht anwenden, 3. Auflage, Heidelberg 2009

Linneweh, K.: Innovation als Führungsaufgabe, Vortrag anläßlich des Personalfo-rums 1995 der Süddeutschen Zeitung, Berlin 1995

Linton J. D./Walsh S. T./Morabito J.: Analysis, ranking and selection of R&D projects in a portfolio, in: R&D Management, Vol. 32, Issue 2, 2002, S. 139–148

Litke, H. D.: Projektmanagement, 3. Auflage, München 1995

Lombriser, R./Abplanalp, P. A.: Strategisches Management, 4. Auflage, Zürich 2005

Löser, R.: Einfluss der Gesellschaft auf die Technologieentwicklung, in: Handbuch Technologiemanagement, hrsg. v. Zahn, E., Stuttgart 1995, S. 1072–1096

Luczak, H./Springer, J.: Gestaltung von Arbeitssystemen nach ergonomischen und gesundheitsförderlichen Prinzipien, in: Neue Organisationsformen im Unter-nehmen, hrsg. v. Bullinger, H.-J./Warnecke, H.-J., Berlin 1996, S. 616–655

Lübbe, U.: Qualität als entscheidender Wettbewerbsfaktor, in: Neue Organisations-formen im Unternehmen, hrsg. v. Bullinger, H.-J./Warnecke, H.-J., Berlin 1996 a, S. 753–757

Lübbe, U.: Qualitätsmanagementsysteme, in: Neue Organisationsformen im Unter-nehmen, hrsg. v. Bullinger, H.-J./ Warnecke, H.-J., Berlin 1996 b, S. 769–785

Lüder, E.: Entwicklungstendenzen in wichtigen Technologiefeldern, in: Handbuch Technologiemanagement, hrsg. v. Zahn, E., Stuttgart 1995, S. 81–95

Lukas, A.: Internationales Management-Symposium: Innovationen fördern, in: Gablers Magazin 3/1995, S. 6–9

Lynn, G. S./Morone, J. G./Paulson, A. S.: Wie echte Produktinnovationen entstehen, in: Harvard Business Manager 4/1996, S. 80–91

Macharzina, K.: Unternehmensführung, 2. Auflage, Wiesbaden 1995

Macharzina, K.: Unternehmensführung, 4. Auflage, Wiesbaden 2003

Macharzina, K./Wolf, J.: Unternehmensführung, 8. Auflage, Wiesbaden 2012

Madauss, B.-J.: Handbuch Projektmanagement, 5. Auflage, Stuttgart 1994

Madauss, B.-J.: Methoden des Managements von Technologieprojekten, in: Hand-buch Technologiemanagement, hrsg. v.

Zahn, E., Stuttgart 1995, S. 681–703

Maftei, V.: R&D Internationalization. An overview of the driving forces, online im Internet: http://anale.feaa.uaic.ro/anale/resurse/20_Maftei_V_-_R&D_interna-tionalization.pdf

Maier, F.: Die Integration wissens-und modellbasierter Konzepte zur Entschei-dungsunterstützung im Innovationsmanagement, Berlin 1995

Maier, M./Vollrath, O./Brem, A.: Der Ideengutachter: Eine explorative Untersuchung zum Anforderungsprofil und zur Relevanz einzelner Schlüsselqualifikationen, in: Zeitschrift für Ideenmanagement, Bd. 40, No. 2, 2014, S. 39–43

Majaro, S.: Erfolgsfaktor Kreativität, London 1993

MAN SE (Hrsg.): Unternehmensleitbild, München 2010

MAN SE (Hrsg.): Geschäftsbericht 2011, München 2012

Männer, A.-L./Bilgram, V./Brem, A.: Regulatory Push/Pull: Neue Impulse für das Innovationsmanagement, in: Ideenmanagement–Zeitschrift für Vorschlagswe-sen und Verbesserungsprozesse, Vol. 38, Issue 2, 2012, S. 64–67

Mansfield, E.: Size of Firm, Market Structure and Innovation, in: Journal of Political Economy 1963, S. 556–576

Mast, C./Huck, S./Zerfaß, A.: Innovation Communication–Outline of the concept and empirical findings from Germany, in: Innovation Journalism, Vol. 2, Issue 7, 2005, S. 114

Mattern, K.: Wirkungsvolles Innovationscontrolling, in: Integriertes Technologie-und Innovationsmanagement, hrsg. von Booz, Allen & Hamilton, Berlin 1991, S. 95–116

Meffert, H.: Marketing, 8. Auflage, Wiesbaden 1998

Meffert, H./Burmann, C./Kirchgeorg, M., Marketing, 10. Auflage, Wiesbaden 2008

Merck KGaA (Hrsg.): Geschäftsbericht 2011, Darmstadt 2012

Meßner, G.: Kreativitätsförderung im Rahmen betrieblicher Innovation, Frankfurt am Main 1987

Meyer, J.-U.: Erfolgsfaktor Innovationskultur, Göttingen 2011

Michalik, C.: Innovatives Engagement–Eine empirische Untersuchung zum Phä-nomen des Bootlegging, Wiesbaden 2002

Mintzberg, H.: Die strategische Planung: Aufstieg, Niedergang und Neubestimmung, München 1995

Mohr, H.-W.: Bestimmungsgründe für die Verbreitung von neuen Technologien, Berlin 1977

Moore, G. A.: Darwins Erben, München 2007

Müller-Stewens, G./Lechner, G.: Strategisches Management, 3. Auflage, Stuttgart 2005

Naisbitt, J.: Megatrends–Ten new directions transforming our lives, 2. Auflage, New York 1984

Nefiodow, L. A.: Der sechste Kondratieff, 3. Auflage, Sankt Augustin 1999

Nefiodow. L. A.: Der sechste Kondratieff, 6. Auflage, Sankt Augustin 2006

Nestlé Nespresso SA (Hrsg.): Nespresso im Überblick, Lausanne 2013

Neubauer, F. F.: Das PIMS-Programm und Portfolio-Management, in: Strategische Unternehmensführung, 7. Auflage, hrsg. v. Hahn, D./Taylor, B., Heidelberg 1997, S. 436–463

Nieder, P./Susen, B.: Die Bedeutung der Unternehmenskultur für die Innovations-tätigkeit der Unternehmen, in: Personalführung 6/1991, S. 434–436

Nieschlag, R./Dichtl, E./Hörschgen, H.: Marketing, 18. Auflage, Berlin 1997

Nippa, M./Rosenberger, B.: Stand und Perspektiven des internationalen Innova-tionsmanagements, in: Innovationsmanagement: Von der Idee zum erfolgreichen Produkt, hrsg. v. Engel, K., Heidelberg 2007

Novartis International AG (Hrsg.): Geschäftsbericht 2013, Basel 2014

OECD (Hrsg.): Gaps in Technology–General Report, Paris 1968

OECD (Hrsg.): Die Messung wissenschaftlicher und technischer Tätigkeiten, 4. Auf-lage, Bonn 1982

OECD (Hrsg.): Frascati Manual 1993, Proposed Standard Practice for Surveys of Research and Experimental Development, Paris 1993

OECD (Hrsg.): Oslo Manual, Guidelines for Collecting and Interpreting Innovation Data, 3. Auflage, Paris 2005

Offensive Mittelstand–Gut für Deutschland (Hrsg.): Innovation sichert Erfolg, Die Potenzialanalyse für mittelständische Unternehmen, Berlin 2014

Olschowy, W.: Externe Einflußfaktoren im strategischen Innovationsmanagement, Berlin 1990

Opaschowski, H. W.: Deutschland 2010, Hamburg 1997

Partisch, C.: Schneller, kleiner, billiger–Die Chipindustrie bleibt unter Dauerspan-nung, Working Paper 108, o. O. 03.07.2008

Pay, D. de: Organisationsmaßnahmen zur Verkürzung der Innovationszeit europä-ischer Unternehmen, in: ZfB-Ergänzungsheft 1/1995, S. 77–102

Perillieux, R.: Einstieg bei technischen Innovationen: früh oder spät? in: zfo 1/1989, S. 23–29

Perlitz, M.: Die Krise üben, in: Wirtschaftswoche 50/1985, S. 94–101

Peters, T. J./Austin, N.: A passion for excellence, New York 1985

Peters, T. J./Waterman, R. H.: Auf der Suche nach Spitzenleistungen, 10. Auflage, Landsberg/Lech 1984

Pfeiffer, W./Amler, R./Schäffner, G. J. et al.: Technologie-Portfolio-Methode des strategischen Innovationsmanagements, in: zfo 5–6/1983, S. 252–261

Pfeiffer, W./Dögl, R.: Das Technologie-Portfolio-Konzept, in: Strategische Unter-nehmensführung, 7. Auflage, Hrsg.: Hahn, D./Taylor, B., Heidelberg 1997, S. 407–435

Pfohl, H.-C./Krings, M./Betz, G.: Techniken der prozessorientierten Organisations-gestaltung, in: zfo 1996, S. 246–251

Picot, A. et al.: Organisation, Theorie und Praxis aus ökonomischer Sicht, Stuttgart 2012

Pierer, H. v./Oetinger, B. v.: Wie kommt das Neue in die Welt? München 1997

Pillkahn, U.: Trends und Szenarien als Werkzeuge zur Strategieentwicklung, Er-langen 2007

Pinchot, G.: Intrapreneuring, Wiesbaden 1988

Pinchot, G./Pellman, R.: Intrapreneuring in Action, A Handbook for Business Innovation, San Francisco 1999

Platz, J./Schmelzer, H. J.: Projektmanagement in der industriellen Forschung und Entwicklung, Berlin 1986

Pleschak, F./Sabisch, H.: Innovationsmanagement, Stuttgart 1996

Pleschak, F./Sabisch, H./Wupperfeld, U.: Innovationsorientierte kleine Unterneh-men, Wiesbaden 1994

Porter, M.: Wettbewerbsstrategie, 8. Auflage, Frankfurt am Main 1995

Porter, M.: Wettbewerbsvorteile, 4. Auflage, Frankfurt 1996

Powell, M./Jaruzelski, B.: Wachstum managen–Vitalisierung durch Innovations-management, in: Unternehmensvitalisierung, hrsg. v. Booz, Allen & Hamilton, Stuttgart 1997, S. 47–69

Pümpin, C./Gälweiler, A./Neubauer, F.-F. et al.: Produkt-Markt-Strategien, Bern 1981

Rammer, C. et al.: Innovationsverhalten der deutschen Wirtschaft, Indikatorenbe-richt zur Innovationserhebung 2011, Mannheim 2012

Riemenschneider, F.: Prozessoren–Jahr des Stillstands, 25.03.14 http://www. elektroniknet.de/halbleiter/prozessoren/artikel/107140

Rieser, I.: Produktinnovation, in: Die Unternehmung 1986, S. 323–329

Rogers, E. M.: Diffusion of Innovations, 3. Auflage, New York 1983

Rosenstiel, L. v.: Grundlagen der Organisationspsychologie, 3. Auflage, Stuttgart 1992

Rosenstiel, L. v.: Grundlagen der Organisationspsychologie, 6. Auflage, Stuttgart 2007

Rosenstiel, L. von/Nerdinger, F. W.: Grundlagen der Organisationspsychologie, 7. Auflage, Stuttgart 2011

Roski, R./Dietz, J.-W.: Innovationsmanagement und Diskontinuitäten, in: ZfB 1988, S. 927–951

Rössler, U./Nacke, E.: Neue Geschäftsfelder durch Produktinnovation, in: Produkt-innovation, hrsg. v. Witt, J., München 1996, S. 155–167

Roth, S.: Unternehmenskultur und Effizienz, in: Unternehmenskultur in der Praxis, hrsg. v. Empter, S./Kluge, V., S. 31–39.

Rothwell, R.: The fifth generation innovation process, in: Innovationen und wirt-schaftlicher Fortschritt: betriebs-und volkswirtschaftliche Perspektiven, hrsg. v. Oppenländer, K. H./Popp, W., Bern 1995, S. 9–26

Ruhl, O.: Gemeinschaftsgeschmacksmuster–Kommentar, Köln 2007 RWE AG (Hrsg.).: Geschäftsbericht 2013, Essen 2014

Sabisch, H.: Produktinnovationen, Stuttgart 1991

Sackmann, S.: Organisationskultur: Die unsichtbare Einflußgröße, in: Gruppendy-namik, Zeitschrift für angewandte Sozialwissenschaft, 4/1983, S. 393–406

Salcher, E. F.: Innovations-Marktforschung, in: Thexis 4/1991, S. 57–60

SAP AG (Hrsg.): Geschäftsbericht 2005, Walldorf 2006

Schaaf, B.: Chinesen konsumieren gerne, http://www.asienkurier.com/article/ china/2012/ak120203-Chinesen-konsumieren-gerne.html

Schanz, G.: Organisationsgestaltung, Management von Arbeitsteilung und Koordi-nation, 2. Auflage, München 1994

Schaudel, D.: Ethik und technische Innovation: Verantwortung von Unternehmer und Manager, in: io management 9/1993, S. 45-50

Scheer, A.-W.: CIM-Der computergesteuerte Industriebetrieb, 4. Auflage, Berlin 1990

Schein, E. H.: Coming to a new awareness of organizational culture, in: Sloan Management Review, Heft 2, 1984, S. 3-16

Schein, E.: Organizational Culture and Leadership, San Francisco 1985

Schewe, G.: Erfolg im Technologiemanagement, in: ZfB 1994a, S. 999-1024

Schewe, G.: Successful innovation management: An integrative perspective, in: Journal of Engineering and Technology Management 11/1994b, S. 25-53

Schewe, G./Nienaber, A.: Vertrauenskommunikation und Innovationsbarrieren-Theoretische Grundlagen in: Zerfaß A./ Möslein K.M. (Hrsg.): Kommunikation als Erfolgsfaktor im Innovationsmanagement. Strategie im Zeitalter der Open Inno-vation, Wiesbaden 2009, S. 227-242

Schindler, M.: Die Rolle des Corporate Foresight im Innovationsprozess, Nürnberg 2008

Schlick, G. H.: Innovationen von A-Z, Renningen-Malsheim 1995

Schlicksupp, H.: Innovation, Kreativität und Ideenfindung, Würzburg, 2004

Schlicksupp, H.: Produktinnovation, Würzburg 1988

Schmeisser, W./Eichhorn, S./Nickel, O.: Innovationserfolgsrechnung zur Beurteilung von Erfolgspotentialen und Risiken im Rahmen eines strategischen Innova-tionsmanagements-Innovationserfolgsrechnung mit Hilfe der Produkt Life Cycle Rechnung und DCF-Investitionsrechnung am Beispiel der Windenergietechnolo-gie, in: Schmeisser, W. (Hrsg.): Technologiemanagement und Innovationser-folgsrechnung, München 2010

Schmeisser, W./Solte, M.: Technologiecontrolling und Innovationserfolgsrechnung im Rahmen des Technologie-Life-Cycle, in: Schmeisser, W. (Hrsg.): Technologie-management und Innovationserfolgsrechnung, München 2010

Schmelzer, H. J.: Organisation und Controlling von Produktentwicklungen, Stutt-gart 1992

Schmidt, R./Steffenhagen, H.: Quality Function Deployment, in: Albers, S./Herr-mann, A. (Hrsg.): Handbuch Produktmanagement, 3. Auflage, Wiesbaden 2009, S. 699-715

Schmidtke, A.: Praxis des Venture Capital Geschäfts, Landsberg 1985 Schmitt-Grohé, J.: Produktinnovation, Wiesbaden 1972

Schon, D.A.: Champions for Radical New Inventions, Havard Business Review, Vol. 41, No. 2, 1963, S. 77-86

Schrader, J.: Innovationsförderung als Führungsaufgabe, in: Aspekte des Innova-tionsmanagements, hrsg. v. Schüler, W., Wiesbaden 1991, S. 15-41

Schreier, M./Mair am Tinkhof, A./Franke, N.: Warum »Toolkits for User Innovation and Design« für ihre Nutzer Wert schaffen: eine qualitative Analyse, in: Die Unternehmung, 3, 2006, S. 185-201

Schreyögg, G.: Unternehmenskultur und Innovation, in: Personal 9/1989, S. 370-373

Schulte, R.: Patentgesetz mit Europäischem Patentübereinkommen-Kommentar, 8.Auflage, Köln 2008

Schultz-Wild, L./Lutz, B.: Industrie vor dem Quantensprung, Berlin 1997

Schumpeter, J. A.: Theorie der wirtschaftlichen Entwicklung, 3. Auflage, Leipzig 1931

Schumpeter, J. A.: Kapitalismus, Sozialismus und Demokratie, 2. Auflage, München 1950

Schumpeter, J. A.: Theorie der wirtschaftlichen Entwicklung, 7. Auflage, Berlin 1987

Schwarz, E. J. (Hrsg.): Nachhaltiges Innovationsmanagement, München 2004

Schwarz, P.: Erleuchtung per Kundenkontakt, in: VDI-Nachrichten v. 17.5.1996, S. 6

Seghezzi, H. D.: Qualitätsmanagement, Stuttgart 1994

Seghezzi, H. D.: Integriertes Qualitätsmanagement, Das St.Galler Konzept, München 1996

Servatius, H.-G.: New Venture Management, Wiesbaden 1988

Servatius, H.-G./Piller, F. T. (Hrsg.): Der Innovationsmanager, Wertsteigerung durch ein ganzheitliches Innovationsmanagement, Düsseldorf 2014

Siemens AG (Hrsg.): Unternehmensleitsätze, Grundsätze der Organisation und Zu-sammenarbeit, München 1990

Siemens AG (Hrsg.): Geschäftsbericht 2011, München 2011

Siemens AG (Hrsg.): Jahresbericht 2013, München 2013

smart GmbH (Hrsg.): smart forvision-So sieht die elektromobile Zukunft aus, Presseinformation, Stuttgart 2011

Sommer, R.: Innovationsmanagement bei Sony, in: Erfolgsmanagement 2000-Konzepte für Menschen, Märkte, Unternehmen, hrsg. v. Matheis, R., Wiesbaden 1992, S. 149-163

Sommerlatte, T.: Innovationsfähigkeit und betriebswirtschaftliche Steuerung-läßt sich das vereinbaren? in: DBW 2/1988, S. 161-169

Sommerlatte, T.: Warum Hochleistungsorganisation und wie weit sind wir davon entfernt?, in: Management der Hochleistungsorganisation, hrsg. v. A. D. Little, 2. Auflage, Wiesbaden 1991, S. 1-22

Sommerlatte, T./Beyer, G./Seidel, G.: Innovationskultur und Ideenmanagement, Düsseldorf 2006

Sommerlatte, T./Laying, B. J./Frederik, O. v.: Innovationsmanagement-Schaffen einer innovativen Unternehmenskultur, in: Management der Geschäfte von Morgen, hrsg. v. A. D. Little, 2. Auflage, Wiesbaden 1987, S. 57-74

Spath, D. et al. (Hrsg.): Integriertes Innovationsmanagement, Erfolgsfaktoren, Methoden, Praxisbeispiele, Stuttgart 2003

Späth, W./Neumann, R. O.: Innovationsmanagement: Den Wandel dynamisch ge-stalten, in: Gablers Magazin 5/1996, S. 40-43

Specht, G./Beckmann, C.: F&E Management, Stuttgart 1996

Specht, G./Beckmann, C./Amelingmeyer, J.: F&E Management, 2. Auflage, Stutt-gart, 2002.

Specht, G.: Grundprobleme eines strategischen markt-und technologie-orientierten Innovationsmanagements, in: WiSt 12/1986, S. 609-613

Spitzley, K./Ganz, W./Martinetz, S. (Hrsg.): Innovationskultur stärken, Arbeitskreis 2, Stuttgart 2011

Springer, R.: Wettbewerbsfähigkeit durch Innovationen, Erfolgreiches Management organisatorischer Veränderungen, Berlin 2004

Staehle, W. H.: Management, 7. Auflage, München 1994

Stamminger, R./Barth, A./Dörr, S.: Old Washing Machines Wash Less Efficiently and Consume More Resources, in: HuW 3/2005, S. 124-131

Staudt, E./Bock, J./Mühlemeyer, P. et al.: Anreizsysteme als Instrument des be-trieblichen Innovationsmanagements, in: ZfB 1990, S. 1183-1204

Staudt, E.: Die innerbetriebliche Förderung von Innovationen, in: Personal 9/1989, S. 364-369

Staudt, E.: Innovation, in: DBW 1985, S. 486-487

Stechhan, M.: Technologietransfer in Großkonzernen, in: Der innerbetriebliche Technologie-Transfer-eine Chance, hrsg. v. Geschka, H./Wünnenberg, H., Köln 1988, S. 59-99

Steinle, C./Eggers, B./ter Hell, A.: Gestaltungsmöglichkeiten und Grenzen von Unternehmenskulturen, in: JfB 3-4/1994, S. 129-148

Steinle, C.: Ökologieorientierte Unternehmensführung, in: Handbuch Unterneh-mensführung, hrsg. v. Corsten, H./Reiß, M., Wiesbaden 1995, S. 913-925

Steinmann, H./Schreyögg, G.: Management, 4. Auflage, Wiesbaden 1997

Steinmann, H./Schreyögg, G./Koch J.: Management, Grundlagen der Unterneh-mensführung, 7. Auflage, Wiesbaden 2013

Stern, T./Jaberg, H.: Erfolgreiches Innovationsmanagement, 4. Auflage, Wiesbaden 2010

Stöger, R.: Innovationsmanagement für die Praxis, Stuttgart 2011

Straßberger, F./Beise, M./Belitz, H. et al.: FuE-Aktivitäten, Außenhandel und Wirtschaftsstrukturen: Die technologische Leistungsfähigkeit der deutschen Wirtschaft im internationalen Vergleich, in: Beiträge zur Strukturforschung, hrsg. v. Deutsches Institut für Wirtschaftsforschung, Heft 165, Berlin 1996

Strebel, H. (Hrsg.): Innovations-und Technologiemanagement, 2. Auflage, Wien 2007

Streckfuß, G./Gundlach, C.: Auf die Stimme des Kunden hören, in: Wirtschaft in Nordhessen, Ausgabe 5, 2007, S. 36

Stevens, G. A./Burley, J.: 3,000 Raw Ideas = 1 Commercial Success!, in: Research Technology Management, Mai-Juni 1997, S. 16-27

Ströbele, P./Hacker F.: Markengesetz-Kommentar, 8. Auflage, Köln 2006

Stuckenschneider, H./Schwair, T.: Strategisches Innovations-Management bei Sie-mens, in: Handbuch Technologie-und Innovationsmanagement, hrsg. von Al-bers, S./Gassmann, O., 2. Auflage, Wiesbaden 2011, S. 757-774

Stühff, A.: Nespresso-Kapsel des Anstoßes, in: Handelsblatt Wochenendausgabe 10./11./12. August 2012, Nr. 154, S. 22

Stüngmann, J.: Internationalisierungsprozesse von mittelständischen Unterneh-men, 2008, online im Internet: http://www.munich-business-school.de/inter-cultural/index.php/Internationalisierungsprozesse_von_mittelständischen_Un-ternehmen

Teufel, P.: Der Prozess der ständigen Verbesserung (KAIZEN) und dessen Einführung, in: Neue Organisationsformen im Unternehmen, hrsg. v. Bullinger, H.-J./Warn-ecke, H.-J., Berlin 1996, S. 526-548

The Boston Consulting Group (Hrsg.): Innovation 2010, A Return to Prominence-and the Emergence of a New World Order, Boston 2010

Thom, N.: Grundlagen des betrieblichen Innovationsmanagements, 2. Auflage, Kö-nigstein/Ts. 1980

Thom, N.: Innovations-Management, in: zfo 1/1983, S. 4-11

Thom, N.: Innovationsmanagement in kleinen und mittleren Unternehmen, in: WISU 1987, S. 363-369

Thom, N.: Effizientes Innovationsmanagement in kleinen und mittleren Unterneh-men, Bern 1997

Thomaschewski, D./Tarlatt, A.: Determinants for Failure and Sucess in Innovation Management, in: Innovation and International Corporate Growth, hrsg. von Gerybadze, A. et al., Berlin, Heidelberg 2010, S. 127-149

Tichy, N. M.: Regieanweisung für Revolutionäre, Frankfurt 1995

Trabold, H.: Die internationale Wettbewerbsfähigkeit einer Volkswirtschaft, in: Vierteljahreshefte zur Wirtschaftsforschung 2/1995, S. 169-185

Traut-Mattausch, E./Kerschreiter, R.: Kreativitätstechniken, in: Wastian, M./Brau-mandl, I./von Rosenstiel, L. (Hrsg.): Angewandte Psychologie für Projektmana-ger-Ein Praxishandbuch für erfolgreiche Projektleitung, Heidelberg 2009

Trommsdorff, V./Reeb, M./Riedel, F.: Produktinnovationsmanagement, in: WiSt 11/ 1991, S. 566-572

Trommsdorff, V./Schneider, P.: Grundzüge des betrieblichen Innovationsmanage-ments, in: Innovationsmanagement, hrsg. v. Trommsdorff, V., München 1990, S. 1-25

Trommsdorff, V./Steinhoff, F.: Innovationsmarketing, München 2007

Trommsdorff, V./Trimter, R./Schneider, P.: Innovation und Marketing, in: Thexis 2/ 1988, S. 8-11

Tsifidaris, M.: Management der Innovation, Renningen-Malsheim 1994

Tushman, M. L./O' Reilly, C. A.: Innovation ist machbar, Landsberg/Lech 1998

Uhlmann, L.: Warum wird innoviert?, in: Innovation, Hrsg.: Landeszentrale für politische Bildung Baden-Württemberg, Stuttgart 1989, S. 30-44 Ulrich, P./Fluri, E.: Management, 7. Auflage, Bern 1995

Universität Magdeburg (Hrsg.): Stichwort Synektik, 2004, online verfügbar unter https://ews.tu-dortmund.de/public/lecture/logedugate/public/Projekte/ ProjektArbeit/Kreativitaetstechniken/content/14_Synektik.htm Zerfass/Mast 2005

UNCTAD: World Investment Report 2005. United Nations Conference on Trade and Development, New York, Genf 2005

Utterback, J. M.: Mastering the Dynamics of Innovation, Boston 1994

Vahs, D.: Alles ist im Fluß-Organisationales Lernen hilft bei der Bewältigung struktureller Veränderungen, in: io management 4/1997 a, S. 74-79

Vahs, D.: Organisationskultur und Unternehmenswandel-Wirkungen einer "star-ken" Organisationskultur in betrieblichen Veränderungsprozessen, in: Personal-Zeitschrift für Human Resource Management 9/1997 b, S. 466-469

Vahs, D.: Organisation, 8. Auflage, Stuttgart 2012

Vahs, D./Schäfer-Kunz, J.: Einführung in die Betriebswirtschaftslehre, 6. Auflage, Stuttgart, 2012

Vahs, D./Schmitt, J.: Innovationspotenziale ausschöpfen-Organisation und Inno-vationskultur als Schlüssel zum Innovationserfolg, in: zfo 01/2010, S. 4-11

Vahs, D./Weiand, A.: Workbook Change Management, 2. Auflage, Stuttgart 2013

van Aerssen, B.: Revolutionäres Innovationsmanagement, München 2009

van Hees, A./Braitmayer, S.: Verfahrensrecht in Patentsachen, 3. Auflage, Köln 2007.

VDMA (Hrsg.): Portfoliomanagement von Innovationsprojekten im deutschen Ma-schinen-und Anlagenbau, Frankfurt am Main 2010

Vereinte Dienstleistungsgewerkschaft (Hrsg.): ver.di-Innovationsbarometer 2013, Berlin 2014

Verworn, B./Herstatt, C.: Prozessgestaltung der frühen Phasen, in: Management der frühen Innovationsphasen,

Grundlagen, Methoden, Neue Ansätze, hrsg. v. Her-statt, C./Verworn, B., Wiesbaden 2003, S. 195–214
Vidal, M.: Strategische Pioniervorteile, in: ZfB-Ergänzungsheft 1/1995, S. 43–58
von Hippel, E.: Lead users: a source of novel product concepts, Management Science, Vol. 32, 1986, S. 791–805
von Hippel, E.: The sources of innovation, Oxford, 1988
Völker, R./Thome, C./Schaaf, H.: Innovationsmanagement, Bestandteile–Theorien–Methoden, Stuttgart 2012
Vry, W.: Absatzwirtschaft, 2. Auflage, Ludwigshafen 1990
Wagner, M./Thieler, W.: Wegweiser für den Erfinder, Berlin 1994
Walter, H.: Wachstums-und Entwicklungstheorie, Stuttgart 1983
Walther, S.: Erfolgsfaktoren von Innovationen in mittelständischen Unternehmen, Frankfurt am Main 2004
Walz, H./Barth, C.: Neuer Schwung für träge Organisationen, in: Gablers Magazin 6/1991, S. 39–43
Warschat, J.: Concurrent and Simultaneous Engineering, in: Neue Organisations-formen im Unternehmen, hrsg. v. Bullinger, H.-J./Warnecke, H.-J., Berlin 1996 a, S. 549–564
Warschat, J.: Rapid Prototyping, in: Neue Organisationsformen im Unternehmen, hrsg. v. Bullinger, H.-J./Warnecke, H.-J., Berlin 1996 b, S. 584–597
Waterman, R.: Die neue Suche nach Spitzenleistungen–Erfolgsunternehmen im 21. Jahrhundert, Düsseldorf 1994
Weidler, A.: Entwicklung integrierter Innovationsstrategien, Frankfurt am Main 1997
Welge, M. K.: Unternehmensführung, Stuttgart 1987
Wever, U. A.: Unternehmenskultur in der Praxis, 3. Auflage, Frankfurt am Main 1992
Weyrich, C.: Die Beherrschung von Schlüsseltechnologien–Herausforderung für Europa, in: Innovationen und wirtschaftlicher Fortschritt: betriebs-und volks-wirtschaftliche Perspektiven, hrsg. v. Oppenländer, K. H./Popp, W., Bern 1995, S. 73–97
Wildemann, H.: Einführungsstrategien für die computerintegrierte Produktion (CIM), München 1990
Wildemann, H.: Simultaneous Engineering als Baustein für just-in-time in For-schung, Entwicklung und Konstruktion, in: VDI-Z 12/1992, S. 18–23
Winkelhofer, G.: Kreativ managen. Ein Leitfaden für Unternehmer, Manager und Projektleiter, Heidelberg 2006
Witt, J.: Produktinnovation, München 1996
Witte, E.: Organisation für Innovationsentscheidungen, Göttingen 1973
Wöhe, G.: Einführung in die Allgemeine Betriebswirtschaftslehre, 18. Auflage, München 1993
Wöhlert, K.: Der Innovationsmanager, Aufgaben und Instrumente im Unternehmen, Essen 1999
Wolfrum, B.: Schnittstellenprobleme zwischen F+E und Marketing im Innovations-management, in: WISU 1994, S. 1016–1022
Wolfrum, B.: Alternative Technologiestrategien, in: Handbuch Technologiema-nagement, hrsg. v. Zahn, E., Stuttgart 1995, S. 243–265
Wolkertstorfer, H.: Das große Verschwenden, Bestseller: Marketing–Werbung–Medien, Ausgabe 3/4, 2012, S. 24–26
Wördenweber, B./Wickord, W.: Technologie-und Innovationsmanagement im Un-ternehmen, 2. Auflage, Berlin 2004
Wördenweber, B./Eggert, M./Schmitt, M.: Verhaltensorientiertes Innovationsma-nagement, Berlin, Heidelberg 2012
Wunderer, R.: Führung und Zusammenarbeit, Beiträge zu einer Führungslehre, Stuttgart 1993
Wunderer, R./Gerig, V./ Hauser, R. (Hrsg.): Qualitätsorientiertes Personalmanage-ment, München 1997
Zahn, E.: Innovations-und Technologiemanagement, in: Technologie-und Innova-tionsmanagement, hrsg. v. Zahn, E., Berlin 1986, S. 9–48
Zahn, E.: Grundlagen und Zweck des Technologiemanagements, in: Handbuch Technologiemanagement, hrsg. v. Zahn, E., Stuttgart 1995, S. 3–32
Zahn, E.: Führungskonzepte im Wandel, in: Neue Organisationsformen im Unter-nehmen, hrsg. v. Bullinger, H.-J./ Warnecke, H.-J., Berlin 1996 a, S. 279–296
Zahn, E.: Kernkompetenzen, in: Handwörterbuch der Produktionswirtschaft, hrsg. v. Kern, W./Schröder, H.-H./Weber, J., 2. Auflage, Stuttgart 1996 b, Sp. 883–894
Zahn, E./Foschiani, S. (Hrsg.): Innovation, Wachstum, Ertragskraft–Wege zur nachhaltigen Unternehmensentwicklung, Stuttgart 1998

Zangemeister, C.: Nutzwertanalyse in der Systemtechnik, München 1976

Zboralski, K.: Wissensmanagement durch Communities of Practice–Eine empirische Untersuchung von Wissensnetzwerken, Wiesbaden 2007

Zedtwitz, M. v./Kiss, E.: Wettbewerbsstrategien und Dominante Designs auf globalen Märkten, in: Internationales Innovationsmanagement, hrsg. v. Gassmann, O./ Zedtwitz, M. v., München 1996, S. 105–116

Zedtwitz, M. v./Gassmann, O./Boutellier, R.: Organizing global R&D: Challenges and Dilemmas, in: Journal of International Management, 10/2004, S. 21–49

Zerfaß, A.: Die Corporate Communications Scorecard–Kennzahlensystem, Optimierungstool oder strategisches Steuerungsinstrument?, PR-Portal.de, Nr. 57 (24/04) vom 22.06.2004–Artikel Nr. 20-06-04-521754

Zerfaß, A.: Innovation Readiness–A Framework for Enhancing Corporations and Regions by Innovation Communication, in: Innovation Journalism, Issue 2, No. 8, 2005a, S. 1–27

Zerfaß, A.: Innovationsmanagement und Innovationskommunikation: Erfolgsfak-toren für Unternehmen und Region, in: Zerfaß, A./Mast, C. (Hrsg.): Neue Ideen erfolgreich durchsetzen–Das Handbuch der Innovationskommunikation, Frankfurt/Main 2005b, S. 31–32

Zerfaß, A.: Kommunikation: Der blinde Fleck der Innovationsforschung, in: Zerfaß, A./Möslein, K. M. (Hrsg.): Kommunikation als Erfolgsfaktor im Innovationsma-nagement, Wiesbaden 2009, S. 24–25

Zerfaß, A./Ernst, N.: Kommunikation als Erfolgsfaktor im Innovationsmanagement. Ergebnisse einer Studie in deutschen Zukunftstechnologie-Branchen. Leipzig, www.communicationmanagement.de

Zerfaß, A./Möslein, K. M. (Hrsg.): Kommunikation als Erfolgsfaktor im Innova-tionsmanagement, Wiesbaden 2009

Zerfaß, A./Sandhu, S./Huck, S.: Kommunikation von Innovation, in: Kommunika-tionsmanager, 1-2004, Nr. 2, S. 56–58

Zetsche, D.: Innovation Leadership, in: io management 1–2/1996, S. 32–35

ZEW (Hrsg.): Innovationsverhalten der deutschen Wirtschaft, Indikatorenbericht zur Innovationserhebung 2013, Mannheim 2014

Zillner, S./Krusche, B.: Systemisches Innovationsmanagement, Grundlagen–Stra-tegien–Instrumente, Stuttgart 2012

Zinser, S.: Kennzahlensysteme, in: Neue Organisationsformen im Unternehmen, hrsg. v. Bullinger, H.-J./Warnecke, H.-J., Berlin 1996, S. 971–983

Zollenkop, M.: Geschäftsmodellinnovationen, Wiesbaden 2006

Zweipfennig, H.: Der Zusammenhang zwischen der Organisation und Produktivität industrieller Forschung und Entwicklung, Göttingen 1991

Zwicky, F.: Entdecken, Erfinden, Forschen im Morphologischen Weltbild, München 1966